Método e Arte

urbanização e formação territorial
na capitania de São Paulo, 1765-1811

Método e Arte

*urbanização e formação territorial
na capitania de São Paulo, 1765-1811*

Maria Fernanda Derntl

Grafia atualizada segundo o Acordo Ortográfico da Língua Portuguesa de 1990, que entrou em vigor no Brasil em 2009.

Publishers: Joana Monteleone/Haroldo Ceravolo Sereza/Roberto Cosso
Edição: Joana Monteleone
Editor assistente: Vitor Rodrigo Donofrio Arruda
Projeto gráfico, capa e diagramação: Juliana Pellegrini
Revisão: Zelia Heringer de Moraes
Imagem de capa: Bartolomeu Pais de Abreu. Demonstração da costa desde a Conceição até a barra de Bertioga. 1719.

Este livro foi publicado com o apoio da Fapesp

CIP-BRASIL. CATALOGAÇÃO-NA-FONTE
SINDICATO NACIONAL DOS EDITORES DE LIVROS, RJ

D472m

Derntl, Maria Fernanda
MÉTODO E ARTE: URBANIZAÇÃO E FORMAÇÃO TERRITORIAL NA
CAPITANIA DE SÃO PAULO, 1765-1811
Maria Fernanda Derntl.
São Paulo: Alameda, 2013.
280p.

Inclui bibliografia
ISBN 978-85-7939-157-6

1. Urbanização – São Paulo (SP) – História 2. Política urbana – São
Paulo – História. I. Título.

12-5466.   CDD: 307.760981
                                 CDU: 316.334.5(81)

                                          037845

ALAMEDA CASA EDITORIAL
Rua Conselheiro Ramalho, 694 – Bela Vista
CEP: 01325-000 – São Paulo, SP
Tel.: (11) 3012 2400
www.alamedaeditorial.com.br

Para Alice.

Sumário

Abreviaturas

AHU – Arquivo Histórico Ultramarino
ANTT – Arquivo Nacional da Torre do Tombo
APESP – Arquivo Público do Estado de São Paulo
BNL – Biblioteca Nacional de Lisboa
BNRJ – Biblioteca Nacional do Rio de Janeiro
BPMP – Biblioteca Pública Municipal do Porto
CM – Fundação Casa de Mateus
DI – Documentos Interessantes para a História e Costumes de São Paulo
MI – Mapoteca do Itamaraty, Rio de Janeiro
RIHGB – Revista do Instituto Histórico Geográfico Brasileiro
SGL – Sociedade de Geografia de Lisboa

Apresentação
Entre o semeador e o ladrilhador

HUGO SEGAWA[1]

O título deste livro, *Método e Arte*, é mais uma pitada na polêmica sobre a paradigmática metáfora de "O Semeador e o Ladrilhador" que Sérgio Buarque de Holanda escreveu em seu *Raízes do Brasil*. "Nenhum rigor, nenhum método, nenhuma providência, sempre esse significativo abandono que exprime a palavra 'desleixo'…", publicou ele em 1936, sobre a ação colonizadora dos portugueses no Brasil.

Ao se debruçar sobre a organização territorial e a formação urbana na capitania de São Paulo a partir de 1765, Fernanda Derntl favorece as leituras que reconhecem uma estratégia mais ordenada que aquela apregoada por Buarque de Holanda. "Para que com método e arte se tome este intento, devem-se dispor as cousas de modo, de antemão, e de longo tempo, [para] que se possa fazer um bom uso de todos os meios que oferece[m] a Monarquia e estes Estados", sustentavam o então governador da capitania de São Paulo, Dom Luís António de Sousa Botelho Mourão, e o engenheiro militar José Custódio de Sá e Faria em um plano datado de 1772.

Como bem alerta a autora, as imagens do semeador e do ladrilhador foram concepções de dois extremos de tipos ideais que propriamente verificações conclusivas sobre as diferentes atitudes de Portugal e Espanha diante da América.

Buarque de Holanda dizia que "a rotina e não a razão abstrata foi o princípio que norteou os portugueses, nesta como em tantas outras expressões de sua

---

1 Professor Titular da Faculdade de Arquitetura e Urbanismo da Universidade de São Paulo, no Departamento de História da Arquitetura e Estética do Projeto

atividade colonizadora. Preferiam agir por experiências sucessivas, nem sempre coordenadas umas às outras, a traçar de antemão um plano para seguí-lo até o fim." Posteriormente diversos estudiosos da urbanização no Brasil colonial mostraram que no século 18 os portugueses guardavam "um plano para seguí-lo". Todavia, todo ladrilhador também encontra o inesperado em sua tarefa: não há "razão abstrata" que saiba contornar as vicissitudes. O governador da capitania, não obstante uma renovada geopolítica da Metrópole para com seus territórios meridionais, teve que lidar com incógnitas do território: práticas sociais, conflitos, tensões, contradições, negociações, alianças, concessões, repressão.

Reconhecer e responder às dinâmicas locais decerto conduziu àquilo que Buarque de Holanda chamou de "agir por experiências sucessivas." Na interpretação em *Raízes do Brasil*, essas "experiências sucessivas" eram falta de zelo, careciam do necessário cuidado emanado da racionalidade humana: "a ordem que aceita não é a que compõem os homens com trabalho, mas a que fazem com desleixo e certa liberdade; a ordem do semeador, não a do ladrilhador. É também a ordem em que estão postas as coisas divinas e naturais pois que, já o dizia Antônio Vieira, se as estrelas estão em ordem, 'he ordem que faz influência, não he ordem que faça lavor. Não fez Deus o Céu em xadrez de estrelas...'" Numa carta de 1772 do 4º Morgado de Mateus ao Marquês de Lavradio, o governador da capitania assumia sua porção ladrilhador: "Eu achei esta capitania [de São Paulo] morta e ressuscitá-la é mais difícil do que criá-la de novo. O criar está na responsabilidade de qualquer homem. O ressuscitar foi milagre reservado para Cristo. Para criar o mundo, bastou a Deus um Fiat, para o restaurar depois de perdido, foi necessário humanar a sua Onipotência, gastar trinta anos e dar a vida." Alusões que o próprio Buarque de Holanda nos alumia ao chamar a atenção da raiz no "velho naturalismo português" do pensamento do padre Vieira, na distinção entre o pregar e o semear, presente nos Sermões: "porque o semear é uma arte que tem mais de natureza que de arte; caia onde cair." Desbastando a rigidez dos sentidos e certo tipo de anacronismo, a semeadura não é forçosamente um ato de puro acaso ou desleixo; a natureza, em suas várias acepções, tem mais lógicas que muita criação humana supõe ostentar.

No complexo campo de forças que a autora escrutinou em São Paulo entre 1765 e 1811, ela questiona se a ênfase em mecanismos e determinismos de planejamento como "razão abstrata" não obscureceu o cotejamento das representações com a realidade empírica. A percepção das preexistências como contingências, os imperativos das circunstâncias, a qualidade dos membros da alta administração portuguesa como interpostos entre as determinações oficiais da Metrópole e as dinâmicas locais, a amplitude das negociações foram parte dos procedimentos tramitados para a constituição e consolidação de núcleos urbanos – ou mesmo do seu fracasso.

O Morgado de Mateus e seus sucessores não foram casuísticos semeadores, tampouco ortodoxos ladrilhadores. As páginas que se seguem nos ajudarão a pensar o quanto de semeadores e de ladrilhadores desenharam o nosso território no período colonial.

São Paulo, março de 2012

Introdução

Vilas e cidades foram agentes fundamentais no processo de transformação dos espaços da América do Sul em territórios do Império Português. Nos primeiros tempos da colonização, a maior parte dos núcleos urbanos manteve-se junto à faixa litorânea. Mas, em meados do século 16, os padres da Companhia de Jesus já tinham ultrapassado a serra do Mar e chegado a um planalto interior onde fundaram o Colégio de São Paulo de Piratininga (1554). Em seus arredores, outras comunidades de índios submetidos aos jesuítas foram ocupando campos, várzeas e patamares junto aos rios Pinheiros e Tietê. A vila de Piratininga, instalada em 1560, tornou-se o centro de expedições que se lançaram aos sertões para apresar indígenas e eventualmente encontrar minérios preciosos. Nas últimas décadas do século 17, já havia em torno de São Paulo uma constelação de vilas marcando novos pontos de partida da expansão sertanista em diferentes direções. Mais longe, a descoberta de veios auríferos atraiu colonos e fez a atenção da Coroa convergir para a região que viria a chamar-se Minas Gerais. Enquanto isso, no planalto e nos campos paulistas, fazendas de criação de gado, roçados e sítios foram se estabelecendo por iniciativa de colonos. Em meados do século 18, porém, quando o processo de demarcação de fronteiras com os espanhóis passava por momentos decisivos, novas áreas tiveram de ser mapeadas, defendidas e povoadas. O vale amazônico foi o foco de uma ampla reforma nos quadros urbanos da Colônia. Em sertões e áreas de ocupação recente, rapidamente se multiplicaram as novas vilas e freguesias. Na capitania de São Paulo iniciou-se também um novo momento, com presença mais marcante da administração portuguesa na transformação dos seus espaços.

A renovação das estratégias da Metrópole em relação a seus territórios ao Sul e Sudeste desencadeou um intenso movimento de fundação de vilas e criação de povoações na capitania de São Paulo a partir de 1765. O estabelecimento de núcleos urbanos passou a ser uma das principais preocupações do governo da capitania e causou mudanças na vida de boa parte de sua população. Vilas estáveis e devidamente arruadas teriam de ser instaladas onde antes havia aglomerados frágeis – pousos situados ao longo de caminhos, aldeamentos de índios, sítios rurais e povoados litorâneos. Algumas vilas ergueram-se em fronteiras da colonização, onde quase não havia sinal de estruturas oficiais.

Como a Coroa Portuguesa conduziu a fixação de núcleos urbanos nessa sociedade marcada pela fixação instável e pelos deslocamentos constantes? As circunstâncias locais poderiam ter contribuído para definir a postura da administração colonial na criação de vilas e povoações? Este trabalho busca acompanhar a elaboração de uma política no campo da urbanização por meio da análise de iniciativas de criação urbana promovidas pelo governo da capitania de São Paulo entre 1765 e 1811. A noção de urbano aparece então associada aos espaços de onde emana o poder político, os centros administrativos. Longe de dar conta da urbanização da capitania naquele período, a análise restringe-se a alguns problemas relativos ao estabelecimento de novas vilas e povoações.

Importantes estudos já examinaram a atuação de mecanismos de regulação urbanística provenientes do poder metropolitano na constituição de núcleos urbanos da Colônia. No entanto, a ênfase em atribuir a normas e a outros aspectos predefinidos a responsabilidade de configurar vilas e cidades não parece suficiente para compreender as transformações no território e a produção de formas urbanas. Nesta investigação, considerou-se a hipótese de que práticas, experiências e dinâmicas locais também contribuíram para a definição de uma política de urbanização na capitania de São Paulo entre 1765 e 1811. Para a elaboração da tese foram retomados documentos escritos e imagens pertinentes a iniciativas de criação urbana em São Paulo, bem como estudos precedentes, buscando-se identificar possíveis nexos entre as demandas ou circunstâncias que se apresentavam em cada situação e as determinações impostas pela administração da capitania. Desse modo, procura-se tratar essa política urbanizadora como ação desenvolvida num contexto de conflitos mais do que como produto de um projeto predelineado por autoridades metropolitanas ou alheio a realidades do lugar.

Ao enfocar algumas dinâmicas envolvidas na criação de vilas e povoações na capitania de São Paulo, a intenção deste trabalho é também trazer novos elementos para discussão dos modos pelos quais a Coroa Portuguesa atuou no campo da urbanização e da organização do território. Método e arte, expressão que dá título à tese, foi tomada de um documento produzido na capitania de São Paulo, no qual se propôs uma ampla reorganização de todo o território a sudoeste da Colônia, considerando-se tanto iniciativas já em andamento como ainda a serem empreendidas. Isso se deu no começo da década de 1770, quando a construção do forte do Iguatemi foi posta em causa pelas autoridades de Lisboa e as estratégias adotadas para defesa da fronteira ao Sul estavam sendo revistas. O Morgado de Mateus e o governador da capitania do Rio Grande de São Pedro, José Custódio de Sá e Faria, foram então encarregados de elaborar um plano conjunto de defesa do Sul. Em ofício acompanhando esse Plano, recomendou-se "que com método e arte se tome este intento",[1] o que vinha associado a agir de modo organizado, otimizando os recursos disponíveis e com vistas ao longo prazo. *Método e arte* refere-se aqui à ideia de que a Coroa Portuguesa foi tentando organizar determinados modos de conduzir a expansão urbana, ao passo que experiências e circunstâncias locais constantemente exigiram arranjos novos e específicos.

A pesquisa circunscreveu-se a povoações iniciadas ou elevadas à categoria de vila sob as administrações de Dom Luís Antônio de Sousa Botelho Mourão, o quarto Morgado de Mateus (1765-1775), Martim Lopes Lobo de Saldanha (1775-1782), Francisco da Cunha Meneses (1782-1786), José Raimundo Chichorro da Gama Lobo, governador interino (1786-1788), Bernardo José de Lorena (1788-1797), Antônio Manuel de Mello Castro e Mendonça (1797-1802) e Antônio José da Franca e Horta (1802-1811).

Para os fins desta análise, a documentação mais expressiva diz respeito às seguintes iniciativas: no atual estado de São Paulo, Apiaí (elevada a vila em 1771), Atibaia (1769), São Carlos (1797, atual Campinas), Itapetininga (1770), Faxina (1769, atual Itapeva), Mojimirim (1769), Sabaúna (1770), São José da Paraíba (1767, atual São José dos Campos) São Luís do Paraitinga (1773), Vila Bela da Princesa (1805, atual Ilha Bela) e as povoações de Ararapira, Caraguatatuba, Nossa Senhora da Escada, Paraibuna, Piracicaba e Queluz; no atual estado do Paraná, Guaratuba (1771), Iapó, depois Castro (1789) e Santo Antônio do Registro, depois Vila Nova do Príncipe (1806, atual Lapa); e, no atual estado do Santa Catarina, Lajes (1771). A praça forte e povoação do Iguatemi, no atual município de Paranhos, Mato Grosso do Sul, foi a iniciativa mais polêmica do período e, em vários sentidos, a mais custosa. Interessaram-nos também alguns projetos que acabaram não sendo levados adiante, como, por exemplo, o restabelecimento da anterior missão jesuítica de Vila Rica, no oeste paranaense.

---

1 "[Cópia da] Introdução prévia [dirigida ao Marquês de Lavradio, vice-rei do estado do Brasil] do que parece ao general de São Paulo se deve obrar em execução das reais ordens do primeiro de outubro de 1771 [expedidas por Martinho de Mello e Castro]". Anexa a "Projeto ou plano ajustado por ordem de S. Magestade F. entre o governador e capitão general de S. Paulo D. Luís Antônio de Sousa e o brigadeiro José Custódio de Sá e Faria, de todos os serviços que se devem obrar e todos os socorros com que se devem sustentar nesta parte meridional da América Portuguesa. Ano de 1772"/"Para o ilustríssimo e excelentíssimo senhor Martinho de Mello e Castro". São Paulo, 8 abril de 1772. DI 69, p. 213-231, item 49.

Intervenções promovidas por Câmaras locais em vilas já existentes não foram objeto da tese, pois, embora pudessem trazer um interessante contraponto, exigiriam lidar com uma documentação muito vultosa e dispersa em vários arquivos. Mesmo assim, foram mencionadas algumas dessas iniciativas em que houve envolvimento do governo da capitania.

Muito pouco parece ter restado da frágil arquitetura em taipa que caracterizou a maioria das vilas e povoações setecentistas. Alguns vestígios da configuração das muralhas do Forte do Iguatemi estão em sítio arqueológico protegido pelo Instituto do Patrimônio Histórico e Artístico Nacional. Em relação a muitos dos outros núcleos, não é possível afirmar se o sítio original de fundação foi o mesmo onde as cidades vieram a se desenvolver. Alguns dos atuais traçados urbanos parecem trazer elementos remanescentes do século 18, mas, uma análise mais conclusiva a esse respeito fugiria aos propósitos deste trabalho.

A análise das iniciativas urbanas selecionadas baseou-se em fontes primárias em grande parte já divulgadas, porém ainda não de todo exploradas pela historiografia na área de arquitetura e urbanização. Pôde-se contar com publicações recentes reunindo e comentando um expressivo acervo de mapas e plantas, entre as quais foram de especial proveito os livros *Imagens de vilas e cidades do Brasil colonial*, de Nestor Goulart Reis Filho[2] e *Roteiro Prático de Cartografia*, organizado por Antônio Gilberto Costa.[3] A consulta à documentação iconográfica foi facilitada pela existência de arquivos digitalizados ou já bem organizados. Em Portugal, encontramos alguns desenhos cuja publicação até então desconhecíamos, como, por exemplo, um pequeno esboço da obra do Iguatemi incluído junto a documentos do Arquivo Histórico Ultramarino e também um mapa da ilha de São Sebastião (atual ilha Bela) depositado na Fundação Casa de Mateus.

A maior parte dos documentos escritos proveio da série *Documentos Interessantes para a História e Costumes de São Paulo*, cujos volumes trazem transcrições de ofícios, bandos e ordens expedidos por governadores e agentes da administração da capitania, depois província de São Paulo. Destaca-se a vasta quantidade de escritos de Dom Luís Antônio de Sousa Botelho de Mourão, quarto Morgado de Mateus, governador durante os dez primeiros anos depois da restauração da autonomia administrativa da capitania em 1765. Os eloquentes registros de Dom Luís Antônio de Sousa muitas vezes vão além do que se poderia esperar de uma correspondência burocrático-administrativa, estendendo-se aos costumes e ao modo de vida local. Além disso, foram de grande valia

---

2 REIS FILHO, Nestor Goulart (org.). *Imagens de vilas e cidades do Brasil colonial.* São Paulo: EDUSP/ Imprensa Oficial, 2000.

3 COSTA, Antônio Gilberto (org.). *Roteiro Prático de Cartografia: da América portuguesa ao Brasil Império.* Belo Horizonte: Editora UFMG, 2007.

documentos – ao que se sabe em grande parte inéditos – do Arquivo de Mateus, depositado em parte na Fundação da Casa de Mateus em Vila Real, Portugal e em parte na Biblioteca Nacional do Rio de Janeiro. Os documentos desse fundo foram de difícil leitura devido ao mau estado dos originais ou ao tipo de caligrafia. Mesmo assim, deram a conhecer algumas das preocupações de homens que se encontravam nas linhas de frente da criação de vilas, mas que pouco apareciam em interpretações correntes sobre a urbanização da capitania. A documentação selecionada está comprometida com uma visão oficial da urbanização e deixa muitos problemas em aberto; não obstante, permitiu ver interações entre colonos, índios, elites e representantes da Coroa num processo marcado por constantes tensões.

O desenvolvimento da pesquisa e as fontes consultadas levaram a privilegiar a análise da atuação urbanizadora da administração de Dom Luís Antônio de Sousa Botelho Mourão (1765-1775). O intenso impulso à urbanização nesse período foi parte de um esforço para integrar a capitania ao quadro de reformas ilustradas promovidas pelo ministro Sebastião José de Carvalho e Melo, conde de Oeiras (1759) e marquês de Pombal (1769). Este trabalho busca também indicar que, embora o ritmo de elevações a vila tenha caído muito depois de 1775, o processo de urbanização desencadeado dez anos antes não se prendeu à figura daquele governador, nem ao consulado pombalino. Procura-se apontar alguns desdobramentos do processo de urbanização até a administração de Antônio José da Franca e Horta (1802-1811). Todavia, não se pretendeu ver no ano de 1811 uma ruptura ou o fim de um ciclo. Apesar dos riscos envolvidos nessa opção de delimitação temporal, a intenção foi também suscitar algumas questões sobre períodos ainda pouco estudados da urbanização de São Paulo.

A discussão sobre a postura adotada pela Coroa Portuguesa na criação de núcleos urbanos está na origem do debate sobre a cidade colonial e permanece ainda no centro das preocupações da historiografia contemporânea sobre urbanização. Essa discussão é retomada no item Cidade colonial, política e urbanização: problemas e horizontes, que aponta questões de interesse para este trabalho a partir do quadro explicativo corrente. Procura-se também identificar os modos pelos quais os núcleos urbanos tendem a ser vistos na historiografia sobre povoamento e administração da região paulista. Este trabalho constitui uma tentativa de assimilar alguns elementos da historiografia específica sobre São Paulo a problemas pertinentes ao campo da história da urbanização.

Na estruturação das partes seguintes, procurou-se distinguir, se não três escalas bem definidas, pelo menos três dimensões de abordagem:(1) o movimento de urbanização no Reino e em regiões luso-americanas, (2) a reorganização dos territórios da capitania de São Paulo e (3) o processo de implantação de núcleos urbanos na capitania de São Paulo.

O capítulo "No Império Português" inicia-se tratando de reformas urbanas na Metrópole. A partir da bibliografia específica, analisam-se iniciativas de urbanização promovidas em Lisboa, Porto e Vila Real de Santo Antônio, salientando-se paralelismos na configuração de seus traçados e no modo de produzi-las, ainda que em cada uma delas se apresentasse um problema distinto do ponto de vista urbanístico. Destacam-se elementos de articulação entre as várias iniciativas: leis provenientes do poder central, a atuação de engenheiros militares, a supervisão de agentes régios e os princípios de definição dos traçados urbanos. No item Das vilas aos territórios luso-americanos, retomam-se esses mesmos elementos, considerando-se as especificidades do contexto colonial, num esboço de comparação de programas de urbanização em algumas regiões da colônia sul-americana: Grão-Pará, Mato Grosso, Bahia, Goiás, Paraíba, Rio Grande do Norte e Ceará. Desse modo, a intenção do capítulo é estabelecer algumas coordenadas do movimento mais amplo de urbanização do qual a capitania de São Paulo participou.

O capítulo "Territórios da capitania de São Paulo" apresenta os vetores de urbanização desenvolvidos na capitania, salientando alguns dos problemas que condicionaram a expansão urbana, com ênfase na administração do Morgado de Mateus. Inicialmente, o item Redefinição da geografia política faz um breve apanhado das mudanças administrativas na definição dos territórios da capitania no século 18. Procura-se ressaltar as implicações das instruções régias de 1765 e suas relações com o contexto de demarcação de fronteiras com os espanhóis. A criação de vilas e freguesias foi o meio privilegiado de reordenação do território; por isso, detivemo-nos um pouco nos mecanismos e implicações da instalação das estruturas do poder civil e eclesiástico no item Reorganização da malha administrativa. Na análise de Frentes de urbanização distinguem-se três principais focos da intervenção a partir de 1765: o sul, o oeste e o nordeste da capitania, além de se fazer referência a disputas fronteiriças com Minas Gerais e o Rio Grande. Exploram-se aspectos que foram definindo os avanços da urbanização, apontando-se algumas das articulações – e contradições – entre diretrizes régias, possibilidades locais e determinações do governador. Na mesma perspectiva, no item Crítica e reorientação analisam-se alguns dos desenvolvimentos do processo de urbanização na capitania entre 1775 e 1811.

Na última parte, "Espaços urbanos e urbanização", caracterizam-se diferentes momentos do processo de implantação de núcleos urbanos, sem com isso sugerir um encadeamento linear de fases. Acompanha-se o recrutamento de povoadores, a busca de sítios e a definição dos traçados, procurando-se identificar sobretudo elementos em comum no desenvolvimento de diferentes núcleos. Evidenciam-se momentos em que a administração da capitania sistematizou procedimentos e estabeleceu determinações mais abrangentes, tanto por meio de textos escritos como de desenhos. Por fim, faz-se uma abordagem comparada das representações de morfologias urbanas em plantas e imagens de núcleos de São Paulo. Observe-se que a grafia dos documentos citados foi atualizada e os topônimos citados foram padronizados.

Cidade colonial, política e urbanização: problemas e horizontes

Os núcleos urbanos da capitania de São Paulo no século 18, em seu conjunto, ainda não mereceram atenção mais detida como objeto específico na história da urbanização. Mas, as iniciativas urbanas em terras paulistas estão implicadas num longo e polêmico debate sobre a cidade colonial. O marco inicial desse debate foi o texto de Sérgio Buarque de Holanda "O Semeador e o Ladrilhador", publicado originalmente no livro *Raízes do Brasil* de 1936 e depois transformado em capítulo à parte na edição de 1947.[1] Como se sabe, as metáforas do semeador e do ladrilhador opuseram, de um lado, a cidade luso-americana, associada à desordem e ao crescimento orgânico e, de outro, a cidade hispano-americana, associada à ordem e ao planejamento. As imagens criadas por Sérgio Buarque estabeleceram paradigmas duradouros de interpretação da cidade colonial, mesmo para autores que pretenderam refutar suas proposições.[2]

Nos anos 90, os estudos sobre formações urbanas de matriz portuguesa avolumaram-se, tendendo a distanciar-se do cunho ensaístico dos trabalhos pioneiros e consolidando-se no âmbito da historiografia. Os paradigmas tradicionais de interpretação parecem já superados, mas isso não quer dizer que Sérgio Buarque de Holanda estivesse simplesmente equivocado. É possível retomar seu texto considerando que as imagens do semeador e do ladrilhador não tinham mesmo pretensão de dar respostas conclusivas. Conceberam-se esses tipos ideais como

1 HOLANDA, Sérgio Buarque de. "O Semeador e o Ladrilhador". In: SCHWARCZ, Lilia Moritz; BENZAQUEMDE, Ricardo (orgs.). *Raízes do Brasil*. Edição Comemorativa 70 anos. São Paulo: Companhia das Letras, 2006, p. 96-149.

2 TORRÃO FILHO, Amílcar. *Paradigma do caos ou cidade da conversão?: a cidade colonial na América Portuguesa e o caso da São Paulo na administração do Morgado de Mateus (1765-1775)*. Dissertação (mestrado) – Instituto de Filosofia e Ciências Humanas da Universidade Estadual de Campinas, 2004.

polos comparativos, um esclarecendo o outro e assim lançando luz sobre o tema a partir de diferentes ângulos.[3]

A consolidação de um campo disciplinar específico foi impulsionada pela tese de doutorado defendida por Nestor Goulart Reis Filho em 1964 e quatro anos depois publicada em forma de livro com o título *Evolução urbana do Brasil*.[4] O trabalho analisou a criação de vilas e cidades por portugueses na América do Sul entre 1500 e 1720 a partir da noção de política urbanizadora, definida como "um esforço para controlar ou influir sobre as transformações que ocorrem num processo de urbanização".[5] Abriu-se também caminho para distinguir as manifestações dessa política portuguesa em outros momentos da colonização.

Os encaminhamentos do debate sobre a chamada cidade colonial foram levando a ver múltiplas expressões do fenômeno urbano em diferentes regiões e contextos históricos. A imagem das vilas de domingo – que só tinham importância esporádica, em dias de festas, novenas ou eventuais negociações – foi dando lugar a outros enfoques. Numa convergência de diferentes perspectivas, a cidade ou vila ganhou relevo como instrumento político de ocupação territorial, polo administrativo e espaço de imposição de padrões de civilidade. Mais do que cenário de fundo para outros acontecimentos, a cidade passou a ser vista em seus próprios termos. Permaneceu, porém, a preocupação em encontrar definições mais abrangentes para o modo como a Coroa Portuguesa atuou na expansão urbana em seus territórios.

Uma das referências fundamentais para a historiografia recente é a trajetória de crescente afirmação da monarquia no campo da criação urbana acompanhada de uma progressiva ênfase na regularidade geométrica dos traçados desde fins da Idade Média.[6] A culminância desse processo teria sido o consulado pombalino, durante o reinado de Dom José I (1750-1777). Nessa trajetória esquemática, a política centralizadora promovida sob Pombal destaca-se pelo intenso impulso à urbanização e pelo empenho mais amplo em controlar a configuração de tra-

3 WEGNER, Roberto. "Um ensaio entre o passado e o futuro". In: SCHWARCZ, Lilia Moritz; BENZAQUEMDE, Ricardo (orgs.). *Raízes do Brasil...*, p. 335-396. TORRÃO FILHO, Amílcar. *Paradigma do caos ou cidade da conversão?...*, p. 43.

4 REIS FILHO, Nestor Goulart. *Evolução urbana do Brasil (1500/1720)*. São Paulo: Pioneira, 1968.

5 REIS FILHO, Nestor Goulart. *Evolução urbana do Brasil...*, p. 66.

6 DELSON, Roberta Marx. *Novas vilas para o Brasil-Colônia: planejamento espacial e social no século XVIII*. Brasília: Alva-Ciord, 1997. MOREIRA, Rafael. "A arte da Ruação e a cidade luso-brasileira". *Cadernos de pesquisa do LAP*. São Paulo, FAUUSP, n. 37, p. 6-32, 2003. REIS FILHO, Nestor Goulart. "Urbanismo no Brasil. Séculos XVI-XVII". In: ALOMAR, Gabriel. *De Teotihuacán a Brasília: estudios de historia urbana iberoamericana y filipina*. Madrid: Inst. de Administración Local, 1987, p. 352-369. TEIXEIRA, Manuel C.; VALLA, Margarida. *O urbanismo português. Séculos XIII-XVIII*. Portugal-Brasil. Lisboa: Livros Horizonte, 1999.

çados urbanos. A ação extensa de engenheiros militares e o estabelecimento de determinações formais em cartas régias são considerados fundamentais na imposição dessa política. Essas referências permitem problematizar a criação de vilas e povoações na capitania de São Paulo a partir de 1765. Como se teriam concebido as iniciativas urbanas nessa região em que a presença de engenheiros militares só se tornou mais estável depois de 1788 e onde não há evidências de determinações régias específicas para concepção de traçados urbanos, pelo menos até fins do século 18?

Ainda buscando definições sintéticas sobre o modo como a Coroa atuou na configuração de núcleos urbanos, a discussão sobre cidades luso-brasileiras ganhou matizes e desdobrou-se em problemas mais complexos. Uma das tendências de estudos recentes é sublinhar a atuação de agentes da administração colonial mais do que imposições normativas emanadas do poder régio. Renata Klautau Malcher de Araújo destacou a metodologia e a base de conhecimentos comum a agentes que teriam atuado como *funcionários do urbanismo* e *construtores do território*.[7] Beatriz Piccolotto Siqueira Bueno aprofundou-se no estudo da formação e atuação de engenheiros militares, trazendo uma análise de seus desenhos como instrumento de políticas territoriais portuguesas.[8] Hugo Segawa mostrou que administradores da geração ilustrada promoveram a criação de espaços ajardinados que não traziam evidências da autoridade da Coroa, como, por exemplo, o Passeio Público do Rio de Janeiro, iniciativa promovida pelo vice-rei D. Luís de Vasconcelos entre 1779 e 1783.[9] Tais trabalhos incitaram a explorar, no contexto da criação urbana na capitania de São Paulo, a tensão entre determinações vindas do centro político em Lisboa e a autonomia local de agentes da administração portuguesa.

Na historiografia sobre urbanismo de matriz portuguesa, a existência de um modelo para fundações urbanas setecentistas permanece como categoria de análise; no entanto, é minimizada pela valorização de princípios ou de uma variedade de modelos. Essa mudança de postura pode ser vista nos textos de Roberta Marx Delson, que em 1979 procurou demonstrar a extensa aplicação de um

---

7 ARAÚJO, Renata Klautau Malcher de. *As cidades da Amazônia no século XVIII: Belém, Macapá e Mazagão*. Porto: FAUP, 1998. ARAÚJO, Renata K. Malcher. *A urbanização do Mato Grosso no século XVIII: Discurso e método*. Dissertação (Doutoramento) – Faculdade de Ciências Sociais e Humanas, Lisboa, 2000.

8 BUENO, Beatriz Piccolotto Siqueira. *Desenho e desígnio: o Brasil dos engenheiros militares (1500-1822)*. Tese (doutorado) – FAUUSP, São Paulo, 2001.

9 SEGAWA, Hugo. "Alamedas e Passeios na América Colonial". In: SALOMÃO, Eugenia María Azevedo (dir.). *Del territorio a la Arquitectura en el obispado de Michoacán. México*, Universidad Micgoacana de San Nicolás de Hidalgo, 2007, v. II, p. 723-732. SEGAWA, Hugo. *Ao amor do público: jardins no Brasil*. São Paulo: Studio Nobel, 1996, p. 77-81.

certo modelo de núcleo urbano em regiões interiores da Colônia; e, mais recentemente, sustenta que não haveria um "modelo definitivo" a ser seguido e desloca o foco para as possibilidades de ação dos engenheiros militares.[10] Sem abrir mão da noção de modelo, Manuel C. Teixeira e MargaridaValla propuseram interpretar a cidade portuguesa a partir da interação constante de dois componentes, o vernacular ou ligado à experiência prática do território e o erudito, associado a malhas ortogonais.[11] Parece haver consenso quanto à maleabilidade dos portugueses ao estabelecerem seus núcleos urbanos, o que permitiria adaptações a características naturais de cada um dos sítios.

Mas, a despeito dessa possível maleabilidade em implantações urbanas, vários autores constatam realizações concretas bem diferentes dos planos urbanísticos previstos. O contraste parece mais evidente quando se confrontam planos urbanos rigidamente ordenados produzidos durante o governo pombalino e as respectivas cidades construídas. A exclamação de Laurent Vidal a respeito de Nova Mazagão, no Grão-Pará, é expressiva: "que distância (...) entre as harmoniosas proporções das belas casas desenhadas pelo engenheiro genovês, Sambucetti, e a realidade amazônica desses barracos de adobe com amarras vegetais!".[12]

Algumas análises procuraram indicar regiões da Colônia em que intervenções urbanísticas oficiais teriam tido maior ou menor sucesso. Nestor Goulart Reis Filho considerou que os exemplos mais evidentes de adoção de determinações urbanísticas similares às da Baixa de Lisboa seriam os conjuntos de sobrados construídos em Belém do Pará, São Luís do Maranhão e Salvador –alguns deles anteriores mesmo às transformações lisboetas; já nas regiões amazônica e matogrossense os resultados das políticas pombalinas teriam sido comedidos, embora mantendo um "padrão lusitano".[13] Por outro lado, Paulo César Garcez Marins

---

10 DELSON, Roberta Marx. *Novas vilas para o Brasil-Colônia*...DELSON, Roberta Marx. "Military engineering and the "colonial" project for Brazil: agency and dominance". In: CARITA, Hélder; ARAÚJO, Renata K. M.; ROSSA, Walter (org). *Actas do colóquio internacional universo urbanístico português. 1415-1822*. Lisboa: Comissão Nacional para as Comemorações dos Descobrimentos Portugueses, 2001, p. 905-916.

11 TEIXEIRA, Manuel C.; VALLA, Margarida. *O urbanismo português...* TEIXEIRA, Manuel C. "Os Modelos Urbanos Portugueses da Cidade Brasileira". Comunicação apresentada no Colóquio *A Construção do Brasil Urbano*, Convento da Arrábida – Lisboa 2000. "Urbanismo de origem portuguesa". Disponível em: <http://revistas.ceurban.com/numero3/artigos/artigo_07.htm>. Acesso em: 8 dez. 2008.

12 VIDAL, Laurent. *Mazagão: a cidade que atravessou o Atlântico*. São Paulo: Martins Fontes, 2008, p. 151.

13 REIS FILHO, Nestor Goulart. "Urbanismo no Brasil. Séculos XVI-XVII...", p. 369. REIS FILHO, Nestor Goulart. "Notas sobre o urbanismo Barroco no Brasil". In: Cadernos de Pesquisa do LAP. São Paulo, FAUUSP, n. 3, nov./dez. 1994.

tendeu a considerar que zonas despovoadas e fronteiriças ofereceram maiores possibilidades de imposição de padrões urbanos geométricos; já em cidades consolidadas como Recife, Rio de Janeiro ou Salvador, práticas sociais resistentes ao controle e interesses enraizados se teriam interposto aos planos oficiais.[14]

Na área de urbanismo e urbanização, grande parte dos trabalhos sobre as formações urbanas coloniais está voltada, como é compreensível, para a análise de planos e dispositivos de planificação. Em geral, não há espaço para especular de modo mais detido sobre as razões da aparente descontinuidade entre projetos urbanos e a paisagem construída, o que dependeria também de um aprofundamento em especificidades locais. A participação de colonos, quando mencionada, tende a ser vista como fator de alteração e descaracterização de projetos já constituídos ou ainda como obstáculo para sua realização. Desse modo, tende-se a sugerir a existência de fases estanques e bem definidas para o ato de planejar e, em seguida, executar o que fora antes previsto, numa visão redutora das dinâmicas envolvidas na construção de cidades. Conforme alertou Amílcar Torrão Filho, boa parte do debate sobre a cidade colonial pautou-se por critérios de planejamento vinculados a uma certa noção de racionalidade urbanística que só teria vindo a estabelecer-se mais tarde, no século 19.[15] E, em oposição a uma visão da cidade como realidade preconcebida ou preformada, Ulpiano Toledo Bezerra de Meneses defendeu a necessidade de resgatar suas dimensões como artefato, como produto e vetor de um campo de forças complexo e também como representação social.[16]

O conceito de urbanização tem-se mostrado útil para apreender dinâmicas de transformação de cidades. Ainda nos anos 70, Eric Lampard discutiu a noção de urbanização, enfatizando a ideia de processo social que precede e acompanha formações urbanas.[17] Nestor Goulart Reis Filho tomou o conceito como base para analisar a evolução da rede urbana brasileira, considerando suas relações com a elaboração de uma política colonizadora.[18] Numa outra linha, mas também partindo da concepção de espaço ou território socialmente produzido, trabalhos recentes de Maria Alexandre Lousada sobre Lisboa nos séculos 18 e 19

---

14 MARINS, Paulo César Garcez. *Através da rótula: sociedade e arquitetura no Brasil* (séc. XVII- XIX). São Paulo: Humanitas/História Social-USP, 2001, p. 89-144.

15 TORRÃO FILHO, Amílcar. *Paradigma do caos ou cidade da conversão?...* p. 83-85.

16 MENESES, Ulpiano T. Bezerra de. "Morfologia das cidades brasileiras. Introdução ao estudo histórico da iconografia urbana". *Revista da USP*, São Paulo, n. 30, p. 144-153, 1996.

17 LAMPARD, Eric. "Aspectos Históricos da Urbanização". In: HAUSER, P., SCHNORE, L. (orgs.). *Estudos de Urbanização*. São Paulo: Pioneira, 1975.

18 REIS FILHO, Nestor Goulart. *Evolução urbana do Brasil...*

analisaram novos sentidos de espacialidade decorrentes de práticas de sociabilidade e vivências urbanas.[19]

Até aqui, a capitania de São Paulo não apareceu como objeto específico de estudo na historiografia mencionada. Na área de arquitetura, urbanismo e urbanização, há uma vasta produção de textos sobre a vila e cidade de São Paulo, em grande parte voltados para períodos posteriores a meados do século 19. Monografias específicas sobre as demais vilas da capitania muitas vezes estão ligadas à preservação da memória e do patrimônio material ou à proposição de intervenções urbanas. Referências fundamentais sobre o modo como se estruturaram as vilas e os territórios paulistas nos tempos coloniais provêm da historiografia em outras áreas.

Muitos caminhos, poucas cidades

É na área de história administrativa que se tem uma primeira análise mais aprofundada da criação de vilas e cidades na capitania de São Paulo no período de 1765 a 1775, com o estudo clássico de Heloísa Bellotto, *O governo do Morgado de Mateus: primórdios da restauração da Capitania de São Paulo (1765 -1775)*.[20] O estudo mostrou, em vários aspectos do exercício de governo, os choques entre, de um lado, a autoridade central e as ações autonomistas do Morgado de Mateus e, de outro lado, entre elementos locais da capitania e o personalismo do governador. O conceito de política de urbanização é a base para o capítulo assim intitulado, onde se analisaram iniciativas de criação de novas povoações, relacionando-as com a consecução de medidas de cunho militar, econômico e social. Destacaram-se as dificuldades advindas da resistência de povoadores, da carência de recursos, de conflitos com Câmaras e – o que seria fatal para o futuro do Morgado de Mateus – do desentendimento com a Metrópole a respeito da estratégia que levou à construção do Iguatemi. Importa ressaltar que, conforme a análise de Heloísa Bellotto, alguns dos rumos da política de urbanização desenvolvida em São Paulo foram reorientados em função de circunstâncias e problemas que se iam apresentando.

---

19 LOUSADA, Maria Alexandre. "Espacialidade em debate: práticas sociais e representações em Lisboa nos finais do Antigo Regime". *Ler História*. Lisboa, ISCTE, N. 48, 2005, p. 33-46. LOUSADA, Maria Alexandre. *Espaços de sociabilidade em Lisboa: finais do século XVIII a 1834*. Tese (Doutoramento em Geografia Humana). Lisboa: Faculdade de Letras da Universidade de Lisboa, 1995. LOUSADA, Maria Alexandre. "Praça e sociabilidade: práticas, representações e memórias". In: FARIA, Miguel Figueira. *Praças Reais: passado, presente e futuro*. Lisboa: Livros Horizonte, 2008, p. 45-56.

20 BELLOTTO, Heloísa Liberalli. *O governo do Morgado de Mateus: primórdios da restauração da Capitania de São Paulo (1765 -1775)*. Tese (doutorado em História Econômica) – FFLCH, USP, São Paulo, 1976. BELLOTTO, Heloísa Liberalli. *Autoridade e conflito no Brasil colonial: o governo do Morgado de Mateus em São Paulo (1765-1775)*. São Paulo: Alameda, 2007, 2ª ed. revista.

Na historiografia mais abrangente sobre a ocupação e o povoamento de São Paulo, a formação de núcleos urbanos poucas vezes aparece vinculada a uma política específica da Coroa Portuguesa nesse campo. Boa parte dos trabalhos privilegia a vila e depois cidade de São Paulo, principalmente do século 16 ao começo do século 18. Mas, conforme advertiu Raquel Glezer, o objeto de estudo São Paulo caracterizou-se por não ter espacialidade ou temporalidade bem demarcadas, de modo que pode incluir uma área variável de relações econômicas e culturais sem se restringir à cidade ou ao atual Estado; além disso, sua colonização muitas vezes é abordada como um único bloco temporal contínuo.[21]

Estudos sobre a ocupação do território consideram o planalto uma exceção no processo colonizador. Entre as colinas, planícies e terraços fluviais da bacia dos rios Tietê-Pinheiros, a fixação de um núcleo estável deu-se mais cedo do que em outras partes do território onde as vilas se mantinham ainda presas ao litoral. Trabalhos seminais abordaram a expansão dos núcleos urbanos paulistas. Caio Prado Jr. salientou as condições geográficas vantajosas à ocupação do planalto e destacou a posição privilegiada da vila de Piratininga como centro geográfico natural de irradiação do povoamento.[22] Ernani Silva Bruno expandiu a análise dos vetores de distribuição dos núcleos urbanos no atual estado e associou-a a diferentes ciclos econômicos.[23] Sérgio Buarque de Holanda descreveu uma peculiar dinâmica de flutuação demográfica nos núcleos da capitania em seu clássico artigo "Movimentos da População em São Paulo no século XVIII".[24]

Numa perspectiva tradicional, as cidades ou núcleos urbanos são considerados secundários na colonização da região de São Paulo. Mesmo trabalhos voltados para o entendimento do modo como se deu a expansão dos núcleos urbanos não deixam de se referir ao "cunho predominantemente rural"[25] da sociedade ou a "povoações ainda insignificantes, algumas com número reduzido de edificações e com muitos de seus moradores – como em outros tempos – vivendo fora,

---

21 GLEZER, Raquel. *Chão de terra e outros ensaios sobre São Paulo*. São Paulo: Alameda, 2007, p. 148-151.

22 PRADO JR., Caio. "A cidade de São Paulo: geografia e história". In: PRADO JR. Caio. *Evolução política do Brasil e outros estudos*. São Paulo: Brasiliense, 1957, p. 97-146.

23 BRUNO, Ernani Silva. *Viagem ao país dos paulistas*. Rio de Janeiro: José Olympio, 1966. BRUNO, Ernani Silva. "Esboço da Historia do povoamento de São Paulo". In: BRUNO, Ernani Silva (org.). *São Paulo: terra e povo*. Porto Alegre: Globo, 1967, p. 1-17.

24 HOLANDA, Sérgio Buarque. "Movimentos da população em São Paulo no século XVIII". *Revista do Instituto de Estudos Brasileiros*. São Paulo, 1966, n. 1, p. 55-111. O artigo refere-se sobretudo ao século 17 e a terras dos atuais estados de São Paulo e Paraná.

25 HOLANDA, Sérgio Buarque. "Movimentos da população em São Paulo no século XVIII"..., p. 69.

nas fazendas ou nos sítios".[26] Conforme Ilana Blaj, a primazia do rural sobre o urbano foi mesmo uma tônica de certa linha da historiografia sobre São Paulo.[27]

O panorama de atrofia do mundo urbano por vezes aparece entrelaçado com uma ênfase na mobilidade dos paulistas. A ação dos bandeirantes ocupou lugar de destaque na historiografia brasileira e contribuiu para plasmar a imagem do paulista avesso à fixação mais estável e à sedentarização: "sua vocação estaria no caminho, que convida ao movimento; não na grande propriedade rural, que cria indivíduos sedentários".[28] Mas a itinerância e a fixação provisória teriam sido mesmo uma necessidade diante das condições de sobrevivência no planalto. Sérgio Buarque de Holanda mostrou que a sucessiva criação de núcleos que se povoavam às custas do despovoamento de um núcleo original expressava tensões inerentes à obtenção de um "equilíbrio vital" entre dois componentes: a presença de terras lavradias e o acesso à mão de obra indígena.[29]

Estudos recentes sobre São Paulo, embora não tendo núcleos urbanos como objeto principal, permitiram ver modos específicos pelos quais as vilas paulistas atuaram no processo colonizador. John Manuel Monteiro identificou relações de interdependência entre as dinâmicas de escravização indígena e a formação de vilas e aldeamentos nos séculos 16 e 17.[30] Ilana Blaj destacou a crescente mercantilização de São Paulo e seu papel na expansão de uma teia de relações que levou ao povoamento e à articulação de bairros rurais, freguesias e vilas.[31] A valorização das múltiplas funções desempenhadas pelas câmaras municipais permitiu questionar a ideia de ausência de vitalidade urbana. Ao lado disso, as próprias categorias de rural e urbano foram revistas. No passado colonial, tais noções não faziam o mesmo sentido que hoje, já que campo e cidade se combinavam num mesmo organismo econômico, social e político.[32]

Outra imagem cristalizada numa certa historiografia sobre São Paulo e revista por Ilana Blaj foi a de autonomia em relação à Metrópole ou a outras regiões, o que em certo momento esteve associado a uma suposta rebeldia paulista.[33] Ainda conforme Blaj, as relações entre autoridades reais e colonos paulistas podiam

---

26 BRUNO, Ernani Silva. *Viagem ao país dos paulistas…*, p. 100.

27 BLAJ, Ilana. *A trama das tensões: o processo de mercantilização de São Paulo colonial (1681-1721)*. São Paulo: Humanitas/FAPESP, 2002, p. 116-119.

28 HOLANDA, Sérgio Buarque. *Monções*. São Paulo: Brasiliense, 1990, p. 16.

29 HOLANDA, Sérgio Buarque. "Movimentos da população em São Paulo no século XVIII"…, p. 69.

30 MONTEIRO, John Manuel. *Negros da terra: índios e bandeirantes nas origens de São Paulo*. São Paulo: Companhia das Letras, 1994, p. 100-113.

31 BLAJ, Ilana. *A trama das tensões…*

32 BLAJ, Ilana. *A trama das tensões…*, p. 122.

33 BLAJ, Ilana. *A trama das tensões…*, p. 59-60.

ser conflituosas, mas não deixavam de ser uma "empresa em conjunto", voltada em última instância para a "sedimentação de uma ordem senhorial-escravista mercantil e cristã"[34] Mesmo assim, ainda se enfatiza a força de usos e costumes próprios de São Paulo – e nem tanto determinações régias – até pelo menos o começo do século 18, quando a vila, depois cidade, viria a se encaminhar para uma integração mais plena ao projeto político da Coroa.[35]

Enfim, este breve apanhado sugere que uma dinâmica peculiar teria dado origem a uma rede urbana de formação precoce, relativamente densa e interiorizada, mas marcada pela instabilidade e pela fixação apenas provisória da população. Ainda que a Coroa Portuguesa tenha participado desse movimento, não parece ter-lhe imposto um direcionamento rígido. Esse quadro talvez descreva simplificadamente a expansão urbana em São Paulo nos primeiros tempos da colonização, mas teria sido assim também na segunda metade do século 18? Um problema desta pesquisa é identificar o modo pelo qual uma região dotada de tantas peculiaridades – tal como indica a historiografia sobre São Paulo – teria tomado parte de uma política de urbanização ampla e de características unificadoras – tal como aponta a historiografia na área de urbanismo. Inicialmente, parece necessário distinguir alguns aspectos marcantes do movimento de urbanização no universo português dos setecentos.

---

34 BLAJ, Ilana. *A trama das tensões…*, p. 220.

35 RUIZ, Rafael; SILVA, Janice Theodoro da. "São Paulo de vila a cidade: a fundação, o poder público e a vida política". In: PORTA, Paula (org.). *História de São Paulo. São Paulo: Paz e Terra*, 2005, v. 1, p. 69-113.

No Império Português

REFORMAS URBANAS NA METRÓPOLE

O marco emblemático de uma ação urbanizadora de cunho ilustrado no mundo português é a reconstrução dos bairros centrais de Lisboa – a chamada Baixa lisboeta – após o terremoto, seguido de maremoto e incêndio, em 1º de novembro de 1755. O terremoto também teve impacto na política, pois propiciou a concentração de poderes em mãos de Pombal, principal ministro de Dom José I (1750-1777). A administração de Pombal implementou uma série de reformas em setores da sociedade e das instituições portuguesas, vindo a configurar uma política de centralização monárquica. A existência de um projeto político bem delineado pelo governo pombalino pode ser questionada, mas desde o início evidenciou-se uma disposição de reorganizar e reforçar o aparelho do Estado.[1]

Iniciativas urbanísticas parecem ter sido fundamentais à imposição das reformas pombalinas. Em Lisboa, a reconstrução da Baixa depois do terremoto viria a afirmar a função da cidade como centro comercial e administrativo, contribuindo para estabelecer compromissos com a alta burguesia mercantil. Já a iniciativa de construção de Vila Real de Santo Antônio (1775) teve propósitos de reorganização militar, reforço fiscal e promoção da atividade pesqueira por meio da criação de uma companhia monopolista estatal. Vila Real foi também expressão inicial de um esforço de reordenamento político-administrativo do território, com intuito de racionalizar suas divisões e uniformizar jurisdições.[2]

---

1 FALCON, Francisco J. C. *A época pombalina: política econômica e monarquia ilustrada*. São Paulo: Ática, 1982, p. 373-374.

2 SILVA, Ana Cristina Nogueira da. *O modelo espacial do Estado moderno: reorganização territorial em Portugal nos finais do Antigo Regime*. Lisboa: Estampa, 1998, p. 72-73.

Por sua vez, o impulso à modernização do tecido urbano do Porto e ao controle de seu desenvolvimento seguiu-se a uma violenta reação de pequenos proprietários de vinhedos às restrições impostas pela criação de uma companhia monopolista no Alto Douro (1756). Em Coimbra, transformações na infraestrutura da universidade a partir de 1772 foram parte de medidas de reorientação do ensino depois da expulsão da Companhia de Jesus em 1759. Conforme propôs Walter Rossa, um setor de reforma pode ser associado a cada uma das principais transformações urbanas promovidas no Reino: comércio em Lisboa, agricultura no Porto, pesca em Vila Real de Santo Antônio e ensino em Coimbra.[3] Em cada uma dessas iniciativas, colocou-se um problema distinto do ponto de vista urbanístico: reconstrução de um setor vital da cidade em Lisboa, intervenções no tecido existente e expansão da malha urbana no Porto, fundação *ex-nihilo* em Vila Real e reforma na universidade em Coimbra. Mas, a despeito dos diferentes contextos, é possível ver essas iniciativas como parte de uma mesma cultura urbanística.[4]

No processo de elaboração dos planos de Lisboa, destaca-se um memorial em que se fez uma reflexão preliminar sobre a natureza da intervenção a ser conduzida. A Dissertação sobre a renovação da Cidade de Lisboa,[5] apresentada pelo engenheiro-mor do reino Manuel da Maia em 1755, discutiu cinco hipóteses para a reconstrução depois do terremoto. A primeira delas era restituir a cidade a seu estado anterior, ao mesmo tempo que o sítio anterior seria deixado para os antigos proprietários construírem como quisessem. Manuel da Maia foi mostrando, porém, que tendia a soluções mais radicais de intervenção. O engenheiro estendeu-se sobre as vantagens de erguer uma nova cidade a oeste da antiga, num sítio entre Alcântara e Pedrouços, mais perto do Palácio de Belém; mas também se mostrou inclinado à construção de um novo tecido urbano na mesma área central antes destruída. É difícil dizer se Manuel da Maia "jogava nas duas soluções ao mesmo tempo"[6] ou se preferiria a construção em novo sítio. Como se sabe, prevaleceu a ideia de construir no mesmo local destruído pelo terremoto.

---

3 ROSSA, Walter. *A urbe e o traço: uma década de estudos sobre o urbanismo português*. Lisboa: Almedina, 2002, p. 333.

4 As principais referências para a comparação que se segue são: CORREIA, José Eduardo Capa Horta. *Vila Real de Santo António: urbanismo e poder na política pombalina*. Porto: FAUP, 1990. FERRÃO, Bernardo José. *Projeto e transformação urbana do Porto na época dos Almadas 1758/1813: uma contribuição para o estudo da cidade pombalina*. Porto: FAUP, 1989. FRANÇA, José Augusto. *Lisboa Pombalina e o Iluminismo...* ROSSA, Walter. *A urbe e o traço...*, sobretudo p. 314-348. TEIXEIRA, Manuel C.; VALLA, Margarida. *O urbanismo português...*, p. 285-314.

5 Ou Dissertação de Manuel da Maia. In: FRANÇA, José-Augusto. *Lisboa pombalina e o Iluminismo...*, p. 311-326.

6 FRANÇA, José-Augusto. *Lisboa pombalina e o Iluminismo...*, p. 83.

Já em Vila Real, situada na fronteira ao Sul, no Algarve, aventou-se inicialmente refazer a povoação existente com materiais mais duráveis, mas preferiu-se construir uma cidade inteiramente nova num sitio desocupado à margem do rio Guadiana. Uma carta régia de 30 de dezembro de 1773 impôs a mudança para um terreno vizinho, considerando que a antiga povoação estava reduzida "às últimas ruínas" e suas edificações "plantadas em dunas de areais movediços".[7]

Em Lisboa, os critérios de desenho urbano adotados na reconstrução foram bem diferentes daqueles existentes no anterior traçado ainda de feições medievais. A Dissertação de Manuel da Maia valorizou padrões de regularidade de ruas e edifícios, associando-os a noções de "formosura", "simetria" e "boa ordem". Em Vila Real, a regularidade geométrica da planta também foi um dado preestabelecido. A carta régia de 1773 impôs determinações formais fundamentais:

> fareis delinear a dita Vila reedificada com uma competente praça, na qual a igreja, a Casa de Câmara e o Terreiro do Pão tenham o primeiro lugar, sem lhe faltar a comodidade para se fazer um amplo mercado de todos os comestíveis uma vez cada semana./Tomando a mesma praça por centro mandareis produzir dela em linhas retas as ruas necessárias para se formarem as casas, telheiros, lagares e armazéns das pescarias./ Para as habitações dos referidos e dos outros moradores, dividireis as ruas de sorte que nenhuma delas tenha mais nem menos de trinta palmos de largo. Os dois lados dela serão repartidos em chãos de vinte e seis palmos de frente cada um, com os fundos necessários para poderem ter os seus quintais dos mais ou menos palmos que as configurações dos terrenos permitirem nos sobreditos fundos.[8]

Estabeleceram-se nesse documento a praça como foco do traçado, ruas retilíneas de largura determinada, casas com quintais e lotes de dimensões específicas. As casas deveriam ser térreas, mas era permitido depois erguer outro piso. A despeito dos programas urbanos de natureza distinta – a reconstrução de um setor de Lisboa e a implantação de um plano unitário em Vila Real – é possível ver paralelismos entre seus traçados.

---

7 Carta régia de Dom José I ao governador e capitão-general do reino do Algarve, Dom José Francisco da Costa. Palácio de Nossa Senhora da Ajuda, 30 dez. 1773. *Apud* CORREIA, José Eduardo Capa Horta. *Vila Real de Santo António…*, p. 314-315.

8 Carta régia ao governador e capitão-general do reino do Algarve Dom José Francisco da Costa. Palácio de Nossa Senhora da Ajuda, 30 dez. 1773. *Apud* CORREIA, José Eduardo Capa Horta. *Vila Real de Santo António…*, p. 314-315.

Em Lisboa e Vila Real foram impostos planos baseados numa rígida disciplina geométrica (figuras 1.1 e 1.2). Os traçados conciliaram uma malha regular com polos de centralidade representados por praças. O plano de Vila Real, similarmente ao da Baixa de Lisboa, apresenta uma retícula em que os quarteirões mostram uma tensão entre a tendência à verticalidade e à horizontalidade. A malha ortogonal das vias de Lisboa determina quarteirões mais alongados na direção aproximadamente leste-oeste (ou horizontal) junto à Praça do Comércio e quarteirões tendendo à direção norte-sul (ou vertical) junto ao Rossio. Em Vila Real, a praça principal determina uma sequência de quarteirões quadrados em direção paralela ao rio, já os demais quarteirões apresentam formas retangulares, com pouco menos da metade do tamanho daqueles. Também em ambos os planos as casas estão dispostas em blocos que definem quarteirões. Predomina a subordinação dos edifícios ao efeito global do conjunto urbanístico. Em Lisboa, as diferentes larguras previstas para as ruas – 40 palmos para as secundárias e 60 palmos para as principais (cerca de 8,6 e 13 metros) – correspondem a tipologias ligeiramente distintas de edifícios; em Vila Real, todas as ruas tem largura de 40 palmos – sendo que a já mencionada carta régia de 1773 previa 30 palmos (cerca de 6,5 m)– mas os edifícios institucionais localizam-se em ruas paralelas ao rio, que assumem assim maior importância. Os pavilhões de Vila Real foram concebidos para ser na maior parte térreos – a não ser na praça principal e na parte voltada para o rio – já o chamado "prédio pombalino" típico de Lisboa tem quatro andares mais uma água-furtada. Nos dois casos, o princípio da composição é a uniformização estandardizada de fachadas e a pré-fabricação de elementos, com algumas variações devido a diferenças tipológicas. Os interiores das casas seriam decididos pelos proprietários, havendo apenas alguns condicionamentos impostos pela disposição das aberturas nas fachadas e pela volumetria.

No Porto, a estrutura urbana existente estava marcada por forte caráter medieval e pela topografia acidentada. Sua redefinição se deu por uma série de intervenções gradativas e não por um plano abrangente como houve em Lisboa e Vila Real. Mesmo assim, o conjunto de transformações no Porto também foi orientado por princípios de regularidade geométrica do traçado de ruas e fachadas. Como se vê na "planta redonda" de George Balck de 1813, que já apresenta as muralhas demolidas a mando de D. Maria I, foram abertos eixos transversais ligando a cidade antiga a novos bairros para expansão urbana (figura 1.3). Novas ruas, retilíneas e mais largas, deveriam ser margeadas por edifícios contínuos e de arquitetura regular. As fachadas dos sobrados do Porto apresentam maior proporção de vãos do que as da Baixa de Lisboa, mas também se baseiam na sistematização de elementos construtivos. No núcleo antigo do Porto, entre outras propostas, deu-se nova configuração ao principal espaço urbano, a praça da Ribeira. Assim como na Praça do Comércio em Lisboa e no conjunto da Alfândega e casas de pescaria em Vila Real, a praça da Ribeira apresentava uma fachada urbana voltada para o rio.

Em Coimbra, por outro lado, mais do que uma reestruturação urbanística, houve intervenções arquitetônicas. O ponto de partida foi a necessidade de adaptar edifícios antes pertencentes ao patrimônio jesuítico e construir outras instalações. O contexto de valorização das ciências naturais trouxe novos programas – museus, laboratórios, um observatório astronômico e um jardim botânico.

As intervenções em Lisboa, Vila Real, Porto e Coimbra apresentaram similaridades no modo como foram concebidas. Em todas houve a presença de técnicos especializados com funções de engenheiros militares ou arquitetos. Na reconstrução de Lisboa, destacou-se o protagonismo do engenheiro-mor do Reino Manuel da Maia, cujo posto previa a direção de todas as obras gerais de fortificação não só no Reino como também no Ultramar. Manuel da Maia coordenou os planos e obras de reconstrução, sugeriu as alternativas que lhe pareciam mais adequadas e também escolheu e orientou as equipes de técnicos que estudaram os projetos. O engenheiro e arquiteto do Senado da cidade Eugênio dos Santos e o arquiteto dos Paços Reais e Ordens Militares Carlos Mardel foram encarregados da elaboração dos projetos finais e da direção das obras. No Porto, os engenheiros militares Francisco Xavier do Rego e Francisco Pinheiro da Cunha atuaram nos primeiros tempos depois da criação da Junta das Obras Públicas e foram sucedidos por outros oficiais com exercício de engenheiro e também por arquitetos que não pertenciam aos quadros da engenharia militar. A elaboração dos planos de Vila Real foi feita em Lisboa, sob a chefia do arquiteto de obras reais Reinaldo Manuel dos Santos. Em Coimbra, a equipe responsável pelos projetos foi liderada pelo engenheiro militar inglês Guilherme Elsden. Os planos de Lisboa e Vila Real foram elaborados na Casa do Risco das Obras Públicas de Lisboa. Similarmente, no Porto, estabeleceu-se na Junta de Obras Públicas (1758) uma Sala do Risco. Esses gabinetes evocavam as práticas das "casas de riscar" estabelecidas na construção de catedrais medievais, nas quais a oficina de desenhos estava reunida à gestão de obras e era espaço de aprendizagem para arquitetos e também para pedreiros e carpinteiros.[9]

---

9 OLIVEIRA, Maria Leonor Morgado Ferrão de. *Eugénio dos Santos e Carvalho, arquitecto e engenheiro militar (1711-1760): cultura e prática de arquitectura*. Doutoramento (História da Arte) – Faculdade de Ciências Sociais e Humanas, Universidade Nova de Lisboa, Lisboa, 2007, p. 218.

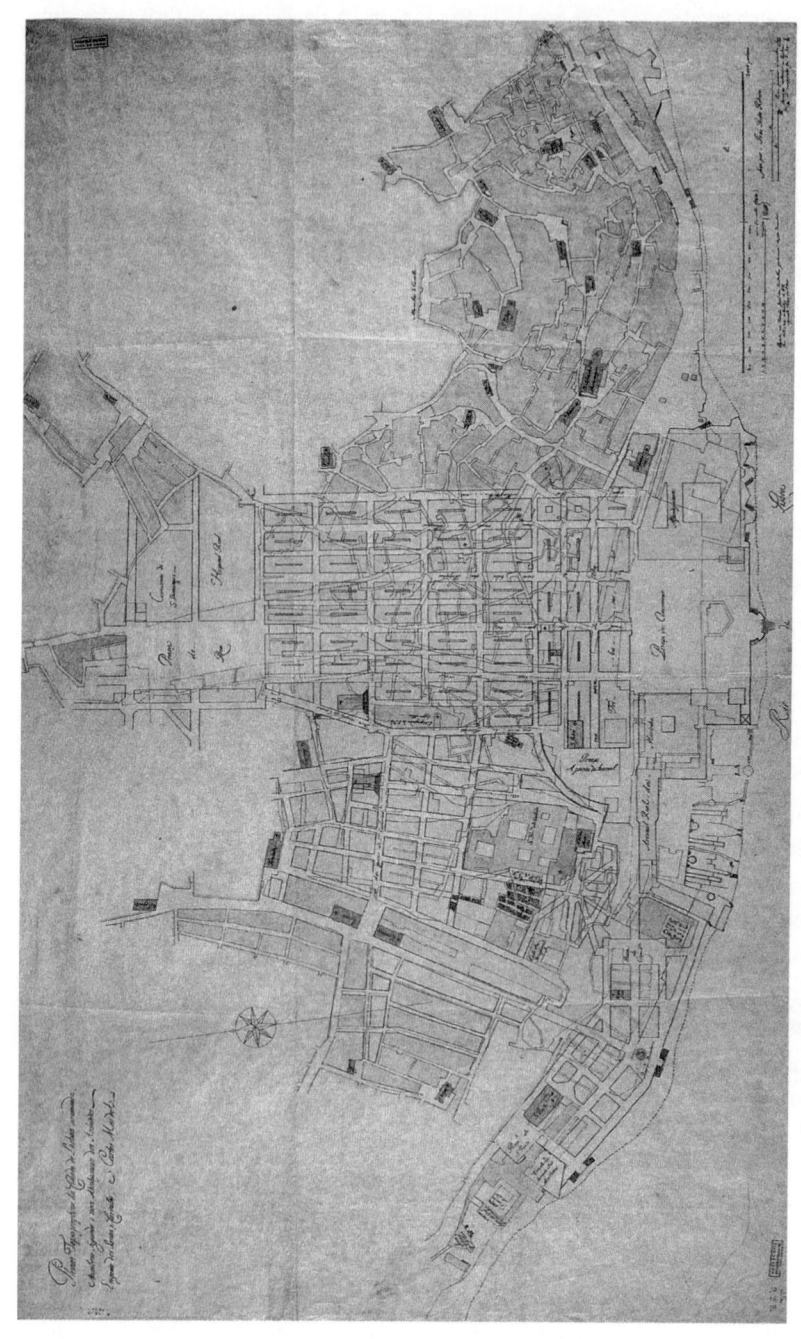

Figura 1.1: Eugênio dos Santos Carvalho e Carlos Mardel. Planta Topográfica da Cidade de Lisboa arruinada, também segundo o novo alinhamento dos arquitetos Eugênio dos Santos Carvalho e Carlos Mardel, [post. 1755].

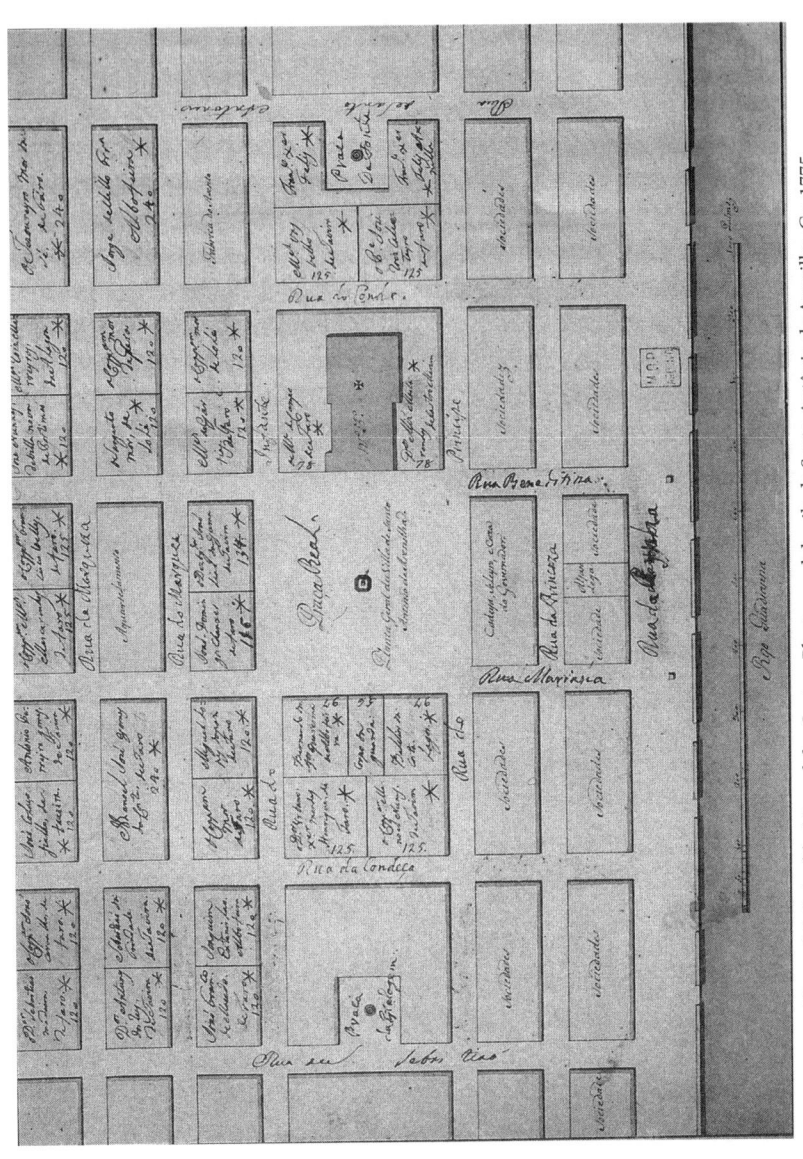

Figura 1.2: Reinaldo Manuel dos Santos. Planta geral da vila de Santo António de Arenilha, Ca. 1775.

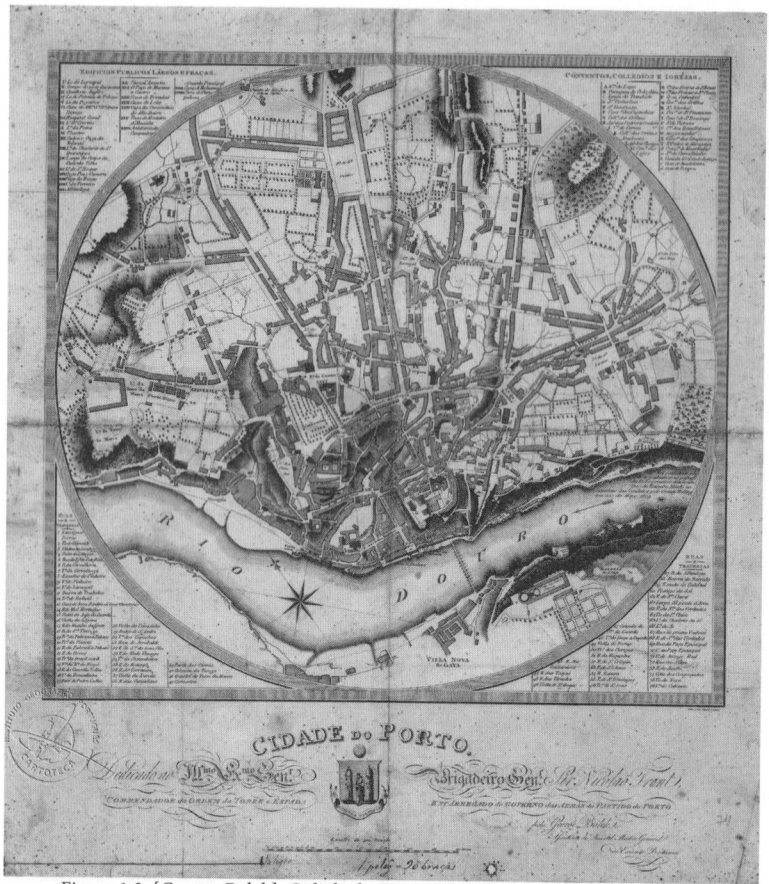

Figura 1.3: [George Balck]. Cidade do Porto. Copiada da planta publicada em
Londres e dedicada ao brigadeiro Sir Nicolao Trant, [1813].

Na definição dos planos arquitetônico-urbanísticos e na condução dos trabalhos de construção em Lisboa, Porto, Vila Real e Coimbra, há evidência do
envolvimento pessoal do Marquês de Pombal. Os planos da Baixa foram apresentados a Pombal, que acompanhou todo o processo de concepção e interveio na
sua definição, contando também com a intermediação de D. Pedro Henrique de
Bragança, 1º duque de Lafões, depois encarregado de supervisionar a execução
das obras. Conforme aventaram Manuel Teixeira e Margarida Valla, a preferência do Marquês de Pombal por reconstruir a cidade no mesmo sítio pode ter
prevalecido sobre o parecer de Manuel da Maia.[10] No Porto, as reformas começaram com a nomeação por parte de Pombal de seu primo, João de Almada e
Melo, governador das armas encarregado de reprimir as revoltas populares. Já a

10 TEIXEIRA, Manuel C.; VALLA, Margarida. *O urbanismo português…*, p. 289-290.

reforma de Coimbra foi organizada pelo Marquês de Pombal em visita realizada de setembro a outubro de 1772. Os planos para a universidade foram submetidos a sua aprovação e, como se vê em uma carta ao reitor, o Marquês interveio na configuração do Jardim Botânico, então a cargo dos italianos Domingos Vandelli e Dalla Bella. Pombal ordenou refazer o plano, para que se tivesse um jardim menos custoso – um "jardim de estudo" e não de "ostentação de príncipes ou de particulares". Na mesma carta, impôs também uma determinada concepção: "um pequeno recinto cercado de muros, com as comodidades indispensáveis para um certo número de ervas medicinais e próprias para o uso da Faculdade Médica".[11]

Uma mesma legislação emanada do poder central atuou sobre Lisboa, Porto e Vila Real. A Dissertação de Manuel da Maia já tinha colocado o problema fulcral dos direitos de propriedade. O aparato legislativo básico das transformações em Lisboa foi um alvará com força de lei promulgado em 12 de maio de 1758. Esse alvará regulava os direitos de propriedade, dispunha sobre a redistribuição dos terrenos e estabelecia salvaguardas com intenção de atrair o investimento de capitais nas obras. Impôs-se a obrigação de construir segundo determinado projeto e dentro do prazo de cinco anos, sob pena de desapropriação. Mas, quem em princípio não pudesse ou não quisesse fazê-lo, seria indenizado. Essa regulamentação trouxe uma reformulação das leis tradicionais de propriedade.[12] Também no Porto, em 1769, Pombal promulgou um alvará que estabeleceu a expropriação de imóveis considerados necessários à realização de obras públicas, definiu as condições em que seriam feitas e determinou que se observasse o alvará de 12 de maio de 1758 antes aplicado na reconstrução de Lisboa.[13] Em Vila Real, a já citada carta régia de 1773 estendeu aos construtores de casas "todas as leis estabelecidas a favor da reedificação de Lisboa, para usarem das mesmas liberdades e privilégios".[14]

O modo como esses planos urbanísticos foram implementados está fora do âmbito dos estudos consultados, a não ser pelas transformações de Lisboa, já bem

---

11 Cópia da carta do ministro e secretário dos negócios do Reino, Sebastião José de Carvalho e Melo, para o bispo reformador da Universidade de Coimbra, sem local/data, PT-TT-PBR/AV/3,15 Papéis do Brasil, avulso 3,15.

12 FRANÇA, José-Augusto. *Lisboa pombalina e o Iluminismo...*, p. 107-108 e transcrição p. 327-330.

13 FERRÃO, Bernardo José. *Projeto e transformação urbana do Porto na época dos Almadas...*, p. 191.

14 *Apud* CORREIA, José Eduardo Capa Horta. *Vila Real de Santo António...*, p. 314-315.

analisadas em vários aspectos por uma historiografia mais específica.[15] A realização dos trabalhos de construção da nova Lisboa pode ser entendida como um processo "penoso, contraditado (...) e que nem mesmo chegou ao fim", tendo-se estendido por mais de um século.[16] A transformação da Praça do Comércio em espaço de aparato e representação das elites também foi lenta, já que práticas tradicionais de uso ligadas a atividades mercantis e portuárias persistiram ali, gerando conflitos com a concepção de limpeza e ordenamento imposta depois da reconstrução.[17] No Porto, Bernardo José Ferrão observou significativas mudanças na estrutura da cidade, mas também aventou que houve mais projetos concebidos do que executados e mencionou dificuldades de financiar obras, executar desapropriações, negociar indenizações e superar resistências por parte de proprietários de terrenos edificáveis.[18] Em Coimbra, muitas das reformas previstas na universidade acabaram sendo detidas pela mudança de conjuntura política com a ascensão de D. Maria I.[19]

Depois da queda de Pombal, algumas das transformações urbanísticas promovidas sob Dona Maria I trazem evidências de permanência do sistema formal fundamentado na rigorosa regularidade geométrica. Mas, mostram também uma presença mais conspícua da iniciativa de particulares. Em Porto Covo, Jacinto Fernandes Bandeira, membro da burguesia enriquecida nos tempos de Pombal, esteve à frente do estabelecimento da nova povoação, cujo propósito era firmar a atividade comercial naquele porto do Alentejo. O plano que se conhece está assinado pelo arquiteto Henrique Guilherme de Oliveira.[20] Trata-se de uma quadrícula regular que tem alguns quarteirões suprimidos para dar lugar a duas praças (figura 1.4). Essa configuração apresenta paralelismos com o plano de Vila Real de Santo Antônio. Mas, em Porto Covo, a vegetação é um elemento mais marcante. Há um arranjo regular de árvores em torno do espaço livre que se abre para campos exteriores e o perímetro exterior da povoação também está

15 FRANÇA, José-Augusto. *Lisboa pombalina e o Iluminismo...* LOUSADA, Maria Alexandre. "Praça e sociabilidade: práticas, representações e memórias... " MATEUS, João Mascarenhas (coord.). *Jornadas pombalinas. A Baixa pombalina e a sua importância para o património mundial.* Lisboa, Câmara Municipal/Pelouro do Licenciamento Urbanístico e Reabilitação Urbana, 2004. ROSSA, Walter. *A urbe e o traço...*, p. 314-323.

16 APPLETON, João. "A Baixa pombalina: da inovação ao mito... " In: MATEUS, João Mascarenhas. (Coord.). *Jornadas pombalinas...*, p. 40-47.

17 LOUSADA, Maria Alexandre. "Praça e sociabilidade: práticas, representações e memórias...", p. 51-52.

18 FERRÃO, Bernardo José. *Projeto e transformação urbana do Porto na época dos Almadas...*, p. 185-196.

19 ROSSA, Walter. *A urbe e o traço...*, p. 328.

20 TEIXEIRA, Manuel C.; VALLA, Margarida. *O urbanismo português...*, p. 298.

delimitado por uma sequência de árvores. Em Porto Covo, a construção, iniciada em 1794, acabou assemelhando-se pouco à planta citada.

Outra iniciativa desse período foi Manique do Intendente, vila erigida em 1791 no Alentejo, perto de Lisboa. Sua fundação está vinculada à figura de um poderoso funcionário que ascendeu na administração pombalina e manteve-se em situação de prestígio durante o reinado de D. Maria, Diogo Inácio de Pina Manique, intendente geral da polícia do Reino. Sua ampla atuação a serviço da Coroa incluiu a instituição de uma Casa de Desenho na Casa Pia (1781). Não se conhece o desenho de um plano para Manique do Intendente, embora se suponha sua existência. Um elemento central do traçado é a Praça dos Imperadores, cuja forma hexagonal é peculiar entre os planos de cidades citados.

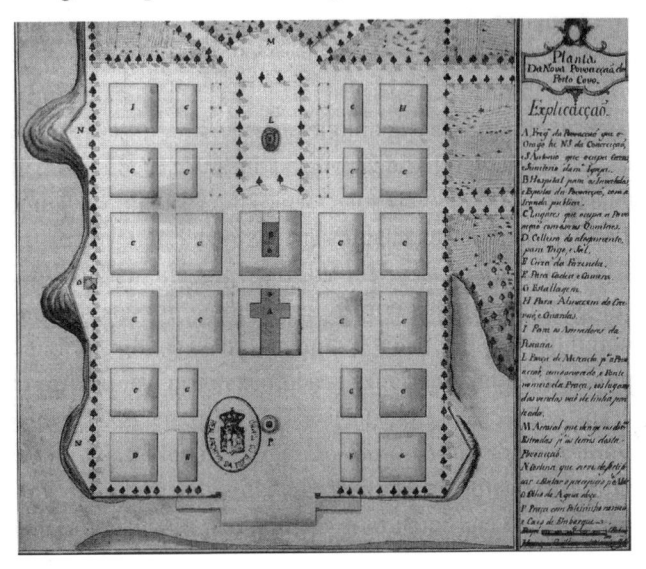

Figura 1.4: Henrique Guilherme de Oliveira.
Planta da Nova Povoação do Porto Covo, [século 18].

Entre a ruptura e a tradição: um urbanismo ilustrado?

O consulado de Pombal talvez tenha sido um divisor de águas na história de Portugal, mas o significado de suas ações no campo arquitetônico-urbanístico é controverso. José-Augusto França indagou acerca da existência de um "estilo pombalino", considerando que o caráter híbrido da arquitetura da Baixa impediria uma definição precisa.[21] Uma tendência de estudos recentes é lançar luz sobre as continuidades e o aspecto evolucionário da reforma da Baixa mais do

21 FRANÇA, José-Augusto. *Lisboa pombalina e o Iluminismo*..., p. 211-212.

que sobre possíveis aspectos revolucionários. A renovação dos estudos sobre a reconstrução de Lisboa levou a um distanciamento da ideia de fenômeno urbanístico excepcional ou fortuito. Conforme salientou Walter Rossa, já pelo menos desde o reinado de D. João V aventava-se dotar Lisboa de uma imagem condigna com sua condição de capitalidade do Império, mas só com a destruição parcial do centro urbano as resistências a isso foram superadas.[22] A nova Lisboa também é considerada o corolário de uma longa sucessão de experiências urbanísticas desenvolvidas no Reino e em territórios ultramarinos, principalmente no Brasil. E, para Renata Klautau Malcher de Araújo, a principal inovação do chamado urbanismo pombalino não estaria mesmo no vocabulário formal empregado ou na forma de composição espacial, mas na ênfase em um discurso ideológico que veiculava a noção de cidade como espaço de cultura e civilização, recuperando a ideia da cidade ideal renascentista.[23]

Ainda em torno das permanências e rupturas, alguns autores discutem qual das iniciativas urbanísticas promovidas sob Pombal melhor expressaria uma atitude ilustrada. A ausência de um plano de conjunto no Porto foi o argumento de José-Augusto França para sustentar que ali não teria havido um programa de cunho iluminista.[24] Sua postura foi revista mais tarde.[25] Conforme Bernardo José Ferrão, Vila Real e Lisboa mostrariam ainda um pendor seiscentista, pois ambas foram baseadas num plano global acabado, diferentemente do Porto, onde uma proposta de caráter aberto desenvolveu-se graças a um posicionamento técnico contínuo, também se encaminhando para uma estruturação urbana unitária.[26] Por sua vez, Walter Rossa considerou Vila Real o "ponto de referência máximo" das experiências urbanísticas sob o iluminismo de Pombal.[27]

O problema de identificar as especificidades da produção urbanística sob as Luzes também já se colocou numa historiografia mais geral sobre a cidade europeia. O historiador de arquitetura inglês John Summerson questionou se a partir da segunda metade do século 18 teria mesmo havido um desenho urbano

---

22 ROSSA, Walter. "A Baixa de Lisboa no contexto do urbanismo português". In: MATEUS, João Mascarenhas (Coord.). *Jornadas pombalinas...*, p. 28-39.

23 ARAÚJO, Renata Klautau Malcher de. *As cidades da Amazónia no século XVIII...*, p. 64-66.

24 Cf. FERRÃO, Bernardo José. *Projeto e transformação urbana do Porto na época dos Almadas...*, p. 204-205.

25 FRANÇA, José-Augusto. *Lisboa pombalina e o Iluminismo...*, p. 354 nota 98.

26 FERRÃO, Bernardo José. *Projeto e transformação urbana do Porto na época dos Almadas...*, p. 204-205.

27 ROSSA, Walter. *A urbe e o traço...*, p. 330.

neoclássico que tivesse suplantado o Barroco.[28] Summerson observou que seria difícil responder a essa questão por meio da análise de cidades totalmente novas, já que elas seriam raras na Europa do século 18, mesmo assim, seria possível discernir uma mudança de atitude em relação à imagem urbana. Ainda conforme Summerson, essa nova visão não estaria presente nem no plano de Pierre Patte para Paris (1761) nem no plano de Pierre L´Enfant para Washington (1791) – ambos ainda expressivos da espacialidade barroca – mas já se mostraria com clareza no plano de John Gwynn publicado em 1766.[29] A partir de uma crítica ao caráter limitado de intervenções conduzidas no oeste de Londres depois do incêndio de 1666, Gwynn propôs uma concepção coordenada da estrutura da cidade, com vistas a um plano global de controle de transformações futuras.[30] Na Baixa de Lisboa, também se observa uma reorganização radical de um trecho do tecido urbano, que adquire assim uma monumentalidade difusa. Tanto a praça central de Vila Real como a Praça do Comércio em Lisboa ainda apresentam o esquema compositivo tipicamente barroco das praças reais francesas, mas mostram uma integração mais orgânica a seus respectivos traçados urbanos.[31]

Outra maneira de compreender as reformas urbanas pombalinas é considerá--las parte de um processo histórico especificamente português. Na historiografia recente de origem portuguesa, consolidou-se o conceito de Escola Portuguesa de Arquitetura e Urbanismo ou Escola Portuguesa de Engenharia Militar para designar um sistema de características formais e métodos específicos da arquitetura e das iniciativas urbanísticas no Império Português da Idade Moderna. Em sua definição pioneira dessa Escola, José Eduardo Capa Horta Correia ressaltou a correlação estreita entre a prática arquitetônico-urbanística e a atuação de engenheiros militares dotados de uma formação teórica fundamentada em manuais de fortificação militar.[32] Nessa perspectiva, a existência de um quadro de engenheiros militares atuando a serviço da Coroa Portuguesa em diferentes pontos do Império e circulando por seus vários domínios seria um elo de articulação

---

28 SUMMERSON, John Manuel. *The architecture of the eighteenth century*. Londres: Thames & Hudson, 1986, p. 151.

29 SUMMERSON, John Manuel. *The architecture of the eighteenth century...*, p. 151-169.

30 SICA, Paolo. *Historia del urbanismo: el siglo XVIII*. Madri, Instituto de Estudios de Administracion Local, 1982, p. 87-89.

31 Sobre a tipologia das praças reais ver DERNTL, Maria Fernanda. *A produção do espaço urbano sob as monarquias modernas: os casos iniciais da Places des Vosges em Paris e de Covent Garden em Londres*. Dissertação (mestrado em Estruturas Ambientais Urbanas) – FAUUSP, São Paulo, 2004.

32 CORREIA, José Eduardo Capa Horta. *Vila Real de Santo Antônio...*, p. 133-134.

entre as diversas iniciativas urbanísticas. A Escola Portuguesa de Arquitetura e Urbanismo teria levado à criação de "uma rotina de fundação de cidades".[33]

Ao longo da Expansão Portuguesa, o vínculo entre Engenharia Militar e Urbanismo foi-se reconfigurando, num processo que propiciou também a redefinição do estatuto do Engenheiro e a renovação do ensino na área. Conforme Rafael Moreira, o termo "engenheiro" só adquiriu sentido preciso em Portugal durante a União Ibérica (1580-1640), quando se instituiu também como cargo oficial.[34] Depois da Restauração, no contexto de consolidação territorial e nacionalização do Exército, a demanda por técnicos especializados levou à criação da Aula de Fortificação e Arquitetura Militar (1647). A multiplicação das aulas no território continental e ultramarino incentivou a produção de uma tratadística portuguesa que serviu de apoio ao ensino, com destaque para o Método lusitânico de desenhar as fortificações das praças regulares e irregulares de Luís Serrão Pimentel (1680) e O engenheiro português de Manuel de Azevedo Fortes (1728-1729). Conforme salientaram alguns autores, o ensino de Engenharia Militar era caracterizado pela aprendizagem teórica aliada à atuação prática, o que teria favorecido uma postura profissional de natureza pragmática e flexível.[35] O escopo de funções do engenheiro militar era amplo, vinculando-se em tese a "todas as atividades de ordenamento e transformação do espaço no Império"[36] e podendo assumir também funções executivas e administrativas. Os militares que pretendiam o título de engenheiro tinham treinamento em fortificação, artilharia e construção militar, o que exigia conhecimentos de matemática, geometria, técnicas de medição e desenho de representação. Cabe esclarecer ainda que, em Portugal, conforme analisou Maria Leonor Morgado Ferrão de Oliveira, a distinção entre engenheiros e arquitetos mostrou-se pelo menos desde o começo do século 17, mas ainda nos setecentos os arquitetos confrontavam-se com uma reduzida aceitação social, detinham uma posição próxima à dos oficiais mecânicos e estavam mais voltados para a construção do que para a especulação arquitetô-

---

33 ROSSA, Walter. *A urbe e o traço...*, p. 290.

34 MOREIRA, Rafael. "A Arquitectura Militar". In: SERRÃO, Vítor (org.). *História da Arte em Portugal*. Lisboa: Publicações Alfa, 1986, v. 7, p. 137-151.

35 BUENO, Beatriz Piccolotto Siqueira. *Desenho e desígnio...*, cap. 3. FERRÃO, Bernardo José. *Projeto e transformação urbana do Porto na época dos Almadas, 1758/1813...*, p. 70-92. VALLA, Margarida. "O papel dos arquitectos e engenheiros militares na transmissão das formas urbanas portuguesas". Comunicação apresentada no *IV Congresso Luso-Afro-Brasileiro*, Rio de Janeiro,1996. In: *Urbanismo de origem portuguesa*, vol. 1, set. 1999. Disponível em: <http://revistas.ceurban.com/numero1/margarida.htm>. Acesso em: 1 nov. 2008. VALLA, Margarida. "A formação teórica dos engenheiros--militares". In: TEIXEIRA, Manuel C. A *construção da cidade brasileira*. Lisboa: Horizonte, 2004, p. 109-129.

36 ROSSA, Walter. *A urbe e o traço...*, p. 170.

nica; por outro lado, os engenheiros militares, mais prestigiados, acumulavam o exercício da engenharia com o da arquitetura civil.[37]

A ocupação dos territórios portugueses no Ultramar e sobretudo na América do Sul é considerada um imenso campo de experiências e métodos da engenharia militar. Em meados do século 18, os territórios da colônia sul-americana apresentaram novos desafios, como se pretende ver a seguir.

DAS VILAS AOS TERRITÓRIOS LUSO-AMERICANOS

Uma motivação fundamental para o impulso à urbanização na segunda metade do século 18 foi atender a novas exigências que se apresentaram no processo de demarcação de fronteiras com os espanhóis. Esse processo teve início antes mesmo da colonização da América do Sul, quando as disputas entre espanhóis e portugueses pelas conquistas no Ultramar levaram à assinatura do Tratado de Tordesilhas em 7 de junho de 1494. A linha divisória então estabelecida permaneceu como parâmetro abstrato, nunca demarcado com precisão e sujeito a interpretações variáveis de diferentes geógrafos ou cartógrafos. Desse modo, a Coroa Portuguesa garantiu uma base territorial na faixa atlântica do continente sul-americano, mas, a Oeste e ao Sul permaneceram regiões de soberania indefinida. Mais do que um limite entre territórios portugueses e espanhóis, a linha de Tordesilhas acabou definindo uma zona de potencial litígio entre as duas coroas ibéricas.[38]

De acordo com a tese de Jaime Cortesão, a expansão territorial a oeste de Tordesilhas teria sido empreendida segundo um programa predefinido, que se teria apropriado do mito da ilha-Brasil para fins políticos.[39] Tal como difundido em mapas e crônicas, uma imensa formação insular delimitada pelos rios da bacia amazônico-platina configurava um território uno e coeso, a ilha-Brasil. Em oposição aos limites impostos por Tordesilhas, o mito da ilha-Brasil expressaria "uma razão geográfica de Estado, que vai presidir a formação territorial do Brasil".[40] O caráter preconcebido da expansão territorial é um dos aspectos polêmicos da tese

---

37 OLIVEIRA, Maria Leonor Morgado Ferrão de. *Eugénio dos Santos e Carvalho, arquitecto e engenheiro militar (1711-1760)...*, parte III, cap. 1.

38 ARAÚJO, Renata K. Malcher. *A urbanização do Mato Grosso no século XVIII...*, p. 45.

39 CORTESÃO, Jaime. *Raposo Tavares e a formação territorial do Brasil*. Rio de Janeiro: Ministério de Educação e Cultura, 1958. CORTESÃO, Jaime. *A fundação de São Paulo, capital geográfica do Brasil*. Rio de Janeiro: Livros de Portugal, 1955.

40 CORTESÃO, Jaime. *Raposo Tavares e a formação territorial do Brasil...*, p. 31.

de Cortesão.[41] Mas não deixa de ser sugestivo o vínculo que se estabeleceu entre o conceito de "Brasil" e de um território que ainda virá a se formar.[42]

No contexto político da União Ibérica (1580-1640), as discussões sobre a demarcação de fronteiras arrefeceram e as conquistas de portugueses e espanhóis em lados opostos do continente foram-se sedimentando. Mas, depois da Restauração (1640) e da fundação por portugueses da Colônia do Sacramento (1680) no estuário do rio da Prata, a expansão já avançada das duas frentes ibéricas de colonização agravou as disputas por territórios. Colônia de Sacramento estava em situação estratégica para o domínio do acesso ao interior da América do Sul pelo rio da Prata, além de ser base de comércio clandestino com os espanhóis e obstáculo para avanço das missões jesuíticas. A região do estuário platino foi despontando como objeto de intensas negociações diplomáticas e campo de contínuos confrontos militares.[43]

No século 18, a concepção de soberania baseada na posse virtual de espaços ainda desconhecidos, sem considerar aspectos físicos e geográficos, veio a ser suplantada pelo conceito de território espacialmente definido e delimitado por fronteiras naturais.[44] Esse novo paradigma foi adotado pelo Tratado de Madri, assinado em 13 de janeiro de 1750. A base das negociações foi o *uti possidetis*, princípio jurídico que pode ser traduzido por "se já possuís, continuai possuindo". Reconhecia-se a legalidade e a legitimidade do poder estatal que de fato exercesse controle político e militar sobre uma região. Em outras palavras, a ocupação definiria a posse. Em substituição à noção de partilha adotada antes em Tordesilhas, esse princípio foi adotado para delimitação das possessões de portugueses e espanhóis na América, na África e na Ásia. Previu-se também a troca de territórios: Colônia de Sacramento seria cedida à Espanha e Portugal ficaria com a área dos Sete Povos das Missões, agrupamento de aldeamentos jesuíticos situados na margem oriental do rio Uruguai, em região do atual Rio Grande do Sul. A intenção era, nas palavras do diplomata Alexandre de Gusmão, "dar fundo grande

---

41 KANTOR, Íris. "Usos diplomáticos da ilha-Brasil: polêmicas cartográficas e historiográficas". *Varia História*. Belo Horizonte, v. 23, n. 37, p. 70-80, 2007.

42 ARAÚJO, Renata K. Malcher. *A urbanização do Mato Grosso no século XVIII...*, p. 41-42.

43 ALMEIDA, Luís Ferrand de. "O problema de fronteiras no sul do Brasil: o caso da Colônia do Sacramento". In: ALBUQUERQUE, Luís (dir.). *Portugal no mundo*. Lisboa: Alfa, v. 5, p. 191-201, 1989. ARAÚJO, Renata Klautau M. *A urbanização do Mato Grosso no século XVIII...*, p. 40-41. ALDEN, Dauril. *Royal government in colonial Brazil, with special reference to the administration of the Marquis of Lavradio, Viceroy, 1769-1779*. Berkeley/Los Angeles: University of California Press, 1968, p. 83-85. BELLOTTO, Heloísa Liberalli. "O Estado Português no Brasil: sistema administrativo e fiscal". In: SILVA, Maria Beatriz Nizza da (coord.). *O Império luso-brasileiro: 1750-1822*. Lisboa: Editorial Estampa, 1986. v. 8, p. 263-275.

44 KANTOR, Íris. *Usos diplomáticos da ilha-Brasil...*

e competente (...) arredondar e segurar o país.[45] Tratava-se mesmo, conforme Fernando Novais, de uma "política definida de arredondamento territorial", com sentido de obter a posse legal do Rio Grande do Sul, da bacia amazônica e dos planaltos centrais.[46]

A impossibilidade de concretizar os trabalhos de demarcação previstos pelo Tratado de Madri pode ser atribuída tanto a divergências entre demarcadores espanhóis e portugueses ao norte como à eclosão da guerra guaranítica (1754-56) na região das Missões, sem excluir o clima político desfavorável nas relações subsequentes entre as Coroas.[47]A vigência formal do Tratado de Madri não foi longa: já em 1761 foi revogado pelo Tratado do Pardo. Em 1777, estabeleceram-se novos limites ao sul e retomaram-se os termos básicos de Madri no Tratado de Santo Ildefonso, por sua vez anulado em 1801. Mesmo assim, o conceito de soberania baseado na ocupação efetiva e nas fronteiras naturais foi decisivo para a estruturação dos territórios luso-americanos – e para definição dos rumos das políticas no campo da urbanização.

Redividir para governar

Em 1750, a colônia sul-americana era a principal possessão ultramarina do Império Português, mas apresentava sérios obstáculos a um controle mais efetivo. A malha administrativa de vilas estava instalada de modo mais ou menos contínuo no litoral e, durante o reinado de D. João V, tinha avançado mais adentro, sobretudo nas regiões de Minas Gerais povoadas em função da produção aurífera. Colonos e missionários já tinham se estendido sobre áreas mais vastas: boa parte do vale amazônico estava dividido entre ordens religiosas; ao Sul e no sertão nordestino as fazendas de gado produziam uma ocupação extensa, mas rala em densidade; no Oeste e no Centro-Oeste, os arraiais de mineração criavam alguns focos concentrados de povoamento estável. Áreas aparentemente descontínuas estavam relacionadas por nexos sociais e econômicos. Conforme Paulo Pedro Perides, a economia canavieira levou à integração de setores do sertão e do agreste, criando unidades mais homogêneas em nível regional; já a atividade de mineração não levou a uma unidade integrada em nível regional, mas acabou

---

45 *Apud* GÓES, Synésio Sampaio. "Alexandre de Gusmão e o Tratado de Madrid". *Revista Oceanos – A formação territorial do Brasil*. Lisboa: Comissão Nacional para as Comemorações dos Descobrimentos Portugueses, número 40, p. 45-65, out./dez.,1999.

46 NOVAIS, Fernando A. *Portugal e Brasil na crise do antigo sistema colonial*. São Paulo: Hucitec, 1979, p. 50-51.

47 GÓES, Synésio Sampaio. "Alexandre de Gusmão e o Tratado de Madrid". *Oceanos – a formação territorial do Brasil*. Lisboa: Comissão Nacional para as Comemorações dos Descobrimentos Portugueses.

se traduzindo numa dimensão articulada com grande parte do território colonial onde se desenvolviam atividades subsidiárias.[48] Essas articulações intra ou inter-regionais nem sempre se mostravam coincidentes com as divisões oficiais e, do ponto de vista administrativo, os domínios portugueses ainda se apresentavam como um "arquipélago de territórios".[49] Havia inúmeras dificuldades para o exercício da cobrança de tributos, do recrutamento militar e da administração da justiça. A partir de meados do século 18, uma série de medidas buscou modernizar e reorganizar a administração do território.

Durante os reinados de Dom José I (1750-1777), Dona Maria I (1777-1792) e na regência de Dom João (1792-1816), buscou-se ampliar e reforçar as estruturas administrativas, judiciárias e militares na Colônia. Já nos primeiros anos do governo pombalino, promoveu-se a redefinição das hierarquias entre capitanias, a revisão das áreas abrangidas porelas e, em 1759, a incorporação à Coroa de capitanias ainda remanescentes de donatários. O estado do Grão-Pará e Maranhão, assim designado em 1751, passou a ter capital em Belém do Pará, incorporou seis capitanias menores e, em 1755, teve parte de seus territórios ocidentais desmembrados para criar a capitania subordinada de São José do Rio Negro. No estado do Brasil, a partir de 1752, Pernambuco, Bahia, Rio de Janeiro e São Paulo incorporaram capitanias privadas menores situadas nas suas proximidades. Ainda em 1748, criou-se a capitania do Mato Grosso com a intenção de ser "tão poderosa que contenha os vizinhos em respeito e sirva de antemural a todo o interior do Brasil".[50]A instalação de um aparato jurídico-institucional no Mato Grosso pretendia também consolidar naquela região da fronteira Oeste uma ocupação efetiva, segundo o princípio do *uti possidetis*. Em 1760, Rio Grande de São Pedro foi desmembrado de Santa Catarina. Ao Sul, a capitania de São Paulo foi restaurada em 1765. Pouco antes, em 1763, a capital do vice-reino foi transferida de Salvador – onde estava desde 1549 – para o Rio de Janeiro, consolidando o deslocamento do eixo político e econômico da Colônia para o centro-sul do estado do Brasil. Essas medidas buscavam criar uma administração mais eficiente

---

48 PERIDES, Paulo Pedro. "A organização político-administrativa e o processo de regionalização do território colonial brasileiro". *Revista do Departamento de Geografia*, São Paulo, FFLCH-USP, v. 9, p. 77-91, 1995.

49 KANTOR, Íris. *Esquecidos e Renascidos: historiografia acadêmica luso-americana (1724-1759)*. São Paulo: HUCITEC, Salvador: Centro de Estudos Baianos/UFBA, 2004, p. 160-161.

50 *Apud* ARAÚJO, Renata K. Malcher. *A urbanização do Mato Grosso no século XVIII…*, p. 99.

e vigilante, de acordo com uma lógica da centralização política acentuada pelo despotismo ilustrado.[51]

Ainda nos anos finais do reinado de Dom João V, já no contexto de negociações preliminares ao Tratado de Madri, a necessidade de legitimar a posse de regiões fronteiriças e defender territórios impulsionou ações no campo da urbanização. A partir de 1748, casais de açorianos e madeirenses foram transmigrados para Santa Catarina, onde deveriam estabelecer-se em povoados distribuídos ao longo da costa e no sertão adjacente.[52] Já sob Dom José I, em 1751, no mesmo ano em que Mendonça Furtado chegou ao Pará, o governador do Mato Grosso D. Antônio Rolim de Moura aprovou o sítio para fundação de Vila Bela, atribuiu mais de cem sesmarias e iniciou aldeamentos de índios.[53] Em 1752, chegaram ao Rio Grande de São Pedro casais açorianos destinados a promover o avanço do povoamento até a região das Missões, que deveria passar às mãos dos portugueses.[54]

Em meados do século 18, desencadeou-se um amplo movimento de "reterritorialização da soberania lusa", conforme expressão de Iris Kantor.[55] A elevação de vilas tornou-se instrumento político-administrativo fundamental para reafirmação da soberania portuguesa na América do Sul. Estima-se que até o fim do reinado de D. Pedro II (1667-1706), quarenta e nove vilas tenham sido criadas na Colônia e, durante o reinado de D. João V (1706-1750), mais trinta e uma novas elevações.[56] Embora o número preciso de fundações realizadas sob D. José I (1750-1777) seja ainda incerto, estima-se cento e trinta e quatro vilas elevadas

51 BELLOTTO, Heloísa L. O Estado Português no Brasil..., p. 261-300. FARIA, Miguel. "Mato Grosso: Estado Fronteira". Oceanos, n. 40, out./dez., p. 161-178, 1999. PERIDES, Paulo Pedro. "A organização político-administrativa e o processo de regionalização do território colonial brasileiro"... SILVA, Andrée Mansuy-Diniz."Imperial re-organization". In: BETHELL, Leslie (org.). Colonial Brazil. Cambridge: Cambridge University Press, 1987, p. 244-283.

52 SILVA, Augusto da. A Ilha de Santa Catarina e sua terra firme: estudo sobre o governo de uma capitania subalterna (1738-1807). Tese (doutorado em História Econômica) – FFLCH-USP, São Paulo, 2008, p. 172.

53 ARAÚJO, Renata K. Malcher. A urbanização do Mato Grosso no século XVIII..., p. 108, p 235.

54 RHODEN, Luís Fernando. A fronteira sulina do Brasil na primeira metade do século XIX: traçados urbanos e arquitetura. Tese (doutorado em Arquitetura e Urbanismo) – FAU-UFBA, Salvador, 2005, p. 53.

55 KANTOR, Iris. "Legislação indigenista, reordenamento territorial e auto-representação das elites (1759-1822)". In: KOERNER, Andrei (org.). História da Justiça Penal no Brasil: pesquisas e análises. São Paulo: IBCCRIM, 2006, p. 29-38.

56 BUENO, Beatriz Piccolotto Siqueira. Desenho e desígnio..., p. 641.

naquele período.[57] O número de fundações teria voltado a decrescer entre 1777 e 1808, com trinta e cinco vilas.[58] Observa-se também que a concessão do título de cidade foi sempre muito parcimoniosa: apenas nove entre 1500 e 1750; e, até 1808, mais uma cidade – Oeiras, no Piauí, em 1758.[59]

A partir dos dados conhecidos sobre as vilas erigidas durante o consulado pombalino, pode-se ver algumas tendências na sua distribuição geográfica (figuras I e II cadernos de imagens).

As novas unidades multiplicaram-se de modo impressionante ao longo do rio Amazonas e de seus afluentes, chegando até pontos extremos do atual território. Ao Sul, a vila do Rio Grande foi elevada em 1751 – depois sob domínio espanhol entre 1763 e 1776 – e apenas no começo do século 19 fizeram-se novas elevações. Boa parte das novas fundações ao Sul e Sudeste foi promovida pelo governo paulista a partir de 1765. No Rio de Janeiro, a conversão de aldeamentos em freguesias se estendeu pelo litoral e ao longo do rio Paraíba e seus afluentes. Na Bahia, foram criadas treze novas vilas. Na capitania do Piauí e no bispado de Pernambuco (que abrangia as capitanias de Pernambuco, Paraíba, Rio Grande do Norte e Ceará) pode-se ver vilas erigidas tanto na costa litorânea como em áreas mais avançadas de sertão, junto a rios e caminhos. No Mato Grosso, algumas vilas e fortes instalados na maior parte já sob D. Maria I foram pontuando a zona fronteiriça a Oeste. Em Goiás, na segunda metade do século 18, multiplicaram-se as paróquias e estabeleceram-se aldeamentos indígenas e arraiais, mas não houve nenhuma nova vila. Também em Minas Gerais não houve nenhuma elevação a vila entre 1730 e 1780. Durante o reinado mariano, as novas elevações parecem ter-se concentrado também no Sudeste, em algumas regiões do Nordeste e na zona fronteiriça a Oeste.[60]

---

57 DERNTL, Maria Fernanda; CARVALHO, J. L. "Tão longe, tão perto: uma abordagem comparada de processos de reorganização territorial nas capitanias gerais de São Paulo e Pernambuco, 1750-1777". In: *XI Seminário de História da Cidade e do Urbanismo*, 2010, Vitória. *Anais do XI Seminário de História da Cidade e do Urbanismo*. Vitória, ES, UFES, 2010, CD-ROM.

58 BUENO, Beatriz Piccolotto Siqueira. *Desenho e desígnio...*, p. 641.

59 BUENO, Beatriz Piccolotto Siqueira. *Desenho e desígnio...*, p. 641.

60 AZEVEDO, Aroldo de. "Vilas e Cidades do Brasil Colonial. Ensaio de geografia urbana retrospectiva". *Boletim da Faculdade de Filosofia, Ciências e Letras*, n. 208. São Paulo: FFLCH-USP, 1956. FLEXOR, Maria Helena Ochi. "Núcleos urbanos criados por Pombal no Brasil do século XVIII". In: MACHADO, Denise B. Pinheiro (org.). *Anais do IV seminário de história da cidade e do urbanismo*. Rio de Janeiro: UFRJ, p. 602-618. BUENO, Beatriz Piccolotto Siqueira. *Desenho e desígnio...*, v. 2, fig. 247 – 252. REISFILHO, Nestor Goulart. *Evolução Urbana do Brasil...*, p. 85-88. FONSECA, Cláudia Damasceno. *Des terres aux villes de l'or: pouvoir et territoires urbains au Minas Gerais (Brésil, XVIIIe siècle)*. Lisboa: Fundação Calouste Gulbenkian, 2003, p. 193. BOAVENTURA, Deusa Maria Rodrigues. *A urbanização em Goiás no século XVIII*. Tese (doutorado em História e Fundamentos da Arquitetura e Urbanismo). FAUUSP, São Paulo, 2007.

A experiência amazônica

O vale amazônico sobressaiu como região primordial para a nova política de ocupação e delimitação dos territórios coloniais da América do Sul depois da assinatura do Tratado de Madri e da ascensão de Pombal. Delineou-se um amplo movimento no sentido de garantir a posse daquela imensa região fronteiriça, potencialmente rica em recursos naturais e ameaçada por interesses estrangeiros. Até a primeira metade do século 18, nas terras que se estendiam ao Norte até a entrada do rio Amazonas e suas imediações, havia apenas quatro vilas e duas cidades – Belém e São Luís – mas só na capitania do Pará contavam-se sessenta e três aldeamentos missionários.[61] Durante a administração do governador e capitão-general Francisco Xavier de Mendonça Furtado, irmão de Pombal e principal comissário da demarcação de limites ao Norte, quarenta aldeias foram convertidas em vilas, vinte e três em lugares (centros de arregimentação e organização da mão de obra indígena) e ainda fundaram-se mais quatro vilas.[62] Configurou-se então uma rede de núcleos urbanos interligados entre si e com um sistema de fortificações que buscava assegurar pontos de acesso nos extremos da expansão amazônica.

O contexto de controle territorial decorrente da questão fronteiriça proporcionou um extenso envolvimento de engenheiros militares nas transformações urbanas no Grão-Pará. A presença desses técnicos foi necessária para as atividades de medição e conhecimento do território ligadas ao Tratado de Madri. Os trabalhos bilaterais de demarcação no terreno não se efetivaram conforme o previsto, mesmo assim, engenheiros a serviço da Coroa Portuguesa foram encarregados de plantas de fortalezas, levantamentos cartográficos, roteiros fluviais e terrestres e também planos urbanísticos. Antônio José Landi, Felipe Sturm, Henrique Antônio Galuzzi, João André Schewebel e Gaspar João Geraldo de Gronsfeld foram alguns dos técnicos que fizeram plantas e elevações de núcleos urbanos, nas quais se vê uma ênfase na regularidade geométrica dos traçados.

A imposição de determinações formais pertinentes ao traçado urbano também se deu por meio da carta régia de 3 de março de 1755 para criação da capitania do Rio Negro e de sua capital. O texto dessa carta era similar ao de outras cartas régias do século 18, nas quais se lê:

---

61 RODRIGUES, Isabel Vieira. "A política de Francisco Xavier Mendonça Furtado no norte do Brasil (1751-1759)". *Oceanos*, n. 40, out./dez., p. 96-110, 1999.

62 Cf. dados do secretário do governo do Estado do Grão-Pará e Maranhão, José Gonçalves da Fonseca, em 1759. *Apud* ARAÚJO, Renata Klautau M. de. *As cidades da Amazônia no século XVIII...*, p. 135.

> determineis na vila o lugar da praça no meio da qual se levante pe-
> lourinho e se assinale a área para o edifício da igreja (…) e que façais
> delinear por linha reta a área para as casas com seus quintais e se de-
> signe o lugar para se edificarem a casa da Câmara (…) e mais oficinas
> públicas e que todas devem ficar na área determinada para as casas dos
> moradores, as quais pelo exterior sejam todas no mesmo perfil (…) de
> sorte que em todo o tempo se conserve a mesma formosura da terra e
> a mesma largura das ruas.[63]

O texto impôs a praça como matriz geradora do traçado, ruas retilíneas e uma padronização de fachadas de casas, além de estabelecer um programa de edifícios oficiais. Tal como se viu na Dissertação de Manuel da Maia sobre a reconstrução de Lisboa de 1755, na carta régia de 1755 o traçado regular foi associado à noção de formosura.[64] Essa associação também se mostrou em outro documento produzido na capitania, as Posturas da vila de São José de Macapá de 1761.[65] Se fosse seguida ao pé da letra, a carta régia de março de 1755 levaria a uma composição regular e geométrica, baseada em elementos da tradição de desenho renascentista. As casas de fachadas regulares não permitiriam perceber as distinções sociais entre os moradores.

Conforme já salientou a historiografia, a carta régia para criação da capitania do Rio Negro em 1755 trazia determinações semelhantes às de cartas régias enviadas a outras regiões.[66] Um formulário da mesma natureza encontra-se também nos documentos de fundação, ainda sob Dom João V, de Vila Boa de Goiás (carta régia de 11 de fevereiro de 1736), Vila de Icó no Ceará (20 de outubro de 1736) e Vila Bela da Santíssima Trindade no Mato Grosso (5 de agosto de 1746). Termos similares também se leem no Parecer do Conselho Ultramarino para criação da Vila de Aracati no Ceará (12 de dezembro de 1746) e na Provisão régia para criação da Vila do Rio Grande no Rio Grande de São Pedro (17 de julho de 1747). Já sob o consulado pombalino, um texto similar ao da carta régia mencionada acima se encontra no auto de fundação da vila de Montemor no Ceará (31 de março de 1764) e na carta régia para elevação de Oeiras a cidade e criação de oito vilas no Piauí (19 de junho de 1761). Podem-se ver também disposições

63 *Apud* ARAÚJO, Renata Klautau M. de. *As cidades da Amazónia no século XVIII…*, p. 58 nota 32.

64 Ver p. 33.

65 ARAÚJO, Renata Klautau M. de. *As cidades da Amazónia no século XVIII…*, p. 180-181.

66 ARAÚJO, Renata Klautau M. de. *As cidades da Amazónia no século XVIII…*, p. 58 nota 32. FERREIRA, Manoel Rodrigues. "O urbanismo no Brasil-província". In: CALMON, Pedro. *História da Civilização Brasileira, 1500-1822*. São Paulo: Companhia Editora Nacional, 1937, p. 355-403. SANTOS, Paulo F. *Formação de cidades no Brasil colonial*. Rio de Janeiro: UFRJ, 2001, p. 50-68.

parecidas na já citada carta régia de 1773 para criação de Vila Real no Algarve.[67] Na provisão régia para criação da Vila do Rio Grande no Rio Grande de São Pedro havia adicionalmente especificações quanto a dimensões: uma praça de quinhentos palmos [cerca de 110m] de lado e ruas com ao menos quarenta palmos [cerca de 8,8m] de largura.[68]

Nas cartas e disposições régias mencionadas, um formulário sintético impôs aspectos fundamentais do traçado urbano e, eventualmente, algumas especificações mais detalhadas. Além de expressar uma certa visão do espaço urbano, esses textos legais davam aos administradores coloniais instrumentos comuns para enfrentarem a implantação de vilas em situações diversas. Mas, as cartas régias não devem ser supervalorizadas, já que parecem ter sentido indicativo e programático mais do que propriamente normativo. Os agentes da administração colonial poderiam mesmo interpretá-las como uma ilustração daquilo que se esperaria para as novas vilas ou um "método de procedimento".[69] A legislação metropolitana não constituía um sistema organizado de maneira homogênea, de modo que as autoridades da Colônia tinham de se orientar por normativas de diversas naturezas e pelos costumes.[70]

Um conjunto de medidas legais que viria a ter amplo impacto na urbanização foi o Diretório dos Índios. Essa legislação reforçou disposições anteriores sobre o fim da escravidão indígena e inovou ao impor a secularização do governo dos índios. Na nova condição de vassalo português, o índio deveria ser útil à ocupação de regiões fronteiriças e à composição de tropas militares necessárias à defesa do território. O Diretório dos Índios estabeleceu que aldeamentos até então sob tutela de ordens religiosas fossem convertidos em vilas e lugares. Deveriam também passar a apresentar feições e estrutura de povoações civis, além de ter toponímia de origem portuguesa. Conforme salientou um trabalho recente de Mauro César Coelho, o Diretório não foi de início previsto pela política metropolitana para o vale amazônico, mas emergiu do contexto de conflitos em torno do controle da mão de obra

67 Ver p. 33.

68 RHODEN, Luís Fernando. "A formação da rede urbana do sul do Brasil nos séculos XVII e XVIII". *Oceanos*, Lisboa, v. n. 41, p. 120-134, 2000, anexo 3, p. 252.

69 ARAÚJO, Renata Klautau M. de. *As cidades da Amazónia no século XVIII...*, p. 58 nota 32.

70 PRADO JR. Caio. *Formação do Brasil contemporâneo*. São Paulo: Brasiliense, 1987, p. 300-301. WEHLING, Arno; WEHLING, Maria José C. M. *Formação do Brasil colonial*. Rio de Janeiro: Nova Fronteira, 1999, p. 312-313.

indígena.[71] O Diretório foi aprovado por Dom José I em 1755, estendido a todo o território em 1758 e permaneceu em vigência até 1798.[72]

O Diretório dos Índios não dispunha de modo específico sobre o traçado de povoações, mas tinha algumas implicações quanto à configuração dos espaços. Uma das providências iniciais nas novas povoações deveria ser o estabelecimento de "casas de Câmara e cadeias públicas, cuidando muito em que estas sejam erigidas com toda a segurança e aquelas com a possível grandeza".[73] Condenou-se a coabitação familiar e impôs-se aos índios "que fabriquem as suas casas à imitação dos brancos; fazendo nelas diversos repartimentos, onde vivendo as famílias com separação, possam guardar, como racionais, as leis da honestidade, e polícia".[74] Dispôs-se também que os índios "façam casas decentes para os seus domicílios, desterrando o abuso e a vileza de viver em choupanas (…) sendo evidentemente certo que para o aumento das povoações concorre muito a nobreza dos edifícios".[75] As novas povoações deveriam ser equipadas com os órgãos fundamentais da administração portuguesa e deveriam ter aparência distinta dos aldeamentos. Embora houvesse nelas uma Câmara, os índios não teriam governo próprio, mas seriam regulados por diretores. Em cartas e determinações régias enviadas a várias capitanias, a experiência do vale amazônico foi mencionada como referência modelar a ser seguida na implementação de vilas.[76]

Expansão e reinvenção regional

A extensão do Diretório dos Índios a todo o território luso-americano em 1758 desencadeou um intenso movimento de secularização de aldeamentos indígenas.

71 COELHO, Mauro Cezar. *Do sertão para o mar – um estudo sobre a experiência portuguesa na América, a partir da colônia: o caso do diretório dos índios (1751-1798)*. Tese (doutorado), São Paulo, FFLCH-USP, São Paulo,2006, p. 37.

72 BELLOTTO, Heloísa Liberalli. "Política indígena no Brasil (1570-1757)". *Revista do Instituto de Estudos Brasileiros*, São Paulo, n. 29, p. 49-60, 1988. KANTOR, Íris. "Legislação indigenista, reordenação territorial e auto-representação das elites (1759-1822)"... RODRIGUES, Isabel Vieira. "A política de Francisco Xavier Mendonça Furtado no norte do Brasil (1751-1759)". *Oceanos*, n. 40, out./dez., p. 96-110, 1999. VAINFAS, Ronaldo (dir.). *Dicionário do Brasil colonial (1500-1808)*. Rio de Janeiro: Objetiva, 2001, verbete Diretório, p. 186-187.

73 Item 74. Diretório que se deve observar nas povoações dos índios do Pará e Maranhão, enquanto Sua Majestade não mandar o contrário. ALMEIDA, Rita Heloísa de. *O Diretório dos Índios: um projeto de "civilização" no Brasil do século XVIII*. Brasília: Editora Universidade de Brasília, 1997, apêndice.

74 Item 12. Diretório que se deve observar nas povoações dos índios do Pará e Maranhão, enquanto Sua Majestade não mandar o contrário. ALMEIDA, Rita Heloísa de. *O Diretório dos Índios…*, apêndice.

75 Item 74. Diretório que se deve observar nas povoações dos índios do Pará e Maranhão, enquanto Sua Majestade não mandar o contrário. ALMEIDA, Rita Heloísa de. *O Diretório dos Índios…*, apêndice.

76 ARAÚJO, Renata K. Malcher. *A urbanização do Mato Grosso no século XVIII…*, p. 115-117.

Em algumas regiões, formaram-se órgãos para viabilizar as mudanças. Assim, em Pernambuco, estabeleceu-se uma junta para decidir sobre as providências para conversão de aldeias. Criou-se uma versão local e expandida do Diretório: a Direção com que interinamente se devem regular os índios das novas vilas e lugares eretos nas aldeias da capitania de Pernambuco e suas anexas, referente às capitanias de Ceará, Rio Grande e Paraíba. Mas Francisco Xavier de Mendonça Furtado determinou que se seguisse mesmo o Diretório.[77] Nesse mesmo ano, na Bahia, instalou-se um tribunal do Conselho Ultramarino para supervisionar a criação de vilas.[78] O processo só teve início mais efetivo a partir de 1767, quando o ouvidor Machado Monteiro passou as "Instruções para o governo dos índios da Capitania de Porto Seguro, que os seus diretores hão de praticar em tudo aquilo que se não encontrar com o Diretório dos indios do Grão-Pará".[79] A Coroa portuguesa estava atenta ao problema de implementar o Diretório em contextos diversos e parece ter cogitado ajustar alguns de seus itens a partir de informações solicitadas aos governos das capitanias".[80] Íris Kantor considera mesmo provável que o Diretório tenha tido repercussão bem distinta em cada região.[81]

O fomento à criação de "povoações civis", conforme previa o Diretório dos Índios, viria a ser reforçado também por uma política voltada para os chamados "vadios" ou "vagabundos". A carta régia de 22 de julho de 1766, enviada para São Paulo, Minas, Bahia, Goiás e Pernambuco estabeleceu:

> que todos os homens que nos ditos sertões se acharem vagabundos ou em sítios volantes sejam logo obrigados a escolherem lugares aco-modados para viverem juntos em povoações civis, que pelo menos te-nham de cinquenta fogos para cima, com juiz ordinário, vereadores, e

77 CARVALHO, Juliano Loureiro. *Formação territorial da Mata Paraibana, 1750-1808.* Dissertação (mestrado em Arquitetura e Urbanismo) – Universidade Federal da Bahia, UFBA, Salvador, 2008, p. 126, nota 19.

78 FLEXOR, Maria Helena Ochi. "Núcleos urbanos criados por Pombal no Brasil do século XVIII". In: Machado, Denise B. Pinheiro (org.). Anais do *IV seminário de história da cidade e do urbanismo.* Rio de Janeiro: UFRJ, 1996, p. 602-618.

79 FLEXOR, Maria Helena Ochi. "As vilas pombalinas do século XVIII: estratégias de povoamento". *Anais do V Seminário De História da Cidade e do Urbanismo*, p. 13. In: LEME, Maria Cristina de Silva; CIMBALYSTA, Renato (orgs.). SHCU 1990-2008. *Dez Seminários de História da Cidade e do Urbanismo.* São Paulo, 2008, CD-ROM.

80 SILVA, Isabelle Braz Peixoto da. *Vilas de índios no Ceará Grande: dinâmicas locais sob o Diretório Pombalino.* Tese (doutorado em Ciências Sociais) – Universidade Estadual de Campinas, Instituto de Filosofia e Ciências Humanas, 2003, p. 145.

81 KANTOR, Íris. "Legislação Indigenista, reordenação territorial e auto-representação das elites (1759-1822)"..., p. 34.

> procurador do Concelho, repartindo-se entre eles com justa propor-
> ção as terras adjacentes...[82]

Em oposição à ocupação itinerante e dispersa, impuseram-se núcleos estáveis, fixos e inseridos na malha administrativa portuguesa. Previu-se ainda a organização da Câmara e do território concelhio.

Essa carta régia foi analisada por Laura de Mello e Souza como evidência da crescente preocupação da administração portuguesa com os "vadios" e homens de vida itinerante.[83] No discurso oficial, o termo vadio servia para designar de modo impreciso uma enorme camada de homens livres pobres que viviam de trabalhos incertos, da pequena lavoura itinerante ou de atividades esporádicas. Essa categoria de indivíduos não tinha espaço formal no sistema produtivo, embora tivesse sido gerada por características estruturais desse mesmo sistema, tais como a instabilidade econômica, o trabalho escravo e a necessidade de superexploração. As políticas oficiais buscaram conciliar a repressão aos vadios com seu aproveitamento produtivo no povoamento, em expedições ao sertão, no trabalho em obras públicas e na lavoura, na guarda, defesa e manutenção de presídios e na formação de corpos militares, milícias ou polícias privadas.[84]

Conforme determinou a já mencionada carta régia de 1766, foram estabelecidas penalidades para quem não vivesse em povoação e identificaram-se os indivíduos que estavam excluídos dessa obrigação: "roceiros, que com criados, escravos e fábrica de lavoura vivem nas suas fazendas", "os rancheiros, que nas estradas públicas se acham estabelecidos com seus ranchos para a hospitalidade e comodidade dos viandantes" e os membros de "bandeiras, ou tropas, que em corpo, ou sociedade louvável, vão aos sertões congregados em boa união, para neles fazerem novos descobrimentos".[85] Embora vivessem longe da vida urbana, fazendeiros, homens que cuidassem de ranchos ou pousos e também membros de expedições oficiais aos sertões eram considerados úteis aos propósitos da Coroa. Essas determinações régias parecem dar salvaguarda à consolidação de caminhos, à conquista de sertões e à ocupação de terras por fazendas.

---

82 Carta régia de Dom José I. Ajuda, 22 jul. 1766. AHESP. São Paulo, TC, Avisos e Cartas Régias, lata 62, ordem 420, livro 169, p. 145.

83 SOUZA, Laura de Mello. *Desclassificados do ouro: a pobreza mineira no século XVIII*. Rio de Janeiro: Graal, 1990, p. 177-179. Ver também BELLOTTO, Heloísa. *Autoridade e conflito no Brasil colonial...*, p. 150-151.

84 SOUZA, Laura de Mello. *Desclassificados do ouro...*, p. 107-108.

85 Carta régia de Dom José I. Ajuda, 22 jul. 1766. AHESP. São Paulo, TC, Avisos e Cartas Régias, lata 62, ordem 420, livro 169, p. 145.

Além de determinações mais gerais, algumas capitanias receberam instruções específicas quanto a seu papel na estruturação territorial. A defesa do território foi uma tônica de instruções dadas aos governadores do Grão-Pará, Mato Grosso e de Goiás.[86] Uma das estratégias enfatizadas por Pombal foi um "sistema fundamental" fundado na cooperação e socorro militar mútuo entre grupos de capitanias, com especial atenção a São Paulo, Minas e Rio de Janeiro.[87] Algumas iniciativas no campo da gestão do território exigiam mesmo um empenho conjunto de governos vizinhos, como, por exemplo, as propostas do governador do Mato Grosso Luís Pinto de Sousa para a consolidação e defesa de caminhos de ligação com o Pará, Goiás e São Paulo por meio de povoações e fazendas.[88]

As transformações urbanas na América do Sul puderam contar com um número muito maior de engenheiros militares do que havia até então. Conforme levantamento de Beatriz Piccolotto Siqueira Bueno sobre os engenheiros militares atuantes na Colônia, incluindo alunos e lentes de aulas militares, houve trinta e dois desses homens sob D. João V, setenta e nove sob D. José I e setenta e dois sob D. Maria I.[89] A distribuição desses técnicos no território era desigual (figura 1.5). Ainda de acordo com os dados de Beatriz Piccolloto Siqueira Bueno sobre os locais em que cada um desses engenheiros atuou, incluindo seus possíveis deslocamentos, sob D. José I o atual estado do Rio de Janeiro teve o maior número de engenheiros, ou seja, vinte, seguido pelo Amazonas, com dezoito e pelo Pará, com doze. No atual estado de São Paulo, ainda sob D. José I houve oito registros de engenheiros; em Minas Gerais apenas um. Nesses dados, não há referências à atuação de engenheiros nos atuais estados do Ceará, Rio Grande do Norte, Paraíba, Alagoas, Sergipe e Piauí.[90]

Mesmo em capitanias onde havia engenheiros militares, nem sempre há evidências que permitam vinculá-los diretamente a transformações urbanísticas. Em Minas Gerais, ao longo do século 18, os engenheiros foram poucos e estiveram mais envolvidos com levantamentos cartográficos e obras de arquitetura

---

86 ARAÚJO, Renata K. Malcher. de *A urbanização do Mato Grosso no século XVIII...*, p. 153-154. BOAVENTURA, Deusa Maria Rodrigues. *A urbanização em Goiás no século XVIII...*, p. 189. ARAÚJO, Renata Klautau M. de. *As cidades da Amazônia no século XVIII...*, p. 114.

87 ARAÚJO, Renata K. Malcher de. *A urbanização do Mato Grosso no século XVIII...*, p. 150. MELLO, Christiane F. Pagano de. "As Prescrições Centralizadoras e o Recrutamento Militar na Segunda Metade do Século XVIII". In: *XXVI Reunião Anual da Sociedade Brasileira de Pesquisa Histórica* (SBPH), 2006, Rio de Janeiro. Anais da XXVI Reunião Anual da Sociedade Brasileira de Pesquisa Histórica (SBPH). Curitiba: SBPH, 2006, v. 26.

88 ARAÚJO, Renata K. Malcher de. *A urbanização do Mato Grosso no século XVIII...*, p. 153.

89 BUENO, Beatriz Piccolotto Siqueira. *Desenho e desígnio...*, anexo 1.

90 BUENO, Beatriz Piccolotto Siqueira. *Desenho e desígnio...*, anexo 1.

militar do que com projetos urbanísticos.[91] No Mato Grosso, região estratégica para a questão fronteiriça, entre 1751 e 1764 não há registro de nenhum engenheiro militar atuando; e, entre 1764 e 1772, José Mathias de Oliveira Rego foi o único oficial com exercício de engenheiro, além de eventuais visitas de mais outros dois técnicos em 1767 e 1772.[92] No Ceará, entre as dez vilas criadas na segunda metade do século 18, apenas Monte-Mor-o-Novo (1764) contou com a presença de um engenheiro na sua implantação, Custódio Francisco de Azevedo.[93] Na Paraíba, na criação das cinco vilas fundadas entre 1762 e 1765 também não há registros do envolvimento de engenheiros militares, cujo número na capitania era então ainda menor do que cinquenta anos antes.[94]

91 FONSECA, Cláudia Damasceno. "Agentes e contextos das intervenções urbanísticas nas Minas Gerais do século XVIII". *Revista Oceanos, A construção do Brasil urbano*. Comissão Nacional para as Comemorações dos Descobrimentos Portugueses, n. 41, p. 84-99, jan./março 2000.

92 ARAÚJO, Renata K. Malcher. *A urbanização do Mato Grosso no século XVIII...*, p. 156.

93 JUCÁ NETO, C. R. "As diretrizes urbanísticas portuguesas para as vilas cearenses". In: *Anais do XIII ENANPUR, Planejamento e Gestão do Território – Escalas, Conflitos e Incertezas*. Florianópolis, UFSC, 2009, p. 1-22.

94 CARVALHO, Juliano Loureiro de. *Formação territorial da Mata Paraibana...*, p. 189.

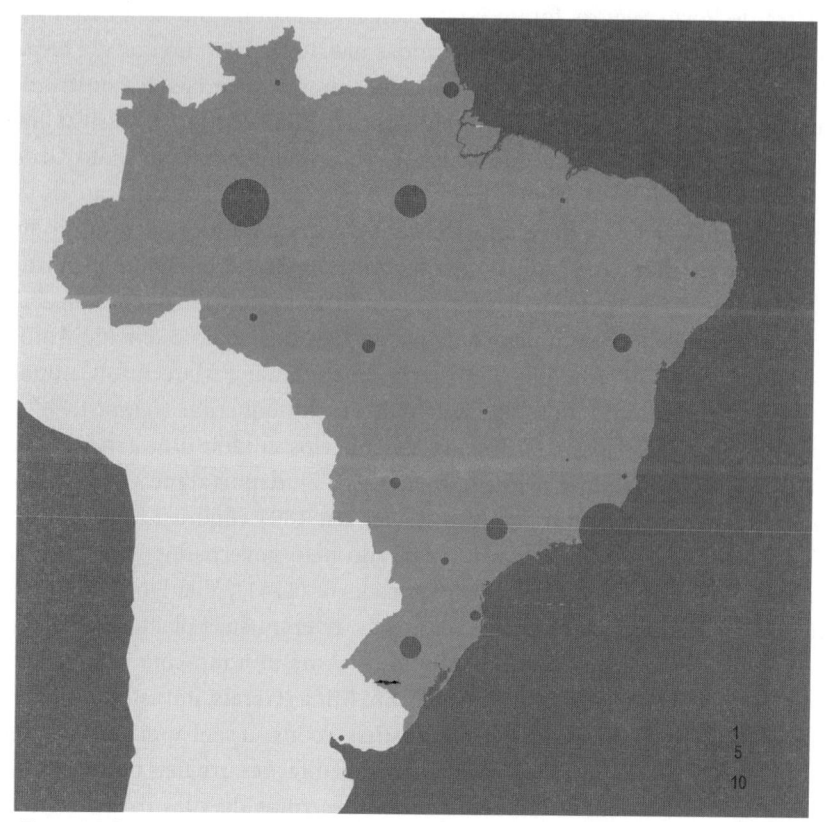

Figura 1.5: Interpretação esquemática do número de engenheiros militares por região sob D. José I.

Embora houvesse poucos engenheiros militares em algumas capitanias, a necessidade de tais profissionais era reconhecida. Instruções de Lisboa sobre tarefas específicas ligadas ao território muitas vezes recomendaram a presença de um engenheiro. Também eram frequentes os pedidos por parte de governadores de envio desses técnicos a suas capitanias.[95]

Muitas das novas vilas e povoações tiveram sua implantação orientada por militares e membros da administração colonial, sobretudo governadores e ouvidores. Algumas determinações formais impostas por autoridades coloniais podiam chegar a ser bem mais específicas a esse respeito do que cartas régias. No Grão-Pará, o governador e capitão-general Mendonça Furtado fez uma série de recomendações programáticas sobre a instalação de Macapá, mostrando preocupação com a aparência da igreja, da Casa de Câmara, de ruas e casas.[96] Na

95 BUENO, Beatriz Piccolotto Siqueira. *Desenho e desígnio...*, p. 270-274.

96 ARAÚJO, Renata Klautau Malcher de. *As cidades da Amazónia no século XVIII...*, p. 158-159.

comarca de Porto Seguro, foram estabelecidas determinações detalhadas sobre a configuração de casas a serem construídas nas novas vilas, no que diz respeito a dimensões, distribuição dos cômodos, aberturas e materiais de construção a serem utilizados.[97] No Ceará, a vila de Aracati (1748) sofreu sucessivas intervenções por ouvidores buscando ordenar seu crescimento.[98] No Mato Grosso, o governador Rolim de Moura responsabilizou-se pela implantação de Vila Bela (1752, figura 1.6) e deve ter escolhido o local para a construção do forte do Príncipe da Beira em 1767; o governador Luís de Albuquerque idealizou o projeto do mesmo forte; além disso, oficiais militares sem treinamento específico em engenharia conceberam planos de povoações, tais como o tenente Antônio Pinto do Rego e Carvalho em Vila Maria do Paraguai e Marcelino Camponês junto com José Antônio Pinto de Figueiredo em Albuquerque (figura 1.7).[99] Em Goiás, o governador José de Almeida Vasconcelos cuidou do estabelecimento do aldeamento de São José de Mossâmedes (1777), depois representado em desenho do sargento Joaquim Cardoso Xavier em 1801 (figura 1.8); a Aldeia D. Maria I teve em 1780 seu traçado idealizado pelo governador Luís da Cunha Menezes.[100] No Rio Grande do Norte, Portalegre (1761), Vila Flor (1762) e São José, todas anteriores aldeamentos indígenas, tiveram suas plantas demarcadas no terreno pelo sargento Antônio Albino do Amaral junto com o "auxiliar de corda" Sebastião Gonçalves dos Santos.[101] Em Minas Gerais, um esforço contínuo de homens do poder local – civil e eclesiástico – com ou sem apoio de engenheiros militares, buscou impor regularidade a implantações urbanas no século 18.[102] Administradores coloniais também fizeram desenhos de vilas para comprovar seus serviços junto a autoridades de Lisboa. Em relatórios de governo, o ouvidor geral de Porto Seguro José Xavier Machado Monteiro incluiu plantas, "riscadas"

---

97 FLEXOR, Maria Helena Ochi. "Núcleos urbanos criados por Pombal no Brasil do século XVIII"...

98 JUCÁ NETO, C. R. "Entre as normas do Reino e os condicionantes do lugar: o desenho da Vila de Santa Cruz do Aracati na Capitania do Ceará". In: *Anais do X Seminário de História da Cidade e do Urbanismo*. Recife, Centro de Estudos Avançados de Conservação Avançada, p. 1-16, 2008.

99 ARAÚJO, Renata K. Malcher. *A urbanização do Mato Grosso no século XVIII...*, p. 247, 319, 326 e 377.

100 BOAVENTURA, Deusa Maria Rodrigues. *A urbanização em Goiás no século XVIII...*, p. 193-196.

101 TEIXEIRA, Rubenilson Brazão. *Da cidade de Deus à cidade dos homens: a secularização do uso, da forma e da função urbana*. Natal: EDUFRN, 2009, p. 253-254.

102 FONSECA, Cláudia Damasceno. "Agentes e contextos das intervenções urbanísticas nas Minas Gerais do século XVIII..."

por ele mesmo, das vilas de Alcobaça (1772), Prado (1764), Portoalegre (1769) e Vila Viçosa (1768, figura 1.9).[103]

Governadores e ouvidores também se fizeram presentes em cerimônias de elevação de vilas. Durante viagem pela capitania do Grão-Pará entre 16 de janeiro e 6 de maio de 1758, Francisco Xavier de Mendonça Furtado efetuou cerimônias de elevação de mais de uma dezena de vilas.[104] O governador do Rio Negro, Joaquim de Melo e Póvoas, sobrinho de Pombal, percorrendo a capitania fez a elevação de oito vilas.[105] Em 19 de maio de 1759, o ouvidor geral Bernardo Coelho da Gama e Casco partiu de Pernambuco numa jornada de um ano pelo Ceará e Rio Grande do Norte, em que se elevaram seis vilas.[106]

Plantas e desenhos realizados por membros da administração oficial na segunda metade do século 18 permitem ver paralelismos na configuração de vilas situadas em pontos distantes do território. Conforme já salientaram vários autores, a praça regular como elemento central e estruturante do traçado urbano – não apenas como espaço residual ou apenso de edifícios significativos – as ruas ortogonais e a valorização da uniformidade das fachadas são elementos característicos da concepção de cidades setecentistas em que a iniciativa oficial portuguesa se fez presente.[107] A elaboração de mapas e desenhos parece ter sido um dos meios de promover e difundir uma determinada disciplina espacial. A ênfase na regularidade geométrica dos traçados representados em planta contribuiria para integrar a realidade diversificada das situações regionais numa cultura urbanística coerente e de cunho unitário.

Tomando como dado algumas plantas de núcleos situados em diferentes pontos do Império Português na segunda metade do século 18, já se aventou uma sistematização metodológica na composição das malhas urbanas, de acordo com três diferentes escalas de dimensões do lado das praças centrais (250, 500 ou 1000 palmos), num jogo de proporcionalidades envolvendo também dimensões

103 FLEXOR, Maria Helena Ochi. "E o ouvidor da comarca também planejava… " Anais do VI Seminário de História da Cidade e do Urbanismo. In: LEME, Maria Cristina de Silva; CIMBALYSTA, Renato (org.). SHCU 1990-2008. Dez Seminários de História da Cidade e do Urbanismo. São Paulo, 2008, CD-ROM.

104 ARAÚJO, Renata Klautau Malcher de. As cidades da Amazónia no século XVIII…, p. 127.

105 ARAÚJO, Renata Klautau Malcher de. As cidades da Amazónia no século XVIII…, p. 134-135.

106 CARVALHO, Juliano Loureiro de. Formação territorial da Mata Paraibana, 1750-1808…, p. 127.

107 DELSON, Roberta Marx. Novas vilas para o Brasil colónia…; TEIXEIRA, Manuel C.; VALLA, Margarida. O urbanismo português…, p. 256; ARAÚJO, Renata Klautau M. de. "A Razão na Selva: Pombal e a reforma urbana da Amazónia". Camões Revista de Letras e Cultura Lusófonas. Lisboa, Instituto Camões, n. 15-16, jan./jun. 2003.

de ruas.[108] Já se cogitou também que alguns núcleos urbanos tenham sido referências modelares. São José de Mossâmedes em Goiás (1774-78) pode ter inspirado a forma de Albuquerque no Mato Grosso.[109] A vila de Mocha, depois cidade de Oeiras, no Piauí teria sido a experiência inicial de desenvolvimento de um modelo de traçado padronizado de vila, depois aperfeiçoado na construção de Aracati no Ceará.[110]

Cultura urbanística, cultura territorial

Os paralelismos formais na representação de vilas em pontos diversos não podem ser explicados apenas pela imposição de disposições régias e nem sempre se pode vinculá-los à atuação direta de engenheiros militares. É difícil identificar de modo mais preciso os nexos que teriam levado a semelhanças formais entre vilas. Ao que tudo indica, na segunda metade do século 18 princípios de regularidade dos traçados já estariam difundidos entre governadores, ouvidores e outros membros da administração luso-brasileira. Renata Klautau Malcher de Araújo destacou a existência de uma base comum de conhecimentos e práticas, adquiridos na formação militar, que teriam consubstanciado um método de trabalho comum a agentes envolvidos na criação urbana.[111] E, ao tratar de normas para regularização das construções comuns de Minas Gerais no século 18, Nestor Goulart Reis Filho enfatizou uma "disciplina coletiva", expressiva de valores urbanos "oficiosos mas não oficiais, que iam sendo introduzidos e difundidos com a Ilustração".[112]

O intenso impulso à elevação de vilas transformou a escala de redes urbanas e redefiniu relações entre núcleos. Mas, a elevação a vila muitas vezes não foi acompanhada de transformações urbanísticas significativas. Os aldeamentos da Paraíba mudaram muito pouco no processo de secularização, mostrando uma permanência de tradições vernaculares na escolha do sítio, na organização do traçado e em características funcionais.[113] Na Bahia, grande parte dos novos núcleos urbanos estabelecidos não se desenvolveu conforme o esperado, o

---

108 ARAÚJO, Renata Klautau M. de. *As cidades da Amazónia no século XVIII...*, p. 50-57. FERNANDES, José-Manuel. "L'Inde et le sud du Brésil". In: MALVERTI, Xavier; PINON, Pierre. *La ville regulière: modèles et tracés*. Paris: Picard, 1997, p. 111-121.

109 ARAÚJO, Renata Klautau Malcher. *A urbanização do Mato Grosso no século XVIII...*, p. 367.

110 DELSON, Roberta Marx. *Novas vilas para o Brasil colônia...*, p. 24.

111 ARAÚJO, Renata K. Malcher de. *A urbanização do Mato Grosso no século XVIII...*, p. 248 e p. 377.

112 REIS FILHO, Nestor Goulart. "A urbanização e o urbanismo na região das Minas". *Cadernos do LAP*, nº 30, São Paulo, FAUUSP, jul./dez. 1999, p. 12.

113 CARVALHO, Juliano Loureiro de. *Formação territorial da Mata Paraibana, 1750-1808...*, cap. 4.

que levou a uma nova política de fixação de habitantes entre 1798 e 1799.[114] No Rio Grande do Norte, houve evidência da intenção de impor um novo traçado urbano a apenas três das sete novas vilas erguidas sob Pombal: Portalegre, Vila Flor e São José, sendo que apenas nas duas últimas foram empreendidas intervenções.[115] Mazagão (1770), última vila fundada na Amazônia sob Pombal, pode ser considerada o mais evidente malogro do processo urbanizador ali conduzido, a despeito da aplicação dos métodos da engenharia militar e do pesado investimento por parte da Coroa.[116]

Há indícios de que a configuração das casas de povoações não propiciou o objetivo previsto pelo Diretório de integração dos nativos à sociedade. No Grão-Pará, em algumas das comunidades incluídas nas reformas promovidas pelo governo de Mendonça Furtado, havia uma distribuição espacial que separava brancos e índios em bairros distintos.[117] Também em Goiás, a configuração do aldeamento de São José de Mossâmedes trazia uma hierarquização: as construções maiores e mais acabadas serviriam para os não indígenas e os casais de índios permaneceriam em choupanas dispersas.[118]

Enfim, as referências acima sugerem que muitas vezes as intervenções em aldeamentos indígenas não produziram uma paisagem urbana radicalmente nova. Não se exclui, porém, a hipótese levantada por Roberta Marx Delson de que engenheiros militares atuando em regiões do interior da Colônia no século 18 teriam deliberadamente incorporado elementos vernaculares ou indígenas, gerando composições de caráter híbrido.[119]

Instrumentos e estratégias de gestão territorial adotados em várias capitanias parecem relacionados com um processo de renovação cultural e científica na segunda metade do século 18. Governadores e capitães-generais da geração ilustrada tiveram papel de destaque não apenas no campo da urbanização, mas também na coordenação de atividades ligadas à exploração e ao conhecimento do território, tais como a orientação de viagens e observações científicas, o acompanhamento

---

114 FLEXOR, Maria Helena Ochi. "E o ouvidor da comarca também planejava"... *Anais do VI Seminário De História da Cidade e do Urbanismo*. In: LEME, Maria Cristina de Silva; CIMBALYSTA, Renato (org.). SHCU 1990-2008. *Dez Seminários de História da Cidade e do Urbanismo*. São Paulo, 2008, CD-ROM.

115 TEIXEIRA, Rubenilson Brazão. *Da cidade de Deus à cidade dos homens...*, p. 250.

116 VIDAL, Laurent. *Mazagão: a cidade que atravessou o Atlântico...* ARAÚJO, Renata Klautau Malcher de. *As cidades da Amazônia no século XVIII...*, p. 265-297.

117 COELHO, Mauro Cezar. *Do sertão para o mar...*, p. 203.

118 BOAVENTURA, Deusa Maria Rodrigues. *A urbanização em Goiás no século XVIII...*, p. 194.

119 DELSON, Roberta Marx. "Military engineering and the "Colonial" project for Brazil: agency and dominance"...

da realização de mapas e de levantamentos por engenheiros e cartógrafos, a instrução sobre a coleta de produtos naturais e a elaboração de textos e relatórios. A necessidade de conhecimento mais metódico do território e de suas potencialidades estava associada a uma atitude mais rigorosa e precisa em relação à exploração da natureza colonial.[120] Expedições sertanistas dirigidas por autoridades coloniais passaram a ser mais numerosas e adquiriram contornos científicos, com diários minuciosos e anotações de dados sobre distâncias, latitudes e obstáculos encontrados.[121] Conforme analisou Ângela Domingues, cientistas, engenheiros e altos funcionários dotados de uma formação cosmopolita ilustrada sustentaram "redes de informação" que permitiam um conhecimento mais aprofundado dos domínios coloniais e de suas potencialidades econômicas.[122] Os governadores e capitães-generais de capitanias teriam mesmo a responsabilidade de "articular um projeto integrado de colonização e ordenamento territorial".[123]

Numa tentativa de resumo, podem-se destacar alguns traços da cultura urbanística em que se produziram iniciativas oficiais de transformação urbana no Reino e em territórios luso-americanos durante o consulado pombalino. Princípios de regularidade geométrica dos traçados e conhecimentos no campo da Engenharia Militar parecem ter sido elementos estruturantes. No Reino, como se viu, engenheiros e arquitetos atuaram em estreita colaboração com autoridades centrais e impuseram conjuntos estáveis e detalhados de desenhos para orientar as obras. Na América do Sul, além de engenheiros militares, ressalta-se uma gama mais ampla de agentes da administração luso-brasileira atuando na definição de morfologias urbanas. Governadores, ouvidores e oficiais militares intervieram na configuração de núcleos urbanos, acompanharam suas obras e impuseram determinações formais mais específicas do que aquelas estabelecidas em cartas régias. Planos e desenhos pertinentes a núcleos urbanos da Colônia trazem evidências de similares padrões de configuração espacial impostos de ambos os lados do Atlântico.

120 MUNTEAL FILHO, Oswaldo. Memórias, Reformas e Acadêmicos no Império Luso-Atlântico: domínio territorial, poder marítimo e politica mercantilista. *RIHGB*, Rio de Janeiro, 163 (416), p. 13-66, jul./set. 2002.

121 SILVA, Maria Beatriz Nizza da. "A saga dos sertanistas". *Oceanos*, Lisboa, n. 40, p. 148-158, out./dez., 1999.

122 DOMINGUES, Ângela. "Para um melhor conhecimento dos domínios coloniais: a constituição de redes de informação no Império Português em finais de setecentos". *Ler História*. Lisboa, ISCTE, n. 39, p. 19-34, 2000.

123 DOMINGUES, Ângela. "Para um melhor conhecimento dos domínios coloniais"..., p. 24.

A partir do próximo capítulo, pretendemos introduzir a capitania de São Paulo na discussão sobre as transformações urbanas e territoriais sob o consulado pombalino.

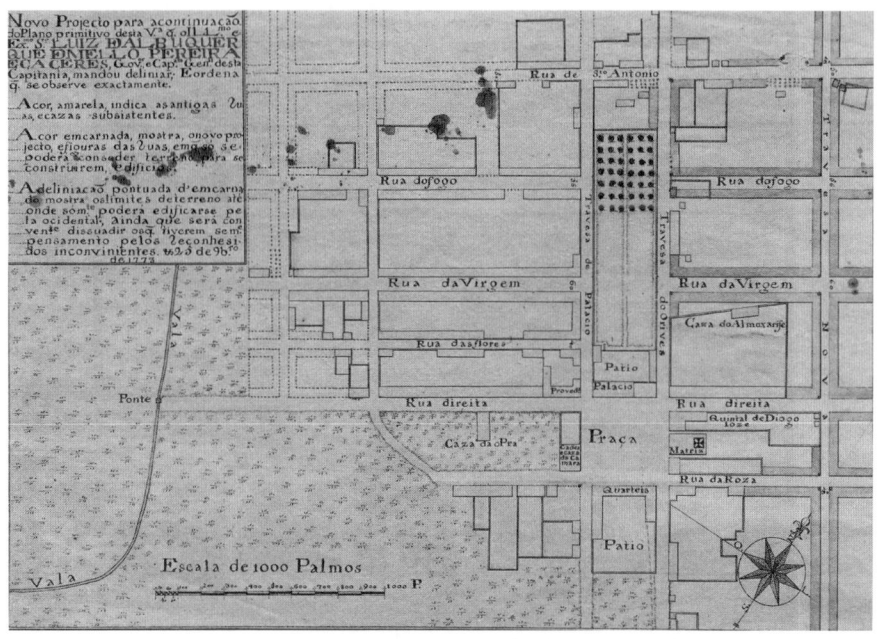

Figura 1.6. Novo Projeto para a continuação do plano primitivo desta Vila [Bela de Santíssima Trindade], 1773.

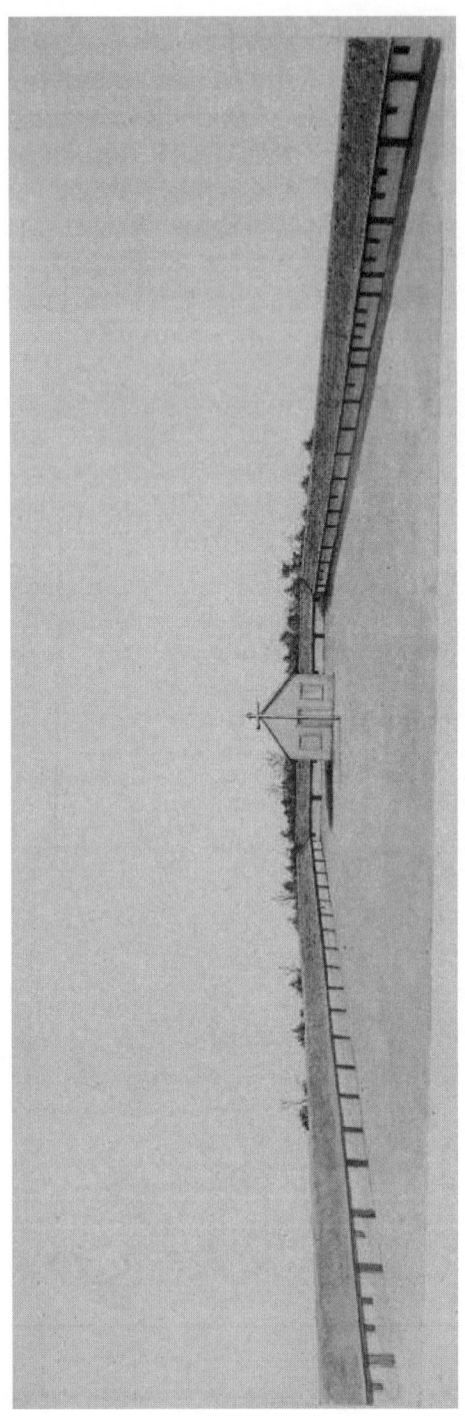

Figura 1.7. Vista interior da mesma povoação de Albuquerque, ca. 1790.

Figura 1.8 Joaquim Cardoso Xavier. Perspectiva da Aldeia de São José de Mossâmedes…, 1801.

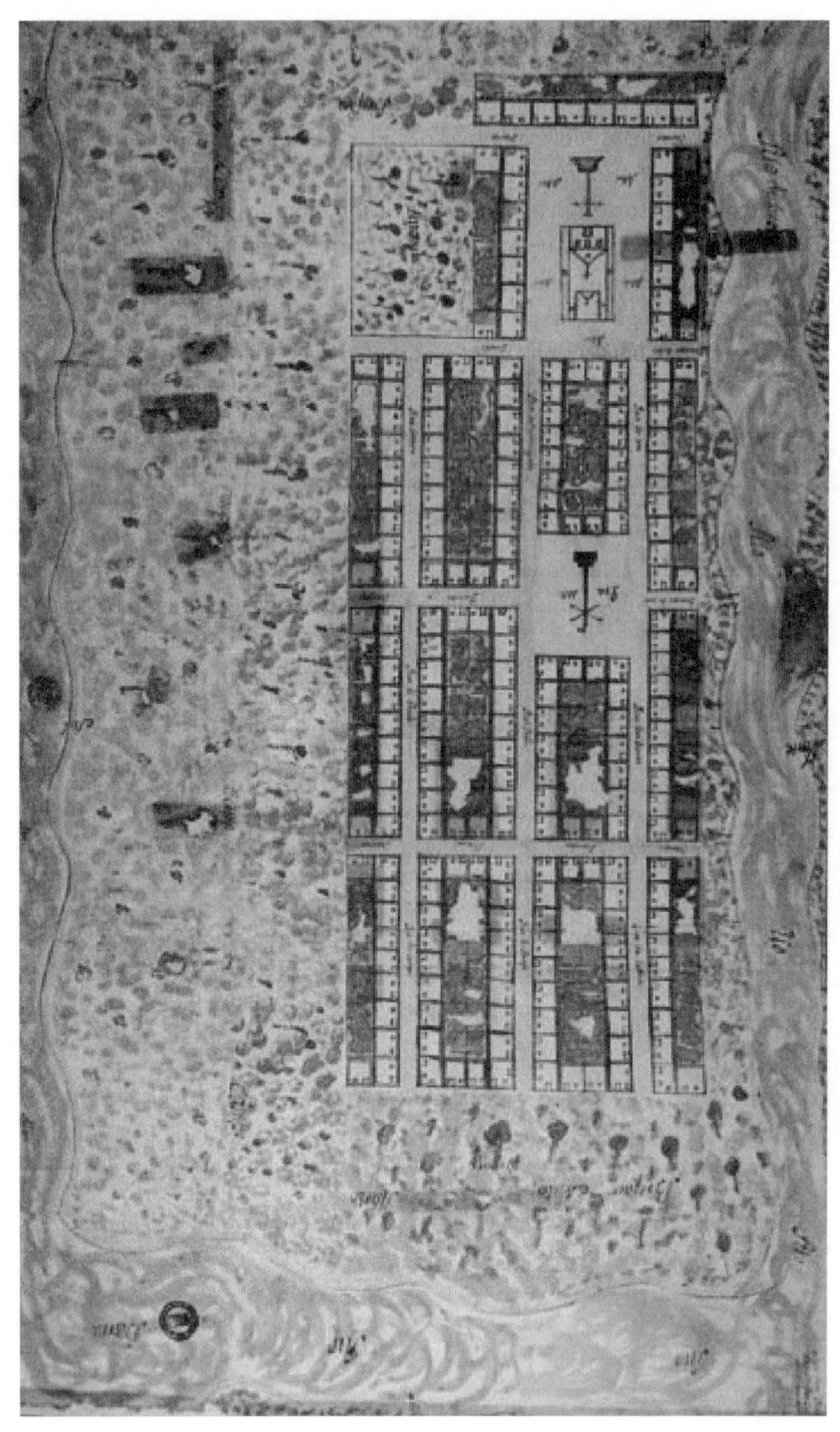

Figura 1.9. José Xavier Machado Monteiro. Vila Viçosa, ca. 1769.

Territórios da capitania de São Paulo

REDEFINIÇÃO DA GEOGRAFIA POLÍTICA

Depois do fim da União Ibérica, o desenvolvimento de uma política de centralização do poder monárquico favoreceu a progressiva incorporação das capitanias donatariais ao patrimônio régio. Em 1709, as capitanias de São Vicente e Santo Amaro foram adquiridas pela Coroa e desmembradas do Rio de Janeiro, vindo a formar a capitania geral de São Paulo e Minas do Ouro. A instalação da nova unidade de governo teve também intenção de estabelecer um controle mais efetivo sobre a região mineira e buscar uma solução para as disputas que haviam levado à Guerra dos Emboabas (1707-1709). Em seguida à criação da capitania, a elevação de São Paulo a cidade em 1711 pode ser vista como mais uma medida no sentido de integrar os paulistas aos planos da Coroa. Cabe notar que ainda não havia ali sede de bispado, embora tal pedido já tivesse sido feito. O título de cidade decorreu também de sua crescente proeminência como centro articulador da economia paulista.[1]

Em 1709, São Paulo e Minas do Ouro era a maior capitania da Coroa, abrangendo boa parte do Centro-Oeste, do Sul até Colônia de Sacramento e do Sudeste, excluindo-se o Rio de Janeiro e a vila de Santos. O movimento de reconhecimento do sertão liderado pelos bandeirantes paulistas foi uma referência comum a essa imensa área. Durante a primeira metade do século 18, sucessivas

---

1 RUIZ, Rafael; SILVA, Janice Theodoro da. "São Paulo de vila a cidade: a fundação, o poder público e a vida política…", ELLIS, Myriam. "São Paulo, de capitania a província: pontos de partida para uma história político-administrativa de São Paulo". *Revista de História*, v. 52, n.103, p. 147-216, 1975. PERIDES, Paulo Pedro. "A organização político-administrativa e o processo de regionalização do território colonial brasileiro"… BLAJ, Ilana. *A trama das tensões…*, p. 218-219.

redefinições administrativas da capitania contribuíram para configurar um processo de diferenciação e estruturação interna do território.[2]

A preocupação em assegurar a ordem na região de mineração e garantir a captação dos quintos de ouro esteve na base da criação da capitania de Minas Gerais, desmembrada de São Paulo em 1720. Até então, questões fiscais e políticas exigiam a constante presença dos governadores de São Paulo nas Minas. A nova organização também visou a proporcionar a presença contínua de um governador em São Paulo, para cuidar mais de perto da defesa dessa região exposta a ataques tanto pelo litoral como da parte das missões espanholas.

Desde fins da década de 1730, a reorganização da defesa contra os espanhóis ao Sul levou a desmembrarem-se de São Paulo regiões consideradas mais vulneráveis a avanços castelhanos, que passaram a estar subordinadas ao Rio de Janeiro. Em 1748, uma política de imposição de mecanismos de controle fiscal e administrativo mais rigoroso nos locais de mineração impulsionou a concessão de autonomia a Goiás e Mato Grosso. Em resumo, foram desanexados de São Paulo: Minas Gerais (1720), Rio Grande do São Pedro e a ilha de Santa Catarina (1738), Laguna (1742), Goiás (1744) e Mato Grosso (1748).

Em 1748, o cargo de governador foi extinto em São Paulo, a capitania foi transformada em comarca do Rio de Janeiro e seus assuntos militares foram atribuídos ao governador da Praça de Santos. À capitania de São Paulo juntaram-se Colônia do Sacramento, Rio Grande, Santa Catarina e Laguna para configurar uma ampla região unificada sob o comando militar do Rio de Janeiro.

Conforme parecer do Conselho Ultramarino, em 1709 São Paulo foi considerada "o caminho e comunicação das Minas Gerais", então, "pareceu preciso criar naquela parte governador que pudesse mais facilmente acudir às ditas minas quando os negócios delas o requeressem".[3] São Paulo teria sido transformada em capitania real para apoiar no controle da região das minas. Conforme segue o mesmo parecer, a situação em 1748 seria diferente:

> Hoje, porém, refletindo no número e qualidade dos habitantes, dependências e comércio, considera o Conselho tão supérflua a assistência do governador e capitão-general [em São Paulo] (...) como a reputa indispensável nos distritos de Goiás e Cuiabá.[4]

---

2 PERIDES, Paulo Pedro. "A organização político-administrativa e o processo de regionalização do território colonial brasileiro…"

3 *Apud* BELLOTTO, Heloísa Liberalli. *Autoridade e conflito no Brasil Colonial…*, p. 27.

4 *Apud* BELLOTTO, Heloísa Liberalli. *Autoridade e conflito no Brasil Colonial…*, p. 27.

Sugere-se que a capitania estaria pouco povoada, reduzida em seus territórios e teria uma economia frágil, por isso, não seria mais necessário governador ali. Os sucessivos desmembramentos territoriais, o despovoamento causado pelo afluxo de colonos à região de mineração, a abertura do caminho novo ligando as Minas diretamente com o Rio de Janeiro e a perda da autonomia administrativa foram argumentos da elaboração de um discurso que enfatizou a decadência da capitania no século 18.[5] O trabalho de Ilana Blaj foi um marco na revisão crítica da ideia de decadência, a partir da ênfase na crescente mercantilização de São Paulo em ligação com o território mineiro, num processo que propiciou condições para o desenvolvimento da lavoura para exportação na segunda metade do século 18.[6]

Povoar e defender: a capitania restaurada

Numa perspectiva que parecia ser de guerra iminente no Extremo-Sul, a inserção da capitania de São Paulo nas políticas pombalinas para os territórios sul-americanos foi revista. Em 1762 e 1763, a Colônia do Sacramento e uma parte do Rio Grande foram tomadas por tropas castelhanas. Depois do Tratado de Paris de 1763, que pôs fim à Guerra dos Sete anos (1756-63), a Colônia do Sacramento foi restituída aos portugueses, mas boa parte do Rio Grande permaneceu ocupada pelos espanhóis. Da parte da Espanha, o Rio Grande era visto como uma barreira além da qual não seria permitido aos portugueses avançarem; já para os portugueses, o Rio Grande era espaço indispensável à expansão contínua de seus territórios até o rio da Prata.[7] Os avanços espanhóis ao Sul mostraram a necessidade de reorganizar o sistema defensivo, considerando-se então que o Rio de Janeiro não poderia dar conta de toda a vasta área sob sua jurisdição. A capitania de São Paulo deveria passar a ser um centro ativo num novo esquema militar baseado na cooperação recíproca entre seu governo e os de Minas Gerais e Rio de Janeiro. Conforme Heloísa Bellotto, a capitania foi restaurada pelas mesmas razões que haviam paradoxalmente levado a sua extinção: a reorganização do sistema de defesa da região platina e a exigência de reforçar a segurança da fronteira oeste.[8]

As primeiras instruções para orientar a nova administração de São Paulo foram dadas em duas cartas assinadas pelo Marquês de Pombal, datadas de 26 de

5 BLAJ, Ilana. *A trama das tensões...* MEDICCI, Ana Paula. "Expansão mercantil em São Paulo: decadência e vadiagem nos discursos de memorialistas, viajantes e autoridades públicas (1782-1822)". *Almanack Braziliense* (Online), 2005. Disponível em <http://www.almanack.usp.br/> Acesso em: 2 jan. 2009.

6 BLAJ, Ilana. *A trama das tensões...* BLAJ, Ilana. "Agricultores e comerciantes em São Paulo nos inícios do século XVIII..."

7 ALDEN, Dauril. *Royal government in colonial Brazil...*, p. 103-104.

8 BELLOTTO, Heloísa Liberalli. *Autoridade e conflito no Brasil colonial...*, p. 44.

janeiro de 1765 e dirigidas respectivamente ao Morgado de Mateus e ao vice-rei Conde da Cunha.[9] Há ainda registros de Dom Luís Antônio sobre diálogos em que algumas instruções foram esclarecidas por Pombal e, já no Rio de Janeiro, discutidas com o vice-rei Conde da Cunha.[10] Em sua análise desse conjunto de documentos, Heloísa Liberalli Bellotto relacionou a restauração da capitania de São Paulo com diretrizes do governo pombalino para combater espanhóis, perseguir jesuítas, promover efetiva assimilação dos indígenas, reativar a economia e, em última instância, fortalecer o poder central.[11]

Pode-se salientar que questões de ordem territorial estavam no fulcro das instruções régias. Na carta ao governador de São Paulo, considerou-se a posição geoestratégica da capitania em relação a centros considerados vitais para portugueses e espanhóis (figura III, caderno de imagens).[12] A Sudoeste, as missões jesuíticas castelhanas junto aos rios Paraguai e Uruguai eram vistas como foco concentrado de forças inimigas. No século 18, havia trinta missões remanescentes em terras do atual Paraguai, Argentina e Rio Grande do Sul.[13] Mas julgou-se improvável uma ofensiva a partir dali. Por outro lado, o Sul representaria uma ameaça maior, pois se temia que os espanhóis já estabelecidos no Rio Grande avançassem também sobre o Forte do Rio Pardo e o porto de Viamão, pretendendo chegar às Minas e ao Rio de Janeiro. As instruções régias orientaram a

9 Carta do ministro e secretário do Reino Sebastião José de Carvalho e Melo para o governador da capitania de São Paulo Dom Luís Antônio de Sousa Botelho Mourão. Palácio de Nossa Senhora da Ajuda, 26 jan. 1765. APESP, Manuscritos T. C. Avisos e Cartas Régias 1765-1777, Lata 62 ordem 420 livro 169. "Copia da Carta escrita [pelo secretário de Estado do Reino Conde de Oeiras] para o [vice-rei] Conde da Cunha". Palácio de Nossa Senhora da Ajuda, 26 jan. 1765. AESP, Manuscritos T. C. Avisos e Cartas Régias 1765-1777, Lata 62 ordem 420 livro 169. Cópia em AHU_ACL_CU_023-01, Cx. 23, D. 2221. Sobre as instruções de governo ver BELLOTTO, Heloísa Liberalli. *Autoridade e conflito no Brasil colonial...*, p. 59-73. MOURA, Américo Brasilense Antunes de. "O governo do Morgado de Mateus no vice-reinado do Conde da Cunha". *Revista do Arquivo Municipal*, São Paulo, v. 52, p. 9-156, 1938.

10 "Cópia das perguntas que fez o governador e capitão-general de São Paulo Dom Luís Antônio de Souza em Lisboa ao ilustríssimo e excelentíssimo Senhor Conde de Oeiras...". Lisboa, 8 out. 1772. AESP S. Manuscritos T. C. Avisos e Cartas Régias 1765-1777, Lata 62 ordem 420 livro 169, fl. 1-3. "Pontos essenciais que se hão de ajustar com o ilustríssimo e excelentíssimo senhor Conde Vice-Rei para a resposta da carta do ofício n. 1". Registro do governador da capitania de São Paulo Dom Luís Antônio de Sousa sobre o diálogo com o vice-rei Conde da Cunha. [1765]. DI 14, p. 20-24.

11 BELLOTTO, Heloísa Liberalli. *Autoridade e conflito no Brasil colonial...*, p. 59-73.

12 Carta do ministro e secretário do Reino Sebastião José de Carvalho e Melo para o governador da capitania de São Paulo Dom Luís Antônio de Sousa Botelho Mourão. Palácio de Nossa Senhora da Ajuda, 26 jan. 1765. APESP, Manuscritos T. C. Avisos e Cartas Régias 1765-1777, Lata 62, ordem 420, livro 169.

13 WEHLING, Arno; WEHLING, Maria José C. M. *Formação do Brasil colonial...*, p. 168.

recuperação das terras perdidas ao Sul e a consolidação dos domínios portugueses até a margem norte do rio da Prata. Pode-se entender que a capitania de São Paulo deveria constituir, conforme expressão de Heloísa Bellotto, um "forte tampão defensivo" entre os domínios hispano-americanos e as regiões de mineração e do Rio de Janeiro.[14]

Também se enviou para o governo de São Paulo uma cópia das instruções dirigidas ao vice-rei Conde da Cunha correlacionando a problemática das fronteiras, a ocupação de sertões e a fundação de vilas.[15] Considerou-se oportuno ao propósito de consolidação territorial um plano apresentado por paulistas ainda em 1764 para exploração de possíveis riquezas nos sertões de Guarapuava, situados a sudoeste do atual estado do Paraná. O oeste paranaense também foi visado por instruções régias adicionais de 1766, que recomendaram estabelecer povoações de dez em dez léguas, recolhendo e civilizando índios, no rumo da serra de Apucarana.[16]

Ainda conforme as instruções metropolitanas, a capitania de São Paulo deveria participar do combate aos jesuítas, retomando as terras ocupadas por eles, tal como já se vinha fazendo no Pará, Maranhão, Mato Grosso, Goiás, Piauí e ao Sul. Recomendou-se fundar "vilas novas nas aldeias de índios e nos outros lugares que para isso se acharem mais próprios".[17] Desse modo, reforçou-se a diretriz da política indigenista pombalina de transformar aldeamentos e povoações em vilas, procurando-se utilizar o índio como povoador de áreas litigiosas.

A mesma carta considerou exemplar a experiência do governador e capitão-general Francisco Xavier de Mendonça Furtado (1755-1759) na fundação de cerca de sessenta vilas e lugares no Grão-Pará e Maranhão. A conversão de aldeamentos em vilas deveria seguir tanto as ordens enviadas para as capitanias do Norte como os meios lá adotados para executá-las. O Diretório dos Índios deveria ser observado "em tudo que for aplicável". Boa parte dos itens das instruções enviadas para São Paulo referiu-se ao problema dos índios administrados

---

14 BELLOTTO, Heloísa Liberalli. *Autoridade e conflito no Brasil colonial...*, p. 60.

15 "Copia da carta escrita [pelo secretário de Estado do Reino Conde de Oeiras] para o [vice-rei] Conde da Cunha". Palácio de Nossa Senhora da Ajuda, 26 jan. 1765. APESP, Manuscritos T. C. Avisos e Cartas Régias 1765-1777, Lata 62 ordem 420 livro 169.

16 Carta do ministro e secretário de Estado do Reino Sebastião José de Carvalho e Melo para o governador da capitania de São Paulo D. Luís Antônio de Sousa Botelho Mourão. Palácio de Nossa Senhora da Ajuda 26 jul. 1766. Lata 62, ordem 420, livro 169, fl. 130-131.

17 Carta do ministro e secretário de Estado do Reino Sebastião José de Carvalho e Melo para o governador da capitania de São Paulo D. Luís Antônio de Sousa Botelho Mourão. Palácio de Nossa Senhora da Ajuda 26 jul. 1766. Lata 62, ordem 420, livro 169, fl. 130-131.

por jesuítas, incluindo-se em anexo uma extensa legislação pertinente ao tema promulgada desde o reinado de D. João V (1707-1750).

As determinações centrais do governo pombalino para reorganização dos territórios da capitania traziam "princípios" a serem seguidos.[18] Nas instruções para a restauração de São Paulo não há determinações quanto ao sítio ou a aspectos urbanísticos de novas vilas a serem eretas tais como nas já citadas cartas régias enviadas a outras regiões.[19] Apenas em uma das cópias de cartas anexadas recomendou-se cuidar do "regular alinhamento" de aldeias que deveriam ser transformadas em povoações civis.[20]

D. Luís Antônio de Sousa Botelho Mourão, quarto Morgado de Mateus, foi nomeado governador e capitão-general em 14 de dezembro de 1764, deixou Lisboa em 27 de março de1765 e desembarcou no Rio de Janeiro no dia 20 de junho. Ali, reuniões com D. Antônio Álvares da Cunha, vice-rei Conde da Cunha, trataram extensamente da organização das tropas militares. Dom Luís Antônio indagou a respeito dos meios de executar as ordens para criar novas povoações e dos possíveis obstáculos que encontraria para fundar vilas, considerando o precedente do Pará nesse campo. As respostas resumiram-se a observar o Diretório, aguardar o que a experiência viria a mostrar e seguir futuras ordens.[21]

A partir de 1765, a Coroa Portuguesa impôs uma nova agenda para a capitania de São Paulo. Povoar passou a ser um verbo frequente na correspondência oficial. Talvez houvesse intenção de aumentar o número de pessoas, de acordo com a ideia de que "a força e riqueza dos países consiste no número e na multiplicação de gente".[22] Mas, mais do que expandir o número de habitantes, *povoar* parece ter tido o significado de reorganizar a distribuição espacial da população de modo a estimular a concentração em núcleos urbanos, fixos, estáveis e

---

18 "Copia da Carta escrita [pelo secretário de Estado do Reino Conde de Oeiras] para o [vice-rei] Conde da Cunha". Palácio de Nossa Senhora da Ajuda, 26 jan. 1765. APESP, Manuscritos T. C. Avisos e Cartas Régias 1765-1777, Lata 62 ordem 420 livro 169.

19 Ver p. 52.

20 Carta Régia (cópia) para o governador da capitania do Piauí João Pereira Caldas. Belém, 29 de julho de 1759. APESP, S. Manuscritos T. C. Avisos e Cartas Régias 1765-1777, Lata 62 ordem 420, livro 169, anexo n. 3.

21 "Pontos essenciais que se hão de ajustar entre o ilustríssimo e excelentíssimo senhor Conde de Cunha Vice Rei e o capitão-general de S. Paulo para resposta da carta de ofício n. 2" [1765]. DI 14, p. 24-30.

22 "IV-Cópia dos parágrafos da Instrução que se mandou a Gomes Freire de Andrada em 21 de setembro de 1757". Anexo à "Cópia da carta escrita [pelo secretário de Estado do Reino Conde de Oeiras] para o [vice-rei] conde da Cunha". Palácio de Nossa Senhora da Ajuda, 26 jan. 1765. APESP, Manuscritos T. C. Avisos e Cartas Régias 1765-1777, Lata 62 ordem 420 livro 169, fl. 15.

submetidos às estruturas administrativas portuguesas. *Povoar* aproximava-se da noção de urbanizar.

A instalação de freguesias e vilas proporcionou dispositivos fundamentais para intervenção no território, conforme se verá a seguir.

REORGANIZAÇÃO DA MALHA ADMINISTRATIVA

As freguesias e os espaços eclesiásticos

Na segunda metade do século 18, redividiram-se os bispados e multiplicaram-se as freguesias no centro-oeste e no sudeste da Colônia. Em 1745, os imensos territórios do bispado do Rio de Janeiro (1676), que se estendiam até o rio da Prata, foram desmembrados em mais quatro partes, dando origem a dois bispados, com sedes em São Paulo e Mariana e a duas prelazias, com sedes em Goiás e Cuiabá. Essa reorganização administrativa era parte de um esforço da Igreja ultramarina para disseminar a doutrina católica, promover a ação evangelizadora em áreas recém-valorizadas pelo processo colonizador e também atender a aspirações locais. A criação das novas unidades tinha implicações políticas, já que significava o reconhecimento, por via eclesiástica, da posse de áreas mais estendidas a oeste de Tordesilhas.[23]

As reformas nas circunscrições eclesiásticas estavam condicionadas aos termos específicos pelos quais a Igreja e a Coroa se aliaram na empresa colonizadora. Como se sabe, o regime do Padroado estabeleceu vínculos de interdependência e compromisso entre o poder civil e o poder religioso. Na origem do Padroado régio, a Igreja instituiu o monarca como padroeiro das missões e instituições eclesiásticas no Reino e nas conquistas do Ultramar, visando a promover a irradiação e a manutenção do catolicismo. Esse regime consolidou-se a partir de concessões feitas pela Santa Sé à Monarquia Portuguesa durante a Expansão Marítima e vigorou durante todo o tempo em que o Brasil pertenceu ao Império Português. Em virtude do Padroado, o monarca estava habilitado a administrar os dízimos, indicar candidatos para cargos religiosos, propor novas dioceses e fundar capelas e paróquias. Se houvesse necessidade mais urgente, o bispo também podia erigir paróquias, que eram denominadas encomendadas ou curadas. Nessas paróquias

---

23 BOSCHI, Caio. "Episcopado e Inquisição". In: BETHENCOURT, Francisco; CHAUDHURI, Kirti (org.). *História da Expansão Portuguesa*. Lisboa: Círculo de Leitores, 1998, v. 3, p. 332-395. ZANON, Dalila. *A ação dos bispos e a orientação tridentina em São Paulo (1745-1796)*. Dissertação (mestrado em História) IFCH, UNICAMP, Campinas, 2000, p. 48-49.

o sustento do pároco não provinha da Fazenda Real, mas das taxas cobradas dos fiéis pela administração dos sacramentos.[24]

A paróquia ou, na denominação mais comum, a freguesia, era a unidade territorial básica no domínio eclesiástico. No território da freguesia, havia uma igreja matriz e um pároco ou vigário, podendo ainda haver capelas filiais com seus respectivos capelães. As freguesias estavam submetidas à jurisdição da diocese, que era administrada por um bispo. Havia ainda as comarcas eclesiásticas, divisões que agrupavam um certo número de freguesias e eram administradas pelos vigários da vara. O pároco, como responsável pela direção da freguesia, deveria assegurar a doutrinação da população e cuidar de vários aspectos da vida da comunidade, cabendo-lhe zelar pela observação das normas da Igreja, garantir a presença dos fiéis na missa, supervisionar a entrada e saída de pessoas na freguesia, conservar a construção e os ornamentos da igreja e controlar atividades religiosas em capelas distantes. As freguesias eram também espaço suplementar para exercício da justiça civil e da administração, com destaque para o recrutamento militar e a cobrança de impostos. Ali se recolhia o dízimo, tributo mais duradouro e rentável na Colônia, aplicado a dez por cento de toda a produção.[25]

Em 1765, os territórios do bispado de São Paulo abrangiam terras dos atuais estados do Paraná e sul de Minas, além de São Paulo. A malha de trinta e oito freguesias estendia-se até regiões fronteiriças com Minas Gerais e o Rio de Janeiro e, embora se tornasse mais rala ao Sul, também estava presente numa região do interior entre Sorocaba e Curitiba, onde não havia outras vilas (figura IV, caderno de imagens). Conforme dados de Alice Canabrava, em 1766, aproximadamente um quarto dos 63.228 habitantes da capitania morava na área de jurisdição de São Paulo, que se estendia até as freguesias de Santo Amaro, Cotia, Guarulhos, Juqueri, Nazaré, Atibaia e Jaguari.[26] O núcleo da cidade tinha apenas 1.516 habitantes.[27]

Já nos primeiros meses de governo, o governador Morgado de Mateus fez julgamentos abrangentes sobre o estado em que teria encontrado a capitania. Seu olhar estava atento às formas de ocupação produtiva e à presença de estruturas de dominação:

---

24 ZANON, Dalila. *A ação dos bispos e a orientação tridentina em São Paulo...*, p. 24-26 e p. 80. VAINFAS, Ronaldo (Dir.). *Dicionário do Brasil colonial (1500-1808)...*, verbete Padroado, p. 466-467.

25 ZANON, Dalila. *A ação dos bispos e a orientação tridentina em São Paulo...*, p. 16. FONSECA, Cláudia Damasceno. *Des terres aux villes de l'or...*, p. 81-85. MARX, Murillo. *Cidade no Brasil: terra de quem?* São Paulo: Nobel, 1991, p. 17-49.

26 CANABRAVA, Alice P. "Uma economia de decadência: os níveis de riqueza na Capitania de São Paulo, 1765-1767". *Revista Brasileira de Economia*. Rio de Janeiro, 26(4), p. 95-123, out/dez. 1972.

27 CANABRAVA, Alice P. "Uma economia de decadência..."

> Observei as povoações e achei que todas são pequenas, ainda as de
> maior nome, faltas de gente, e sem nenhum modo de ganhar a vida,
> os campos incultos, tudo coberto de mata brava, a lavoura por mau
> método, só se planta em mato virgem pelo pouco que custa e pela re-
> pugnância que tem de se sujeitarem ao maior trabalho de cultivarem
> os campos como nesse Reino [de Portugal] (...) A dispersão que se
> costuma habitar (sic) não permite a devida civilidade, nem a necessá-
> ria doutrina espiritual, de que procede que esquecidos os homens das
> obrigações com que nasceram, seguem a desordem natural dos seus
> costumes, uns adormecendo-se nos vícios, outros cometendo execran-
> dos (sic) delitos, de que todos os dias se ouviam as tristes notícias.[28]

Sugere-se que a concentração dos povos em unidades urbanas contribuiria para
fazer valer a autoridade da Igreja e do Estado. Na mesma perspectiva, condenou-
-se um modo de vida itinerante, pobre e alheio aos enquadramentos oficiais,
numa descrição minuciosa:

> ... a facilidade com que esta gente muda os chamados sítios que assim
> se denominam as casas que há pelas ribeiras feitas de taipa de canas,
> cobertas de folhas com suas laranjeiras ao pé, algumas bananas e uma
> pequena roça de mandioca e nada mais, porque os seus móveis são
> duas redes, uma em que dormem, e outra com que pescam e destas
> há infinitas por toda a parte e ali vivem anos e anos sem missa, nem
> pároco nem civilidade...[29]

Na área rural de São Paulo, o processo de expansão do povoamento e de concentração da riqueza comercial havia impedido que a maior parte dos homens livres
tivesse acesso às terras mais produtivas ou a um grande número de trabalhadores
indígenas, tornando-os dependentes de roças para subsistência, em situação de
pobreza.[30] O método de lavoura costumeiro, baseado na queimada e no cultivo
de terras virgens, era considerado uma das causas da dispersão e da itinerância

---

28 "Cartas escritas [pelo governador e capitão-general da capitania de São Paulo, Dom Luís Antônio]
a Sua Majestade pelo seu Conselho Ultramarino no ano de 1767/N. 1/Descrevendo o estado em que
achou a Capitania". São Paulo, 1 dez. 1767. DI 23, p. 250-256.

29 "N. 6/F". Carta do governador da capitania de São Paulo, D. Luís Antônio de Sousa Botelho
Mourão, para o ministro e secretário dos negócios do Reino, Sebastião José de Carvalho e Melo.
Santos, 22 set. 1765. DI 72 p. 95-97.

30 MONTEIRO, John Manuel. *Negros da terra...*, p. 207-208.

da população. Esse tipo de ocupação deve ter-se tornado mais visível aos olhos das autoridades num momento em que a Coroa redobrava a pressão para desenvolver e modernizar a produção agrícola. As imagens vívidas registradas pelo governador podem aparentar um testemunho pessoal dos fatos, no entanto, seus relatos não seriam meramente descritivos, nem exclusivamente seus, mas expressariam observações pessoais mescladas a ideias difundidas em meios oficiais.[31]

A situação das freguesias da capitania foi observada pelo Morgado de Mateus em 1766:

> As freguesias desta capitania são trinta e oito, destas há algumas que tem doze, vinte e mais léguas de comprido e outro tanto de largo e nesta distância estão dispersos os seus fregueses. As igrejas muitas delas são de pau a pique e cobertas de palhas; a missa, raríssimo é o [fiel] que a ouve, nem eles podem vir a ela das distâncias em que vivem, até a mesma desobriga da Quaresma cuido que não cumprem muitos e os rapazes batizam-se adultos, tudo pela impossibilidade das distâncias em que vivem e estas ocasionadas de procurarem de comer atrás do mato virgem, mudando e estabelecendo o seu domicílio por onde o há...[32]

O modo de vida itinerante dos fiéis impediria que cumprissem suas obrigações religiosas. Além disso, o estado das igrejas seria precário. A preocupação com o uso de materiais como pedra e cal no lugar da taipa, assim como exigências quanto a ornamentos e objetos litúrgicos, haviam sido enfatizadas depois do Concílio de Trento.[33]

A necessidade de rever as delimitações de freguesias mostrou-se desde os primeiros anos de instituição do bispado de São Paulo. Do ponto de vista das autoridades eclesiásticas, os desequilíbrios na distribuição territorial das freguesias e a imprecisão de seus limites traziam dificuldades para o atendimento aos fiéis, o controle dos clérigos e a administração episcopal.[34]Ainda em 1776, o terceiro bispo de São Paulo, D. frei Manuel da Ressurreição, chamou atenção para as dificuldades de conduzir os trabalhos pastorais em razão das grandes distâncias

---

31 Sobre o discurso governamental e memorialista em relação à agricultura ver MEDICCI, Ana Paula. "Expansão mercantil em São Paulo...".

32 "Cartas ao conde de Oeiras/Estado Político./n. 31". Carta do governador da capitania de São Paulo, D. Luís Antônio de Sousa Botelho Mourão, para o ministro e secretário dos negócios do Reino, Sebastião José de Carvalho e Melo. São Paulo, 23 dez. 1766. DI 23, p. 1-10. Uma légua portuguesa correspondia a aproximadamente 6 km.

33 FONSECA, Cláudia Damasceno. Des terres aux villes de l'or..., p. 116.

34 ZANON, Dalila. A ação dos bispos e a orientação tridentina em São Paulo..., p. 69-72.

entre sedes paroquiais e capelas, da mobilidade da população, da precariedade dos caminhos e da vida em sertões.[35]

A instalação das estruturas eclesiásticas no território tinha início com a concessão de autorização para erigir uma capela curada, ou seja, servida regularmente por um cura ou vigário coadjutor. A capela deveria ter um patrimônio fundiário próprio e um dote ou patrimônio capaz de assegurar uma renda anual mínima para sua manutenção. Antes de começar a funcionar, deveria ser inspecionada e consagrada para o culto. A promoção de uma capela à condição de freguesia levaria em consideração critérios de ordem econômica e demográfica, embora fatores de ordem política pudessem mesmo ter preeminência. Em geral, os moradores suplicavam a elevação a freguesia alegando encontrarem-se carentes de assistência espiritual devido à distância à sede paroquial e a dificuldades dos caminhos. Era necessário que a capela já tivesse sido então transformada em um edifício maior, a igreja matriz. O território onde viviam os fiéis que frequentavam a capela não era delimitado fisicamente. Já as freguesias, depois de fundadas, precisavam ir demarcando seu território à medida que surgissem freguesias confinantes.[36]

De acordo com as determinações do Concílio de Trento, os bispos tinham autorização para fazer divisões de freguesias.[37] Mas, na capitania de São Paulo, depois da morte do bispo Frei Antônio da Madre de Deus Galrão em 1764, a administração da diocese ficou a cargo de um vigário capitular até a chegada de novo bispo em 1774. O governador da capitania procurou informar-se com Francisco Xavier de Mendonça Furtado a respeito de ordens régias para regular os distritos de vilas e freguesias e também sobre o modo de suprir os gastos envolvidos nas novas fundações, considerando que no Pará as dificuldades poderiam ter sido semelhantes às que enfrentava em São Paulo.[38] Solicitou ainda a Pombal uma "ordem ampla" que o autorizasse a definir limites de paróquias e desmembrar as paróquias existentes como melhor entendesse, em comum acordo com o vigário capitular Manuel José Vaz.[39]

---

35 LUSTOSA, Oscar de Figueiredo. "Situação religiosa da capitania de São Paulo na palavra de seu bispo, D. Frei Manuel da Ressurreição". *Revista de História*, v. 52, n. 104, out./dez. 1975.

36 FONSECA, Cláudia Damasceno. *Des terres aux villes de l'or...*, p. 85. MARX, Murillo. *Cidade no Brasil: terra de quem?...*, p. 17-49.

37 ZANON, Dalila. *A ação dos bispos e a orientação tridentina em São Paulo(1745-1796)...*, p. 72 nota 72.

38 "N. 22". Carta do governador da capitania de São Paulo, D. Luís Antônio de Sousa Botelho Mourão, para o ministro e secretário de Estado dos Negócios da Marinha e Domínios Ultramarinos, Francisco Xavier de Mendonça Furtado. São Paulo, 14 maio 1768. DI 19, p. 22-25.

39 "N. 14". Carta do governador da capitania de São Paulo, D. Luís Antônio de Sousa Botelho Mourão, para o ministro e secretário dos negócios do Reino, Sebastião José de Carvalho e Melo. São Paulo, 18 fev. 1768. DI 19, p. 3-4.

Do ponto de vista de autoridades locais, a definição de limites de uma freguesia podia ser necessária para efetivar o controle sobre a população e estabilizar a administração. A documentação pertinente a Nossa Senhora de Campinas do Mato Grosso ilustra bem esse aspecto. Depois da freguesia ter sido desmembrada da vila de Jundiaí, o frei Antônio de Pádua escreveu ao governador solicitando que a demarcação de seus limites fosse feita em breve e sugeriu o rio Capivari como marco divisório.[40] Em seguida, o diretor de Campinas Francisco Barreto Leme fez novo apelo pela demarcação. Segundo seu relato, depois que o capitão de ordenanças de Jundiaí, movido por "inveja e oposição", convocou os homens alistados de Campinas a se apresentarem naquela vila, eles passaram a alegar que "ignoram aonde pertencem" para se esquivarem do trabalho na construção da igreja da freguesia.[41] Um mês depois, a demarcação de Campinas já tinha sido realizada. No entanto, o diretor pleiteou um novo ajuste, argumentando que, se houvesse um número maior de fregueses, a arrecadação de taxas eclesiásticas seria maior e ainda haveria mais braços para a construção da matriz. Observou também que a demarcação anterior obrigava os habitantes de um bairro rural a se submeterem a uma grande distância para chegar a Jundiaí, embora vivessem mais próximos de Campinas.[42]

Mas nem sempre era conveniente ou necessário definir limites de freguesias. Em 1787, Afonso Botelho de Sampaio descreveu as sete novas unidades paroquiais criadas na comarca de Paranaguá, demonstrando ter uma noção clara da virtual abrangência de cada uma delas.[43] Já para a freguesia de Nossa Senhora da Esperança, que era então o posto mais avançado de ocupação do sertão a Sudoeste, os limites não foram mencionados e provavelmente não teriam mesmo sido delimitados. Também em Lajes "não se fez divisão do seu distrito pelo sertão

---

40 Carta do frei Antônio de Pádua ao governador da capitania de São Paulo D. Luís Antônio de Sousa Botelho Mourão. 16 jul. 1774. Jundiaí, 26 jun. 1774. BNRJ AM I-30, 15, 4, n. 2.

41 Carta do diretor e fundador da freguesia de Nossa Senhora da Conceição das Campinas do Mato Grosso, Francisco Barreto Leme, para o governador da capitania de São Paulo D. Luís Antônio de Sousa Botelho Mourão. Freguesia de Campinas do Mato Grosso, 18 jul. 1774. BNRJ AM I-30, 13, 19, n. 2.

42 Carta do diretor e fundador da freguesia de Nossa Senhora da Conceição das Campinas do Mato Grosso, Francisco Barreto Leme, para o governador da capitania de São Paulo D. Luís Antônio de Sousa Botelho Mourão. Freguesia de Campinas do Mato Grosso, 11 ago. 1774. BNRJ AM I-30, 13, 19, n. 3.

43 "Novas Freguesias que por ordem do ilm.º e exm.º senhor general Dom Luís Antônio de Sousa Botelho Mourão erigiu o coronel Afonso Botelho de Sampaio na comarca de Paranaguá." Rio de Janeiro, 18 abril 1787. BPMP Ms. 437. Refere-se a NossaSenhora da Conceição [de Sabaúna] da Laje, São José da Marinha em Ararapira, São Luís de Guaratuba, Santo Antônio da Lapa do Registro de Cortiva [ou Curitiba], Santa Ana do Iapó, Nossa Senhora da Esperança e Nossa Senhora dos Prazeres das Lajes.

não ser povoado".[44] A criação de Lajes, como se verá mais adiante, suscitou sérios conflitos entre autoridades civis e eclesiásticas em torno da questão de limites de capitanias e bispados.[45]

A fundação de novas freguesias envolveu ainda problemas relativos à provisão e manutenção dos clérigos. Havia dificuldades para se recrutar sacerdotes dispostos a viver em povoações precárias e locais inóspitos, onde nem sempre seriam bem aceitos pelos colonos. Nas novas povoações que se estabeleceram entre 1765 e 1775, exigiu-se dos sacerdotes estreita colaboração com o poder civil no sentido de controlar povoadores, incentivar seu trabalho e evitar possíveis conflitos. Para estimular o estabelecimento de algumas das novas povoações, as côngruas, uma espécie de vencimento pago aos párocos, foram custeadas pela Fazenda Real, sendo que o Iguatemi foi particularmente favorecido com recursos adicionais, no intuito de contentar a população e o pároco.[46]

Em 1765, havia 38 freguesias na capitania; já em 1774, o bispo Dom Frei Manuel da Ressurreição afirmou ter encontrado 53 freguesias;[47] e, em 1824, de acordo com um mapa do bispado de São Paulo, o número chegou a 88.[48] Conforme documentos produzidos durante a administração do Morgado de Mateus e alguns anos depois, as freguesias criadas entre 1765 e 1775 foram as seguintes (figura V, caderno de imagens):

- ao Sul: Faxina (1766), Itapetininga (1766), Nossa Senhora da Conceição de Sabaúna da Laje (1769), S. Luís de Guaratuba (1771), São José da Marinha em Ararapira (1769), Santo Antônio da Lapa do Registro do Curitiba (1769), Santa Ana do Iapó (1769?), Lajes (1770);
- no Vale do Paraíba e litoral Norte: São José da Paraíba (1768), São Luís do Paraitinga, Santana do Rio do Peixe (na fronteira com Minas), Caratutuba (Caraguatatuba?), freguesia no rio Paraíba (entre as freguesias de Piedade e de Campo Alegre); Paraibuna;
- ao Noroeste e Sudoeste: Piracicaba (1774), N. Sr.ª da Conceição de Campinas do Mato Grosso (1774), Nossa Senhora da Esperança no

44 "Novas freguesias que por ordem do ilm.º e exm.º senhor general Dom Luís Antônio de Sousa Botelho Mourão erigiu o coronel Afonso Botelho de Sampaio na comarca de Paranaguá." Rio de Janeiro, 18 abr. 1787. BPMP, Ms. 437.

45 Ver item As disputas nos confins, p. 127.

46 ZANON, Dalila. A ação dos bispos e a orientação tridentina em São Paulo (1745-1796)..., p. 162-166.

47 Carta do Bispo de São Paulo, D. Frei Manuel da Ressurreição. São Paulo, 23 jun. 1774. AHU_ACL_CU_023-01, Cx. 30, D. 2671.

48 NEVES, Guilherme Pereira. E receberá mercê: a Mesa da Consciência e Ordens e o clero secular no Brasil, 1808-1828. Rio de Janeiro: Arquivo Nacional/Ministério da Justiça, 1997, p. 214-216.

sertão do Tibaji (1772), Nossa Senhora dos Prazeres e São Francisco de Paula do Iguatemi.[49]

Em 1777, a maior parte das cinquenta e nove freguesias existentes na diocese de São Paulo era curada; sendo que treze delas eram coladas, ou seja, erigidas pelo Rei e mantidas pela Coroa.[50] Algumas das freguesias criadas sob o Morgado de Mateus já não são mencionadas no mapa do Bispado de 1824: Caraguatatuba, Santana do Rio do Peixe, Sabaúna, Ararapira, Iguatemi e Nossa Senhora da Esperança.

A expansão da rede paroquial no território da capitania entre 1765 e 1775 foi condicionada por desígnios geopolíticos da administração do Morgado de Mateus, conforme se verá adiante.[51] O governador procurou conduzir o processo de instalação de freguesias e demarcação de suas circunscrições. Conforme mostrou Dalila Zanon, na ausência de um bispo em São Paulo durante a maior parte daquele período, o Morgado de Mateus se sobrepôs à atuação dos vigários capitulares e chegou a assumir a direção espiritual das novas povoações que se fundavam.[52]

Logo depois da chegada do bispo D. fr. Manuel da Ressurreição a São Paulo em 1774, iniciaram-se os embates com o governador. Em carta de 1776 a Pombal, o bispo criticou o desmembramento de paróquias para criação de vilas com pequena população, apontou as grandes distâncias percorridas por curas para atender aos paroquianos e mostrou a inconveniência de se ter clérigos das ordens regulares agindo sem legitimidade como párocos em novas povoações.[53] Por sua vez, o governador Morgado de Mateus acusou o bispo de agir sem seu conhecimento na administração dos novos núcleos e alertou que o estado eclesiástico se estaria tornando completamente independente do estado secular.[54]

Na capital, as desavenças com o bispo recém-chegado envolveram uma disputa pelo edifício que pertencera ao Colégio dos jesuítas. Depois da restauração

---

49 Para listas das freguesias ver "Novas Freguesias que por ordem do ilm.º e exm.º senhor general Dom Luís Antônio de Sousa Botelho Mourão erigiu o coronel Afonso Botelho de Sampaio na comarca de Paranaguá." Rio de Janeiro, 18 abril 1787. "Relação feita pelo oficial maior da Secretaria de São Paulo Manuel Teixeira da Silva contendo seis ofícios de Dom Luís Antônio ao ministro e secretário de Estado da Marinha e domínios ultramarinos Martinho de Melo e Castro, referentes ao estado eclesiástico". Revista IHGB, n. especial, t. 6, p. 394-406, 1957.

50 ZANON, Dalila. A ação dos bispos e a orientação tridentina em São Paulo (1745-1796)..., p. 83-84.

51 Ver item Frentes de urbanização, p. 93.

52 ZANON, Dalila. A ação dos bispos e a orientação tridentina em São Paulo (1745-1796) ..., p. 165.

53 SILVA, Maria Beatriz Nizza da (org.) et al. História de São Paulo colonial. São Paulo: UNESP, 2009,

54 Ofício n. 3 do governador da capitania de São Paulo D. Luís Antônio de Sousa Botelho Mourão. São Paulo, 18 de jun. 1774. Anexo à relação feita pelo oficial maior da Secretaria de São Paulo, Manuel Teixeira da Silva, contendo seis ofícios aoministro e secretário de Estado da Marinha e domínios ultramarinos. Martinho de Melo e Castro, referentes ao estado eclesiástico. RIHGB, n. especial, t. 6, p. 394-406, 1957.

da capitania de São Paulo, os bens antes pertencentes aos jesuítas foram sendo incorporados ao Estado. O Colégio foi reformado pelo Morgado de Mateus para acomodar a administração civil e sua própria residência, mas, por determinação régia, teve de ser entregue ao bispo em 1774. O governador, inconformado, escreveu então a Pombal descrevendo em minúcias sua obra no Colégio: havia novos retábulos na igreja, a torre do relógio tinha sido reconstruída, havia novos armários para arquivar papéis, espaços para armas, fardas e ferramentas, enfim, "todas as acomodações não só públicas como particulares".[55] Quando o bispo ocupou o Colégio, o governador teria tido de "viver interinamente na pequena quadra de aulas (...) muito apertado e muito devassado das janelas fronteiras do contíguo colégio que lhe é unido, em que mora o bispo e a sua família".[56] As soluções para alojar o bispo poderiam ser, na opinião do Morgado de Mateus, mandar terminar a obra do Palácio Episcopal iniciada antes de seu governo, reformar uma casa, ou, o que julgava melhor ainda, adquirir uma "ilha" de casas no largo da Sé. Essa última solução foi justificada assim:

> por ser o sítio mais nobre e mais próprio que tem toda a terra para Palácio Episcopal, por ter toda a largueza para os edifícios e jardins, por estar vizinho à [igreja da] Sé, sobre a praça do seu largo e porque se podia juntamente comunicar com a igreja de São Pedro, que é muito curiosa e ficar lhe servindo de capela episcopal.[57]

Nesse trecho considerou-se mais adequado instalar o Palácio Episcopal junto da Sé e da igreja de São Pedro. A proposta sugere uma qualificação de distintos espaços urbanos para o poder civil e o poder religioso. O problema da residência dos governadores persistiu até pelo menos o fim do século 18.

A criação de freguesias na capitania e a ocupação do edifício do Colégio em São Paulo suscitaram choques entre autoridades civis e eclesiásticas. Mas a expansão da malha paroquial também podia atender a um interesse comum por

---

55 Ofício do governador e capitão-general da capitania de São Paulo, Morgado de Mateus, D. Luís Antônio de Sousa Botelho Mourão, ao secretário do reino, marquês de Pombal, Sebastião José de Carvalho e Melo. São Paulo, 18 jun. 1774. AHU_ACL_CU_023, Cx. 6, D. 377.

56 Ofício do governador e capitão-general da capitania de São Paulo, Morgado de Mateus, D. Luís Antônio de Sousa Botelho Mourão, ao [secretário do reino], marquês de Pombal, Sebastião José de Carvalho e Melo. São Paulo, 18 jun. 1774. AHU_ACL_CU_023, Cx. 6, D. 377.

57 Ofício do governador e capitão-general da capitania de São Paulo, D. Luís Antônio de Sousa Botelho Mourão, ao [secretário do reino], marquês de Pombal, Sebastião José de Carvalho e Melo". São Paulo, 18 jun. 1774. AHU_ACL_CU_023, Cx. 6, D. 377.

parte da Igreja e do Estado pelo enquadramento de novos territórios. O propósito da administração da capitania era elevar a vila as freguesias que se criavam.

As vilas e seus termos

Até 1765, havia dezoito vilas e uma cidade em São Paulo. Entre 1765 e 1775, foram instaladas dez vilas: São José da Paraíba (27/7/1767), Faxina (20/9/1769), Mojimirim (22/10/1769), Atibaia (5/11/1769), Sabaúna (1/8/1770), Itapetininga (11/3/1771), Guaratuba (27/4/1771), Lajes (22/5/1771), Apiaí (14/8/1771), São Luís do Paraitinga (31/3/1773). Também houve ordens que não se efetivaram para elevar a vila Nossa Senhora de Escada (14/8/1767), Mojiguaçu (27/6/1769), a Praça e povoação do Iguatemi (27/10/1770) e Santo Antônio do Registro (11/12/1771). Mais tarde, entre 1775 e 1811, foram elevadas as seguintes vilas: Cunha (15/9/1785), Lorena (06/7/1788), Antonina (29/8/1797), Bragança (17/10/1797), Campinas (29/10/1797), Porto Feliz (20/12/1797), Vila Bela da Princesa (3/9/1805) e Vila Nova do Príncipe (3/1/1806).

A criação de uma vila implicava a imposição de uma instituição jurídica a um núcleo urbano que se tornava então formalmente integrado ao Império Português. Mais precisamente, caberia falar na criação de concelhos, unidade territorial mínima no âmbito civil, cujo governo estava a cargo de uma Câmara. A palavra vila designava inicialmente apenas o principal núcleo construído onde ficava sediada a Câmara, mas como a maior parte dos concelhos tinha sede numa vila – não numa cidade – as palavras vila e concelho acabaram ganhando um mesmo sentido.[58]

As Câmaras, como se sabe, eram órgãos dotados de autonomia jurídico-administrativa em instância local. Eram compostas, basicamente, por dois juízes-presidentes, que podiam ser juízes ordinários ou, quando nomeados pelo Rei, juízes de fora, por dois a seis vereadores e um a dois procuradores, além de outros oficiais menores. As atribuições fundamentais dos oficiais da Câmara foram dispostas nas Ordenações Filipinas, mas as diferentes realidades municipais acabavam levando a dinâmicas específicas. Cabia às Câmaras gerir aspectos fundamentais da vida e do cotidiano da coletividade local, principalmente por meio das posturas. Suas práticas desenvolviam-se nos âmbitos de regulamentação do espaço urbano e seu uso, controle das atividades comerciais e artesanais e ainda aplicação da justiça local. Entre suas tarefas, pode-se citar a distribuição e

---

58 FONSECA, Cláudia Damasceno. Des terres aux villes de l'or..., p. 20-21.

o parcelamento de terras, o julgamento de litígios, o recrutamento de milícias e o recolhimento ou mesmo criação de alguns impostos.[59]

A historiografia tende a ressaltar a progressiva limitação do poder político e econômico das Câmaras ultramarinas pela Metrópole no século 18. Estudos recentes sobre São Paulo na segunda metade do século 18 também parecem ver a atuação das edilidades mais como braço do poder régio do que como veículo de expressão de possíveis forças autonomistas locais. Por outro lado, não se excluem manifestações de oposição por parte dos camaristas à consecução de medidas impostas pelo Reino ou pela administração da capitania. As Câmaras proporcionariam um espaço de negociação política com elites locais e um instrumento de defesa de seus interesses ante a Coroa.[60]

A organização do Concelho estava submetida a um foral, conforme se designava a carta passada pelo rei onde se estabeleciam liberdades, deveres e garantias dos povoadores, determinavam-se normas de convivência entre eles e com o outorgante e também se dispunha, entre outros aspectos, sobre o aproveitamento dos terrenos comuns.[61] No ato de elevação a vila, atribuía-se a cada um dos concelhos um termo e um rossio. O termo era todo o território de jurisdição da municipalidade, onde podia haver vários bairros e paróquias. O rossio designava terrenos concedidos pela Coroa, por meio de carta de foral, para constituir patrimônio fundiário da municipalidade. O rossio era de usufruto comum, podendo ser utilizado para pastos, plantações e obtenção de lenha. Servia ainda de reserva para futura expansão da vila, seja para moradia ou para abertura de caminhos e praças. Competia aos edis da Câmara parcelar o rossio e arrendar datas de terra aos moradores mediante o pagamento de uma quantia anual, o foro. Esse modelo tradicional de organização local do território utilizado pela monarquia

---

59 BOXER, Charles R. *O Império marítimo português: 1415-1825*. São Paulo, Companhia das Letras, 2002, p. 286-308. CÂMARA, Leandro Calbente. *Administração colonial e poder: a governança da cidade de São Paulo (1765-1802)*. Dissertação (mestrado em História Econômica) – Faculdade de Filosofia, Letras e Ciências Humanas, Universidade de São Paulo, São Paulo, 2008, p. 64-111. FONSECA, Cláudia Damasceno. *Des terres aux villes de l'or...*, p. 18-22. MARX, Murillo. *Cidade no Brasil: terra de quem?...*, p. 52-87. VAINFAS, Ronaldo (dir.). *Dicionário do Brasil colonial (1500-1808)...*, verbete Câmaras, p. 88-89.

60 BICALHO, Maria Fernanda. "Poder régio e poder concelhio na disputa pela administração do espaço urbano do Rio de Janeiro: século XVII e XVIII". In: ARAÚJO, Renata Klautau Malcher de; CARITA, Helder; ROSSA, Walter. *Colóquio Internacional Universo Urbanístico Português 1415-1822*. Actas. [s.l.] CNCDP, 2001, p. 321-334. BICALHO, Maria Fernanda. "Centro e Periferia: pacto e negociação política na administração do Brasil colonial". *Leituras. Revista da Biblioteca Nacional. Lisboa*: n.º 6, primavera 2000, p. 17-40. SERRATH, Pablo Oller Mont. *Dilemas & conflitos na São Paulo restaurada: formação e consolidação da agricultura exportadora (1765-1802)*. Dissertação (mestrado em História Econômica) – FFLCH USP, São Paulo, 2007, p. 151.

61 GLEZER, Raquel. *Chão de terra e outros ensaios sobre São Paulo...*, p. 112.

portuguesa apresentava pequenas diferenças entre sua configuração no Reino e na Colônia.[62]

A delimitação do rossio deveria ser feita a partir do Pelourinho, que se tornaria então o centro geométrico de uma superfície medida na unidade de quadra. Depois da instituição do rossio, uma carta régia deveria confirmar a concessão das terras ao patrimônio da Câmara. No entanto, os dados ideais estabelecidos pelos autos de ereção nem sempre se efetivavam. Conforme apontaram Cláudia Damasceno e Murillo Marx, a superfície do rossio dificilmente poderia ter a figura de um quadrado e muitas vezes sua medida não foi tomada a partir do Pelourinho, mas de outros pontos a partir dos quais se poderiam ocupar terrenos considerados mais convenientes. Os rossios, assim como os termos, usualmente tinham limites confusos e imprecisos.[63]

Em Portugal, no Antigo Regime, a imprecisão de limites dos termos concelhios foi uma das facetas de uma organização territorial caracterizada de modo geral pela descontinuidade, irregularidade e sobreposição das circunscrições.[64] Na década de 1790, propuseram-se as bases de uma reforma global do território do Reino, associada à reforma do sistema judicial, com intuito de uniformizar a configuração de circunscrições administrativas.[65] Ainda antes dessa reforma, durante a administração do Morgado de Mateus, parece ter havido uma tendência de definir limites de circunscrições na capitania de São Paulo, talvez inspirada em padrões ilustrados de racionalização da administração.[66]

A elevação a vila era um momento fundamental em que as Câmaras limítrofes tinham de chegar a um consenso sobre seus respectivos territórios de jurisdição. Em 1769, quando se elevou Atibaia a vila, representantes da sua Câmara, de São Paulo e Jundiaí reuniram-se para tratar do assunto, mas não chegaram a um acordo. O governador Morgado de Mateus interveio na questão e determinou que as divisões se fizessem pelos limites das freguesias. A justificativa foi a seguinte:

> de outra forma ficarão os moradores dos termos que queriam as ditas Câmaras sujeitos no temporal a servirem [a] uma vila e no espiritual sujeitos a outras de que são fregueses, o que seria ônus muito penoso

---

62 FONSECA, Cláudia Damasceno. *Des terres aux villes de l'or...*, p. 18-22. REIS FILHO, Nestor Goulart. *Evolução urbana do Brasil (1500/1720)...*, p. 34-38. MARX, Murillo. *Cidade no Brasil: terra de quem?...*, p. 51-87.

63 FONSECA, Cláudia Damasceno. *Des terres aux villes de l'or...*, p. 453. MARX, Murillo. *Cidade no Brasil: terra de quem?...*, p. 67-87.

64 SILVA, Ana Cristina Nogueira da. *O modelo espacial do Estado moderno...*, p. 50-51.

65 SILVA, Ana Cristina Nogueira da. *O modelo espacial do Estado moderno...*, p. 74.

66 TORRÃO FILHO, Amílcar. *Paradigma do caos ou cidade da conversão?...*, p. 229-230.

para os moradores e se trocaria o benefício [da elevação a vila] que lhes faz S. Majestade, que Deus guarde, em pena.[67]

A intenção foi evitar a sobreposição das jurisdições temporal e eclesiástica. Ordenou-se ainda a delimitação do rossio da cidade de São Paulo, de modo que se pudessem estabelecer os limites com a aldeia de São Miguel e a recém-criada vila de Atibaia.[68]

Mas, ainda nas últimas décadas do século 18, os limites dos termos de vilas podiam permanecer indeterminados. Em 1797, a Câmara de Atibaia informou que até então não se tinha chegado a um acordo a respeito dos limites entre a freguesia de Jaguari e Mojimirim, situadas numa disputada região fronteiriça a Minas Gerais.[69] As demarcações fluidas mantinham em aberto as possibilidades de incorporação de novos territórios. Assim, o termo de uma vila podia ir-se redefinindo à medida que avançasse a colonização e novas unidades administrativas fossem sendo desmembradas em sertões e zonas fronteiriças. Nem sempre seria conveniente ou necessário definir limites com precisão; já em áreas mais densamente ocupadas o problema de rever delimitações espaciais requereu maior atenção, como se verá também em medidas dirigidas aos aldeamentos.

Os aldeamentos indígenas

Depois de 1765, a participação dos aldeamentos nas dinâmicas territoriais na capitania de São Paulo foi revista. Como se sabe, a organização de núcleos de índios aldeados liderou a ocupação inicial do planalto desde a criação de São Paulo de Piratininga (1554), embora seu estatuto fosse de Colégio. O projeto jesuítico de criação de comunidades para aculturação e evangelização dos nativos apresentou-se de início conveniente à Coroa e aos colonos como forma regulada de acesso a terras e mão de obra indígena. Formou-se então ao redor de São Paulo um cinturão de aldeamentos que forneciam braços indígenas para fazendas e povoações dos arredores. Em termos funcionais, os aldeamentos podem ser vistos como um organismo único repartido em vários núcleos e articulados a vilas e freguesias para os quais prestavam serviços.[70] Em oposição ao caráter disperso e itinerante das aldeias indígenas, os aldeamentos impunham uma delimitação

---

67 "Termo de divisão dos distritos da nova vila de São João de Atibaia com a cidade de São Paulo e vila de Jundiaí". Atibaia, 5 nov. 1769. DI 34, p. 159-160.

68 Ver também a esse respeito TORRÃO FILHO, Amilcar. "O 'milagre da onipotência' e a dispersão dos vadios: política urbanizadora e civilizadora em São Paulo na administração do Morgado de Mateus (1765-1775)". *Estudos Ibero-Americanos*. Porto Alegre, v. 31, n. 1, p. 145-165, 2005.

69 "Elevação de Bragança a vila". Atibaia, 1º out. 1797. DI 15, p. 98-121.

70 PETRONE, Pasquale. *Aldeamentos paulistas*. São Paulo: EDUSP, 1995, p. 202-203.

territorial fixa e uma ocupação de caráter permanente, ainda que, na prática, se tivessem mostrado bastante instáveis.

Nas últimas décadas do século 16, já estava claro que o sistema de aldear índios era insuficiente para suprir a demanda de mão de obra no planalto. A transição para a modalidade de apropriação direta e escravização dos índios foi tornando os paulistas menos dependentes dos aldeamentos e permitiu a ocupação de terras mais distantes. As extensas faixas de terras pertencentes aos aldeamentos nas proximidades da vila de Piratininga passaram a ser vistas como fator de limitação à expansão agrária pelo colonizador. Disputas pela ocupação dessa zona mais antiga e mais densamente povoada levaram à espoliação de terras dos aldeamentos por colonos, sobretudo depois da primeira expulsão dos jesuítas em 1640. Em fins do século 17, a Coroa fez uma tentativa de restabelecer alguns dos núcleos, mas só depois da restauração da capitania de São Paulo voltou-se a empreender uma reforma nesse campo.[71]

Os aldeamentos existentes na capitania em 1765 estavam situados no planalto, na maior parte ao longo do Tietê e seus afluentes ou, nos casos de Escada e São José dos Campos, junto ao rio Paraíba (figura VI, caderno de imagens). Até a introdução do Diretório dos Índios em 1757, havia dois tipos de administração: os aldeamentos do Padroado Real eram Pinheiros, Barueri, São Miguel, Escada, e São João dos Guarulhos; já os aldeamentos sob controle espiritual e temporal de jesuítas eram São José, Nossa Senhora da Ajuda de Itaquaquecetuba, Embu, Carapicuíba e Itapecerica.[72] Depois da introdução do Diretório dos Índios em 1758, os aldeamentos passaram à administração da Coroa e procurou-se proceder à demarcação das sesmarias indígenas, tal como previa a legislação pombalina. Em São Paulo, esse processo tomou impulso a partir de 1765.

Logo ao chegar à capitania, o governador Morgado de Mateus criticou a "decadência" dos aldeamentos e observou que os índios "estão vivendo em cabanitas de palha pelos matos vizinhos e somente em duas ou três aldeias existem em pé algumas poucas casas e todas as mais desjeitas".[73] Este quadro foi atribuído à impossibilidade de os índios se manterem naquelas comunidades diante

---

71 MONTEIRO, John Manuel. *Negros da terra…* MONTEIRO, John Manuel. "Dos Campos de Piratininga ao Morro da Saudade… " PETRONE, Pasquale. *Aldeamentos paulistas…*, sobretudo p. 295-310.

72 BELLOTTO, Heloísa. *Autoridade e conflito no Brasil colonial…*, p. 152-153.

73 "Aldeias/N. 24" Carta do governador da capitania de São Paulo, D. Luís Antônio de Sousa Botelho Mourão, para o ministro e secretário dos negócios do Reino, Sebastião José de Carvalho e Melo. São Paulo, 21 dez. 1766. DI 73, p. 194-195.

da sucessiva ocupação de suas terras agrícolas por colonos.[74] Já em dezembro de 1766 mostrou-se intenção de reedificar os aldeamentos de Pinheiros e São Miguel, planejando-se convertê-los depois em vilas.[75] Esperava-se transformar os demais aldeamentos em freguesias, o que se considerava ainda mais urgente nos núcleos antes pertencentes aos jesuítas.[76] Para fazer das comunidades de índios aldeados elementos ativos da política de urbanização, julgou-se necessário rever a questão de suas terras.

Seguindo determinações do Diretório dos Índios, uma das providências iniciais do Morgado de Mateus foi a nomeação de diretores para os aldeamentos. Eles deveriam recolher os índios dispersos, conduzi-los a fazer roças e obrigá-los a pagar o dízimo. Os diretores foram também incumbidos de verificar e medir as terras pertencentes aos aldeamentos, contando com o auxílio de uma pessoa que "tenha inteligência da agulha, que sirva de piloto".[77] Nessa tarefa, poderiam usar de sua "prudente estimativa" para incluir no circuito do aldeamento terras que julgassem pertencer-lhe, mesmo que não conhecessem os títulos pertinentes de sesmarias; também os moradores brancos vivendo naquelas terras deveriam ser agregados ao núcleo.[78] Ou, então, conforme se determinou ao diretor de Escada, as tarefas de medição envolviam expulsar intrusos e sesmeiros que estivessem em terras consideradas do aldeamento.[79]

Nesse aspecto, São Miguel, um dos aldeamentos mais antigos da capitania, era também um dos mais preocupantes. A espoliação de suas terras por colonos começou logo após a concessão de sesmaria ainda em 1580 e continuou no século 18, a despeito de eventuais protestos ao longo desse período.[80] Em outubro de 1762, o capitão-mor Miguel Pedroso apresentou um desenho em que se de-

74 "N. 26" Carta do governador da capitania de São Paulo, D. Luís Antônio de Sousa Botelho Mourão, para o ministro e secretário dos negócios do Reino, Sebastião José de Carvalho e Melo. São Paulo, 21 dez. 1766. DI 73, p. 197-198.

75 "Aldeias n. 24". Carta do governador da capitania de São Paulo, D. Luís Antônio de Sousa Botelho Mourão, para o ministro e secretário dos negócios do Reino, Sebastião José de Carvalho e Melo. São Paulo, 21 dez. 1766. DI 73, p. 194-195.

76 "Aldeias n. 24". Carta do governador da capitania de São Paulo, D. Luís Antônio de Sousa Botelho Mourão, para o ministro e secretário dos negócios do Reino, Sebastião José de Carvalho e Melo. São Paulo, 21 dez. 1766. DI 73, p. 194-195.

77 "Portaria para se medirem as aldeias desta Capitania para saberem as terras que lhes pertencem". São Paulo, 26 out. 1768. DI 65, p. 226.

78 "N. 28". Carta do governador da capitania de São Paulo, D. Luís Antônio de Sousa Botelho Mourão, para o ministro e secretário dos negócios do Reino, Sebastião José de Carvalho e Melo. São Paulo, 22 dez. 1766. DI 73, p. 202-205.

79 PETRONE, Pasquale. *Aldeamentos paulistas...*, p. 306.

80 PETRONE, Pasquale. *Aldeamentos paulistas...*, p. 299-307.

limitaram seis léguas em quadra para o aldeamento, mas alertou que posseiros vivendo naquelas terras poderiam opor-se a essa demarcação (figura 2.1).[81] O problema passou às mãos do governador Morgado de Mateus, que deu ordens para se averiguar e medir as terras do aldeamento em 1766.[82] No entanto, ainda em 1767 a questão persistia. Era necessário estabelecer a divisa com a vila de Moji das Cruzes, que, por sua vez, alegava não ter demarcação do rossio.[83] Os autos de demarcação dos aldeamentos de Carapicuíba e de Itapecerica também indicaram conflitos com ocupantes já antes instalados.[84] Conforme Íris Kantor, as tensões decorrentes do processo regulamentação das terras indígenas e do modo de administrar a mão de obra indígena acabaram mesmo impedindo a vigência plena do Diretório e levaram à sua revogação em 12 de maio de 1798.[85]

Em São Paulo dois aldeamentos, os mais distantes da capital, receberam ordens para serem elevados a vila: São José da Parnaíba (depois São José dos Campos) e Nossa Senhora da Escada.[86] Invertendo o processo habitual de institucionalização de núcleos urbanos, esses aldeamentos seriam elevados a vila antes de terem sido feitos freguesia. Mas, as ordens nesse sentido só tiveram efeito em São José. A conversão em vila permitiu anexar a seu termo não apenas a sesmaria indígena, considerada insuficiente, mas também "alguns sertões que ainda se não acham habitados" nas redondezas.[87] A documentação posterior a 1767 atribui a São José uma condição híbrida de aldeia e vila. Ainda que se tivesse instituído a vila, não se alteraram as condições de trabalho antes impostas aos índios, de modo que sua emancipação não se completou, contrariando as disposições do Diretóriodos Índios.[88]

81 Carta do capitão-mor da aldeia de São Miguel, Miguel Pedroso, ao corregedor da comarca de São Paulo, 22 out. 1762. BNRJ AM, I-30, 24,22, n. 9.

82 "Outra ordem [do governador da capitania de São Paulo, D. Luís Antônio de Sousa Botelho Mourão] para o dito diretor e o que nela se contém, que é fazer cultivar as terras da aldeia". São Paulo, 20 jul. 1766. DI 65, p. 89-90.

83 "[Ordem do governador da capitania de São Paulo, D. Luís Antônio de Sousa Botelho Mourão] Para a Câmara da vila de Moji das Cruzes". São Paulo, 18 set. 1767. DI 67, p. 215-216.

84 Auto de medição e demarcação das terras da aldeia de Itapecerica. Itapecerica, 22 jan. 1769. BNRJ AM, I-30, 24, 28, n. 2. Auto de medição e demarcação de terras na paragem de Carapicuíba. 26 out. 1768. BNRJ AM, I-30, 24, 28, n. 1.

85 KANTOR, Iris. "Legislação indigenista, reordenamento territorial e auto-representação das elites…", p. 35.

86 Ordem para se formar Vila da Aldeia de São José. E foi outra do mesmo teor para também se erigir em vila a Aldeia de Nossa Senhora da Escada". São Paulo, 11 jul. 1767. DI 65, p. 170-171.

87 "Auto de ereção e estabelecimento da nova vila de São José da Paraíba…" Aldeia de São José do Paraíba, 27 jul. 1767. DI 23, p. 399-415.

88 PETRONE, Pasquale. Aldeamentos paulistas…, p. 346-347.

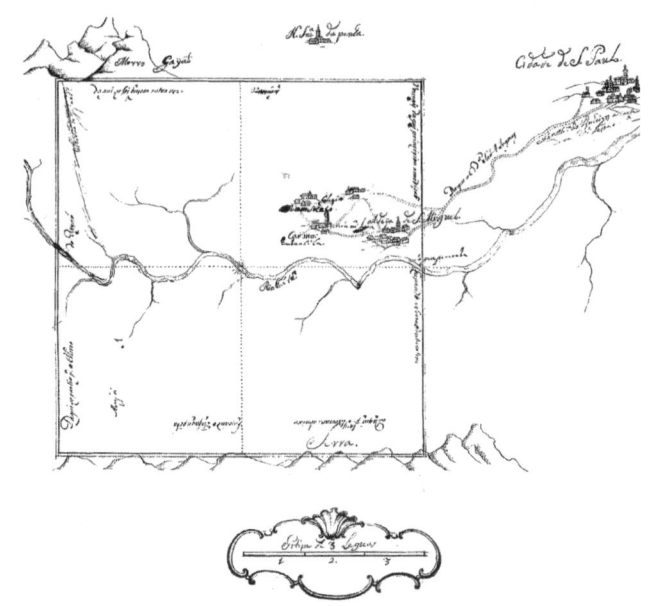

Figura 2.1 Demarcação do aldeamento de São Miguel.

Em 1798, ano de extinção do Diretório, José Arouche de Toledo Rendon foi encarregado pelo governador Antônio Manuel de Melo Castro e Mendonça de inspecionar os aldeamentos para auxiliar na decisão sobre seu destino. A proposta apresentada em sua Memória sobre as aldeias dos índios na capitania de São Paulo foi dissolver os aldeamentos por meio da sua transformação em freguesias.[89] Estava em curso uma "desmontagem" da política indigenista pombalina.[90]

O status político-administrativo dos aldeamentos indígenas parece ter sido bastante atribulado na primeira metade do século 19, sugerindo flutuações em sua população. Conforme mostrou Pasquale Petrone, alguns aldeamentos foram elevados a freguesia, depois foram exautorados e novamente feitos freguesia, num ciclo que podia acontecer outras vezes.[91]

Em regiões fronteiriças da capitania ainda se fundaram alguns últimos aldeamentos entre fins do século 18 e começo do século 19. Em 1798, o governador Castro e Mendonça mostrou intenção de "domesticar e civilizar alguns restos de gentio vagabundo, que ainda existem nas extremidades desta capitania, atacando

---

89 PETRONE, Pasquale. *Aldeamentos paulistas...*, p. 195.

90 MONTEIRO, John Manuel. "Dos Campos de Piratininga ao Morro da Saudade: A Presença Indígena na História de São Paulo". In: PORTA, Paula (org.). *História de São Paulo...*, p. 21-67.

91 PETRONE, Pasquale. *Aldeamentos paulistas...*, p. 348-350.

no seu corso o gado e [as] plantações dos moradores confinantes".[92] Os índios ocupavam "um pequeno sertão entalado entre a serra da Mantiqueira e o rio Paraíba".[93] A fundação do aldeamento estava relacionada com a consolidação de uma região limítrofe ao Rio de Janeiro. Estimou-se que os índios ocupariam terras com cerca de seis por duas léguas (aproximadamente 40 por 13 km), indicando um enclave razoavelmente bem definido no território.[94]

A intenção parecia ser superar as limitações que as comunidades aldeadas impunham à continuidade territorial. Mas ainda no século 19 se recorreu à criação de aldeamentos como ponta de lança de anexação de sertões e de abertura de frentes de expansão de fazendas. Um plano de José de Arouche Toledo Rendon de 1798 e propostas apresentadas pelo engenheiro militar João da Costa Ferreira contribuíram para definir uma estratégia de ocupação dos campos de Guarapuava, a sudoeste do Paraná, na primeira década do século 19. O modo de iniciar o povoamento dos campos de Guarapuava foi determinado por cartas régias de 1808 e 1809, nas quais estava prevista a criação de um aldeamento para pacificar os índios, prepará-los para o trabalho e, do mesmo modo, facilitar a expansão de fazendas de gado naquela região.[95] Determinou-se ainda a abertura de um caminho pelos campos de Guarapuava, a ser realizado em conjunto pelas capitanias de São Paulo e Rio Grande. A partir de 1810, numa operação de forte cunho militar, principiou-se o estabelecimento do aldeamento de Atalaia num local ao centro dos campos de Guarapuava, onde as expedições promovidas durante a administração do Morgado de Mateus tinham feito antes acampamento. Em vista dos frequentes ataques por parte de tribos resistentes ao aldeamento, em 1819 parte de sua população branca foi transferida para um sítio das proximidades onde se fundou, no ano seguinte, a Freguesia de Nossa Senhora de Belém de Guarapuava. Nas primeiras décadas do século 19, indígenas vivendo

92 Carta do governador e capitão-general da capitania de São Paulo, Antônio Manuel de Melo Castro e Mendonça, para o ministro e secretário de Estado dos Negócios da Marinha e Domínios Ultramarinos, D. Rodrigo de Sousa Coutinho São Paulo, 5 de fevereiro de 1798. DI 29, p. 49-50.

93 Ofício nº 37. São Paulo, 5 fev. 1798. In: Relação de ofícios remetidos pelo governador e capitão-general da capitania de São Paulo, (Antônio Manuel de Melo Castro e Mendonça), para o ministro e secretário de Estado dos Negócios (da Marinha e Domínios Ultramarinos), D. Rodrigo de Sousa Coutinho. AHU_ACL_CU_023-01, Cx. 44, D. 3507.

94 Apud PETRONE, Pasquale. Aldeamentos paulistas..., p. 124.

95 TAKATUZI, Tatiana. Águas batismais e santos óleos: uma trajetória histórica do aldeamento de Atalaia. Dissertação (mestrado em Antropologia Social) – IFCH UNICAMP. Campinas, 2005, LEITE, Rosângela Ferreira. "A política joanina para ocupação dos sertões (Guarapuava, 1808-1821)". Revista de História, nº 159, p. 167-187, 2º sem. 2008.

em sertões eram ainda considerados merecedores de projetos civilizatórios, mas os aldeamentos do planalto já estavam em vias de extinção.[96]

Como se viu, a administração do Morgado de Mateus procurou converter os aldeamentos dos arredores de São Paulo em núcleos articulados de modo efetivo com uma rede urbana reorganizada. A seguir, procura-se acompanhar o processo de definição dos vetores de urbanização no território da capitania, numa tentativa de identificar alguns dos equacionamentos entre determinações régias, estratégias adotadas pela administração e dinâmicas específicas da capitania.

FRENTES DE URBANIZAÇÃO

A campanha de Viamão e o Sul

Antes de tomar posse de seu cargo na cidade de São Paulo, o Morgado de Mateus permaneceu em Santos entre 23 de julho de 1765 e 2 de abril de 1766, num período em que tomou suas primeiras providências, informou-se sobre o estado da administração e empenhou-se em reunir dados de diversas naturezas sobre o território. Os pedidos de mapas dirigidos a autoridades do Rio de Janeiro, Santos, Paranaguá ou de outras capitanias mostram um interesse pelas articulações com territórios vizinhos. O governador julgava que as cartas geográficas que tinha em mãos eram "tão falsas, que nenhum fruto se colhe delas para discorrer com acerto".[97] Referia-se ainda ao problema de adquirir conhecimentos sobre o litoral e os rios da capitania "aos pedaços e em toscos desenhos, por não ter quem os ponha em limpo".[98] Essas afirmações sugerem um contraste entre requisitos da cartografia voltada para fins da administração e prováveis desenhos oriundos da experiência sertanista. Mas, não se deixou de recorrer aos conhecimentos de pessoas que tinham experiência em percorrer os espaços da Colônia, conforme se lê nesse relato do Morgado de Mateus:

> ...tenho mandado vir a minha presença muitos práticos destes países, com os quais tive largas conferências, e fazendo delinear pelo modo possível estas ideias em cartas geográficas, pelas quais vou adquirindo bastante conhecimento de toda esta vastíssima parte do mundo, de

---

96 MONTEIRO, John Manuel. "Dos Campos de Piratininga ao Morro da Saudade..."

97 "Para o governador de Minas". Carta do governador da capitania de São Paulo, D. Luís Antônio de Sousa Botelho Mourão, para o governador da capitania de Minas Gerais, Luís Diogo Lobo da Silva. [Santos], 27 de jan. 1766. DI 72, p. 174-178.

98 "Para o senhor governador de Minas". Carta do governador da capitania de São Paulo, D. Luís Antônio de Sousa Botelho Mourão, para o governador da capitania de Minas Gerais, Luís Diogo Lobo da Silva. São Paulo, 25 nov. 1766. DI 73, p. 43-44.

que as províncias excedem em grandezas as maiores da Europa, sem que até agora haja delas mapas exatos[99]

Informações orais de sertanistas foram sendo transplantadas para mapas e apropriadas para os propósitos da administração.

Já nos primeiros momentos do governo, o auxílio de profissionais da engenharia militar foi considerado uma necessidade para as obras de reforma e construção de fortalezas. Cartas do Morgado de Mateus ao vice-rei Conde da Cunha e ao Conde de Oeiras insistiram em pedir a vinda à capitania de um engenheiro ou, pelo menos, de um "homem que tenha alguma luz de Fortificação e Engenharia, ainda que não fosse muito perito".[100] O governador havia vistoriado as fortificações de Santos e via necessidade de engenheiros para "delinear" as reformas e construções que pretendia fazer ali, além de já pensar também numa intervenção no sudoeste da capitania. O Conde da Cunha respondeu que também não tinha nenhum engenheiro ou "curioso" no assunto a seu serviço no Rio de Janeiro, então tinha de contar com seus próprios conhecimentos, como recomendava também que fizesse o governador de São Paulo.[101] De fato, o próprio Morgado de Mateus foi orientando as obras de reforma de fortificações, eventualmente buscando apoio nos livros que tinha a esse respeito.[102]

A formação aristocrática e a extensa carreira militar do Morgado de Mateus lhe teriam propiciado amplo contato com práticas e saberes pertinentes a Engenharia Militar e Fortificação.[103] O governador dispunha de uma biblioteca pessoal que foi ampliada com livros provenientes do anterior acervo do Colégio dos Jesuítas de Piratininga, entre os quais se pode destacar o Tratado de Vitrúvio, a Arte prática de navegar de Manuel Pimentel, o Tratado de aritmética e álgebra

---

99 "Para o senhor Conde de Oeiras". Carta do governador da capitania de São Paulo, D. Luís Antônio de Sousa Botelho Mourão, para o ministro e secretário dos negócios do Reino, Sebastião José de Carvalho e Melo. Santos, 30 mar. 1766. DI 72, p. 201-215.

100 [Carta do governador da capitania de São Paulo, D. Luís Antônio de Sousa Botelho Mourão] "Para o [vice-rei] Conde da Cunha, em resposta a que me expediu em que aprova o projeto da carta de 4 de outubro". São Paulo, 18 de novembro de 1766. DI 73, p. 35-36.

101 "N. 22" Carta do vice-rei Conde da Cunha para o governador da capitania de São Paulo, D. Luís Antônio de Sousa Botelho Mourão, Rio de Janeiro, 23 ago. 1765. DI 14, p. 56-57.

102 MOURA, Américo Brasiliense de. "O Governo de Morgado de Mateus no vice-reino do Conde da Cunha"...

103 Sobre sua formação e carreira militar, veja-se BELLOTTO, Heloísa Liberalli. *Autoridade e conflito no Brasil colonial...*, p. 45-57.

de Antônio Pereira e o tratado espanhol Escuela militar de fortificación ofensiva y defensiva de Jose Cassani.[104]

Ainda no "período santista" de governo tomaram-se algumas das primeiras medidas no campo da urbanização e da fortificação do sul da capitania. As instruções régias de 1765 já haviam destacado a prioridade de defender o Sul e retomar os territórios ocupados por espanhóis. O estabelecimento de povoações tinha objetivos imediatos de defesa do litoral, organização do recrutamento e estabelecimento de pontos de apoio para passagem das tropas militares ao Rio Grande.

Em novembro de 1765, o Morgado de Mateus apresentou ao Conde de Oeiras a proposta de construir uma fortaleza na baía de Paranaguá e, ao mesmo tempo, criar uma nova povoação quatorze léguas abaixo, na enseada de Guaratuba.[105] Até então, Paranaguá era a vila situada mais ao sul da capitania, além de ser a mais populosa do litoral. Sua instalação representou uma das primeiras iniciativas oficiais de colonização da região meridional, depois da descoberta de pequenas jazidas de ouro em 1653.[106] Em 1765, a intenção era reforçar a defesa de toda aquela zona litorânea, sem excluir a possibilidade de que ainda houvesse riquezas minerais. Logo se aventaram outras povoações no litoral sul, junto às vilas de Iguape (1654) e Cananeia (1587). Pretendia-se também erigir sete fortalezas nas principais enseadas da costa.[107]

Na parte interior da zona meridional, o caminho de Viamão foi-se mostrando um eixo preferencial para urbanização. A estabilização do caminho para o trânsito das tropas de gado que abasteceriam as minas e outras regiões da Colônia teve início já em fins do século 17 com uma rota mais regular entre Sorocaba e Curitiba, até que na década de 1730 configurou-se o trecho mais ao Sul até a Guarda do Viamão. Um mapa da primeira metade do século 18 pertencente a uma coleção compilada pelo Morgado de Mateus traz a mais antiga representação conhecida do caminho de Viamão e mostra sua vizinhança a missões jesuíticas castelhanas, numa zona fronteiriça aos domínios espanhóis (figura 2.2). O traçado da rota foi marcado por uma sucessão de campos propícios à pecuária,

104 Relação de todos os livros pertencentes à livraria que tem o exm.o sr. general D. Luís Antônio de Sousa nesta cidade de São Paulo em o ano de 1775. Livros que S. Excelência comprou em São Paulo. CM, G. 1748.05.

105 Carta do governador da capitania de São Paulo, D. Luís Antônio de Sousa Botelho Mourão, para o ministro e secretário dos negócios do Reino, Sebastião José de Carvalho e Melo. Santos, 20 nov. 1765. In: MAFRA, Joaquim da Silva. *História do município de Guaratuba*. Guaratuba: [s.e.], 1952, p. 32-33.

106 ALDEN, Dauril. *Royal government in colonial Brazil...*, p. 66-67.

107 Para o senhor Conde de Oeiras". Carta do governador da capitania de São Paulo, D. Luís Antônio de Sousa Botelho Mourão, para o ministro e secretário dos negócios do Reino, Sebastião José de Carvalho e Melo. Santos, 30 mar. 1766. DI 72, p. 201-215.

com vários pastos e aguadas, estendendo-se ao sul das terras paulistas e alargando-se em direção ao Rio Grande. As fazendas e estâncias de gado não dependiam de muita mão de obra e grande parte dos fazendeiros residia longe de suas propriedades, contando com capatazes para sua administração. Produziu-se assim um povoamento ralo e contínuo. Mas, alguns focos de concentração foram se formando ao longo do caminho, junto a locais de pouso dos tropeiros ou descanso e engorda dos animais. Em 1765, a presença de estruturas oficiais nessa rota ainda era escassa. Entre Sorocaba e Viamão, havia apenas uma vila, Curitiba.

A definição de onde se situaria a futura vila de Lajes, primeiro novo núcleo urbano promovido no caminho de Viamão, mostra uma conjugação de estratégias encaminhadas pela Coroa com possibilidades locais. Em fins de 1765, o Morgado de Mateus já fixava atenção numa região específica, as chapadas de Vacaria, onde aventou "fazer uma ou mais povoações"[108]. Essa região de campos ao norte do atual estado do Rio Grande do Sul, também chamada Vacaria de Pinhais ou das Antas, era atravessada pelo caminho de Viamão e se estendia até os Sete Povos das Missões. O fazendeiro Antônio Correia Pinto afirmou que foi um dos práticos chamados a se reunir em Santos com o governador Morgado de Mateus, "tanto por ter discorrido [sic] todas as campanhas do Sul e ao centro das Índias de Castela, como pela sua inteligência". Antônio Correia descreveu como se decidiu a situação do novo núcleo:

> depois de o praticar muitos dias [o Morgado de Mateus] lhe ordenou que fizesse um mapa daquelas capitanias./Feito o mapa pelo dito guarda-mor [Antônio Correia Pinto] e praticando sobre ele várias vezes, percebendo o dito capitão-general [Dom Luís Antônio de Sousa] que o sertão que medeia entre Curitiba e Cima da serra de Viamão, na distância de 160 léguas despovoadas que seria muito útil [que se] formasse [n]o meio daquela campanha uma povoação para fazer testa às missões castelhanas e fortificar o rio das Pelotas, por ser o passo mais defensável que há naquele sertão, assentou com o mesmo guarda-mor fazer ali uma povoação.[109]

---

108 "Para o dito Senhor". Carta do governador da capitania de São Paulo, D. Luís Antônio de Sousa Botelho Mourão, para o ministro e secretário dos negócios do Reino, Sebastião José de Carvalho e Melo. Santos, 7 dez. 1765. DI 72, p. 160-161.

109 Autos de justificação de Antônio Correia Pinto acerca da nova vila de Nossa Senhora de Lajes. 30 dez. 1771. CM, G. 1040.09 e G.1858.08. Ver também ofício de mesmo teor do governador da capitania de São Paulo, D. Luís Antônio de Sousa Botelho Mourão, de 8 de dezembro de 1770. In: IBGE. *Enciclopédia dos Municípios Brasileiros: Municípios do Estado de Santa Catarina*, v. 32. Rio de Janeiro: IBGE, 1959, p. 228.

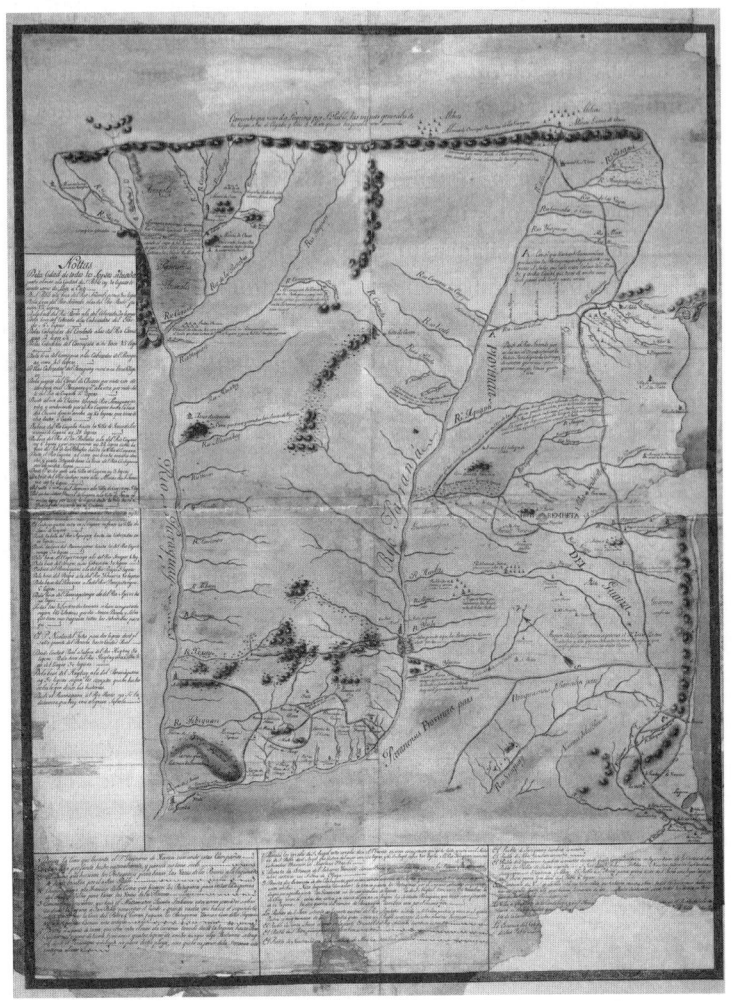

Figura 2.2. Mapa que abrange as regiões entre os rios Paraguai, Paraná e a costa
brasileira desde Santos até o Rio Grande, 1ª metade do século 18.

A decisão sobre a localização da nova povoação foi feita a partir de discussões
sobre a ocupação e as características físicas do sul e do sudoeste da capitania,
contando com um mapa que se produziu na ocasião.

Além de prezar os conhecimentos de Antônio Correia Pinto sobre os campos
ao Sul, o governador deve ter considerado o fato de ele ser um rico fazendeiro de
gado, o que o tornava apto a arcar com os custos envolvidos na criação da nova
povoação. Antes de partir para os campos de Lajes, o fazendeiro recebeu patente

de capitão-mor, além de lhe ter sido prometida uma honraria nobilitante, o hábito de Cavaleiro da Ordem de Cristo.[110]

A definição da situação de Lajes levou em consideração vários dados de cunho geoestratégico. Havia dois caminhos para as tropas militares acudirem ao Rio Grande: era possível irem por mar até Laguna, de onde seguiriam ao Sul pela praia até o porto de Araranguá. Ou poderiam seguir pelo caminho de Viamão, passando por Curitiba e pelos campos das Lajes. Na altura das chapadas de Vacaria, o caminho de Viamão atingia uma região crucial, pois os inimigos poderiam vir tanto pelo litoral, a partir do porto de Araranguá, como pelo Oeste, pelo caminho das missões. E, logo ao norte de Vacaria, o caminho estreitava-se numa passagem sobre o rio Pelotas onde o relevo das margens era mais suave. No entender do governador de São Paulo, caso essa passagem pelo rio fosse tomada pelos espanhóis, as comunicações com o Sul seriam cortadas.[111] Lajes deveria ser construída ao norte do rio das Pelotas, para "fortificar" sua passagem, "fazer testa às missões" e "afugentar índios", que nessa região estavam envolvidos em conflitos violentos com colonos.[112] A intenção era assegurar a circulação pelo caminho de Viamão e criar um ponto de partida para novas povoações na direção das missões castelhanas, com o objetivo de ocupá-las. Lajes foi concebida como um verdadeiro "manancial de novas povoações".[113]

A aprovação régia ao estabelecimento de Lajes e de Guaratuba foi dada em julho de 1766, quando as povoações já estavam sendo instaladas. Mas recomendou-se que, antes de pôr em execução os planos para Lajes, se consolidassem as povoações mais ao Norte, entre Vacaria e São Paulo, de modo a garantir a retaguarda que impediria o avanço castelhano.[114]

---

110 "Povoações/Cartas ao Conde de Oeiras sobre povoações da Capitania/N. 35". Carta do governador da capitania de São Paulo, D. Luís Antônio de Sousa Botelho Mourão, para o ministro e secretário dos negócios do Reino, Sebastião José de Carvalho e Melo. São Paulo 24 dez. 1766. DI, 23, p. 35-39.

111 "Para o dito senhor". Carta do governador da capitania de São Paulo Dom Luís Antônio de Sousa Botelho Mourão ao vice–rei conde da Cunha. Santos, 2 mar. 1766. DI 72, p. 190-1.

112 "Povoações/Cartas ao Conde de Oeiras sobre povoações da Capitania/No. 35". Carta do governador da capitania de São Paulo Dom Luís Antônio de Sousa Botelho Mourão ao secretário de Estado do Reino Sebastião José de Carvalho e Melo. São Paulo, 24 dez. 1766, DI, 23, p. 35-39.

113 Requerimento do coronel do 1º Regimento de Cavalaria de Milícias da capitania de São Paulo, Policarpo Joaquim de Oliveira ao (Príncipe Regente, D. João) [ant. 1803, Agosto, 6]. AHU-São Paulo-M Gouveia, cx. 52, doc. 4055.

114 Carta do ministro e secretário dos negócios do Reino, Sebastião José de Carvalho e Melo para o governador da capitania de São Paulo, Dom Luís Antônio de Sousa Botelho Mourão. São Paulo, 22 jul. 1766. In: MARTINS, Romário. *Lages: histórico de sua fundação até 1821*. Documentos e argumentos. Curitiba: Aníbal Rocha, 1910, p. 8-9.

Ainda em 1766, o estabelecimento de povoações apareceu em primeiro lugar entre as diretrizes reveladas no discurso de posse do Morgado de Mateus na cidade de São Paulo. Conforme esse discurso, pretendia-se:

> acrescentar suas povoações, estender aos confins dos seus domínios, fertilizar os campos com a agricultura, estabelecer nas terras diferentes fábricas, idear novos caminhos, penetrar incógnitos sertões, descobrir o ouro das suas minas, fortificar as suas praças, armar o seu exército, fazer observar as Leis e respeitar as Justiças.[115]

No campo da gestão do território, previu-se o aumento dos núcleos urbanos, a expansão territorial, a abertura de novos caminhos e a exploração de sertões.

Em fins de 1766, já se encaminhava o estabelecimento de núcleos urbanos em Piracicaba, Botucatu, Faxina, Lajes, Guaratuba e Sabaúna. Em carta a Pombal, o Morgado de Mateus justificou o propósito de cada um deles a partir de sua situação no território e da distância em relação a vilas existentes.[116] Os dois primeiros núcleos apontavam para o Oeste; já os demais, situadas ao Sul, visavam à defesa do litoral (Guaratuba e Sabaúna) ou à consolidação do caminho de Viamão, seja nas proximidades de São Paulo (Faxina) ou nos "confins" da capitania (Lajes). Previu-se ainda erigir freguesia em Itapetininga, também situada no caminho de Viamão.

Nos primeiros meses de 1767, tomaram-se providências para criação de mais dois núcleos que viriam a situar-se em pontos intermediários no caminho de Viamão: Santo Antônio do Registro de Curitiba (depois vila do Príncipe e cidade de Lapa) e Iapó (depois vila de Castro). E, em 1768, promoveu-se o povoamento de Apiaí, também uma escala no caminho de Viamão.[117] As povoações iniciadas ao Sul foram elevadas a vila entre os anos de 1769 e 1771. No caminho de Viamão, fundaram-se Faxina (1769), Itapetininga (1770), Apiaí (1771) e Lajes (1771); erigiu-se a freguesia de Iapó e ordenou-se, sem efeito, elevar Santo Antônio do Registro a vila (1771). No litoral sul, fundaram-se as vilas de Sabaúna (1770) e Guaratuba (1771) e criou-se a freguesia de Ararapira (1769) – figura VII, caderno de imagens.

---

115 *Apud* BELLOTTO, Heloísa Liberalli. *Autoridade e conflito no Brasil colonial...*, p. 88.

116 "N. 36". Carta do governador da capitania de São Paulo, D. Luís Antônio de Sousa Botelho Mourão, para o ministro e secretário dos negócios do Reino, Sebastião José de Carvalho e Melo. São Paulo, 24 dez 1766. DI 23, p. 40-43.

117 Itinerário da jornada do porto dos Casais e Viamão para a cidade de São Paulo. AHU_ACL_CU_023-01, Cx. 66, D. 5075.

A expansão das estruturas administrativas ao Sul foi acompanhada de medidas relacionadas com a ocupação fundiária, num contexto de tensões entre a expansão de grandes propriedades e a permanência de pequenos sitiantes. A questão foi abordada em ofício do Morgado de Mateus sobre o requerimento de sesmaria por parte de Pedro da Silva Chaves, fazendeiro que pretendia estender suas terras nas proximidades do rio Itapetininga, junto ao caminho de Viamão.[118] O requerimento foi negado, pois as terras pretendidas já estavam ocupadas por sítios. Considerou-se que, embora os sitiantes não tivessem título de posse, deveriam permanecer ali e tirar carta de sesmaria, pois, de outra forma, se acabariam dispersando e não teriam como voltar a adquirir datas de terras. A decisão remetia a uma legislação régia da década de 1730, que previa a concessão de três léguas para fazendas situadas em sertões, mas recomendava parcelas de terras de apenas meia légua em margens de caminhos. Um dos problemas existentes no caminho de Viamão era a dificuldade para se encontrar pastos onde fazer a invernada do gado. Buscou-se então averiguar quais os pastos públicos disponíveis, em mãos de quem se achavam quais os pastos antes usados e também quais os títulos de posse pertinentes, as benfeitorias feitas e que "utilidades se seguem delas ao público".[119]

De acordo com Roberta Marx Delson, a reestruturação fundiária por meio da valorização das pequenas datas de terra e da imposição de limites à expansão dos "poderosos do sertão" teria sido um dos principais objetivos das iniciativas oficiais de urbanização na América do Sul no século 18.[120] Embora as grandes fazendas tivessem sido inicialmente encorajadas pela Coroa para ocupação pioneira de terras, passaram a representar um obstáculo à expansão do aparato administrativo e fiscal no território. Pode-se ressalvar, conforme sugere a participação do fazendeiro Antônio Correia Pinto em Lajes, que a implantação de iniciativas urbanas podia envolver também o estabelecimento de alianças com membros de elites locais e nem sempre se deu em oposição a seus interesses.

A concessão de mercês na forma de terras, hábitos da Ordem de Cristo ou postos nas tropas foi um recurso da Coroa para estabelecer um pacto político com homens que poderiam ser úteis a seus propósitos. A promessa de mercês foi amplamente utilizada pelo Morgado de Mateus para engajar agentes locais

118 "N. 19/Sesmarias". Carta do governador da capitania de São Paulo, D. Luís Antônio de Sousa Botelho Mourão, para o ministro e secretário dos negócios do Reino, Sebastião José de Carvalho e Melo. São Paulo, 20 dez. 1766. DI 73, p. 185-191.

119 Ordem do governador da capitania de São Paulo, D. Luís Antônio de Sousa Botelho Mourão, para se averiguarem as condições das terras do caminho do Viamão. São Paulo, 14 dez. 1769. DI 65, p. 293-294.

120 DELSON, Roberta Marx. Novas vilas para o Brasil-Colônia..., cap. 2.

em atividades de criação de vilas ou na construção de fortes. As instruções régias de 1765 tinham mesmo previsto a concessão de senhorios em terras que fossem retomadas dos jesuítas castelhanos e transformadas em vilas.[121] A elevação de vilas também poderia trazer outras vantagens, já que a ocupação de cargos oficiais em Câmaras possibilitava a ascensão social, embora os postos nas tropas fossem mais cobiçados, pois rendiam mais privilégios.[122]

Ainda que a Coroa tenha contado com o imprescindível auxílio de alguns de seus vassalos, o estabelecimento de núcleos urbanos enfrentou conflitos de toda ordem, conforme veremos adiante. Em 1768, Dom Luís Antônio desabafou sobre suas atividades ao Sul: "Não há coisa tão útil e necessária como as povoações, principalmente nesta Capitania que é muito falta, não há coisa ao mesmo tempo tão difícil..."[123]Nessa época, os sertões do Oeste já estavam passando ao primeiro plano das preocupações. Os núcleos urbanos ao Sul integraram-se a uma estratégia mais ampla de reorganização do território, que convergiu, a Oeste, na iniciativa do forte do Iguatemi.

A "diversão pelo Oeste"

As diretrizes régias enviadas para a capitania de São Paulo em 1765 e 1766 estabeleceram, como se viu, a conquista territorial dos sertões a Oeste e a retomada dos territórios ocupados por espanhóis na região sul, considerada prioritária do ponto de vista militar. O governador da capitania orientou suas ações no sentido de articular a criação urbana ao Sul com a expansão para o Oeste. O polo de ocupação do Oeste seria o forte do Iguatemi, às margens do rio de mesmo nome, ao sul do Mato Grosso.[124]

Os esforços da administração da capitania foram-se concentrando nos espaços fronteiriços a Oeste. Em 1768, numa época em que conflitos de jurisdição civil e eclesiástica ameaçavam o prosseguimento da iniciativa de Lajes, o

---

121 "Copia da Carta escrita [pelo secretário de Estado do Reino Conde de Oeiras] ao [vice-rei] Conde da Cunha". Palácio de Nossa Senhora da Ajuda, 26 jan. 1765. AESP, Manuscritos T. C. Avisos e Cartas Régias 1765-1777, Lata 62 ordem 420 livro 169.

122 SERRATH, Pablo Oller Mont. Dilemas & conflitos na São Paulo restaurada..., p. 230.

123 "N.12/Sobre as dificuldades da fundação de Povoações". Carta do governador da capitania de São Paulo Dom Luís Antônio de Sousa Botelho Mourão à Secretaria de Estado. São Paulo, 9 fev. 1768. DI 23, p. 415-420.

124 Sobre o Forte do Iguatemi veja-se ALMEIDA, A. "O maldito Iguatemi". Revista do Arquivo Municipal. São Paulo, n. 9 (96), p. 111-153, maio/jun. 1944. BELLOTTO, Heloísa Liberalli. Autoridade e conflito no Brasil colonial..., p. 229-271. BELLOTTO, Heloísa Liberalli. "O Presídio do Iguatemi: função e circunstâncias (1767-1777)". Revista do Instituto de Estudos Brasileiros, São Paulo, n. 21, p. 33-56, 1979. MOURA, Américo Brasiliense de. O Governo de Morgado de Mateus no vice-reino do Conde da Cunha...

governador mostrou seu interesse pelo sertão de Tibagi e declarou "desvanecida a campanha do Viamão".[125] É possível que nas terras ainda pouco ocupadas a Sudoeste se esperassem encontrar menos obstáculos do que se enfrentara ao Sul.

O modo como se iniciou a empreitada do Iguatemi indica que o governador de São Paulo já teria em vista aquela região, até que as circunstâncias propiciaram uma oportunidade de ação concreta. Em meados de 1766, chegaram a São Paulo notícias de avanços castelhanos em área matogrossense e de sublevações na vila de San Isidro Labrador de Curuguaiti (1715), no nordeste do Paraguai. Uma expedição de paulistas foi logo enviada para examinar o ocorrido e trouxe consigo os líderes do motim. Em São Paulo, os paraguaios deram informações sobre a situação política de sua vila, as possibilidades de os portugueses estabelecerem-se naquelas partes e a quantidade de pessoas e canoas de que precisariam na viagem. Quando questionados sobre o local mais adequado para povoar e fortificar, disseram que seria junto ao rio Iguatemi ou em suas redondezas.[126] D. Maurício, um dos espanhóis de Curuguaiti refugiado em São Paulo, chegou a desenhar um mapa da região fronteiriça entre Assunção e o Mato Grosso.[127] Em setembro de 1766, já se tinham tomado as primeiras providências para enviar expedições povoadoras ao Iguatemi. A definição desse local sugere uma convergência de informações dadas pelos paraguaios com planos que se esboçariam antes na capitania.

A região do Iguatemi já havia sido palmilhada por portugueses. Sertanistas paulistas passaram por lá nas primeiras décadas do século 17; quase um século depois, foi novamente explorada na busca de rotas de ligação entre o Sul e as minas do Centro-Oeste. E, em 1753, depois da assinatura do Tratado de Madri, foi examinada por comissários da demarcação de fronteiras, que chegaram a erguer um forte provisório às margens do rio Iguatemi em 1755.[128]

O projeto de construir um forte ao norte do rio Iguatemi tocava num ponto frágil do processo de demarcação de fronteiras. De acordo com o texto do Tratado de Madri, a partir da foz do rio Iguaçu, a linha fronteiriça deveria seguir na direção norte pelo rio Paraná, depois pelo rio Igureí, devendo então alcançar

125 Carta do governador da capitania de São Paulo, D. Luís Antônio de Sousa Botelho Mourão, para o ministro e secretário dos negócios do Reino, Sebastião José de Carvalho e Melo "Sobre o grande projeto e descobrimento do Tibaji". São Paulo, 21 maio 1768. DI 19, p. 117-129.

126 "Ilm.º e exm.º Sr. Conde da Cunha, vice-rei do Estado". Carta do governador da capitania de São Paulo Dom Luís Antônio de Sousa Botelho Mourão ao vice-rei Conde da Cunha. São Paulo, 4 out. 1766. DI 73, p. 12-23.

127 "Projeto ou Plano ajustado por ordem de S. M. F. entre o governador e capitão-general de São Paulo D. Luís Antônio de Souza e o brigadeiro José Custódio de Sá e Faria…" In: PEREIRA, Magnus Roberto de Mello (org.). *Plano para sustentar a posse da parte meridional da América Portuguesa (1772)*. Curitiba: Aos QuatroVentos, 2003. p. 104, item 138.

128 ALDEN, Dauril. *Royal government in colonial Brazil…*, p. 462.

o rio Paraguai e a foz do Jauru. Como se vê no chamado Mapa das Cortes, que serviu de base para a assinatura do Tratado de Madri, o rio Igureí estaria situado ao sul do rio Iguatemi. No entanto, a terceira partida demarcatória (1753-1754), chefiada por José Custódio de Sá e Faria e Manuel Antônio de Florez, não identificou o rio Igureí. A linha divisória acabou sendo demarcada pelo rio Iguatemi, desde sua nascente no rio Paraná até a confluência com o rio Ipané e daí ao rio Paraguai. O Tratado de Madri foi anulado em 1761 e os conflitos concentraram-se no Extremo-Sul, mas a região do Iguatemi permaneceu potencialmente litigiosa.[129]

A proposta elaborada pelo governador Morgado de Mateus para a defesa do Sul consistiu numa estratégia de "diversão pelo Oeste". O cerne da proposta era a construção do forte do Iguatemi, com intenção de fazer os espanhóis desviarem parte de suas forças para aquela região junto ao nordeste do Paraguai e, conforme se esperava, acabaria por enfraquecê-los nos combates ao Sul. Mais do que apenas uma operação militar, a "diversão pelo Oeste" foi-se mostrando também uma forma de dar novo equilíbrio à ocupação dos territórios meridionais.

O Presídio de Nossa Senhora dos Prazeres e São Francisco de Paula do Iguatemi, ou apenas Forte do Iguatemi, foi concebido como "porta" que fecharia a entrada de inimigos pelo oeste da Colônia e como "chave" de acesso aos territórios espanhóis. Sua posição entre serras fronteiriças ao Paraguai e pântanos supostamente intransitáveis junto ao rio Paraná permitiria assegurar o domínio português sobre o sertão do Tibaji. Pretendia-se também garantir a integração e a continuidade territorial entre o sul e o oeste da Colônia. O Forte contribuiria para assegurar a rota de navegação a Cuiabá pelos rios Paraná e Pardo, ainda mais porque resguardaria a fazenda de Camapuã, pouso que dava apoio aos viajantes das monções. Além da função defensiva, o Iguatemi era parte de um plano de avanço da colonização. Em conjunto com outro forte previsto para o rio Ipané, mais a Oeste, previa-se dominar a navegação do rio Paraguai. O povoamento da região seria feito com fazendas de gado e sítios, sem excluir a possibilidade de estabelecer comércio ilegal com os espanhóis.[130]

---

129 BELLOTTO, Heloísa. *Autoridade e conflito no Brasil colonial...*, p. 104-105. MOURA, Américo Brasiliense de. O governo de Morgado de Mateus no vice-reino do Conde da Cunha...

130 BELLOTTO, Heloísa Liberalli. "O Presídio do Iguatemi: função e circunstâncias (1765-1777)". *Revista do IEB*, Disponívelem: <http://www.ieb.usp.br/revista/revista021/rev021heloisabellotto.pdf >. Acesso em: 2 nov. 2008. "Para o senhor Marquês./Vice-rei do Estado do Brasil". Carta do governador da capitania de São Paulo, Dom Luís Antônio de Sousa Botelho Mourão para o vice-rei Marquês de Lavradio. São Paulo, 23 nov. 1772. DI 69, p. 337-344. Carta do governador da capitania de São Paulo, D. Luís Antônio de Sousa, para o ministro e secretário de Estado dos Negócios da Marinha e Domínios Ultramarinos, Martinho de Melo e Castro. São Paulo, 3 dez. de 1770. AHU_ ACL_CU_023-01, Cx. 27, D. 2526.

Junto com o Rio de Janeiro e Colônia de Sacramento, o Iguatemi era visto como mais um vértice de uma imensa região triangular ao sul da América do Sul. No entender do Morgado de Mateus, o Rio de Janeiro, "uma das pedras fundamentais em que se firma a nossa monarquia", teria a função de defender as Minas Gerais e o interior do continente.[131] Já Colônia do Sacramento seria a chave para entrada nos domínios da Espanha por Buenos Aires. O Iguatemi teria uma função similar de dar acesso a territórios espanhóis, mas pelo interior, por meio dos rios da bacia do Prata.[132]

Um problema central à sobrevivência do Iguatemi era mantê-lo em comunicação com núcleos que pudessem garantir seu abastecimento. O percurso até o local do Forte aproveitava um trecho da rota das monções: a partir da freguesia de Araritaguaba, principal porto fluvial de embarque, navegava-se pelo rio Tietê e tomava-se o rio Paraná. A partir daí, em vez de se seguir pelo rio Pardo, que era a rota preferencial das monções, continuava-se descendo o Paraná até chegar ao rio Iguatemi, levando-se, no total, de um mês e meio a dois meses. Foram feitos vários planos de criar núcleos urbanos que servissem de escala para as expedições ao Forte por esse percurso. Mais além de Araritaguaba (depois Porto Feliz), deu-se início à povoação de Piracicaba num afluente do Tietê. A intenção de estabelecer o núcleo de Botucatu, junto à Fazenda Santo Inácio, antes pertencente aos jesuítas, também pretendia dar apoio à navegação para o Oeste, mas pelo Paranapanema, seguindo uma antiga rota sertanista para as missões de Guairá.[133] Conforme sugestões de João Martins Barros, líder das expedições ao Iguatemi e capitão-mor da Praça, um núcleo junto ao rio Piracicaba ou nas suas vizinhanças seria mesmo importante; mas seria melhor transferir a povoação prevista em Botucatu para o salto do Avanhandava e a povoação de Faxina para o salto do rio

---

131 Carta do governador da capitania de São Paulo, D. Luís Antônio de Sousa Botelho Mourão, para o ministro e secretário dos negócios do Reino, Sebastião José de Carvalho e Melo. Rio de Janeiro, 26 jun. 1765. AHU_ACL_CU_003, Cx. 19, D. 1692.

132 "Para o senhor marquês de Lavradio vice-rei do Estado". Carta do governador da capitania de São Paulo, D. Luís Antônio de Sousa Botelho Mourão, para o vice-rei marquês de Lavradio. São Paulo, 13 fev. 1770. DI 19, p. 431-434. Ofício (Cópia do) do (governador e capitão-general da capitania de São Paulo). (D. Luís Antônio de Sousa) (Botelho e Mourão, Morgado de Mateus) para vice-rei do Estado do Brasil, (D. Antônio Álvares da Cunha). São Paulo, 3 jul. 1767. AHU_ACL_CU_023-01, Cx. 24, D. 2331.

133 Para uma descrição dessa rota veja-se HOLANDA, Sérgio Buarque de. *Monções*. São Paulo: Brasiliense, 1990, p. 83-85.

Itapura.[134] Enfatizava, enfim, a necessidade de povoar o Baixo Tietê, próximo à foz no rio Paraná.

Inicialmente, o governador Morgado de Mateus manteve o plano de estabelecer Botucatu e Faxina e, além disso, cogitou uma série de povoações ao longo do Tietê – Piracicaba, Apotunduba, Avanhandava e Itapura. Tratava-se de fazer do rio uma linha estratégica para ocupação do Oeste e do Sudoeste.[135] Nesse sentido, foram doadas sesmarias nas bordas do rio e procurou-se modernizar o sistema de navegação fluvial. Muitos dos núcleos aventados não foram levados à frente, mas Piracicaba e Campinas de Mato Grosso vieram a ter um desenvolvimento inicial ligado ao abastecimento das expedições para o Iguatemi. O projeto de povoar as margens do Tietê foi retomado mais tarde, sob o governo de Antônio Manuel de Melo Castro e Mendonça, que dele encarregou o tenente coronel Cândido Xavier de Almeida e Sousa.[136]

A expansão para o Oeste exigiu uma revisão da infraestrutura de circulação na capitania. A necessidade de transportar artilharia pesada para o Iguatemi levou a um esforço de reformar a ligação entre São Paulo e Santos. Em 1770, iniciou-se a obra de desobstrução de um trecho do Rio Pequeno que atravessava a serra do Mar por Cubatão. A rota conectava-se à navegação pelos rios Pinheiros e Tietê, passando pelas aldeias de Carapicuíba e Barueri, pela freguesia de Santo Amaro e pela vila de Santana de Parnaíba.[137] Junto com essa obra, buscou-se promover o povoamento do porto de embarque no Rio Pequeno.[138] Os caminhos até o porto de embarque em Araritaguaba também foram examinados e procurou-se garantir que carroças provenientes de São Paulo tivessem condições para transitar até lá, ordenando-se aos proprietários de terrenos lindeiros que fizessem os reparos necessários.[139] Em 1772, mandou-se reparar o caminho de Jundiaí

134 Carta do capitão-mor João Martins Barros ao ajudante de ordens Antônio Lopes de Azevedo. Cachoeira de Nossa Senhora dos Prazeres, 27 out. 1767. Anexo a Ofício n. 21 do governador da capitania de São Paulo D. Luís Antônio de Sousa para o ministro e secretário de negócios do Reino, Sebastião José de Carvalho e Melo. São Paulo, 23 jul. 1768. AHU_ACL_CU_023-01, Cx. 25, D. 2432.

135 HOLANDA, Sérgio Buarque de. Monções ..., p. 37.

136 HOLANDA, Sérgio Buarque de. Monções..., p. 39-42.

137 ""N. 11/Para o senhor Conde de Oeiras/Sobre as dificuldades da comunicação entre Santos e São Paulo" Carta do governador da capitania de São Paulo, D. Luís Antônio de Sousa Botelho Mourão, para o ministro e secretário dos negócios do Reino, Sebastião José de Carvalho e Melo. São Paulo, 27 mar. 1770. DI 34, p. 203-205

138 Registro do bando do governador da capitania de São Paulo, D. Luís Antônio de Sousa Botelho Mourão para povoar o Rio Pequeno. 2 dez. 1769. DI 65, p. 292.

139 Ordem [do governador da capitania de São Paulo, D. Luís Antônio de Sousa Botelho Mourão] para que se repare o caminho de São Paulo, a Araritaguaba. São Paulo, 30 jun. 1769. DI 65, p. 272-273.

até Araritaguaba, provendo-o de pontes e aterros.[140] Ainda em 1772, iniciou-se a abertura de um caminho por terra até o Iguatemi, para que não se dependesse apenas da navegação fluvial.[141] Partindo da vila de Sorocaba, o caminho cortaria os sertões entre os rios Paranapanema e Tietê e depois cruzaria o rio Paraná na altura do rio Pardo, até alcançar o Forte.

O retorno aos sertões

Um dos principais objetivos da construção do Iguatemi foi promover a integração territorial dos sertões a Sudoeste, que constituíam uma zona fronteiriça com os domínios espanhóis. O sertão do Tibaji abrangia os vales dos rios Tibaji e Ivaí, correspondendo à zona circundada pelos rios Piquiri, Paraná, Paranapanema e Tibaji. A Sudoeste, entre os rios Iguaçu e Ivaí, ficavam os campos de Guarapuava. Alguns mapas indicam também um sertão do Ivaí, junto à foz do rio de mesmo nome (figura 2.3).

O sertão do Tibaji correspondia a territórios da anterior Província do Guairá. Os espanhóis começaram a ocupar a região em meados do século 16, quando se fundaram Vila Rica do Espírito Santo (1576), Ciudad Real (1557) e Ontiveros (1554). Entre 1610 e 1628, os jesuítas ampliaram a ocupação da área com a criação de quinze aldeamentos, treze deles situados a ocidente dos atuais estados de São Paulo e Paraná. Mas, a expansão jesuítica foi interrompida quando o Guairá se tornou o principal alvo das expedições bandeiristas que, partindo de São Paulo, chegavam ali em quarenta ou sessenta dias pelo caminho do Peabiru. Os assaltos bandeiristas acabaram levando à destruição de boa parte de aldeias guaranis e de praticamente todas as reduções jesuíticas até 1632. Os jesuítas fixaram-se então mais ao Sul, ao longo do rio Uruguai, no atual território do Rio Grande do Sul. As fundações espanholas também foram evacuadas ou transferidas de sítio.[142]

Depois da restauração da capitania de São Paulo em 1765, o Tibaji veio a tornar-se espaço prioritário para os objetivos de consolidação da presença portuguesa na fronteira oeste e abertura de novas frentes de expansão territorial. Entre 1768 e 1774, realizaram-se onze expedições ao Tibaji e aos campos

---

140　"Ordem [do governador da capitania de São Paulo, D. Luís Antônio de Sousa Botelho Mourão] para o capitão-mor de Jundiaí fazer abrir o caminho que vai da mesma vila para Araritaguaba". São Paulo, 16 dez. 1772. DI 7, p. 142.

141　"Para o mesmo Senhor"/N.3". Carta do governador da capitania de São Paulo, D. Luís Antônio de Sousa Botelho Mourão, para o ministro e secretário dos negócios do Reino, Sebastião José de Carvalho e Melo. São Paulo, fev. 1772. DI 69, p. 115-117.

142　MONTEIRO, John Manuel. *Negros da terra…*, p. 68-76. ALDEN, Dauril. *Royal government in colonial Brazil…*, p. 63-66. GUTIERREZ, Ramon; MAEDER, Ernesto J. A. *Atlas histórico y urbano de la regióndel nordeste argentino*. Resistência: Mapfre América, 1994.

de Guarapuava, em paralelo a expedições de povoamento e abastecimento do Iguatemi. Em contraste com o sertanismo de caráter particular e voltado para o apresamento de indígenas, as expedições de 1768-1774 foram organizadas pelo governo da capitania e tinham o propósito de reconhecer os sertões, reduzir os índios e preparar o estabelecimento de povoações. Para estimular a ida ao sertão, a Coroa deu autorização para a exploração de ouro. Afonso Botelho de Sampaio foi o principal encarregado de organizar as expedições ao Tibaji, ao mesmo tempo que supervisionou o andamento de novas povoações ao Sul.

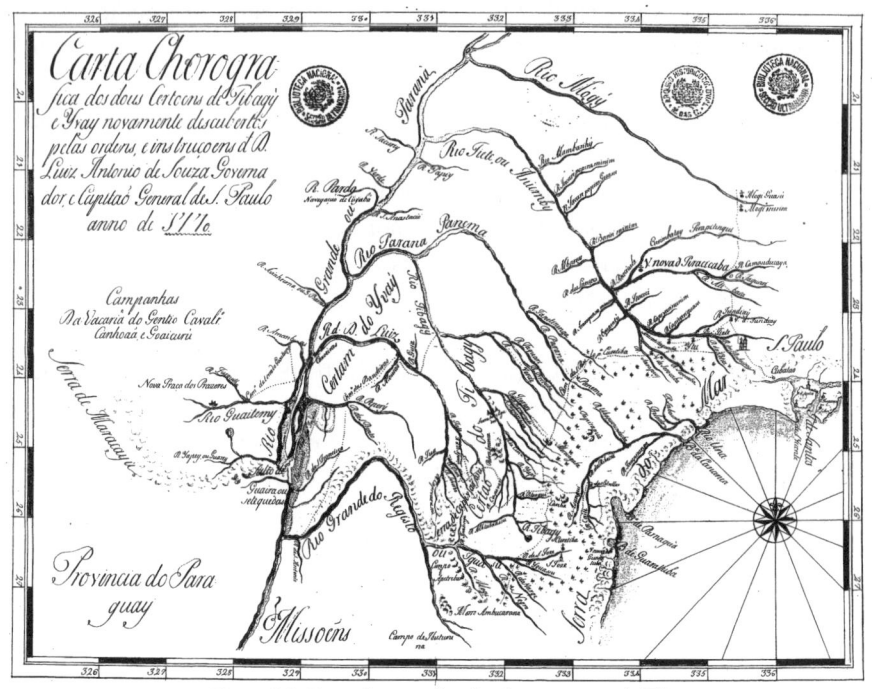

Figura 2.3. Carta chorografica dos dous certoens de Tibagy
e novamente descoberto pelas ordens e instruçoens de Dom Luís Antônio. 1770.

Para efetivar o domínio sobre os sertões, era necessário torná-los mais permeáveis e conectá-los a núcleos urbanos que se estabeleciam. Caminhos fluviais e terrestres na direção do Oeste, já conhecidos por roteiros e mapas sertanistas, foram sendo atualizados com dados provenientes das novas expedições. As povoações de Itapetininga e Faxina estavam numa zona de depressão periférica antes utilizada para passagem dos preadores de índios na direção do sudoeste do vale do Paranapanema. Os núcleos de Lapa e Castro estavam nas proximidades dos principais portos fluviais utilizados pelas expedições ao Oeste, respectivamente porto do rio Registro (Iguaçu) e porto de São Bento, no rio Tibaji. E, mais ao Sul, como se viu, Lajes situou-se junto ao cruzamento do caminho de Viamão e de um caminho na direção das missões castelhanas. Procurou-se ainda consolidar uma ligação entre Curitiba e o Iguatemi.[143]

Na década de 1770, fizeram-se tentativas de fixar povoações no sertão de Tibaji (figura VIII, caderno de imagens). Uma das primeiras medidas nesse sentido destinou-se a estabelecer Vila Rica das Bananeiras a partir das ruínas da antiga Vila Rica do Espírito Santo, anterior missão espanhola junto ao rio Ivaí. Mas o principal foco de intervenções fixou-se mais ao Sul, nos campos de Guarapuava, ao longo de uma rota usada por expedições que partiam de Curitiba em direção ao Oeste (figura 2.4). Ainda em 1770, a expedição comandada por Cândido Xavier de Almeida e Sousa construiu uma estacada, o Forte de Nossa Senhora do Carmo, num ponto avançado desse caminho (figura 2.5). Na sua retaguarda, a expedição de Francisco Martins Lustosa de 1771 iniciou o plantio de mantimentos e a construção de casas. Ali viria a ser criada a freguesia de Nossa Senhora da Esperança. Em 1771-1772, a expedição de Afonso Botelho de Sampaio ergueu uma outra estacada mais além do Forte de Nossa Senhora do Carmo. Configurou-se uma estratégia de avanço paulatino pelas bordas do sertão. Mas a tropa de Afonso Botelho entrou em violento confronto com os índios caiguangues e teve de se retirar.

Ainda em 1773, havia intenção de estabelecer nos campos de Guarapuava "uma ou mais povoações" que serviriam como postos defensivos, pontos de partida para outras entradas ao sertão e centros de conversão dos índios em "obedientes vassalos".[144] Em novembro de 1773, uma tropa liderada por Afonso Botelho retornou aos campos e, nos últimos dias do ano, deu-se novo confronto com os índios. A resistência indígena e a mudança na orientação política da Corte em 1774 detiveram as iniciativas no sertão. No começo do século 19, a incorporação dos campos de Guarapuava voltou à baila, como se verá mais adiante.

---

143 Ofício do (governador e capitão-general da capitania de São Paulo), D. Luís Antônio de Sousa (Botelho Mourão) para o (ministro e secretário de Estado dos Negócios da Marinha e Domínios Ultramarinos) Martinho de Melo e Castro. São Paulo, 8 nov. 1770. AHU-São Paulo-MGouveia, cx. 27, doc. 2516.

144 Carta do governador da capitania de São Paulo, Dom Luís Antônio de Sousa Botelho Mourão, para o ajudante de ordens Afonso Botelho de Sampaio e Sousa. São Paulo, 26 jul. 1773. AHU_ACL_CU_023, Cx. 10, D. 525, anexo.

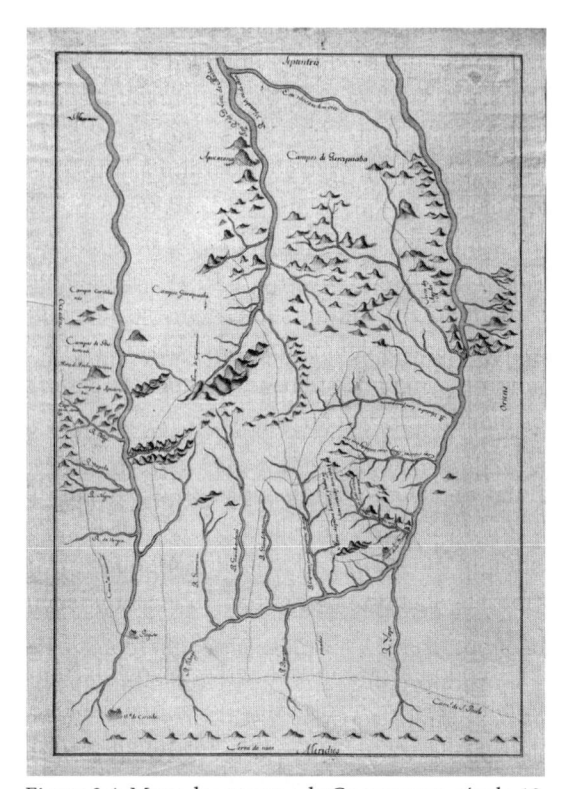

Figura 2.4. Mapa dos campos de Guarapuava, século 18.

As expedições de exploração e reconhecimento dos sertões durante o governo do Morgado de Mateus deixaram alguns rastros físicos da presença do colonizador – caminhos, plantações, construções defensivas, acampamentos e marcos de posse inscritos em árvores. Outro movimento de apropriação dos espaços e de legitimação da sua posse se deu no plano abstrato da representação cartográfica. Em 1768, o Morgado de Mateus descreveu o processo de elaboração de uma carta geográfica mostrando as povoações a sudoeste da capitania, conforme lhe havia sido solicitado enviar a Lisboa:

> ...delineei e procurei fazer a carta que remeto com a possível exação, ainda que é muito pouco o que se sabe do interior deste sertão, porem eu me vali de muitos roteiros, e noticias, combinando umas coisas com as outras, e procurando averiguar com o maior cuidado todos os

pontos duvidosos e pode ser que esta seja a carta de menos erros que até aqui tem havido deste continente: o tempo, as viagens e entradas poderão aclarar o que lhe falta.[145]

Não se conhece o referido mapa, mas é provável que o mesmo processo tenha sido adotado na produção de outras peças cartográficas. Desenhos e textos escritos sobre os sertões fluíam continuamente para a cidade de São Paulo, onde o Morgado de Mateus combinava informações de diversas fontes, acrescentava ou substituía elementos, podendo também requerer dados específicos. Os mapas traziam rios e morros rebatizados segundo uma toponímia alusiva ao Reino ou ao próprio governador, como, por exemplo, o rio D. Luís (Ivaí).

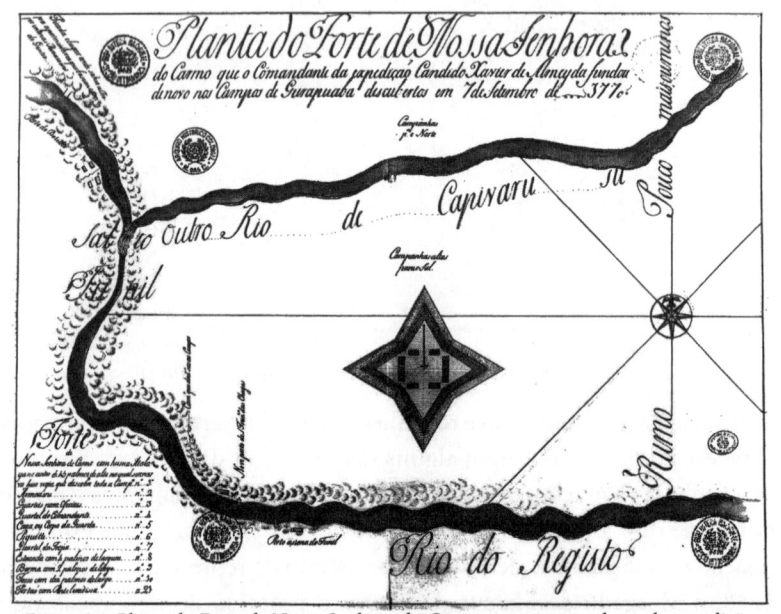

Figura 2.5. Planta do Forte de Nossa Senhora do Carmo que o comandante de expedição
Cândido Xavier de Almeida fundou de novo
nos campos de Guarapuaba descobertos em 7 de setembro de 1770, 1770.

O engenheiro militar José Custódio de Sá e Faria também se envolveu com a cartografia dos sertões quando se achava em São Paulo em 1772. Um mapa da "campanha de Guarapuava" desenhado por Sá e Faria traduz em termos gráficos o andamento das expedições que se realizavam (figura 2.6). Indica-se uma

---

145 "N. 19". Carta do governador da capitania de São Paulo, D. Luís Antônio de Sousa Botelho Mourão, para o ministro e secretário dos negócios do Reino, Sebastião José de Carvalho e Melo. São Paulo, 15 mai. 1768. DI 19, p. 145.

picada "que se anda abrindo", um "forte principiado", "campos a que se não viu o fim" e o "lugar do homicídio dos índios". O mapa tende a apresentar uma visão ordenada do sertão. Sugerem-se unidades espaciais com limites demarcados por caminhos, rios, acidentes geográficos ou vegetação. Mesmo espaços ainda desconhecidos tendem a apresentar dimensões circunscritas. Ao que parece, a percepção dos sertões estava-se alterando, impondo-se uma noção de territorialidade a espaços antes indeterminados.

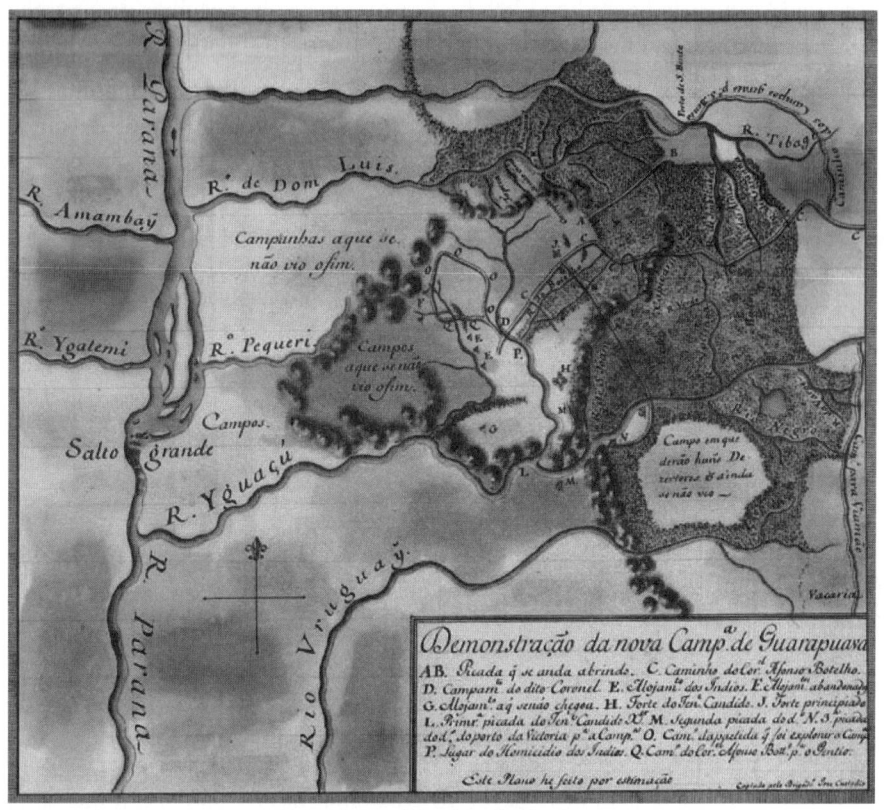

Figura 2.6. José Custódio de Sá e Faria.
Demonstração da nova Campanha de Guarapuava, 1775.

O Plano para sustentar a posse

Já em 1768, as autoridades de Buenos Aires e do Paraguai protestaram contra a construção do Forte às margens do rio Iguatemi. Entre 1768 e 1771, o governador do Paraguai, Carlos Morphi, trocou mais de uma dezena de cartas com o governador de São Paulo e os comandantes da Praça, João Martins Barros e Antônio Lopes de Azevedo. Ainda assim, em 1770 passou-se ordem para erigir o Forte em vila. A elevação acabou não acontecendo, conforme o Morgado de Mateus, "para não despertar o ciúme dos castelhanos",[146] ou, mais provavelmente, em razão do crescente descrédito do Iguatemi.

O declínio do apoio da Coroa Portuguesa foi ficando claro na correspondência trocada a partir de 1771 entre Dom Luís Antônio e duas outras autoridades, o vice-rei Marquês do Lavradio (1769-1778) e o ministro de negócios da Marinha e domínios ultramarinos Martinho de Melo e Castro, conforme analisado por Dauril Alden[147] e Heloísa Bellotto.[148] A questão ia além de manter ou não o Forte, envolvendo também a definição do modo como a capitania de São Paulo atuaria na defesa do Sul. O governo de São Paulo via o Iguatemi como ponto-chave de um esquema mais amplo e requeria apoio para promover o reforço defensivo da fortaleza. Mas, para as autoridades de Lisboa, a ameaça de invasão espanhola a Oeste, pelo Iguatemi e pelos sertões, foi-se afigurando menos provável do que o Morgado de Mateus havia descrito. Mesmo assim, inicialmente, cogitaram-se soluções que ainda envolviam investir no Iguatemi. Em 1771, Martinho de Melo e Castro sugeriu o envio de tropas pagas para substituir os "vadios sem subordinação" que se encontrariam ali e recomendou que o governo da Praça fosse entregue a José Custodio de Sá e Faria, por ser "bom engenheiro" e experiente no combate aos castelhanos.[149]

As divergências entre o pensamento oficial da Metrópole e o governador de São Paulo foram-se aprofundando à medida que se tornava mais urgente organizar a defesa do Extremo-Sul. Ainda em 1767, as discussões oficiais entre as duas potências ibéricas pareciam avançar no sentido da cordialidade, embora no mesmo ano José Custódio de Sá e Faria tivesse feito um ataque aos espanhóis que ocupavam o Rio Grande. Mas em 1768 as negociações europeias mostravam-se já fracassadas. Os territórios do Rio Grande permaneciam divididos entre portugueses e espanhóis, que praticavam agressões mútuas. Os espanhóis chegaram a cogitar a expulsão dos portugueses do Iguatemi, mas consideraram que seria arriscado e sem muito proveito. Em 1771, uma junta militar castelhana reunida em Montevidéu propôs tomar a Colônia do Sacramento e, ao mesmo tempo,

---

146 Registro de 6ª f, 12 out. Diário de Governo. BNRJ.AM.23,2,15, n. 1, 7º maço, 21, jun. 1770 – 26 jun. 1771.

147 ALDEN, Dauril. *Royal government in colonial Brazil...*, p. 459-471.

148 BELLOTTO, Heloísa. *Autoridade e conflito no Brasil colonial...*, p. 229-255.

149 BELLOTTO, Heloísa. *Autoridade e conflito no Brasil colonial...*, p. 235

atacar o Rio Grande para cortar os socorros àquela praça. Esses ataques só vieram a ocorrer anos depois, mas já então a perspectiva de guerra era evidente.[150]

Num contexto de crise em relação ao esquema de defesa do Sul, em outubro de 1771 os governadores Morgado de Mateus e José Custódio de Sá e Faria foram encarregados de elaborar um plano de ação integrada contra os espanhóis. Em julho de 1772, José Custódio de Sá e Faria chegou a São Paulo, onde se reuniu com o Morgado de Mateus para discutir o assunto. O Plano para sustentar a posse da parte meridional da América Portuguesa foi apresentado num conjunto de ofícios do Morgado de Mateus ao secretário de Estado Martinho de Melo e Castro, ao vice-rei Marquês do Lavradio e ao governador do Mato Grosso Luís Pinto de Souza, além de ofícios de José Custódio de Sá e Faria ao Marquês do Lavradio, todos com datas entre abril de 1772 e abril de 1773.[151] Consideramos central o ofício de 12 de setembro de 1772 escrito pelo Morgado de Mateus ao vice-rei e intitulado Projeto ou plano ajustado por ordem de S. M. F. entre o governador e capitão-general de São Paulo D. Luís Antônio de Souza e o brigadeiro José Custódio de Sá e Faria.[152] A maior parte dos quinze capítulos do texto do ofício tem como tópicos povoar e fortificar.

O Plano para sustentar a posse apresentou uma sistematização de iniciativas já em andamento, ou ainda a serem realizadas, numa proposta de consolidação e expansão territorial na fronteira oeste (figura IX, caderno de imagens). O Plano constituía-se de partes que deveriam ser implementadas em diferentes tempos e por sucessivos governos, numa articulação contínua. Definiram-se três grandes regiões de intervenção: o Iguatemi, a campanha de Vacaria e o sertão de Tibaji. Em cada uma delas, haveria uma intervenção principal e outras secundárias. A partir da discussão das instruções régias e do exame de vários mapas,

---

150 ALDEN, Dauril. Royal *Government in colonial Brazil...*, p. 106-132.

151 Esses ofícios foram reunidos no "Projeto ou plano ajustado por Ordem de S. Majestade entre o governador e capitão-general de S. Paulo D. Luís Antônio de Sousa e o Brigadeiro José Custódio de Sá e Faria, de todos os serviços que se devem obrar e todos os socorros com que se devem sustentar nesta parte meridional da América Portuguesa. Ano de 1772". Os ofícios existentes no AHU foram transcritos em PEREIRA, Magnus Roberto de Mello (org.). *Plano para sustentar a posse da parte meridional da América Portuguesa (1772)*. Curitiba: Aos Quatro Ventos, 2003. Há ainda uma versão publicada em DI 69, p. 210-253. Conforme indicou Heloísa Bellotto, há também ofícios depositados na Coleção de J. P. de Almeida Prado no IEB-USP (BELLOTTO, Heloísa Liberalli. *Autoridade e conflito no Brasil colonial...*, p. 236-237, nota 27).

152 "Projeto ou plano ajustado por Ordem de S. Majestade entre o governador e capitão-general de S. Paulo D. Luís Antônio de Sousa e o Brigadeiro José Custódio de Sá e Faria, de todos os serviços que se devem obrar e todos os socorros com que se devem sustentar nesta parte meridional da América Portuguesa. Ano de 1772". Ofício ao vice-rei Martinho de Mello e Castro. São Paulo, 12 set. 1772. In: PEREIRA, Magnus Roberto de Mello (org.). *Plano para sustentar a posse da parte meridional da América Portuguesa...*, p. 59-136.

apresentou-se também um mapa síntese onde se apontaram os lugares a serem povoados e fortificados. Embora não se conheça esse mapa, a viagem de José Custódio de Sá e Faria ao Iguatemi entre 1774 e 1775 levou à realização de pranchas que mostraram alguns dos projetos apresentados no Plano de 1772. Os três grupos de propostas para o território eram os seguintes:

(1) O "ponto principal e o objeto da maior importância" era o Forte do Iguatemi que, por sua posição estratégica, deveria constituir um "centro firme" de operações defensivas e ofensivas. Previu-se adiantar com rapidez as obras de fortificação do Iguatemi e, para complementar sua defesa, fazer uma fortificação no passo da Serra de Maracaju, construir dois fortes menores no circuito da praça e colocar uma Guarda para conter os índios. O caminho por terra do Iguatemi a Sorocaba, já em andamento, garantiria o envio de reforços a partir de São Paulo.

(2) Ao norte do Iguatemi, na região dos campos de Vacaria, o ponto-chave era uma fortificação junto ao rio Paraguai, próximo ao rio Mboteteí (Miranda), no chamado Fecho dos Morros. Essa fortificação seria realizada em conjunto com o governador do Mato Grosso, Luís Pinto de Sousa. Em seguida, seria erguido um forte sobre o rio Ipané. O propósito era dominar a navegação pelo rio Paraguai. A região de Vacaria, devidamente protegida pelo sistema de fortes, deveria ser povoada com fazendas de gado muar orientadas para o abastecimento das Minas Gerais. Seriam ainda estabelecidas três povoações ali: uma na cabeceira do rio Amambaí, outra sobre o rio Ivinhema e uma terceira junto à Fazenda de Camapuã, que já era escala no caminho das monções. Uma povoação menor seria criada junto ao rio Iguaçu, onde se instalaria também um registro para cobrança de tributos e fiscalização militar.

(3) O sertão do Tibaji seria conquistado e ocupado por povoações. Era prioritário criar um forte junto ao rio Registro (Iguaçu) para assegurar o domínio da navegação do rio Paraná abaixo das Sete Quedas. Junto com o Forte do Iguatemi e o Forte do Fecho dos Morros, o Forte do rio Iguaçu viria a formar "uma barreira ou linha de comunicação" na fronteira, desde o Mato Grosso até o Rio Grande, onde se somariam as fortalezas do rio Jacuí. Os principais núcleos urbanos a se estabelecer inicialmente no sertão seriam Vila Real das Bananeiras, sobre as ruínas da antiga missão de Vila Rica junto ao rio Ivaí e uma povoação junto ao rio Iguaçu, que serviria de base para se buscarem as ruínas remanescentes das missões de Cidade Real e de Santa Maria Maior, também se prevendo restabelecê-las.

As três fortificações mencionadas – Iguatemi, Rio do Registro e Fecho dos Morros – estariam articuladas de modo coeso, o que foi comparado pelo

Morgado de Mateus à estrutura de uma abóbada, que não pode prescindir de nenhuma aduela sob o risco de vir abaixo.[153] Uma vez estabelecidos nas regiões do Iguatemi, de Vacaria e do sertão de Tibaji, os portugueses poderiam partir para a ofensiva nos domínios espanhóis. As fortificações propostas visavam a fazer a fronteira avançar até o rio Paraguai, a Oeste e até o rio da Prata, ao Sul. O projeto de dominar a navegação do rio Paraguai não era novo. Em 1770, o governador do Mato Grosso, Luís Pinto de Souza Coutinho, já tinha sugerido realizá-lo por meio da construção de um forte no Fecho dos Morros, tendo o Iguatemi como retaguarda.[154] Mais tarde, a obra da Fortaleza de Coimbra, iniciada em 1775 por Luís de Albuquerque, retomou a mesma ideia.[155]

O Plano para sustentar a posse procurou dar conta também do modo como seriam realizadas suas propostas. Os trabalhos necessários para a construção de fortificações foram descritos em detalhes, desde as expedições para o local e a escolha do sítio até o modo de conduzir a implantação, a configuração das obras, os materiais a serem adotados e as dimensões básicas, além da composição dos regimentos militares. Era indispensável a ação planejada e a longo prazo:

> ...para que com método e arte se tome este intento, devem-se dispor as cousas de modo de antemão e de longo tempo, [para] que se possa fazer um uso de todos os meios que oferece[m] a Monarquia e estes Estados e os mais que nos tem fiado a Onipotência...[156]

No século 18, método e arte podiam ter significados similares quanto a um modo ordenado de agir ou de dispor conhecimentos. No dicionário de Raphaël Bluteau, publicado em 1712, método define-se como "modo industrioso, ordem e arte de

---

153 "Projeto ou Plano ajustado por ordem de s. m. f. entre o governador e capitão-general de São Paulo D. Luís Antônio de Souza e o brigadeiro José Custódio de Sá e Faria…" In: PEREIRA, Magnus Roberto de Mello (org.). *Plano para sustentar a posse da parte meridional da América Portuguesa…*, p. 72.

154 ARAÚJO, Renata Klautau Malcher de. *A urbanização do Mato Grosso no século XVIII…*, p. 132-133.

155 ARAÚJO, Renata Klautau Malcher de. *A urbanização do Mato Grosso no século XVIII…*, p. 132-133 e p. 357-358.

156 "[Cópia da] Introdução Prévia [dirigida ao Marquês de Lavradio, vice-rei do estado do Brasil] do que parece ao General de São Paulo se deve obrar em execução das Reais Ordens do primeiro de Outubro de 1771 [expedidas por Martinho de Mello e Castro]". Anexa a "Projeto ou Plano ajustado por Ordem de S. Magest.e F. entre o Gov.or, e Cap. Gen.al de S. Paulo D. Luiz Antonio de Sousa e o Brigadeiro José Custódio de Sá e Faria, de todos os Serviços que se devem obrar e todos os socorros com que se devem sustentar nesta parte Meridional da América Portuguesa. Ano de 1772"/"Para o Ilustríssimo e Ex.mo senhor Martinho de Mello e Castro". São Paulo, 8 abr. de 1772. DI 69, p. 213-231, item 49.

obrar" e o termo arte significa "regras e método, com cuja observação se fazem muitas obras úteis, agradáveis e necessárias à República.[157] O "método" proposto no Plano para sustentar a posse consistia em iniciar por aquilo que fosse mais necessário e ir "emendando os defeitos que se encontram".[158]

Os trabalhos seriam divididos e coordenados entre as capitanias de São Paulo, Mato Grosso, Minas Gerais, Rio de Janeiro e Goiás. A relação entre as capitanias foi ilustrada por metáforas que remetiam a organismos vivos. Minas Gerais seria a capitania mais rica e mais povoada, além de estar no centro das demais, por isso, deveria cooperar com as outras "assim como [o] coração que está no centro do corpo reparte com todos os membros os seus espíritos e o seu sangue, vivificando-os por tal modo que sem o seu concurso nem se podem conservar nem mover". Mas Minas Gerais deveria ter especial consideração por São Paulo, da qual era "filha", por ter sido dela desmembrada. São Paulo, por sua vez, teria papel especial na conservação e defesa das Minas e seria a capitania "que como mãe a ampara e cobre por este lado [do Sudeste]".[159]

O longo, extenso e detalhado Plano para sustentar a posse da parte meridional não foi bem recebido na Corte. Apenas nos últimos parágrafos do Plano apresentaram-se formas de socorro militar ao Rio Grande, já que a proposta principal era uma ação a longo prazo no território. A ameaça de invasão castelhana a Oeste era uma das suas premissas, mas na ótica das autoridades lisboetas os núcleos castelhanos das proximidades – São Miguel, Curuguaiti e Assunção – não representariam por si mesmos uma ameaça, a não ser que tivessem reforços vindos de Buenos Aires, o que se considerava improvável. Em novembro de 1772, instruções régias reafirmaram a prioridade da região sul: "Faz sua Majestade uma perda infinitamente maior naqueles domínios [ao Sul] que todas as aquisições que vossa senhoria pode fazer nos referidos sertões [do Oeste] e Praça [do Iguatemi]".[160] As forças de São Paulo deveriam concentrar-se em preparar o socorro ao Rio Grande. Em caso de ataque ao Sul, acreditava-se que a dispersão das tropas pelos

---

157 Cf. BLUTEAU, Raphaël. *Vocabulario Portuguez e Latino*. Coimbra: Colégio das Artes, 1712-1713, p. 467 e p. 573. Disponível em: < http://www.ieb.usp.br/online/index.asp >. Acesso em: 2 ago. 2011.

158 "Projeto ou Plano ajustado por ordem de S. M. F. entre o governador e capitão-general de São Paulo D. Luís Antônio de Souza e o brigadeiro José Custódio de Sá e Faria…" In: PEREIRA, Magnus Roberto de Mello (org.). *Plano para sustentar a posse da parte meridional da América Portuguesa…*, p. 78.

159 "Projeto ou Plano ajustado por ordem de s. m. f. entre o governador e capitão-general de São Paulo D. Luís Antônio de Souza e o brigadeiro José Custódio de Sá e Faria…"In: PEREIRA, Magnus Roberto de Mello (org.). *Plano para sustentar a posse da parte meridional da América Portuguesa…*, p. 123, item 195.

160 Instruções (cópia das) de (D. José I) para o governador e capitão-general da capitania de São Paulo (Morgado de Mateus) Luís Antônio de Sousa Botelho Mourão. Lisboa, Palácio de Nossa Senhora da Ajuda, 20 nov. 1772. AHU_ACL_CU_023-01, Cx. 28, D. 2610.

sertões poderia ser fatal. Por sua vez, o governador de São Paulo argumentava que as distâncias e dificuldades de acesso até Viamão não permitiriam assegurar a eficiência do socorro ao Sul, daí a necessidade da estratégia do Iguatemi.

Em 1774, o governo de São Paulo foi repreendido por insistir em privilegiar o Oeste, o que estaria prejudicando a defesa do Sul. Um ano antes, tropas lideradas pelo governador de Buenos Aires Juan José Vertiz y Salcedo tinham avançado no Rio Grande. Em resposta ao Plano para sustentar a posse, Martinho de Melo e Castro escreveu ao governador de São Paulo expressando o pensamento oficial a respeito. Considerou-o um "quimérico projeto" e em tudo oposto às ordens régias. Enquanto São Paulo propunha "espantosos, extraordinários e impraticáveis serviços e estabelecimentos", os castelhanos iam consolidando suas posições no Rio Grande.[161] Em vez da defesa de Viamão e Rio Grande de São Pedro por meio do reforço no Oeste, considerou-se mais lógica a "defesa daqueles estabelecimentos no mesmo sítio onde eles se acham".[162] Impôs-se um controle estrito às atividades do governador Morgado de Mateus e limitou-se sua autonomia. Nenhuma das propostas do Plano deveria ser implementada. Só se poderia prosseguir com as explorações no Tibaji mediante aprovação prévia da Secretaria de Estado. A reprovação da Coroa à tese da "diversão pelo Oeste" estava clara em 1774.

O "exame ocular" de Sá e Faria

Em 1772, enquanto ainda se discutia a estratégia de defesa fronteiriça, as autoridades de Lisboa haviam decidido que José Custódio de Sá e Faria deveria ser enviado ao Forte do Iguatemi para avaliar ao sítio, o estado das obras, a "utilidade", a constituição de suas tropas e as possibilidades de comunicação com o rio Paraguai. Questionava-se também se, em vez do Forte do Iguatemi, seria mais útil uma fortificação na margem direita do rio Paraná, com a mesma função de "cobrir os sertões do Ivaí e Tibaji".[163]

Ainda em 1772, em sua participação no Plano para sustentar a posse, Sá e Faria havia endossado a construção do Iguatemi, embora visse necessidade de obras adicionais de fortificação e reforços nas tropas militares. No seu entender, o

---

161 "Registro de minuta de correspondência a ser dirigida ao governador da capitania de São Paulo". 22 de abril de 1774. In: PEREIRA, Magnus Roberto de Mello (org.). *Plano para sustentar a posse da parte meridional da América Portuguesa...*, p. 18.

162 "Registro de minuta de correspondência a ser dirigida ao governador da capitania de São Paulo". In: PEREIRA, Magnus Roberto de Mello (org.). *Plano para sustentar a posse da parte meridional da América Portuguesa...*, p. 22.

163 Ofício do secretário de Estado dos Negócios da Marinha e Domínios Ultramarinos Martinho de Melo e Castro, para o vice-rei Marquês do Lavradio, contendo instruções sobre a defesa do Rio Grande de São Pedro. 20 nov. 1772. AHU_ACL_CU_023-01, Cx. 28, D. 2611.

Iguatemi seria importante para "conservar esta utilíssima fronteira [sudoeste] livre dos insultos dos nossos inimigos assim castelhanos como índios bárbaros".[164] A tese da "diversão pelo Oeste" tinha seu apoio. Já em 1774, sua posição quanto ao Iguatemi passou a ser bem diferente.

Antes de partir para o Iguatemi, ainda em São Paulo, Sá e Faria recolheu dados sobre o Forte e estudou detidamente a situação. De acordo com seu parecer emitido ainda em São Paulo, o local do Forte não seria suficiente para garantir a defesa contra os castelhanos e, devido ao clima insalubre nas proximidades ao rio Paraná, sofreria com epidemias em épocas de cheias. Esses problemas persistiriam mesmo que se mudasse o Forte para um local mais ao Norte. Havia ainda a presença dos índios guaicurus, que representariam uma constante ameaça. Outra prova da inconveniência do sítio seria o fato de os castelhanos não terem tentado estabelecer-se ali, embora já se achassem instalados muito perto. As condições de desenvolvimento daquele local também não seriam promissoras, pois os paraguaios de Curuguaiti não tinham nem ouro e prata, nem gêneros de interesse para o comércio. Seria possível comercializarem bestas muares, mas isso prejudicaria as criações já existentes no Rio Grande. Ainda conforme seu parecer, o projeto de avançar até o rio Paraguai a partir do Iguatemi também não seria viável, pois as condições de navegabilidade dos rios da região não o permitiriam. A possibilidade de uma ofensiva espanhola aos sertões do Tibaji e do Ivaí pela região do Iguatemi seria remota. Para defender os sertões, seria melhor povoá-los, mantendo-se assim uma comunicação mais fácil com São Paulo. Enfim, antes mesmo da verificação *in loco* do Iguatemi, Sá e Faria já fazia um juízo muito desfavorável ao Forte.[165] Suas duras críticas ao modo como a questão vinha sendo tratada pelo Morgado de Mateus leva mesmo a pensar num ressentimento pessoal.[166]

A viagem de Sá e Faria até o Iguatemi iniciou-se em 3 de outubro de 1774 e levou quase dois meses. O trajeto percorrido foi registrado num pormenorizado Diário de viagem.[167] Já no Iguatemi, Sá e Faria escreveu um ofício a Martinho de

---

164 "Oficio do brigadeiro José Custódio de Sá e Faria para o vice-rei Marquês de Lavradio." São Paulo, 21 jul. 1772. In: PEREIRA, Magnus Roberto de Mello (org.). *Plano para sustentar a posse da parte meridional da América Portuguesa…*, p. 42-46, item 18.

165 Ofício do secretário de Estado dos Negócios da Marinha e Domínios Ultramarinos Martinho de Melo e Castro, para o vice-rei Marquês do Lavradio, contendo instruções sobre a defesa do Rio Grande de São Pedro. 20 nov. 1772. AHU_ACL_CU_023-01, Cx. 28, D. 2611.

166 Cf. BELLOTTO, Heloísa. *Autoridade e conflito no Brasil colonial…*, p. 264.

167 "Diário da viagem que fez o brigadeiro José Custódio de Sá e Faria da Cidade de São Paulo à Praça de Nossa Senhora dos Prazeres do rio Iguatemi, 1774-1775". RIHGB, Rio de Janeiro, v. 39, p. 217-27, 1876.

Melo e Castro com data de 4 de fevereiro de 1775 e anexou vários mapas a que o texto fazia referência.[168] O ofício retomava as ideias apresentadas antes da partida de São Paulo, acrescentando elementos com que o engenheiro se tinha deparado no local. Criticou-se a obra "pouca adiantada" e ainda desprotegida. Um fosso de 18 palmos (cerca de 4 metros) de largura havia sido escavado, mas não se tinha construído mais do que um flanco e uma parte da face de um parapeito feito de terra e faxina, ou seja, a construção da parte exterior dos baluartes e muros estava ainda muito no início.[169]

Ainda conforme o parecer de Sá e Faria, o maior problema parecia estar na situação do Iguatemi, conforme mostrava um mapa do terreno circundante (figura 2.7). Embora o Forte estivesse situado numa parte alta de terreno às margens do rio, estava cercado por três padrastos, ou seja, colinas em posição dominante. Além disso, em vista das condições de trabalho no Iguatemi, as obras da fortificação levariam muitos anos para serem concluídas. De todo modo, a serra de Maracaju poderia ser atravessada pelos espanhóis em outros locais além daquele protegido pelo forte. Retomando algumas propostas do Plano para sustentar a posse, cogitou-se reforçar a fortificação por meio da construção de postos de apoio em seu circuito. Um mapa indicou os pontos da serra de Maracaju e da Forquilha que deveriam ser fortificados, um local onde se deveria construir um reduto de defesa contra índios e também sugeriu a posição de guardas avançadas (figura 2.8). Mas consideraram-se também as desvantagens desse reforço defensivo, pois seria necessário aumentar as despesas e ter mais tropas trabalhando nas obras.[170]

168 Ofício de José Custódio de Sá e Faria para o secretário de Estado dos Negócios da Marinha e Domínios Ultramarinos Martinho de Melo e Castro. Praça de Nossa Senhora dos Prazeres do Rio Iguatemi, 4 fev. 1775. BNP, Códice 4530, Documentos da capitania de São Paulo, n. 8-10. Sobre a cartografia produzida na viagem, veja-se BUENO, Beatriz Piccolotto Siqueira. "Cartografia militar no Brasil do século XVIII. O engenheiro cientista e artista: José Custódio de Sá e Faria e a expedição à fortaleza do Iguatemi". In: *Colóquio Internacional História da Cartografia Militar (Séculos XVIII-XX)*, 2005. Actas do colóquio internacional história da cartografia militar (Séculos XVIII-XX). Viana do Castelo: Câmara Municipal de Viana do Castelo, 2005, p. 21-45.

169 Ofício de José Custódio de Sá e Faria para o secretário de Estado dos Negócios da Marinha e Domínios Ultramarinos Martinho de Melo e Castro. Praça de Nossa Senhora dos Prazeres do Rio Iguatemi, 4 fev. 1775. BNP, Códice 4530, Documentos da capitania de São Paulo, n. 8-10.

170 Ofício de José Custódio de Sá e Faria para o secretário de Estado dos Negócios da Marinha e Domínios Ultramarinos Martinho de Melo e Castro. Praça de Nossa Senhora dos Prazeres do Rio Iguatemi, 4 fev. 1775. BNP, Códice 4530, Documentos da capitania de São Paulo, n. 8-10.

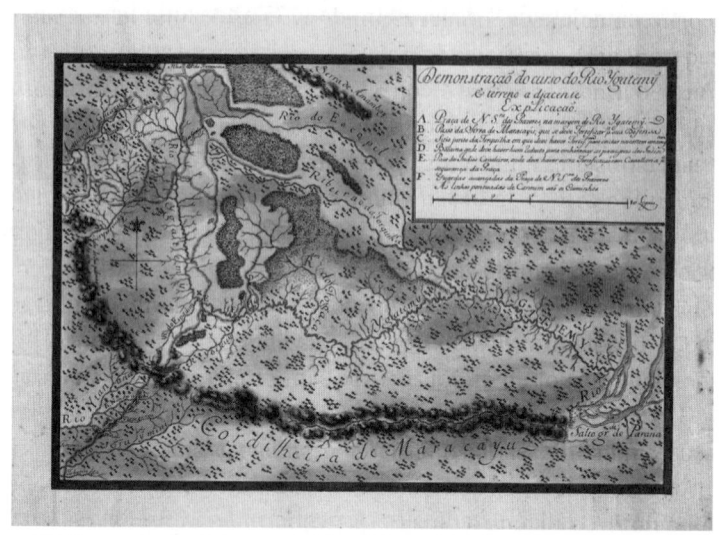

Figura 2.7. Demonstração do terreno emidiato à Praça de N. Sra. dos Prazeres do rio Igatemi.

Sá e Faria discutiu a possibilidade de mudar a fortaleza para um sítio mais afastado do rio Iguatemi onde não haveria padrastos, mas ainda assim julgou necessário um reduto fortificado adicional na margem do mesmo rio. E, mesmo que a fortificação fosse transferida para o leste do rio Paraná, nunca "cobriria" os sertões do Tibaji e Ivaí, pois havia vários outros pontos por onde penetrá-los. De qualquer modo, uma invasão castelhana pelos rios Iguatemi, Paraná e Tietê, com sua difícil navegação, não seria viável. Uma proposta que Sá e Faria continuou a endossar foi o estabelecimento de povoações junto aos rios Pequeri, Ivaí, Paranapanema e Tietê, para "segurar a fronteira do rio Paraná". Em conclusão, sugeriu-se que os esforços para manter o Iguatemi seriam muito grandes em troca de vantagens muito pequenas.[171] Enfim, em 1774, o Iguatemi não tinha apoio nem de José Custódio nem da Metrópole.

171 Ofício de José Custódio de Sá e Faria para o secretário de Estado dos Negócios da Marinha e Domínios Ultramarinos Martinho de Melo e Castro. Praça de Nossa Senhora dos Prazeres do Rio Iguatemi, 4 fev. 1775. BNP, Códice 4530, Documentos da capitania de São Paulo, n. 8-10.

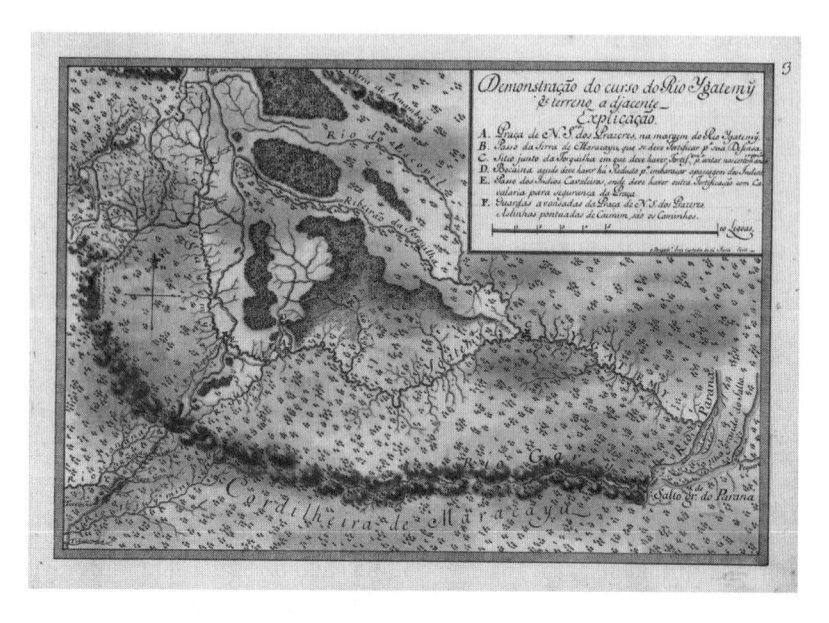

Figura 2.8. SÁ e FARIA, José Custódio de.
Demonstração do curso do rio Ygatemy e terreno adjacente. 1775.

A controvérsia em torno do Iguatemi entre 1772 e 1774 acionou o afastamento de Dom Luís Antônio do governo. Em julho de 1775, enquanto Sá e Faria ainda estava no Iguatemi, firmou-se um pacto de paz com o governador do Paraguai. Mas o Forte deixou de ter recursos oficiais e manteve-se precariamente, minado por dissidências internas e pela falta de mantimentos. O Tratado de Santo Ildefonso confirmou a região como sendo portuguesa, mas não parecia haver interesse em mantê-lo. No mesmo ano de 1777, o Iguatemi foi invadido, incendiado e capitulou aos espanhóis. Apesar da destruição por que passou, em fins do século 18, ao que parece o Forte já tinha passado de novo aos portugueses e voltou a merecer atenção. Instruções transmitidas por D. Rodrigo de Sousa Coutinho ao governador Antônio Manuel de Melo Castro e Mendonça recomendaram assegurar o "importante porto [ou posto?] de Iguatemi", por meio do qual seria possível prestar socorro ao Mato Grosso em caso de ataque espanhol.[172]

---

172 Relação (minuta) das respostas a dar ao governador (e capitão-general da capitania) de São Paulo (Antônio Manuel de Melo Castro e Mendonça), pelo (ministro e secretário de Estado dos Negócios da Marinha e Domínios Ultramarinos, D. Rodrigo de Sousa Coutinho), por ordem de (D. Maria I). Palácio de Queluz, 9 nov. 1798. AHU_ACL_CU_023-01, Cx. 46, D. 3601.

Instruções de teor similar sobre o Iguatemi foram transmitidas pelo príncipe regente D. João em, 1800.[173]

Ao sul e ao oeste da capitania, o problema geopolítico foi crucial na definição dos rumos da urbanização entre 1765 e 1775. Conforme hipótese aventada por Heloísa Bellotto, a tese da "diversão" militar aos castelhanos pelo Oeste teria sido a "justificativa político-estratégica" utilizada pelo Morgado de Mateus ante as autoridades de Lisboa para que se pudesse conduzir um plano amplo de colonização e povoamento da zona fronteiriça.[174] A análise das propostas apresentadas no Plano para sustentar a posse e das iniciativas no Iguatemi e no sertão do Tibaji parece reforçar essa hipótese. As zonas ameaçadas por avanços espanhóis e os sertões fronteiriços concentraram mesmo boa parte das atenções da administração da capitania no campo da criação urbana. Resta indagar como regiões ao Norte e ao Leste participaram do processo de reorganização territorial.

Serra acima e litoral norte

Nos primeiros momentos de governo do Morgado de Mateus, procurou-se fortalecer o aparato defensivo da Baixada Santista, zona onde se dava a articulação entre as rotas marítimas e as rotas de transposição da Serra do Mar até o planalto. Nos primórdios da colonização, a construção de um sistema de fortes acompanhou a instalação das vilas de Santos (1545), São Vicente (1532) e Itanhaém (1561) e do povoado de Bertioga. Um mapa de Bartolomeu Pais de Abreu pertencente à Coleção do Morgado de Mateus mostra, em 1719, a geografia recortada das ilhas de São Vicente e Santo Amaro, com os núcleos urbanos entremeados pelos fortes de Vera Cruz de Itapema (1ª metade do século 17), de Santo Amaro da Barra Grande (1582-1584) e São João de Bertioga (1553) – figura 2.9. Uma semana depois de ter desembarcado em Santos vindo do Rio de Janeiro, o Morgado de Mateus escreveu a Lisboa afirmando ter inspecionado as fortificações existentes naquela parte da costa e, tendo visto que "nem são as necessárias, nem tem a devida formalidade", apresentou providências a serem tomadas para reforçar o esquema de defesa.[175] Além de obras de reforma, construiu-se um fortim na praia do Góis para dar apoio à retaguarda da Fortaleza da Barra e reconstruiu-se o Forte – a partir daí designado São Luís – em Bertioga. Essas inovações podem ser

---

173 CARTA (cópia da) do Príncipe Regente (D. João) para o governador e capitão general de São Paulo, Bernardim Freire de Andrada, contendo instruções ao novo governador. Palácio de Queluz, 7 jul. 1800. AHU_ACL_CU_023-01, Cx. 49, D. 3824.

174 BELLOTTO, Heloísa Liberalli. *O Presídio do Iguatemi: função e circunstâncias...*

175 "N. segundo" Carta do governador da capitania de São Paulo, D. Luís Antônio de Sousa Botelho Mourão, para o ministro e secretário dos negócios do Reino, Sebastião José de Carvalho e Melo. Santos, 30 jul. 1765. DI 72, p. 40-43.

vistas num mapa de João da Costa Ferreira da mesma região da Baixada Santista em fins do século 18, já segundo um padrão de representação cartográfica baseado em símbolos codificados e escala mais precisa (figura 2.10).

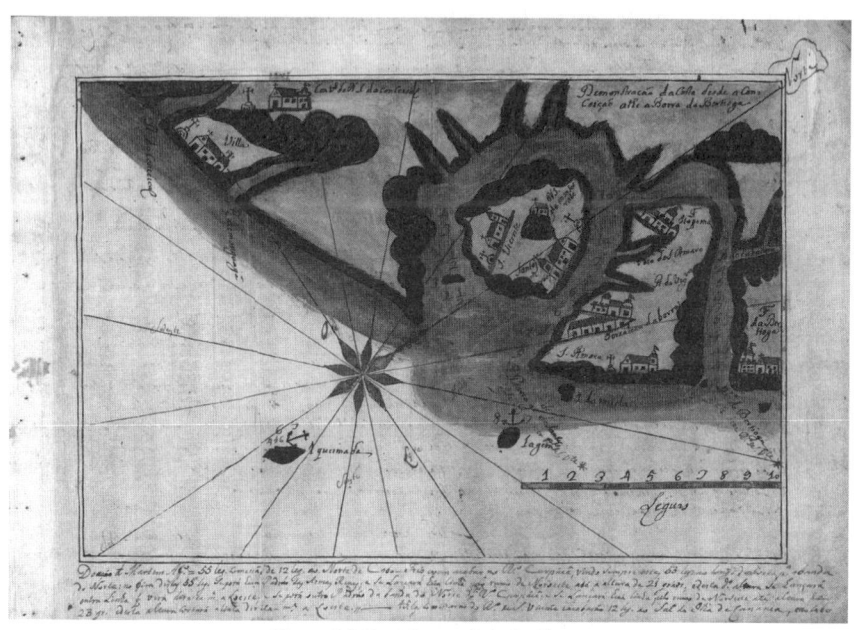

Figura 2.9. Bartolomeu Pais de Abreu.
Demonstração da costa desde a Conceição até a barra da Bertioga. 1719.

Ainda durante o governo do Morgado de Mateus iniciou-se um forte na atual Ilha Bela, na costa norte do litoral paulista, para proteger a fábrica de óleo de baleia e dar apoio à vila de São Sebastião (1636). É provável que o Morgado de Mateus já aventasse também outra fortaleza na Ilha, conforme sugeriu depois ao governador Lobo de Saldanha. Desde 1765, considerou-se também fundar povoações perto de São Sebastião e, em 1770, deu-se início ao estabelecimento de Caraguatatuba.

Várias iniciativas urbanas foram cogitadas para o Vale do Paraíba. Aí se configurava um espaço de articulação entre São Paulo, Rio de Janeiro e as regiões de mineração. As intervenções nessa parte da capitania tiveram de considerar uma rede urbana mais densa e antiga. Moji das Cruzes (1611), primeira vila a se estabelecer no planalto depois de Piratininga, já apontava na direção do Vale do Paraíba. O movimento de elevação de vilas junto ao rio Paraíba intensificou-se em meados do século 17, quando se instalaram Taubaté (1643), Guaratinguetá (1651) e Jacareí (1653). Apenas uma vila foi fundada na primeira metade do século 18: Pindamonhangaba (1705). Mas a proximidade às zonas de mineração e, depois de 1763, à capital instalada no Rio de Janeiro continuou impulsionando o aumento da área de ocupação agrícola.[176] Em meados do século 18, a malha eclesiástica chegava até a fronteira com o Rio de Janeiro. Em 1766, quase um quarto de toda a população da capitania habitava o Vale do Paraíba.[177]

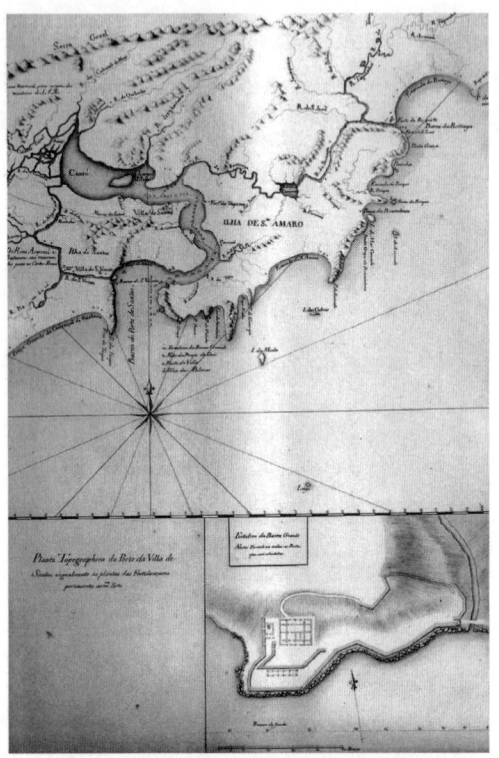

Figura 2.10. Planta topográfica do porto da vila de Santos
e igualmente as plantas das fortificações pertencentes ao mesmo porto, 1799.

A rede de caminhos ao leste da capitania foi um dado fundamental no processo de urbanização dessa região. O corredor natural formado pelo Vale do Paraíba estava na rota mais antiga de expedições sertanistas que partiam de São Paulo e passavam por Moji das Cruzes, Jacareí, Taubaté, Pindamonhangaba, Guaratinguetá e freguesia de Piedade (depois Lorena), até transpor o rio Paraíba e atravessar a serra da Mantiqueira para chegar às Minas. A rota mais transitada acabou sendo o caminho por Parati, onde ficava o principal porto de navegação até o Rio de Janeiro e, a partir de 1703, um registro de cobrança dos direitos reais.

176 MARCÍLIO, Maria Luiza. *Crescimento demográfico e evolução agrária paulista, 1700-1836.* São Paulo: Hucitec, 2000, p. 178.

177 CANABRAVA, Alice P. *Uma economia de decadência…*

Mas, em 1725, concluiu-se a abertura do Caminho Novo de Garcia Rodrigues ligando o Rio de Janeiro por terra às Minas, sem passar por São Paulo. Durante o século 18, sucessivas disposições régias procuraram privilegiar o Caminho Novo e impedir a proliferação de picadas de acessos às minas.[178]

Durante a administração do Morgado de Mateus, as primeiras ordens para erigir vilas no Vale do Paraíba destinaram-se a dois aldeamentos: São José e Nossa Senhora da Escada. Particular atenção parece ter sido dada à região montanhosa a meio caminho entre o planalto e o litoral norte, onde até então não havia nenhuma vila, apenas a Freguesia de Facão (1748). Em 1768, tomaram-se providências para povoação de Santo Antônio da Barra de Paraibuna. No ano seguinte, atendendo a uma petição de sesmeiros locais, expediu-se ordem para povoar São Luís do Paraitinga.[179] Em 1771, ordenou-se formar a povoação de Paraíba Nova entre as freguesias de Piedade e Nossa Senhora da Conceição de Campo Alegre (depois Resende).[180] Em 1772, já estavam sendo tomadas providências para formar um núcleo urbano junto ao Rio do Peixe e para abrir um caminho ligando-o a Taubaté.[181] E, no litoral, a povoação de Caraguatatuba articulava um caminho vindo do interior e uma rota pela costa, além de contribuir para a defesa do porto de São Sebastião. Nem todas essas iniciativas foram levadas à frente, por razões diversas tais como disputas por terras ou inadequação dos sítios (figura X, caderno de imagens).

A criação de povoações conjugou-se com medidas voltadas para o reforço do sistema de fiscalização ao longo de caminhos e para a melhoria ou ampliação da infraestrutura necessária ao transporte da produção agrícola e do gado. Já em 1766, ordenou-se "trancar" um caminho de passagem pelo rio Paraíba, que seria utilizado por "criminosos e índios fugitivos" e por onde se escaparia ao

---

178 COSTA, Antônio Gilberto (org.). *Os caminhos do ouro e a Estrada Real.* Belo Horizonte, UFMG/ Kapa, 2005, p. 80-85. ZEMELLA, Mafalda P. *O abastecimento da capitania das Minas Gerais no Século XVIII.* São Paulo: Hucitec, 1990, cap. 4. TRINDADE, Jaelson Bitran; SAIA, Luís. *São Luís do Paraitinga.* São Paulo: CONDEPHAAT, 1977, p. 9. REIS, Paulo Pereira dos. "Caminhos de penetração da Capitania de São Paulo." *Anais do Museu Paulista.* São Paulo, USP, t. 31, p. 267-315, 1982.

179 TRINDADE, Jaelson Bitran; SAIA, Luís. *São Luís do Paraitinga…*, p. 12.

180 "Bando [do governador da capitania de São Paulo D. Luís Antônio de Sousa Botelho Mourão] para se levantar uma povoação Rio Paraíba abaixo, no Distrito de Guaratinguetá". São Paulo, 1º jul. 1771. DI 23, p. 16-17.

181 Carta do capitão-mor Bento Lopes de Leão ao governador da capitania de São Paulo D. Luís Antônio de Sousa Botelho Mourão dando parte dasprovidências tomadas para o sucesso da fundação da nova povoação do rio do Peixe. Taubaté, 27 maio 1772. BNRJ AM, I-30, 13, 12, n. 42.

pagamento de taxas.[182] Em 1772, procurou-se reparar trechos da ligação entre Ubatuba e a freguesia de Facão para que se pudesse trafegá-la a pé ou a cavalo.[183] Entre 1774 e 1775, iniciou-se um novo caminho a partir de São Luís do Paraitinga e outro entre a freguesia de Paraibuna e São Sebastião. Procurou-se ainda reativar as obras do caminho novo da Piedade, que partia da freguesia de mesmo nome, às margens do rio Paraíba, passava pela povoação da Paraíba Nova e chegava ao Rio de Janeiro.[184]

A elevação de vilas mais ao norte da capitania também parece vinculada à gestão do sistema de caminhos. Em 1765, a única vila existente ao norte do rio Tietê era Jundiaí (1655), situada no caminho em direção a Goiás. Mas, conforme indicam dados reunidos por John Manuel Monteiro, em fins do século 17 já havia bairros rurais dedicados à agricultura comercial em áreas de ocupação recente, sendo que os mais abastados situavam-se nas margens dos rios Juqueri, Atibaia e em Barueri.[185] Durante a administração do Morgado de Mateus, em 1769, a freguesia de Atibaia, situada num vale onde se entroncavam caminhos na direção do sul de Minas e do sertão, foi elevada a vila, embora isso já viesse sendo cogitado desde pelo menos o começo da década.

Na rota para Goiás, houve duas elevações a vila. A "estrada dos Goiases" partia de São Paulo, margeava a encosta da serra da Mantiqueira, passava por Jundiaí e atravessava os rios Atibaia, Jaguari, Moji, Pardo e Sapucaí. Na década de 1720, quando essa rota ainda estava se consolidando, a disputa pela exploração de vendas e pousos levou à abertura de vários atalhos. O pouso de Campinas do Mato Grosso situou-se numa região de concentração desses atalhos.[186] Em 1772, já havia ali uma capela e, em 1774, passou-se ordem para povoá-la. Ao norte de Campinas, junto ao registro de Mojiguaçu, bifurcavam-se caminhos na direção de Goiás e da região das minas de Ouro Fino, Rio Pardo e Cabo Verde. Depois de uma disputa com Mojiguaçu, a freguesia vizinha de Mojimirim foi elevada a vila em 1769.

---

182 "Ordem [do governador da capitania de São Paulo D. Luís Antônio de Sousa Botelho Mourão] para se trancar uma passagem que há no Rio Paraíba, termo da vila de Guaratinguetá". São Paulo, 14 maio 1766. DI 65, p. 72.

183 "Para a Câmara de Ubatuba". Carta do governador da capitania de São Paulo D. Luís Antônio de Sousa Botelho Mourão para a Câmara da Vila de Ubatuba. São Paulo, 12 ago. 1772. DI 64, p. 54.

184 REIS, Paulo Pereira dos. "Caminhos de penetração da Capitania de São Paulo...", p. 298.

185 MONTEIRO, John Manuel. *Negros da terra...*, p. 189-202.

186 ROSSETTO, Pedro Francisco. "Reconstituição do traçado da "estrada dos Goiases" no trecho da atual mancha urbana de Campinas". *Anais do Museu Paulista*. São Paulo, v. 14, n. 2, p. 141-191, 2006.

O controle do sistema de caminhos parece ter sido fator relevante no processo de urbanização ao norte e ao leste da capitania. Outro aspecto a ser considerado são as acirradas disputas com Minas Gerais pela jurisdição de territórios fronteiriços.

As disputas nos confins

Conflitos e negociações em torno da definição de limites entre São Paulo e capitanias vizinhas estiveram imbricados ao processo de estabelecimento de núcleos urbanos. As disputas territoriais parecem ter sido motivadas pela intenção de aumentar as rendas da Coroa, estender a área de jurisdição administrativa e, talvez, ampliar o prestígio político do governo.

A proposta do Morgado de Mateus era uma capitania que abrangesse além dos atuais estados de São Paulo e Paraná, boa parte de Santa Catarina, uma parte do sul de Minas, do sul do Mato Grosso e do norte do Paraguai. Em 1768, sugeriu-se que a capitania se estendesse do rio Pardo até o rio da Prata, ainda que, da parte sul, o rio Pelotas fosse o limite.[187] Em negociações de 1770 com o governador do Mato Grosso Luís Pinto de Sousa o rio Paraguai foi indicado como limite a oeste de São Paulo.[188] As iniciativas desenvolvidas durante o governo do Morgado de Mateus sugerem intenção de definir uma capitania com extensão bastante próxima daquilo que foi representado mais tarde no mapa de Antônio Rodrigues Montesinho de 1791-1792 (figura 2.11).

Uma das regiões mais disputadas foi a faixa limítrofe a Minas Gerais, onde se situavam vários arraiais mineradores e agrícolas (figura XI, caderno de imagens). As disputas acirraram-se na segunda metade dos setecentos, quando os dois governos se lançaram em políticas mais agressivas de expansão de territórios.[189] Depois de 1750, a mudança na forma de arrecadação do imposto sobre o ouro extraído nas Minas Gerais estimulou uma política sistemática de ampliação da

---

187 "N.18". Carta do governador da capitania de São Paulo, D. Luís Antônio de Sousa Botelho Mourão, para o ministro e secretário dos negócios do Reino, Sebastião José de Carvalho e Melo. São Paulo, 9 maio 1768. DI 19, p. 15-18.

188 "Projeto para a demarcação dos limites das capitanias de São Paulo e Mato Grosso, conforme a divisão mais natural que oferecem os mapas e as primeiras navegações praticadas pelos paulistas que vieram fundar a Colônia do Cuiabá". Sem assinatura/local [1770] DI 69, p. 296-297.

189 Sobre os conflitos de limites entre São Paulo e Minas Gerais veja-se VIEIRA, Neusa Machado. "Documentos cartográficos e a questão de limites entre São Paulo e Minas Gerais". *História*, São Paulo, n. 4, p. 95-106, 1985. BELLOTTO, Heloísa. *Autoridade e conflito no Brasil colonial...*, p. 201-204. CINTRA, Assis. *Geografia política de São Paulo e Minas Gerais*. Rio de Janeiro: Benjamin Costallat &Miccolis, 19-?. VASCONCELLOS, Diogo Luís Pereira de. "Questões de limites". *Revista do Arquivo Público Mineiro*, Belo Horizonte, Imprensa Oficial de Minas Gerais, v. 16, p. 107-123, jan./jun. 1911. FONSECA, Cláudia Damasceno. *Des terres aux villes de l'or...*, p. 210-223. A documentação pertinente encontra-se em DI 11, "Divisas de São Paulo e Minas Gerais".

área de jurisdição da capitania, com intuito de aumentar sua receita por meio da incorporação de mais habitantes e da utilização econômica de novas terras.[190] De sua parte, o governo do Morgado de Mateus demonstrou forte empenho em defender a posse de arraiais mineradores fronteiriços.

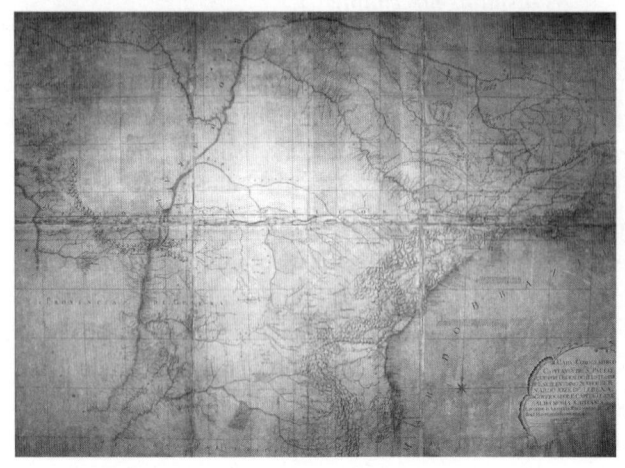

Figura 2.11. Mapa corográfico da capitania de S. Paulo que por ordem do ilustríssimo e excelentíssimo senhor Bernardo José de Lorena, governador e capitão-general da mesma capitania, levantou o ajudante engenheiro Antonio Roiz Montesinho, conforme suas observações feitas em 1791 e 1792.

A questão também tinha implicações na esfera eclesiástica. A bula papal de Bento XIV que criou os bispados de São Paulo e Minas Gerais em 1745 vinculou a definição de seus limites aos respectivos limites das capitanias. E, conforme mostrou Cláudia Damasceno Fonseca, a criação de freguesias foi uma estratégia utilizada por autoridades civis e eclesiásticas tanto de Minas Gerais como de São Paulo para legitimar a posse sobre regiões fronteiriças onde jazidas de ouro haviam sido descobertas nas primeiras décadas do século 18.[191]

Uma das incumbências da administração do Morgado de Mateus foi tratar da divisão territorial com Minas Gerais. Em outubro de 1765, uma junta instituída pelo Conde da Cunha no Rio de Janeiro estabeleceu o rio Sapucaí como principal limite divisório. Ainda em 1765, Dom Luís Antônio de Souza e o governador de Minas Gerais Luís Diogo Lobo da Silva discutiram os critérios a serem adotados na elaboração de cartas geográficas pertinentes à questão dos limites entre suas capitanias.[192] Mas a divisão pelo rio Sapucaí foi contestada pelos "geralistas", que continuaram a reivindicar áreas de mineração a oeste do rio.[193]

190 FONSECA, Cláudia Damasceno. *Des terres aux villes de l'or...*, p. 212.

191 FONSECA, Cláudia Damasceno. *Des terres aux villes de l'or...*, p. 123.

192 Ofício do [vice-rei do Estado do Brasil], conde da Cunha, [D. Antônio Álvares da Cunha], ao [secretário de estado da Marinha e Ultramar], Francisco Xavier de Mendonça Furtado, Rio de Janeiro, 31 out. 1765. AHU_ACL_CU_017, Cx. 76, D. 6873.

193 BELLOTTO, Heloísa. *Autoridade e conflito no Brasil colonial...*, p. 202.

Em fins de 1766, o Morgado de Mateus fez uma memória das seis diferentes demarcações entre São Paulo e Minas. A primeira delas e "melhor demarcação" teria sido pelo rio Grande ou Paraná, que teria durado até 1690, antes da descoberta das Minas; a última delas, em 1749, teria estabelecido uma linha divisória margeando a serra da Mantiqueira, o Morro do Lopo, Mojiguaçu e o Caminho de Goiás.[194] As diferentes demarcações foram apresentadas em um mapa que o Morgado de Mateus afirmou ter ele mesmo realizado, com apoio de "observações" de Francisco Tosi Columbina e dos padres matemáticos, além de "informações mais exatas das testemunhas oculares que viram e vadiaram os sertões".[195] O resultado teria sido um mapa "disposto com a maior exatidão e certeza entre os que até agora se tem feito desta capitania".[196] O discurso do governador parece enfatizar um estatuto supostamente objetivo e neutro da representação cartográfica, com intenção de reforçar os argumentos em prol de São Paulo. Também há uma versão ca. 1773 do mesmo mapa, na qual as diferentes demarcações deram lugar à indicação de um grande "sertão usurpado à capitania de São Paulo" (figura 2.12). O governo paulista argumentava que as sucessivas demarcações teriam sempre sido prejudiciais a seu território, reduzindo-o a uma "pequena tira de terra ao longo da Costa".[197]

Na segunda metade do século 18, as duas capitanias faziam avanços territoriais, tanto por iniciativa de exploradores de ouro como por agentes oficiais da administração, de modo que os acordos diplomáticos e as demarcações foram sempre provisórios. Para manter o controle fiscal e militar nas fronteiras, estabeleceram-se registros e guardas. Também se concederam datas de terras junto aos descobertos e procurou-se manter a vigilância sobre caminhos por onde se podia burlar o pagamento dos quintos.[198]

---

194 "N. 18". Carta do governador da capitania de São Paulo, D. Luís Antônio de Sousa Botelho Mourão, para o ministro e secretário dos negócios do Reino, Sebastião José de Carvalho e Melo. São Paulo, 19 dez. 1766. DI 73, p. 98-185.

195 "N. 18". Carta do governador da capitania de São Paulo, D. Luís Antônio de Sousa Botelho Mourão, para o ministro e secretário dos negócios do Reino, Sebastião José de Carvalho e Melo. São Paulo, 19 dez. 1766. DI 73, p. 98-185

196 "N. 18". Carta de Dom Luís Antônio ao Conde de Oeiras. Identifica as seis demarcações que se fizeram entre as Capitanias de São Paulo e Minas Gerais. Anexa mapa onde mostra as diferentes demarcações ao longo do tempo. São Paulo, 19 de dezembro de 1766. DI 73, p. 98.

197 "Para o mesmo senhor/N. 11". Carta do governador da capitania de São Paulo, D. Luís Antônio de Sousa Botelho Mourão, para o ministro e secretário dos negócios do Reino, Sebastião José de Carvalho e Melo. Sem local, [1772?]. DI 69, p. 190-194.

198 Carta de Francisco José Machado e Vasconcelos para o governador da capitania de São Paulo, D. Luís Antônio de Sousa Botelho Mourão. Borda do Mato, 19 mar. 1772. BNRJ AM, I-30, 20,13, n. 1.

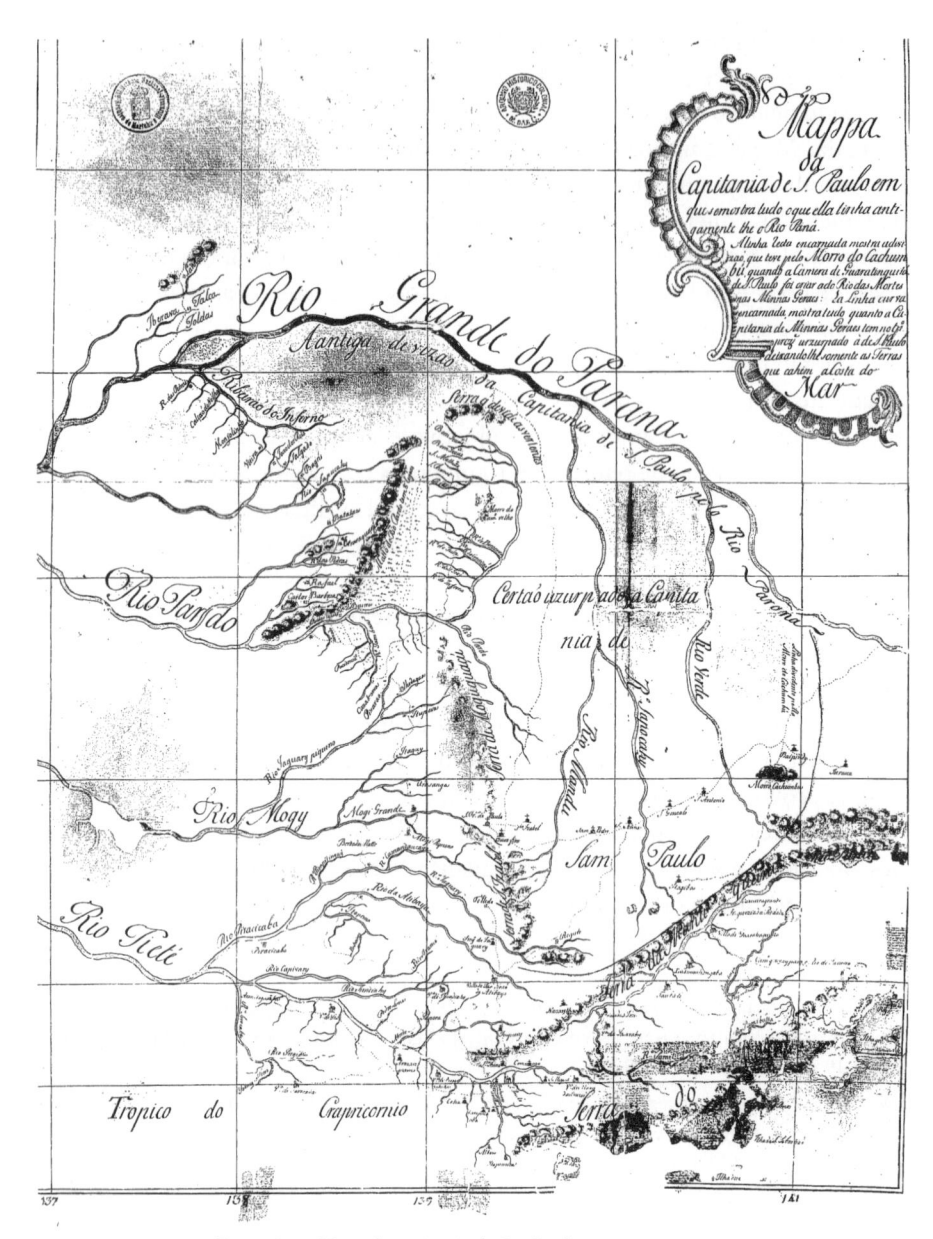

Figura 2.12. Mapa da capitania de São Paulo em que se mostra
tudo o que ela tinha antigamente até o rio Pa[Ra]ná..., ca. 1773.

Um foco das disputas em torno de limites entre as capitanias foram os "novos descobertos" do Rio Pardo, situados a oeste do rio Sapucaí, junto ao caminho de Goiás, compreendendo Nossa Senhora da Conceição do Desemboque, Jacuí e

Cabo Verde. A elevação a vila de Mojimirim (1769), desmembrada do termo de Jundiaí, buscou consolidar a ocupação paulista nas proximidades dessa região.

Outra zona litigiosa compreendia os núcleos auríferos do rio Jaguari. Em 1765, já havia nas suas proximidades as freguesias de Nossa Senhora da Conceição do Jaguari e São João de Atibaia. Como parte de uma política de consolidação de fronteiras, elevaram-se as vilas de Atibaia (1769) e, mais tarde, Bragança (1797). Uma similar disposição da parte do governo de Minas parece ter levado à fundação das vilas de São Bento do Tamanduá (1789) e, quase dez anos depois, de Campanha da Princesa (1798).

As disputas prosseguiam e, ainda em 1772, o governador de São Paulo acusava os povos de Minas de avançarem sobre a freguesia de Ouro Fino, que pertenceria a São Paulo. Além disso, sugeriu a Pombal que os descobertos do Rio Pardo e do Jaguari fossem divididos entre as capitanias de São Paulo e Minas.[199] Um mapa da capitania de Minas Gerais feito por José Joaquim da Rocha em 1778 apresentou esses descobertos como parte do seu território.[200] Conforme analisou Cláudia Damasceno Fonseca, a Coroa deu discreto apoio aos mineiros, já que o alargamento de seus territórios lhe renderia maiores vantagens fiscais; por outro lado, do ponto de vista da população vivendo em arraiais fronteiriços seria melhor pertencer a São Paulo, onde as cargas de impostos eram menores.[201] No fim do século 18, as fronteiras entre São Paulo e Minas estavam ainda bastante imbricadas e ainda no século 20 houve pontos de tensão a esse respeito.

Nas disputas com Minas Gerais as vilas foram uma maneira de intervir num processo já em andamento; já ao Sul, foi o estabelecimento de uma nova povoação que suscitou conflitos fronteiriços.

Disputas territoriais ao Sul

A iniciativa de Lajes sugere a intenção por parte do governo de São Paulo de ocupar territórios de jurisdição indefinida situados numa região fronteiriça à capitania do Rio Grande de São Pedro. Lajes foi, como se viu, uma das primeiras iniciativas empreendidas no campo da urbanização na capitania restaurada. Em agosto de 1766, antes do início da povoação, o Morgado de Mateus escreveu ao governador José Custódio de Sá e Faria solicitando colaboração

---

199 Para o mesmo Senhor/N. 10". Carta do governador da capitania de São Paulo, D. Luís Antônio de Sousa Botelho Mourão, para o ministro e secretário dos negócios do Reino, Sebastião José de Carvalho e Melo. São Paulo, 27 fev. 1772. DI 69, p. 158-161.

200 Reproduzido em COSTA, Antônio Gilberto (org.) *Roteiro prático de cartografia*..., p. 152.

201 FONSECA, Cláudia Damasceno. *Des terres aux villes de l'or*..., p. 215-219.

no empreendimento e defendendo a jurisdição paulista sobre os campos das Lajes.[202] No mês seguinte, o fazendeiro Antônio Correia Pinto, já com patente de capitão-mor, partiu de São Paulo acompanhado por uma comitiva de futuros povoadores. O grupo chegou à região em novembro e em seguida os trabalhos de implantação iniciaram-se. Mas, em dezembro do mesmo ano a disputa pelo território onde se pretendia instalar Lajes já era levada ao conhecimento do vice--rei Conde da Cunha e do Conde de Oeiras.[203]

A carta régia que restaurou a autonomia administrativa de São Paulo em dezembro de 1764 limitava-se a indicar que a capitania deveria ficar "na mesma forma e com a mesma jurisdição que já antecedente a houve nela".[204] Os governadores do Rio Grande e de São Paulo discordavam em relação ao suposto limite entre as capitanias: para José Custódio de Sá e Faria, seria o rio Canoas; por sua vez, o Morgado de Mateus afirmava que a divisão tinha sido estabelecida pelo rio Pelotas. Já para Pedro da Silva Chaves, fazendeiro estabelecido na freguesia de Cima da Serra e inimigo do capitão-mor de Lajes, a divisa seria pelo rio Caveiras, embora também tivesse "ouvido dizer" que fosse pelo rio Canoas.[205] Cada um deles sustentava que a capitania "sempre" teria tido o limite por onde afirmavam, portanto, teriam direitos históricos àquela região.

O limite entre as capitanias de São Paulo e Rio Grande de São Pedro corresponderia ao limite também controverso entre as vilas de Curitiba e Rio Grande. O Morgado de Mateus argumentava que Antônio Correia Pinto teria visto pessoalmente a demarcação entre as duas vilas ser feita pela "tapera antiga do defunto Carvalho", junto ao rio Pelotas, passando pelo meio dos campos das Lajes.[206] No seu entender, o período anterior de subordinação da capitania de São Paulo ao governo do Rio de Janeiro, que também tinha jurisdição sobre o Rio Grande de São Pedro, teria feito "escurecer as verdadeiras divisões".[207] Acusava ainda a

---

202 MOURA, Américo Brasilense Antunes de. "O governo do Morgado de Mateus no vice-reinado do Conde da Cunha…"

203 Carta do governador da capitania de São Paulo, D. Luís Antônio de Sousa Botelho Mourão, para o ministro e secretário dos negócios do Reino, Sebastião José de Carvalho e Melo. São Paulo 24 dez. 1766, DI, 23, p. 35-39. MARTINS, Romário. *Lages…*, p. 5-8.

204 "Carta régia de D. José I. 14 de dezembro de 1764". In: MARTINS, Romário. *Lages…*, p. 22.

205 *Apud* MOURA, Américo Brasilense Antunes de. "O governo do Morgado de Mateus no vice--reinado do Conde da Cunha"…

206 "N. 15" Carta do governador da capitania de São Paulo, D. Luís Antônio de Sousa Botelho Mourão, para o ministro e secretário dos negócios do Reino, Sebastião José de Carvalho e Melo. São Paulo, 5 maio 1768. DI 19, p. 4-6.

207 "Para o senhor Conde de Azambuja, vice-rei./Sobre a mesma matéria". Carta do governador da capitania de São Paulo, D. Luís Antônio de Sousa Botelho Mourão, para o vice-rei D. Antônio Rolim de Moura, Conde de Azambuja. São Paulo, 5 jan. 1768. DI 23, p. 312-19.

Câmara do Rio Grande de simular ter perdido os papéis onde constavam os limites do seu termo.[208] Em defesa da fundação de Lajes, o governador de São Paulo insistiu na importância estratégica do núcleo.

Em 1767, a disputa já se desdobrava também no campo da jurisdição eclesiástica. Dois religiosos franciscanos haviam sido enviados para Lajes com provisão do vigário de São Paulo para erigir capela e administrar os sacramentos. Mas, o vigário da vara de Viamão impugnou as atividades dos religiosos sob a alegação de que aquela região pertenceria à freguesia de São Francisco de Paula e, portanto, estaria sob jurisdição do bispado do Rio de Janeiro, não de São Paulo.[209] De acordo com a bula papal de Bento XIV em 1745, a separação do bispado de São Paulo deveria ser feita da seguinte forma:

> pelos limites dos governos seculares do Rio de Janeiro e de São Paulo até ao rio Paraíba; (...) desde este rio até ao outro grande chamado Paraná, [o bispado] deve ser separado da diocese de Mariana (...) pelos limites marcados entre os governos [das capitanias] de São Paulo, Rio de Janeiro e Minas Gerais. Depois se distinguirá da prelazia de Goiás (...) por este mesmo grande rio [Paraná], estendendo-se até onde chegam os domínios do rei de Portugal.[210]

Ao norte e ao oeste de São Paulo, a bula indicava como referência os limites dos governos seculares e o rio Paraná. Ao Sul, o bispado paulista compreendia todo o território português até Colônia do Sacramento. Mas, em 20 de novembro de 1749, uma carta régia assinalou interinamente ao bispado do Rio de Janeiro "todo o distrito do Sul desde o rio de São Francisco até a Colônia do Sacramento".[211] Como se vê no mapa do engenheiro Antônio Rodrigues Montesinho de 1791-1792, o rio São Francisco poderia definir com clareza os limites do bispado na parte da faixa costeira ao leste da serra de Viamão, mas deixava dúvida sobre a parte interior do continente, onde Lajes se situava.

---

208 "Para o coronel José Custódio, governador do Rio Grande./Sobre a fundação da vila de Lajes e limites da capitania". São Paulo, 7 abril 1767. DI 23 p. 159-162.

209 Cf. "Para o senhor Conde de Azambuja, vice-rei. Sobre a mesma matéria". Carta do governador da capitania de São Paulo, D. Luís Antônio de Sousa Botelho Mourão, para o vice-rei D. Antônio Rolim de Moura, Conde de Azambuja. São Paulo, 5 jan. 1768. DI 23, p. 312-19. Sobre as desavenças entre autoridades civis e eclesiásticas na iniciativa de Lajes ver ZANON, Dalila. *A ação dos bispos e a orientação tridentina em São Paulo (1745-1796)...*, p. 155-160.

210 *Apud* CAMARGO, Paulo Florêncio da Silveira. *A Igreja na História de São Paulo*. São Paulo: Instituto Paulista de História e Arte Religiosa, 1952, p. 237-247.

211 Carta régia de D. João V [assinada pela rainha]. Lisboa, 20 nov. 1749. DI 23, p. 321-322.

Em sua defesa, o Morgado de Mateus apontou a ausência de estruturas oficiais em Lajes, argumentando que "ali não havia mais que um deserto habitado de feras, ou homens tão desesperados que só na figura lhe diferirão".[212] Mas, as disputas territoriais foram mostrando formas de ocupação preexistente e interesses de ordem diversa que já pairavam ali. Uma das estratégias adotadas pelo governo paulista foi tentar demonstrar o exercício anterior de atos de jurisdição secular e eclesiástica em Lajes, procurando apelar para a força dos costumes. O juiz ordinário de Curitiba atestou que processos de devassa de assassinatos cometidos nos campos de Lajes tinham sido passados em seu cartório, incluindo a administração dos testamentos dos falecidos. Também certificou que fazendeiros lá estabelecidos já pagavam dízimos a Curitiba e cumpriam o preceito da quaresma naquela freguesia.[213] A intenção era mostrar que Lajes estava sob a influência da vila e da freguesia de Curitiba, portanto, assim como esta, pertenceria à capitania e ao bispado de São Paulo.

Por sua vez, o governador do Rio Grande sugeriu a mudança do sítio de Lajes. José Custódio de Sá e Faria enviou um mapa ao vice-rei do Estado do Brasil no qual se indicaram o local onde o núcleo estava sendo construído, o rio que serviria de limite entre as capitanias e um outro local, ao norte do rio Itajaí, onde a nova povoação ficaria "mais cômoda para recorrer à cidade de São Paulo" (figura 2.13). O mapa trouxe também a proposta de erigir uma outra povoação na capitania do Rio Grande, entre o rio das Antas e o caminho para as missões do Uruguai. Mais ou menos nesse ponto, veio a ser criada em 1768 a freguesia de Nossa Senhora da Oliveira da Vacaria. O estabelecimento de núcleos fronteiriços às capitanias de São Paulo e Rio Grande sugere que ambas as partes buscavam ampliar e consolidar seus territórios. O vice-rei Conde da Cunha (1763-1767) parecia mais inclinado ao Rio Grande e, em 1767, sugeriu a Dom Luís Antônio que deslocasse a povoação para o norte do rio Itajaí.[214]

A disputa pelo território de Lajes passava também por uma disputa pela cobrança de tributos naquela região. Em 1767, José Custódio de Sá e Faria escreveu ao vice-rei D. Antônio Álvares da Cunha alegando que a fundação de Lajes traria

---

212 "N.12/Sobre as dificuldades da fundação de povoações". Carta do governador da capitania de São Paulo D. Luís Antônio de Sousa Botelho Mourão para a Secretaria de Estado. São Paulo, 9 fev. 1768. DI 23, p. 415-420.

213 "N. 13 Sobre o território de Lajes pertencer a São Paulo". Carta do governador da capitania de São Paulo D. Luís Antônio de Sousa Botelho Mourão para a Secretaria de Estado. São Paulo, 10 fev. 1768. DI 23, p. 420-428.

214 "N. 114" Carta do vice-rei D. Antônio Álvares da Cunha, conde da Cunha, para o governador da capitania de São Paulo D. Luís Antônio de Sousa Botelho Mourão. Rio de Janeiro, 22 fev. 1767. DI 14, p. 123-125.

graves prejuízos à arrecadação de dízimos por Viamão.[215] Mais tarde, o Morgado de Mateus contestou a concessão de contratos dos direitos de passagem a Viamão e Curitiba.[216] Conforme apontou Dalila Zanon, também devia estar em jogo a arrecadação de taxas para aplicação de sacramentos aos fiéis.[217] A questão da jurisdição eclesiástica sobre Lajes pode ter sido incitada pelo frei carmelita Manoel Caetano. De acordo com Antônio Correia Pinto, em 1766 o frei teria recebido pagamento dos moradores por seus serviços religiosos na região, mas quando quis fazer o mesmo no ano seguinte, encontrou os religiosos enviados pelo governo de São Paulo. O frei teria então persuadido o vigário da vara de Viamão a intervir na questão.[218]

A disputa territorial em Lajes também tinha por fundo uma rivalidade entre membros de elites locais. De um lado estaria o fazendeiro e povoador de Lajes, Antônio Correia Pinto e, de outro, Pedro da Silva Chaves, capitão de ordenanças, fundador da freguesia vizinha de São Francisco de Paula e possuidor de várias fazendas ao Sul. Haveria entre eles "inimizades antigas".[219] Pedro da Silva Chaves pode ter instigado o governador do Rio Grande a tomar providências quanto à iniciativa paulista em Lajes.[220] Uma anedota sobre as desavenças entre os fazendeiros dá conta que, ao saber da iminente fundação de Lajes, o filho de Pedro da Silva Chaves, "clérigo muito revoltoso" que se achava em São Paulo, teria advertido Antônio Correia Pinto a desistir de se estabelecer naquela região, pois seu pai não permitiria que lá "fosse fazer figura".[221] Na mesma época, um pedido de sesmaria feito por Pedro da Silva Chaves foi negado pelo governador de São

---

215 Cf. Ofício do [vice-rei do Estado do Brasil], conde da Cunha, [D. Antônio Álvares da Cunha], ao [secretário de Estado da Marinha e Ultramar], Francisco Xavier de Mendonça Furtado, apresentando as queixas do governador do Rio Grande [de São Pedro], coronel José Custódio de Sá e Faria, quanto à determinação do governador de São Paulo, [Morgado de Mateus, D. Luís Antônio de Sousa Botelho Mourão], em fundar uma vila nos campos das Lajes". Rio de Janeiro, 21 fev. 1767. AHU_ACL_CU_017, Cx. 80, D. 7173.

216 ALDEN, Dauril. *Royal government in colonial Brazil...*, p. 461.

217 ZANON, Dalila. A *ação dos bispos e a orientação tridentina em São Paulo (1745-1796)...*, p. 158-159.

218 "Para o senhor Conde de Azambuja, vice-rei. Sobre a mesma matéria". Carta do governador da capitania de São Paulo, D. Luís Antônio de Sousa Botelho Mourão, para o vice-rei D. Antônio Rolim de Moura, Conde de Azambuja. São Paulo, 5 jan. 1768. DI 23, p. 312-314.

219 "Para o mesmo senhor Conde de Cunha vice-rei./Ainda sobre a fundação da vila de Lajes". São Paulo, 27 mar. 1767. DI 23, p. 149-51.

220 MOURA, Américo Brasilense Antunes de. "O governo do Morgado de Mateus no vice-reinado do Conde da Cunha"...

221 "Para o mesmo senhor Conde de Cunha vice-rei./Ainda sobre a fundação da vila de Lajes". São Paulo, 27 mar. 1767. DI 23, p. 149-51.

Paulo.[222] A participação na implantação da povoação poderia render benefícios adicionais a Antônio Correia Pinto, além das mercês que já tinha recebido. A proximidade da vila à sua fazenda poderia estimular a demanda por seus produtos e aumentar o valor da propriedade. É possível que os fazendeiros disputassem oportunidades de ganhos materiais e distinções sociais que poderiam decorrer da fundação de Lajes.

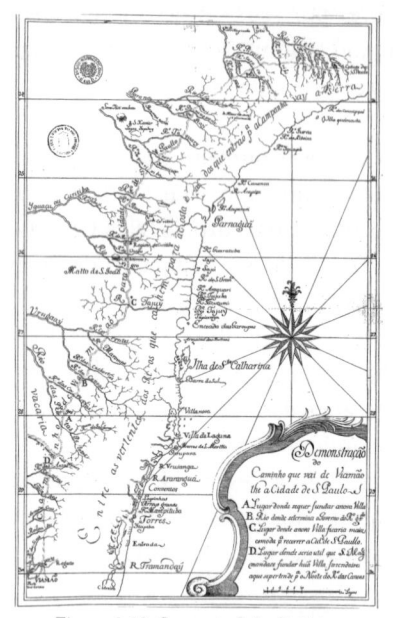

Figura 2.13. Sargento João Batista.
Demonstração do caminho que vai de Viamão até a cidade de São Paulo, século 18.

Ao longo do conflito, o sítio escolhido para Lajes foi mudado três vezes. Em 1767, já se cogitava mudar a povoação para junto do rio das Canoas ou do rio Itajaí, caso a jurisdição de São Paulo nos campos das Lajes não viesse mesmo a ser reconhecida.[223] O sítio inicial ficava ao norte do rio das Pelotas, como se vê em mapa de 1767; em seguida, a povoação foi transferida para uma distância de nove léguas (cerca de 60 km) dali, junto ao rio das Canoas; por fim, como se vê em mapa de José Correia Rangel de Bulhões de 1797, veio a estabelecer-se às margens do rio das Caveiras (figura 2.14). As mudanças de sítio foram

222   Ver p. 100.

223   "Para Antônio Correia Pinto, povoador da nova vila dos Campos das Lajes". Carta do governador da capitania de São Paulo D. Luís Antônio de Sousa Botelho Mourão ao guarda-mor Antônio Correa Pinto. São Paulo, 7 abril 1767. DI 23, p. 164-165.

justificadas na documentação enviada a Lisboa por duas enchentes.[224] O sítio definitivo estava ainda em território reivindicado pelo Rio Grande, mas a nova povoação acabou se situando mais ao Norte do que previsto no início. Ao que tudo indica, o conflito territorial deve ter contribuído para determinar a situação de Lajes.

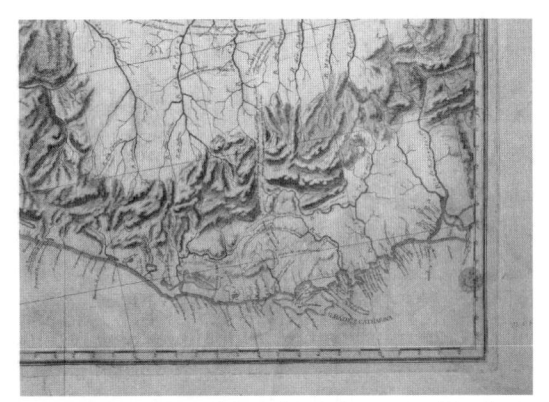

Figura 2.14. José Correia Rangel de Bulhões. Plano topográfico do continente do Rio Grande e da Ilha de Santa Catharina (fragmento), 1797.

Os conflitos pareciam caminhar para o fim em 1768, quando o bispo do Rio de Janeiro acabou autorizando as atividades dos religiosos paulistas em Lajes.[225] Nesse mesmo ano, o governador de São Paulo impôs que naquela região o pagamento de dízimos fosse feito à sua capitania – e não a Viamão.[226] Em 1770, o vice-rei Conde da Cunha já havia demarcado interinamente o limite das capitanias de São Paulo e Rio Grande pelo rio Pelotas e, desse modo, os campos de Lajes ficaram pertencendo a São Paulo. Lajes foi elevada a vila em 1771, mas só em 1773 confirmaram-se seus limites com a vila de Laguna, a capitania do Rio Grande e a capitania de Santa Catarina.[227]

Mesmo assim, as tensões em torno de sua jurisdição continuaram. Ainda em 1771, o Morgado de Mateus comunicou a Pombal que tinha começado a

224 "N. 9/Para o senhor Conde de Oeiras/Sobre o progresso das povoações da Capitania". São Paulo, 27 mar. 1770. DI 34, p. 199-202.

225 ZANON, Dalila. A ação dos bispos e a orientação tridentina em São Paulo (1745-1796)..., p. 159-160.

226 "Ordem [do governador da capitania de São Paulo D. Luís Antônio de Sousa Botelho Mourão] para que os dízimos do sertão das Lajes não se paguem ao dizimeiro de Viamão, e sim ao desta capitania//". São Paulo, 6 ago. 1768. DI 65, p. 212.

227 "Cópia da certidão do capitão-mor Antônio Correia Pinto sobre os limites de Lajes com os governos vizinhos". In: MARTINS, Romário. Lages..., p. 25-26.

arrendar a passagem dos rios das Pelotas e das Canoas.[228] O governador de Viamão, Antônio da Veiga e Andrade mandou estabelecer um novo registro para cobrança da passagem no rio das Pelotas, que foi retirado em 1780, depois de protestos por parte de São Paulo.[229]

A capitania de Santa Catarina também contestou a jurisdição paulista sobre a vila de Lajes. Em 1776, o governador Pedro Antônio de Gama Freitas queixou-se ao vice-rei de que terras da vila de Lajes tinham sido usurpadas por São Paulo. As disputas continuaram no período em que se faziam as obras de abertura do caminho entre a ilha de Santa Catarina e Lajes.[230] O caminho seguia por terra até a freguesia de São José, de onde se tinha acesso por mar à ilha. Finalmente, em 1820, Lajes foi desanexada de São Paulo e incorporada à Santa Catarina.

Na mesma época em que se disputava o território de Lajes, a jurisdição eclesiástica e civil de outra povoação ao Sul, Guaratuba, foi contestada respectivamente pelo bispado do Rio de Janeiro e pela capitania de Santa Catarina. De acordo com o já citado mapa de Antônio Rodrigues Montesinho, Guaratuba estava ao norte do rio São Francisco, portanto pertenceria ao bispado de São Paulo. O Morgado de Mateus e o bispo do Rio de Janeiro discordaram quanto à jurisdição a que deveria pertencer Guaratuba, mas ambos partiram do pressuposto que a povoação estaria ao sul do rio São Francisco.[231] Discrepâncias ou imprecisões no conhecimento do território seriam componentes adicionais das disputas. No caso de Guaratuba, a jurisdição no âmbito secular foi atribuída a São Paulo e no âmbito religioso ao Rio de Janeiro, até 1779, quando foi assinalada a São Paulo.[232]

Ainda em 1768, uma carta do Morgado de Mateus à Secretaria de Estado desabafou sobre as dificuldades de criar povoações ao Sul:

228 Ofício do (governador e capitão-general da capitania de São Paulo) D. Luís Antônio de Sousa (Botelho Mourão, Morgado de Mateus), para o (secretário de Estado dos Negócios do Reino, Sebastião José de Carvalho e Melo). São Paulo, 3 set. 1771. AHU-São Paulo-M Gouveia, cx. 27, doc. 2566.

229 "Cartas que se escreveram para o senhor vice-rei e mais senhores generais da América neste presente ano de 1772". Carta do governador da capitania de São Paulo D. Luís Antônio de Sousa Botelho Mourão para o vice-rei D. Luís de Almeida Soares, marquês de Lavradio. São Paulo, 7 mar. 1772. DI 69, p. 285-287. "Para o governador da província de Viamão". Carta do governador da capitania de São Paulo D. Luís Antônio de Sousa Botelho Mourão ao governador de Viamão, Veiga e Andrade. São Paulo, 21 ago. [1772?]. DI 69, p. 323-324.

230 SILVA, Augusto da. A Ilha de Santa Catarina e sua terra firme..., p. 86.

231 "N. 16". Carta do governador da capitania de São Paulo, D. Luís Antônio de Sousa Botelho Mourão, para o ministro e secretário dos negócios do Reino, Sebastião José de Carvalho e Melo. São Paulo, 6 maio 1768. DI 19, p. 9-10."Sobre as dificuldades da fundação de povoações". Carta do governador da capitania de São Paulo D. Luís Antônio de Sousa Botelho Mourão para a Secretaria de Estado. São Paulo, 9 fev. 1768. DI 23, p. 415-420.

232 MAFRA, Joaquim da Silva. História do Município de Guaratuba..., p. 56-59.

seria conveniente que eu pudesse obrar independente, sem que necessitasse da intervenção do vice-rei do Estado para a demarcação da Capitania, da Resolução do Bispo do Rio de Janeiro e do Vigário Capitular de São Paulo para concederem a jurisdição dos Párocos, dos Governadores vizinhos e dos Vigários da vara confinantes para não alterarem novas dúvidas, dos Párocos a que tocar para cederem das suas Freguesias o necessário território para se unir às Povoações; das Câmaras respectivas para não se oporem ao que eu resolver a bem das fundações. Do Procurador da Fazenda Real, para não duvidar aos gastos precisos e ao estabelecimento das novas côngruas e outras mais vontades, que todas intervêm para me impedir e ninguém para me ajudar em coisas tão úteis ao serviço de Deus e de Sua Majestade.[233]

A oficialização de um núcleo urbano dependia de interações entre diversas instâncias de poder secular e eclesiástico. O Morgado de Mateus sentia-se limitado em sua ação e demonstrou desejo de sobrepor-se às demais autoridades.

CRÍTICA E REORIENTAÇÃO

Quando Martim Lopes Lobo de Saldanha (1775-1782) assumiu o governo da capitania de São Paulo, o clima ainda era de graves tensões ao Sul. As ofensivas espanholas no Rio Grande (1773-74), em Colônia do Sacramento e na ilha de Santa Catarina (1777) foram parte de uma "guerra não declarada" na década de 1770.[234] Durante o reinado de D. Maria I (1777-1792) a preocupação com a segurança e a consolidação das fronteiras permaneceu, mas, depois da assinatura do Tratado de Santo Ildefonso em 1º de outubro de 1777, um longo período de batalhas intermitentes ao Sul chegou ao fim. A Coroa Portuguesa retomou a ilha de Santa Catarina e o Rio Grande, embora tivesse tido de renunciar a Sacramento e Sete Povos das Missões. O principio do *uti possidetis* foi mantido e as fronteiras antes estabelecidas a Oeste e ao Norte foram conservadas em suas linhas básicas.

As instruções régias de 1775 para Lobo de Saldanha foram essencialmente de ordem militar. Junto com um plano para reorganização militar da capitania, foi-lhe determinado "emendar o que errou seu antecessor [Morgado de Mateus]" e reafirmou-se a necessidade de defender o litoral, considerando-se que "qualquer

---

233 "Sobre as dificuldades da fundação de povoações". Carta do governador da capitania de São Paulo D. Luís Antônio de Sousa Botelho Mourão para a Secretaria de Estado. São Paulo, 9 fev. 1768. DI 23, p. 415-420.

234 ALDEN, Dauril. *Royal government in colonial Brazil...*, p. 275.

das duas potências confinantes que for senhora das costas do mar, o há de ser por necessária consequência de todos os sertões".[235]

As recomendações passadas pelo Morgado de Mateus na transferência de governo a Lobo de Saldanha tinham um teor bem diverso. Depois de tratar dos conflitos com os castelhanos no Rio Grande, o Morgado de Mateus sugeriu que se desse continuidade a suas iniciativas, julgando da maior importância concluir o sistema defensivo do Forte do Iguatemi e articulá-lo com novas fortificações a Oeste, conforme previa o Plano para sustentar a posse.[236]

Mas, Lobo de Saldanha rechaçou as recomendações do Morgado de Mateus e criticou extensamente suas obras. O Iguatemi seria "um horroroso cemitério de paulistas", as comunidades de índios aldeados estariam "totalmente destruídas e quase despovoadas" e as novas fortalezas teriam sido custosas demais, além de ser inúteis em termos defensivos.[237] O governador Lobo de Saldanha acentuou suas diferenças em relação ao governo anterior, ao mesmo tempo que pareceu enfatizar as dificuldades que teria pela frente em sua administração. Os núcleos urbanos criados sob o Morgado de Mateus foram objeto de forte crítica:

as vilas novas, excetas [sic] as que já eram freguesias povoadas, somente tem o nome de vilas; constam de um pau levantado por Pelourinho e de poucos ranchos de alguns criminosos ou devedores que para ali se refugiaram das vilas próximas, pelo privilégio que meu antecessor lhes prometeu em bandos de os isentar das Justiças e [de] credores por dez anos. Todas juntas segundo se me informa [as novas vilas] apenas fariam uma ou duas vilas e [as]segura-se-me que o mesmo meu antecessor [Morgado de Mateus] levava certidões dos denominados fundadores e mapas pintados como quis de todas de diverso estado delas; porém esta que digo é a verdade que acho notória.[238]

235 "Ordens régias para governador e capitão-general da capitania de São Paulo", Martim Lopes Lobo de Saldanha, ANTT, Arquivo da Casa Galveias, maço 12 1ª parte.

236 Instruções do governador da capitania de São Paulo, D. Luís António de Sousa Botelho Mourão, para o governador nomeado Martim Lopes Lobo de Saldanha. São Paulo, 23 jun. 1775. AHU_ACL_CU_023, Cx. 7, D. 438.

237 Ofício do governador da capitania de São Paulo, Martim Lopes Lobo de Saldanha, ao [secretário de Estado da Marinha e Ultramar], Martinho de Melo e Castro. São Paulo, 30 nov. 1775. AHU_ACL_CU_023, Cx. 7, D. 438.

238 "N. 1. Notícia prévia do estado em que achou a capitania de São Paulo, compreendendo os três estados, político, militar, e Real Fazenda". Ofício expedido por Martim Lopes Lobo de Saldanha para Martinho de Melo e Castro, da Secretaria de Estado da Repartição da Marinha e Domínios Ultramarinos e para a Secretaria dos Negócios do Reino". São Paulo, 18 nov. 1775. DI 28, p. 18-32.

As vilas criadas entre 1765 e 1775 foram avaliadas por seu aspecto físico e pelas supostas motivações de seus habitantes. Embora muito negativo, o relato acima destacou mecanismos fundamentais do processo de elevação de vilas: a concessão de privilégios aos povoadores, a instalação do Pelourinho, a formalização por escrito da elevação a vila e a utilização de desenhos.

Depois de 1775, saíram de cena alguns dos principais colaboradores do Morgado de Mateus. Afonso Botelho, promovido a tenente-coronel em 1774, foi destituído do posto pelo governador Martim Lobo de Saldanha, sob alegação de que "nunca pegou em arma em exercício militar algum, nem sabe as primeiras vozes dele".[239] Foi ainda acusado formalmente de cometer violências e extorsões ao conduzir suas tarefas.[240] Outro homem de confiança do Morgado de Mateus, Antônio Lopes de Azevedo, foi destituído do posto e também acusado de abusos e extorsões.[241]

A crítica à administração do Morgado de Mateus foi reforçada por um levantamento da costa feito pelo engenheiro José Custódio de Sá e Faria, no qual se constatou o estado "arruinado" das povoações litorâneas de Sabaúna e Ararapira e denunciaram-se os defeitos e a "inutilidade" das fortalezas litorâneas recém-construídas.[242]

Os primeiros atos do governo de Martim Lopes Lobo de Saldanha trataram do alistamento de soldados, da reorganização de corpos militares e da punição de desertores. Mostrou-se algum empenho em garantir a fixação populacional nos núcleos existentes ao Sul, o que poderia contribuir para assegurar o recrutamento e consolidar pontos de apoio para a passagem das tropas. Nesse contexto, discutiu-se o papel de Lajes na defesa da serra junto ao litoral catarinense. O governador Lobo de Saldanha duvidava que aquela vila longínqua e "aberta" pudesse

---

239 Ofício do governador e capitão-general da capitania de São Paulo, Martim Lopes Lobo de Saldanha, ao [secretário de estado da Marinha e Ultramar], Martinho de Melo e Castro. São Paulo, 16 dez. 1775. AHU_ACL_CU_023, Cx. 7, D. 416.

240 Relação dos ofícios n. 1 a 9 referentes ao Estado Político que o governador e capitão-general da capitania de São Paulo, Martim Lopes Lobo de Saldanha enviou a (D. Maria I) em Abril de 1780 pela Secretaria de Estado da Repartição da Marinha e Domínios Ultramarinos, feita pelo (secretário do Governo) José Inácio Ribeiro Ferreira. São Paulo, abr. 1780. AHU_ACL_CU_023-01, Cx. 34, D. 2938.

241 Petição dos moradores da comarca de Paranaguá. ANTT, Arquivo Casa de Galveias, maço 12, 1ª parte, item 4 "Decretos e provisões do Conselho Ultramarino para o capitão-general 1776-1779".

242 Anexo ao ofício do governador e capitão-general da capitania de São Paulo, Martim Lopes Lobo de Saldanha, ao [secretário de Estado da Marinha e Ultramar], Martinho de Melo e Castro. São Paulo, 23 fev. 1776. AHU_ACL_CU_023, Cx. 7, D. 439.

desempenhar papel defensivo. Mesmo assim, determinou que seus moradores fizessem "casas arruadas" na vila, sob pena de prisão caso não o cumprissem.[243]

Um ofício ao juiz de fora de Santos, José Carlos Pinto de Sousa, dá uma medida do modo como Lobo de Saldanha via sua atuação em questões urbanas. O juiz de Santos teria difundido a ideia de que o governador desejava ver as vilas da capitania "bem reguladas" e, em nome disso, passou a "regular" as calçadas, referindo-se provavelmente a obras de nivelamento e calçamento. Muito aborrecido, Lobo de Saldanha respondeu que seu desejo de um "bom regulamento" nas vilas não se fundava em calçadas, mas em fazer as leis serem cumpridas.[244]

Redirecionamento ao Oeste

Na nova fase de demarcação de fronteiras que se seguiu ao Tratado de Santo Ildefonso (1777), o governador Bernardo José de Lorena (1788-1797) foi encarregado da direção da segunda partida demarcatória, referente à região sul. Antes do início do governo, Bernardo de Lorena foi instruído pessoalmente por Martinho de Melo e Castro a respeito do modo como seriam conduzidos os trabalhos e recebeu cópias da documentação a esse respeito.[245]

O controle territorial do Oeste foi uma tônica de instruções enviadas aos governadores paulistas nas últimas décadas do século 18. As determinações régias ao governador Antônio Manuel de Mello Castro e Mendonça (1797-1802) recomendaram manter o "sistema de governo" de Bernardo José de Lorena, que já tinha aprovação de D. Maria I. Ao chegar a São Paulo, Castro e Mendonça deveria inteirar-se das ordens dadas a seus antecessores e, em sua experiência ao longo do tempo, encontraria meios para "promover a felicidade dos povos", que deveria ser o principal fim de seu governo.[246] Castro e Mendonça recebeu também instruções relativas à criação de núcleos urbanos:

---

243 "[Carta do governador e capitão-general da capitania de São Paulo, Martim Lopes Lobo de Saldanha] Para o capitão-mor regente de Lajes, Antônio Correia Pinto". São Paulo, 20 jul. 1776. DI 75, p. 169-170.

244 "[Carta do governador e capitão-general da capitania de São Paulo, Martim Lopes Lobo de Saldanha] Para o Juiz de Fora de Santos". São Paulo, 8 nov. 1775. DI 74, p. 286-287.

245 Informação acerca das instituições [sic] dadas ao (governador e capitão-general da capitania de São Paulo), Bernardo (José Maria de) Lorena (e Silveira) que constam das cópias juntas. [S.l, [s.d]. AHU_ACL_CU_023-01, Cx. 65, D. 5008.

246 Aviso (cópia) do [secretário de Estado da Marinha e Ultramar], D. Rodrigo de Sousa Coutinho, ao governador e capitão-general da capitania de São Paulo, Antônio Manuel de Melo Castro e Mendonça. Palácio de Queluz, 27 out. 1796. AHU_ACL_CU_023_Cx.13, D.661.

procure estender quanto puder as novas povoações da capitania e a melhor cultura do terreno, aproveitando para o primeiro objeto o gosto e paixão dos habitantes de formarem povoações logo que tenham uma capela em que se lhes diga missa. (...) procure povoar os pontos interessantes da capitania nos seus limites com Espanha, e os que dominam as cabeceiras dos rios que vão desaguar nos domínios espanhóis ou no Paraguai ou no rio da Prata.[247]

O intuito de povoar a região de sertões fronteiriços a Oeste foi retomado.

Também Bernardim Freire de Andrada, que acabou não assumindo o governo, recebeu orientações na mesma linha:

> [Deve-se] sustentar a nossa linha de limites naquele lado junto aos espanhóis, procurando evitar que eles possam estender seus territórios à sombra do último Tratado de Limites, entusiasmando-se os paulistas a fundarem novas povoações nessa região, que servissem de freio à expansão espanhola.[248]

As instruções orientaram ainda a dar impressão de que os paulistas agiriam sem autorização do governador para criar novas povoações na zona fronteiriça. O objetivo era avançar ao longo dos rios Uruguai, Paraná e Paraguai "perseguindo e destruindo, logo que daqui se lhe expedisse qualquer aviso, as povoações espanholas aquém do rio da Prata".[249]

Apesar da ênfase dada pelas instruções régias ao sudoeste da capitania, uma ação mais efetiva no sentido de incorporar os sertões só ocorreu durante o governo de Antônio José da Franca e Horta (1802-1811). Cartas régias de 1808 e 1809 estabeleceram medidas de ocupação dos campos de Guarapuava, mirando à consolidação da fronteira sudoeste e à garantia da continuidade territorial

---

247 Cópia de parte do artigo 69 do aviso do [secretário de Estado da Marinha e Ultramar], D. Rodrigo de Sousa Coutinho, ao governador e capitão-general da capitania de São Paulo, Antônio Manuel de Melo Castro e Mendonça. Lisboa, 4 nov. 1799. Anexo à carta (do governador e secretário-general da capitania de São Paulo), Antônio José da Franca e Horta, para o (Príncipe Regente D. João). AHU_ACL_CU_023-01, Cx. 58, D. 4410.

248 Carta (cópia da) do Príncipe Regente (D. João) para o governador e capitão-general de São Paulo, Bernardim Freire de Andrada, contendo instruções ao novo governador. Palácio de Queluz, 7 jul. 1800. AHU_ACL_CU_023-01, Cx. 49, D. 3824.

249 Carta (cópia da) do Príncipe Regente (D. João) para o governador e capitão-general de São Paulo, Bernardim Freire de Andrada, contendo instruções ao novo governador. Palácio de Queluz, 7 jul. 1800. AHU_ACL_CU_023-01, Cx. 49, D. 3824.

com o Rio Grande.[250] Estabeleceram-se então o aldeamento de Atalaia (1812) e a Freguesia de Guarapuava (1820). Mas, conforme assinalou Rosângela Ferreira Leite, as iniciativas a sudoeste da capitania não foram apenas desdobramento de uma política de definição de fronteiras, mas devem se entendidas num novo momento de preparação de bases políticas para estabelecimento da sede do Império Português na América do Sul, no contexto de crise do antigo sistema colonial.[251]

No que diz respeito à elevação de vilas, as instruções régias de 1765 teriam sido uma base legal para ação dos governadores até o começo do século 19. Pelo menos é isso que sugere o governador Antônio José da Franca e Horta (1802-1811) no seguinte trecho de um ofício:

> as instruções régias e os artigos da carta escritos ao vice-rei do Estado [em 1765] são tão ajustados à necessidade que tem esta vasta capitania de povoações e vilas em que se civilizem os seus habitantes e se lhes administre Justiça, que quase todos que me precederam neste governo conhecendo a sua utilidade, seguiram a máxima de fundar novas vilas em todas aquelas povoações que progressivamente se aumentaram ou pela produção de gêneros de sua agricultura ou pelo tráfico mercantil do seu comércio. Além do referido D. Luís [Antônio de Sousa] assim o praticaram Francisco da Cunha de Menezes que fundou a vila de Cunha; Bernardo José Lorena, a de Castro e a de Lorena; meu antecessor [Antônio Manuel de Mello Castro e Mendonça], a de Nova Bragança e Antonina, Porto Feliz e São Carlos [Campinas].[252]

As elevações de vilas parecem ser vistas como parte de um processo desenvolvido continuamente pelos sucessivos governadores.

Boa parte das vilas criadas entre 1775 e 1811 situou-se ao norte e ao leste da capitania, em zonas de incremento da agricultura mercantil exportadora (figura

---

250 Carta régia do príncipe regente D. João. Rio de Janeiro, 5 nov. 1808 (Sobre os índios Botocudos, cultura e povoação dos campos gerais de Curitiba e Guarapuava). Carta régia do príncipe regente D. João. Rio de Janeiro, 1 abr. 1809. (Aprova o plano de povoar os campos de Guarapuava e de civilizar os índios bárbaros que infestam aquele território). In: TAKATUZI, Tatiana. *Águas batismais e santos óleos: uma trajetória histórica do aldeamento de Atalaia.* Dissertação (mestrado em Antropologia Social) – IFCH UNICAMP. Campinas, 2005, anexos 1-2.

251 LEITE, Rosângela Ferreira. "A política joanina para ocupação dos sertões" (Guarapuava, 1808-1821)...

252 Carta do governador e capitão-general da Capitania de São Paulo, Antônio José da Franca e Horta, ao (Príncipe Regente D. João), respondendo à provisão de 29 de novembro de 1803. São Paulo, 11 dez. 1804. AHU_ACL_CU_023-01, Cx. 56, D. 4268.

XII, caderno de imagens). A administração do Morgado de Mateus marcou uma nova fase de estímulos à agricultura, vindo a propiciar a consolidação da economia açucareira voltada para o mercado externo em fins do século 18. Na região fronteiriça a Minas Gerais, emergiu um "quadrilátero do açúcar" onde a produção tornou-se mais significativa. Porto Feliz e Campinas faziam parte dessa principal área produtora de açúcar, junto com Sorocaba, Itu, Piracicaba, Mojimirim e Jundiaí; por sua vez, Bragança, Lorena e Cunha também tinham alguma produção, sendo que, nessas duas últimas, era mais diversificada em gêneros.[253]

Autos de elevação de vilas indicam a defesa de interesses por parte de membros da elite ligada à produção açucareira. No pedido de elevação da freguesia de Campinas a vila, assinado em boa parte por senhores de engenho, alegou-se que os longos deslocamentos que tinham de fazer para servir em cargos públicos na vila de Jundiaí traziam prejuízos para a produção de açúcar, pois as lavouras acabavam ficando desamparadas. A fundação de Vila Bela da Princesa por Franca e Horta também atendeu a pedido de senhores de engenhos de açúcar, que já tinham "cargos públicos ou negócios particulares" na Ilha e não queriam depender da aplicação de justiça pela vila São Sebastião.[254]

Questões de ordem propriamente territorial também não deixaram de ser consideradas na decisão de elevar vilas em fins do século 18 e começo do século 19. A necessidade de erigir vila em Lorena foi demonstrada por meio de um mapa ca. 1788, no qual a anterior freguesia da Piedade se apresentava como um entroncamento de vários caminhos de ligação com Minas Gerais, Rio de Janeiro e São Paulo (figura 2.16). Cunha, por sua vez, era ponto intermediário no trajeto do Caminho Velho para as Minas.

Um relato do governador Antônio Manuel de Mello Castro e Mendonça sobre suas atividades de criação de vilas fez referências à situação dos núcleos no território, ao lado de informações sobre a população de cada um deles. Conforme esse relato, Antonina, antes freguesia do Pilar era porto de mar junto de Paranaguá e foi assim nomeada em homenagem ao nascimento do príncipe D. Antônio; Porto Feliz, antes Freguesia de Araritaguaba, era porto de embarque para o Mato Grosso e o Iguatemi; Bragança, antes Freguesia de Jaguari, estava em região confinante com as Minas Gerais; São Carlos, antes freguesia de Campinas, foi assim denominada por se festejar no dia daquele santo o nascimento da infanta D. Maria Isabel; pretendia-se ainda erigir freguesia em Bananal, que estava

---

253 SERRATH, Pablo Oller Mont. *Dilemas & conflitos na São Paulo restaurada...*, p. 111-113.

254 Carta do governador e capitão-general da capitania de São Paulo, Antônio José da Franca e Horta, ao (Príncipe Regente D. João). São Paulo, maio/dez. 1806. AHU_ACL_CU_023-01, Cx. 59, D. 4479.

no caminho para o Rio de Janeiro e em Piracicaba, que teria solo de qualidade e estava próxima do rio Tietê.[255]

Em uma justificativa da elevação de Vila Bela da Princesa, o governador Franca e Horta afirma que considerou não só a petição dos moradores locais, mas também a "segurança para o Estado", já que a vila contribuiria para defender o canal entre a ilha e o continente, além de dar apoio ao controle de navios de contrabando (figura 2.15).[256] A elevação da vila foi criticada pelo pároco da vila de São Sebastião, João Rodrigues Coelho, que escreveu ao príncipe regente D. João queixando-se da diminuição de sua freguesia e acusando o governador de favorecer contrabandistas e comerciantes de Santos.[257] Franca e Horta acabou sendo admoestado por ter usado de prerrogativas a que não teria direito ao fundar uma vila. Uma provisão régia alegou que as instruções de 1765, tomadas como base para fundação de Vila Bela, autorizariam apenas a fundação de povoações congregando habitantes dispersos em lugares onde houvesse capela – e não a elevação de vilas, que seria atribuição do rei. Na mesma ocasião, o Conselho Ultramarino julgou que já "eram muitas as vilas criadas naquela capitania [de São Paulo] em muito pouco tempo".[258] Esse parecer sugere uma política diferenciada para zonas de ocupação mais antiga, onde se considerou haver um número suficiente de vilas, em contraste com os sertões a Sudoeste, que foram objeto de um plano de povoamento na mesma época.

255 Ofício nº 21. São Paulo, 22 nov. 1797. Anexo à relação de ofícios remetidos pelo governador e capitão-general da capitania de São Paulo, (Antônio Manuel de Melo Castro e Mendonça), para o ministro e secretário de Estado dos Negócios (da Marinha e Domínios Ultramarinos), D. Rodrigo de Sousa Coutinho. AHU_ACL_CU_023-01, Cx. 44, D. 3507.

256 Carta do governador e capitão-general da capitania de São Paulo, Antônio José da Franca e Horta, ao (Príncipe Regente D. João). São Paulo, maio/dez. 1806. AHU_ACL_CU_023-01, Cx. 59, D. 4479.
 Carta do pároco da vila de São Sebastião, da capitania de São Paulo, João Rodrigues Coelho, para o Príncipe (Regente D. João). Vila de São Sebastião, 2 fev. 1805. AHU_ACL_CU_023-01, Cx. 57, D. 4300.

257 Carta do pároco da vila de São Sebastião, da capitania de São Paulo, João Rodrigues Coelho, para o Príncipe (Regente D. João). Vila de São Sebastião, 2 fev. 1805. AHU_ACL_CU_023-01, Cx. 57, D. 4300.

258 Parecer do Conselho Ultramarino sobre a representação do governador e capitão-general da capitania de São Paulo, Antônio José da Franca e Horta, acerca da criação de uma vila denominada Bela da Princesa. Lisboa, 8 ago. 1807. AHU_ACL_CU_023, Cx. 30, D. 1332.

Figura 2.15. Mapa da ilha de São Sebastião e terra firme e entradas das barcas.

Renovação das estratégias

Depois de 1775, o ritmo de novas elevações diminuiu muito e outras estratégias de gestão territorial parecem ter assumido destaque. Ampliar e aprimorar a infraestrutura que garantiria fluxos de pessoas e mercadorias parece ter sido exigência fundamental nas últimas décadas do século 18, quando a capitania se firmava como área de produção agrícola para exportação. Facilitar as comunicações, assegurar o comércio e garantir socorros militares foram justificativas para construção e reparo de vários caminhos durante a administração de Lobo de Saldanha.[259] Demonstrou-se especial empenho na abertura de um novo caminho na rota para o Rio de Janeiro, pelo Vale do Paraíba, partindo da freguesia de Piedade (depois vila de Lorena) e passando pelas freguesias da Paraíba Nova e São João Marcos. Cuidou-se ainda de tornar suas margens povoadas regularmente a

---

259 Ofício do governador e capitão-general da capitania de São Paulo, Martim Lopes Lobo de Saldanha, ao [secretário de Estado da Marinha e Ultramar], Martinho de Melo e Castro. São Paulo, 10 nov. 1775. AHU_ACL_CU_023, Cx. 6, D. 388.

cada meia légua (cerca de 3,3 km).[260] Também se fizeram melhorias num trecho do caminho de Viamão entre Apiaí e Faxina e numa via litorânea em direção a Santa Catarina. A Câmara de Moji das Cruzes recebeu ordens para construir novas pontes e reparar as existentes na ligação com São Paulo.[261] Caminhos clandestinos em várias partes foram fechados. Determinou-se à Câmara de Mojimirim obstruir várias picadas na direção dos "novos descobertos" ao sul de Minas Gerais, com propósito de evitar extravios de ouro em pó, diamantes e quintos reais.[262] Ao lado disso, deveria ser feito um novo caminho a partir de Mojiguaçu. Por sua vez, o governador Castro e Mendonça redigiu uma memória sobre as vias de comunicação entre as vilas serra acima e o caminho do Mar, dando conta também dos ranchos que mandou construir segundo uma planta padronizada.[263] Já o governador Franca e Horta destacou entre suas realizações a abertura da Estrada da Graciosa, para comunicação das povoações de serra acima com o porto de Antonina, no Paraná.[264]

260 Requerimentos do ex-governador e capitão-general da capitania de São Paulo, Martim Lopes Lobo de Saldanha, dirigidos a (D. Maria I), sobre assuntos relativos ao seu governo. Lisboa, 25 ago. 1784. AHU_ACL_CU_023-01, Cx. 37, D. 3105.

261 "[Carta do governador e capitão-general da capitania de São Paulo, Martim Lopes Lobo de Saldanha] Para a Câmara da vila de Moji das Cruzes". São Paulo, 13 mar. 1777. DI 77, p. 175-176.

262 Ofício do governador e capitão-general da capitania de São Paulo, Martim Lopes Lobo de Saldanha, ao [secretário de Estado da Marinha e Ultramar], Martinho de Melo e Castro. São Paulo, 20 dez. 1775. AHU_ACL_CU_023, Cx. 7, D. 418.

263 Memória n. 70 do governador e capitão-general da capitania de São Paulo, Antônio Manuel de Melo Castro e Mendonça, para o ministro e secretário de Estado dos Negócios da Marinha e Domínios Ultramarinos, D. Rodrigo de Sousa Coutinho, sobre a comunicação da vila de Santos com a cidade de São Paulo..." São Paulo 9 fev. 1799. AHU_ACL_CU_023-01, Cx. 45, D. 3518. Planta e prospecto dos ranchos que se hão de fazer no caminho que vai da cidade de São Paulo para a vila de Santos. São Paulo, século 18. AHU_CARTm_023, D. 1212.

264 Requerimento de remuneração de serviços do governador e capitão-general da capitania de São Paulo Antônio José da Franca e Horta. 4 out. 1823. ANTT, ds, maço 182, doc. n. 2.

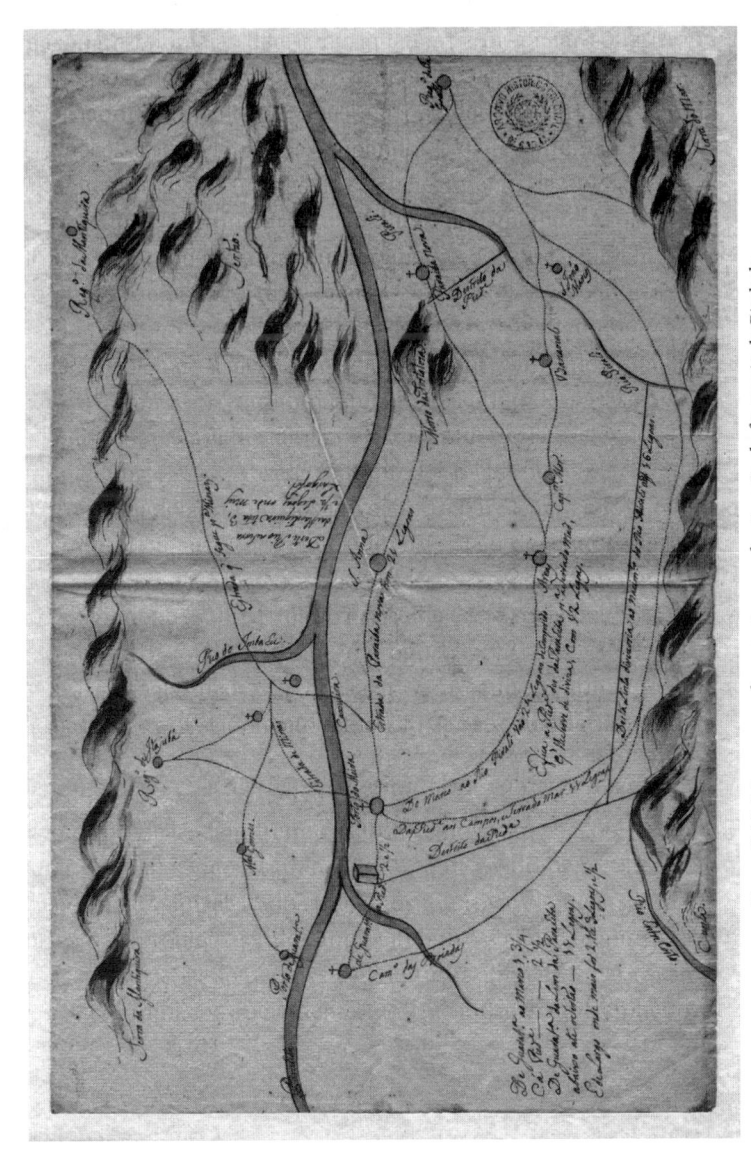

Figura 2.16. Mapa no qual se mostra que da situação da freguesia da Piedade, se conclue a necessidade de elevá-la a vila. Ca. 1788.

Sucessivas administrações fizeram reformas no caminho de ligação com Santos. Em 1781, Lobo de Saldanha afirmou que as obras que vinha conduzindo fariam do caminho do Mar "o melhor de toda a América e ainda da Europa, tendo se lhe formado infinitas pontes das mais duráveis madeiras."[265] Uma transformação mais significativa foi feita por Bernardo José de Lorena entre 1788 e 1790. A construção da chamada calçada do Lorena envolveu a revisão do traçado anterior e obras de terraplanagem, correção da declividade e calçamento de aproximadamente nove quilômetros do trecho de serra. O engenheiro João da Costa Ferreira definiu o novo traçado e, até o começo do século 19, esteve encarregado da manutenção da via.[266] No fim do século 18, o governador Castro e Mendonça sugeriu outras obras que poderiam ser feitas para consertar suas calçadas, procurando melhorar as condições de circulação para evitar que o açúcar perecesse no transporte.[267] E, mais tarde, o governador Antônio José da Franca e Horta afirmou ter intervindo pessoalmente num trecho da ligação com Santos, chegando a mencionar "o reumatismo adquirido quando por si mesmo delineou, atravessando longos e perigosos pântanos, a utilíssima estrada do Cubatão".[268]

Nas últimas décadas do século 18, a cidade de São Paulo parece emergir como espaço privilegiado de iniciativas no campo da arquitetura e da urbanização. Vale a pena repetir as conhecidas observações do governador Bernardo José de Lorena em ofício à Câmara de São Paulo:

> É tão grande a irregularidade que se encontra em quase todas as ruas desta cidade [de São Paulo] que não pode ter emenda, sem a destruir, ainda para se formar um Projeto para a continuação de novas rua com Arte é bastante dificultoso, por ser a mesma cidade uma península formada pelo rio [Tamanduateí] e por um ribeirão [Anhangabaú] que corre em um pantanal, certamente muito nocivo à saúde do povo,

---

265 Ofício n. 3 do (governador e capitão-general da capitania de São Paulo) Martim Lopes Lobo de Saldanha, para (o ministro e secretário de Estado dos Negócios da Marinha e Domínios Ultramarinos) Martinho de Melo e Castro., Lisboa, 12 nov. 1781. AHU_ACL_CU_023-01, Cx. 35, D. 3000.

266 MENDES, Denise. *A Calçada do Lorena: o caminho de tropeiros para o comércio de açúcar paulista*. Dissertação (mestrado em História Social). Faculdade de Filosofia, Letras e Ciências Humanas – USP, São Paulo, 1994.

267 Memória nº 70 do governador e capitão-general da capitania de São Paulo, Antônio Manuel de Melo Castro e Mendonça, para o ministro e secretário de Estado dos Negócios da Marinha e Domínios Ultramarinos, D. Rodrigo de Sousa Coutinho. São Paulo 9 fev. 1799. AHU_ACL_CU_023-01, Cx. 45, D. 3518.

268 Requerimento de remuneração de serviços do governador e capitão-general da capitania de São Paulo Antônio José da Franca e Horta. 4 out. 1823. ANTT, ds, maço 182, doc. nº 2.

sendo outro lado um terreno montuoso e desigual./Por estas razões (…) mandei tirar o plano topográfico da Cidade e juntamente formar os projetos que no mesmo se acham, para sua continuação e tenho o gosto de oferecer a vosmecês na folha que com esta lhes remeto.[269]

A disposição das ruas, o relevo acidentado e as condições do sítio foram considerados obstáculos a reorganização e expansão do traçado urbano. É possível que o plano mencionado trouxesse empreendimentos já em andamento e outros ainda a serem feitos. Não se sabe se tais iniciativas estariam articuladas entre si configurando um plano urbanístico global, mas sugere-se que a cidade foi considerada como um todo onde se pretendia intervir.

Desde a restauração da capitania em 1765, poucas obras de vulto ou reformas haviam sido realizadas na cidade. Durante a administração de Lobo de Saldanha discutiu-se a realização de um conjunto de obras: uma residência para os governadores, uma casa para a Junta da Fazenda, além de armazéns e quartéis militares.[270] No último quartel do século 18, não só construções oficiais, mas também casas comuns passaram por transformações quanto à escala, sistema construtivo e elementos da arquitetura.[271] Inovações mais expressivas na fisionomia urbana parecem ter-se dado sob o governo de Bernardo de Lorena (1788-1797), quando se deu início à construção do Quartel de Voluntários Reais, da nova Casa de Câmara e Cadeia, além de se terem feito as obras de um chafariz do largo da Misericórdia e de uma ponte sobre o Anhangabaú. Nas práticas urbanísticas adotadas pela edilidade paulista, uma postura técnica de cunho ordenador foi suplantando o anterior trato casual e profilático dos espaços urbanos.[272] Janice Theodoro da Silva concluiu que já por volta de 1780, com o estabelecimento de posturas para ordenar a disposição das casas e a realização de benfeitorias públicas tais como esgotos, fontes e calçadas, a cidade foi fortalecendo sua estrutura e adquiriu uma identidade propriamente urbana.[273]

Em fins do século 18, a cidade passou a contar com novos programas, tendo-se principiado as obras de um Hospital Militar para a tropa e, junto

---

269 "[Ofício do governador e capitão-general da capitania de São Paulo Bernardo José de Lorena] Para a Câmara desta Cidade". São Paulo, 17 jun. 1792. DI 46, p. 165.

270 Ofício do governador e capitão-general da capitania de São Paulo, Martim Lopes Lobo de Saldanha, ao [secretário de Estado da Marinha e Ultramar], Martinho de Melo e Castro. São Paulo, 14 nov. 1775. AHU_ACL_CU_023, Cx. 7, D. 392.

271 LEMOS, Carlos A. C. "Organização Urbana e arquitetura em São Paulo dos tempos coloniais". In: PORTA, Paula (org.). *História da Cidade de São Paulo…*, p. 170-173.

272 CÂMARA, Leandro Calbente. *Administração colonial e poder…*, p. 119.

273 SILVA, Janice Theodoro da. *São Paulo, 1554-1880…*, p. 106.

dele, um Jardim Botânico. Os governadores Antônio Manuel de Melo Castro e Mendonça e Antônio José da Franca e Horta mostraram empenho pessoal na escolha do sítio, na definição do projeto e no acompanhamento dessas obras.[274] Não convém nos estendermos sobre as transformações na paisagem de São Paulo e cabe destacar que muitos projetos não foram realizados, mas pode-se aventar a hipótese de um movimento de afirmação do centro político-adminis-trativo do território.

As obras realizadas na cidade de São Paulo nas últimas décadas do século 18 puderam contar com um quadro renovado de técnicos. Os trabalhos de demar-cação das fronteiras estabelecidas no Tratado de Santo Ildefonso (1777) foram adiados e alguns dos comissários das partidas foram deslocados para outros ser-viços em São Paulo. Em janeiro de 1788, o engenheiro João da Costa Ferreira foi encarregado de servir na capitania por seis anos, mas, ainda em 1806 achava--se em São Paulo, embora tivesse solicitado licença para retornar a Portugal três anos antes. Também foram enviados a São Paulo o ajudante Antônio Rodrigues Montesinho, o matemático Bento Sanches Horta e o astrônomo Francisco de Oliveira Barbosa. Alguns dos principais encargos desses técnicos se deram no campo do mapeamento do território da capitania.

A exploração exaustiva da natureza colonial e o conhecimento metódico dos territórios foram eixos das políticas de orientação reformista desenvolvidas pela Coroa Portuguesa no ultimo quartel dos setecentos.[275] Em março de 1797, foram expedidas determinações régias visando a regular a extração de madeiras para uso da marinha e exportação.[276] De acordo com essas instruções, "matas e arvo-redos" do litoral ou em rios que desembocassem diretamente no mar deveriam ser reservados para a Coroa, proibindo-se também a concessão de sesmarias nes-ses locais. Ordenou-se ainda a realização de mapas nos quais se identificassem as áreas de matas e se fornecessem dados sobre os tipos de madeiras ali existentes.

João da Costa Ferreira iniciou os trabalhos de levantamento cartográfico em julho de 1798 e em março de 1799 já tinha concluído os trabalhos referentes

274 Ofício do governador e capitão-general da capitania de São Paulo, Antônio Manuel de Melo Castro e Mendonça, para o ministro e secretário de Estado dos Negócios da Marinha e Domínios Ultramarinos, D. Rodrigo de Sousa Coutinho. São Paulo, 21 fev. 1800. Anexo à Consulta do Conselho Ultramarino ao príncipe regente [D. João]. AHU_ACL_CU_023, Cx. 23, D. 1062. Ofício (cópia) do [governador e capitão-general da capitania de São Paulo, Antônio José de Franca e Horta] ao [se-cretário do reino], D. Rodrigo de Sousa Coutinho. São Paulo, 21 fev. 1803. AHU_ACL_CU_023, Cx. 19, D. 949.

275 MUNTEAL FILHO, Oswaldo. "Memórias, Reformas e Acadêmicos no Império Luso-Atlântico..."

276 "Carta de Sua Majestade". Carta régia de D. Maria I, assinada pelo príncipe regente D. João, ao governador e capitão-general da capitania de São Paulo, Antônio Manuel de Melo Castro e Mendonça. Palácio de Queluz, 13 mar. 1797. DI 89, p. 33-34.

à parte da costa entre Bertioga e o sul da capitania. O levantamento do litoral norte foi realizado por Antônio Rodrigues Montesinho. Ambos tomaram como base observações astronômicas realizadas por Bento Sanches Horta e Francisco de Oliveira Barbosa em 1791 e 1792. Como resultado, têm-se mapas parciais do litoral indicando as áreas de reservas régias de madeiras de lei, trazendo também em detalhe plantas de vilas e fortalezas acompanhadas de comentários escritos (figura 2.10). Um mapa geral sistematizou conhecimentos sobre a costa da capitania e suas potencialidades em termos de extração e transporte de madeiras.[277] Esse levantamento serviu ainda de base para o Mapa Corográfico da capitania de São Paulo de Antônio Rodrigues Montesinho. A capitania foi representada como um todo definido por limites determinados, abrangendo inclusive o sul do Mato Grosso. O mapa fez uma primeira grande síntese do processo de estruturação do território de São Paulo iniciado em 1765 (figura 2.11).

Cabe recordar que, embora a presença de engenheiros militares na capitania de São Paulo se tivesse tornado mais contínua depois de 1788, a "grande falta que há entre os militares de pessoas hábeis na geometria" se fazia sentir muito antes.[278] Para suprir essa necessidade, já em 1770 se fez uma tentativa de estabelecer em São Paulo um ensino profissionalizante na área. O Morgado de Mateus reuniu-se com o padre provincial da Ordem de São Francisco e propôs que se estabelecesse uma Cadeira de Geometria no convento, chegando a indicar o nome do padre que seria o mestre.[279] A Aula não atraiu candidatos. Impôs-se então a frequência obrigatória de "militares em quem se descobrir agilidade para se aplicar a esta Arte, como também todos os estudantes e pessoas conhecidamente curiosas".[280] Os matriculados ficariam isentos de servir às tropas pagas; já quem estivesse apto

---

277 Cartas Corographicas e Hidrographicas de toda a costa e portos da Capitania de São Paulo com as plantas topographicas das suas villas e Fortificaçõens respectivas, levantadas e comfiguradas pelo Coronel Graduado do Real Corpo de Engenheiros João da Costa Ferreira. As latitudes e longitudes são observadas pelo astrônomo de s. a. r. Francisco de Oliveira Barboza. NB. As latitudes [i.e. longitudes] são contadas da ponta mais ocidental da Ilha do Ferro, as latitudes são austraes. Feitas no Real Archivo Militar. SGL, 11-F-4.

278 "Ordem para os comandantes dos corpos militares escolherem nos seus respectivos regimentos as pessoas que forem capazes para cursarem a aula de Geometria que se há de abrir nesta Cidade". São Paulo, 26 nov. 1770. DI 65, p. 342-343.

279 "Nº 41/Para o Provincial da Ordem de S. Francisco/Sobre a criação de uma Cadeira de Geometria no Convento de S. Francisco, para o ensino dos militares". Carta do governador da capitania de São Paulo D. Luís Antônio de Sousa Botelho Mourão para o padre provincial frei Ignácio de S. Rita Quintanilha. São Paulo, 26 nov. 1770. DI 34, p. 291-292. Registro no Diário de Governo. São Paulo, 21 out. 1770. BNRJ. AM, 23, 2, 15, n. 1,. 7º maço.

280 "Bando [do governador da capitania de São Paulo D. Luís Antônio de Sousa Botelho Mourão] para se abrir uma Aula de Geometria nesta Cidade". São Paulo, 17 set. 1771. DI 33, p. 35-36.

para a aprendizagem, mas não se inscrevesse, seria considerado "vadio, inútil à Republica" e seria recrutado para o serviço militar.[281] Não há indícios de que as Aulas tenham sido implantadas.

Em fins do século 18, cogitou-se enviar jovens paulistas para o Reino, onde poderiam fazer estudos em áreas como a medicina e a engenharia topográfica ou hidráulica, vindo depois ampliar os quadros técnicos da capitania.[282] Em 1803, o governador Antônio José da Franca e Horta já tinha estabelecido uma aula de geometria em São Paulo, no entanto, lastimava que apenas um indivíduo até então tinha recebido os "primeiros princípios de Aritmética" do único lente, o capitão de artilharia Joaquim de Silveira.[283] Ainda em 1797, há referência à nomeação de Francisco Xavier da Costa Aguiar para capitão-mor da vila de Santos, "homem que havia estudado geometria para seguir a profissão de engenheiro".[284] Em 1799, João da Costa Ferreira seria o único engenheiro militar na capitania, mas, já em 1814 há registros também da presença do tenente-coronel Daniel Pedro Muller, do sargento-mor Frederico Luís Guilherme de Varnhagen e dos segundos-tenentes Rufino José Felizardo e José Joaquim de Abreu.[285]

A presença contínua de técnicos especializados em engenharia militar, as reformas na cidade de São Paulo e a realização de levantamentos cartográficos segundo coordenadas de um saber científico parecem ter dado novas feições ao processo de gestão territorial da capitania. Nos discursos dos governadores do período pós-pombalino, não se viu uma reflexão abrangente sobre o território tal como foi a tendência do governo do Morgado de Mateus. Mas uma apreensão unificada da capitania passou a se expressar em mapas produzidos em fins do século 18.

Até aqui, consideramos os núcleos urbanos principalmente em sua dimensão territorial, procurando apontar questões de diversas ordens que interferiram

281 "Bando [do governador da capitania de São Paulo D. Luís Antônio de Sousa Botelho Mourão] para se abrir uma Aula de Geometria nesta Cidade". São Paulo, 17 set. 1771. DI 33, p. 35-36. "Edital [do governador da capitania de São Paulo D. Luís Antônio de Sousa Botelho Mourão] avisando que quem não se matricular na Aula de Geometria, estando no caso de fazê-lo, será recrutado". São Paulo, 17 set. 1771. DI 33, p. 36.

282 SILVA, Maria Beatriz Nizza da (org.) et al. História de São Paulo Colonial..., p. 219.

283 Ofício do governador e capitão-general da capitania de São Paulo, Antônio José da Franca e Horta, ao [secretário de estado da Marinha e Ultramar], visconde de Anadia, João Rodrigues de Sá e Melo Meneses e Souto Maior. São Paulo, 22 fev. 1803. AHU_ACL_CU_023, Cx. 19, D. 950.

284 Carta do governador e capitão-general da capitania de São Paulo, Antônio Manuel de Melo Castro e Mendonça, para o ministro e secretário de Estado dos Negócios da Marinha e Domínios Ultramarinos, D. Rodrigo de Sousa Coutinho São Paulo, 5 de fevereiro de 1798. São Paulo, 19 nov. 1797. DI 29, p. 29-32.

285 SILVA, Maria Beatriz Nizza da (org.) et al. História de São Paulo Colonial..., p. 244-246.

na definição de sua situação. Nessa perspectiva, as vilas foram vistas sobretudo como pontos de uma rede urbana que foi se expandindo ao longo de um sistema de caminhos fluviais e terrestres. Mas para se compreender o modo como se deu a materialização das estruturas urbanas, é preciso proceder a uma mudança de escala. Em seguida, pretendemos tratar dos desenvolvimentos locais da urbanização, procurando acompanhar o processo de fixação das populações e de formação da paisagem urbana.

Espaços urbanos e urbanização

UMA OFICINA DE NOVIDADES: A CONVOCAÇÃO DE POVOADORES

> Não há coisa tão dificultosa de conseguir e que necessite de tanto tra-
> balho e paciência como é povoar e fundar estabelecimentos, porque
> sendo o povo composto de diferentes gênios e de diversas vontades, é
> cada pessoa que se pretende mudar uma oficina de novidades capaz de
> apurar o mais constante sofrimento./As Povoações fundam-se de novo
> aonde nada há, as faltas que necessariamente se experimentam – por-
> que as utilidades não podem vir de repente – fazem aos primeiros po-
> voadores impacientes e só com muita paciência e jeito se conservam.
> Carta do governador Morgado de Mateus para o Conde de Oeiras, 1770.

Arregimentar povoadores e mantê-los em novos núcleos urbanos representou um dos problemas mais difíceis no processo de urbanização da capitania,
conforme indica a carta do Morgado de Mateus ao Conde de Oeiras.[1] A convocação de povoadores era feita por meio de bandos, ou seja, decretos anunciados ao
som de tambores e afixados em locais públicos. Os bandos ofereciam parcelas de
terras a quem se dispusesse a povoar os novos núcleos. A vida em vila permitiria
assim que quem não tivesse condições de satisfazer as exigências necessárias para

---

1 "N. 5/Para o senhor Conde de Oeiras/Sobre a necessidade de conservar e consolidar o estabe-
lecimento do Iguatemi". Carta do governador da capitania de São Paulo, D. Luís Antônio de Sousa
Botelho Mourão, para o ministro e secretário dos negócios do Reino, Sebastião José de Carvalho e
Melo. São Paulo, 20 mar. 1770. DI 34, p. 129-132.

obter sesmaria pudesse adquirir terras gratuitas em chão urbano, assim como usufruir das terras comuns do rossio.[2]

A concessão de terras a povoadores foi costume no mundo português e em outros reinos europeus pelo menos desde a Baixa Idade Média. No século 12, cartas de foral passadas pelo monarca português foram instrumento fundamental para criação de praças fortificadas, com intenção de fixar e defender fronteiras.[3] A concessão de uma parcela de terreno urbano e de terras de cultivo nos campos foi também o principal incentivo aos povoadores das bastides, cidades amuralhadas com traçado em retícula construídas em regiões fronteiriças de territórios franceses, ingleses e galeses no século 13. As bastides, na maior parte promovidas por autoridade régia, eram centros agrícolas e estabelecimentos militares avançados. Em troca de terras, de privilégios econômicos e do status de homens livres os povoadores deviam prestar serviço militar em tempo parcial. Pode-se cogitar, conforme E. Morris, que a disposição de traçados urbanos em retícula fosse decorrência de um modo mais rápido e equilibrado de conduzir o sistema de distribuição de terras.[4] Essa hipótese também pode ser cogitada a respeito de núcleos urbanos de origem portuguesa.

A possibilidade de desfrutar de determinados privilégios pode ser considerada uma característica distintiva dos habitantes que passam a viver em cidade. Nos bandos para estabelecimento de núcleos urbanos na capitania de São Paulo, os privilégios usualmente concedidos aos povoadores eram isenção do serviço militar por um certo período de tempo, perdão a dívidas já contraídas e a crimes antes cometidos, além da garantia de que não teriam de fazer serviços compulsórios. Em ordens emitidas entre 1766 e 1769 para Faxina, Guaratuba, Sabaúna e São Luís do Paraitinga concederam-se dez anos de isenção do serviço militar; para Campinas, em 1774, apenas três anos. No Iguatemi, os povoadores tinham condição diferente dos soldados, mas também deveriam servir nas ordenanças por seis anos iniciais e depois estariam isentos do serviço militar.[5] De qualquer modo, a Coroa Portuguesa detinha a prerrogativa de revogar privilégios em caso de urgência ou eclosão de guerra.[6] Mesmo isentos dos serviços nas tropas, os povoadores de São Paulo foram submetidos a uma disciplina de exercícios e

---

2 MARX, Murillo. *Cidade no Brasil: terra de quem?...*, p. 82.

3 ROSSA, Walter. *A urbe e o traço...*, p. 219.

4 MORRIS, A. E. J. *Historia de la forma urbana: desde sus orígenes hasta la Revolución Industrial*. Barcelona: Gustavo Gili, 1984, p. 130-131.

5 BELLOTTO, Heloísa. *Autoridade e conflito no Brasil colonial...*, p. 126.

6 MELLO, Christiane F. Pagano de. "As novas diretrizes defensivas e o recrutamento militar. A capitania de São Paulo na segunda metade do século XVIII". *Revista de História* (USP), v. 154, p. 267-295, 2006.

apresentações militares. E, em alguns dos novos núcleos as isenções foram desconsideradas pelo governo de Martim Lopes Lobo de Saldanha.[7]

O estabelecimento de novas povoações estava conjugado com medidas de militarização da população masculina. O aumento do número de efetivos e a regularização técnica das tropas foram parte de um esquema de reforço da estrutura militar do Centro-Sul durante o reinado de D. José I.[8] A capitania de São Paulo tornou-se um centro de convergência de efetivos vindos de outras capitanias, aos quais se juntariam aqueles recrutados localmente, para atuar no reforço da defesa ao Sul. Mas o recrutamento e a organização de tropas eram dificultados pelo reduzido número de habitantes nas vilas e pela distribuição irregular dos núcleos no território. Conforme observou o Morgado de Mateus em 1765:

> Há também outra dificuldade, não pequena, e é as grandes distâncias em que estão as vilas e lugares uns dos outros, havendo muito poucos em que se pode formar uma companhia inteira".

Essa afirmação parece ter certo exagero. Conforme listas referentes a 1766, em Santos, São Vicente, Itanhaém e Cananeia não havia capitães-mores, sendo que apenas nessas três últimas a razão devia ser o pequeno número de habitantes agregados às companhias de ordenanças.[9]

A demanda por homens das ordenanças tornou-se ainda maior a partir de 1767, com a organização das expedições ao Iguatemi. As companhias de ordenanças deveriam ser compostas por dez esquadras com vinte e cinco homens cada uma, mas, buscando facilitar o recrutamento, o Morgado de Mateus alterou esses critérios, passando a aceitar um número variável de esquadras, cuja formação poderia ser feita com no mínimo dez homens, desde que vivessem numa mesma localidade.[10]A reorganização de tropas seria facilitada pela criação

---

7 "Para o capitão Dionísio de Oliveira Guimarães – em Iguape". Carta do governador da capitania de São Paulo, capitão-general Martim Lopes Lobo de Saldanha, para o capitão Dionísio de Oliveira Guimarães. São Paulo, 31 ago. 1775. DI 74, p. 86-87.

8 MELLO, Christiane F. Pagano de. "As novas diretrizes defensivas e o recrutamento militar..."

9 LEONZO, Nanci. As Companhias de ordenanças na capitania de São Paulo: das origens ao governo do Morgado de Matheus. Dissertação (mestrado em História Econômica) – FFLCH USP, São Paulo, 1975, p. 81-86.

10 LEONZO, Nanci. As Companhias de ordenanças na capitania de São Paulo..., p. 86-87.

de novos núcleos urbanos. Ao mesmo tempo, esperava-se que a reorganização militar contribuísse para maior frequência da população às povoações.[11]

As convocações de povoadores vieram a reforçar disposições da legislação indigenista pombalina e das políticas de aproveitamento produtivo dos vadios.[12] Ordens similares foram enviadas para diretores encarregados de formar ou reformar núcleos em pontos diversos da capitania, tais como São Miguel, Campinas, Escada, Paraibuna, Sabaúna, São Luís do Paraitinga e mesmo a vila preexistente de São Vicente. As ordens do Morgado de Mateus faziam referência às instruções régias para se criarem novas povoações e determinavam que para isso fossem congregados "forros, carijós, e administrados de que tiver notícia [que] andam vadios e não têm casa nem domicílio certo, nem são úteis à República "ou, em termos similares, "forros, vadios e gente inútil que achar desarranchada e dispersa".[13] Além dos alforriados, convocaram-se carijós e administrados, designações que se davam a índios que viviam sob tutela de ordens religiosas ou de particulares. Na região do planalto, onde a mão de obra escrava negra era cara demais, os indígenas foram arregimentados para a realização de todo tipo de trabalho, mesmo depois da concessão da liberdade legal e da extinção do sistema de administração por particulares.[14]

Outra estratégia para engrossar a população de novos núcleos foi enviar homens que se achavam em cadeias e prisões de fortalezas. Um criminoso também foi convocado para ser administrador de uma nova povoação. Felix de Godoy,

11   Carta do governador da capitania de São Paulo, D. Luís Antônio de Sousa Botelho Mourão, para o ministro e secretário dos negócios do Reino, Sebastião José de Carvalho e Melo. São Paulo, 13 dez. 1766. DI 73, p. 88-95.

12   Ver p. 55.

13   "Ordem que se mandou ao diretor da aldeia de São Miguel para o que nela se declara//que é para recolher todos os índios, que andam por fora e agregar vadios e dispersos". São Paulo, 19 jul. 1766. DI 65, p. 88. "Para Francisco Barreto Leme ser fundador e diretor da nova povoação das Campinas do Mato Grosso, distrito da vila de Jundiaí". São Paulo, 27 maio 1774. DI 33, p. 160. Cf. também: "Para o diretor da aldeia da Escada, Sebastião de Siqueira Caldeira". São Paulo, 1 dez. 1767. DI 68, p. 33-34. "Ordem para ser fundada a povoação de Paraibuna". São Paulo, 25 jun. 1773. DI 33, p. 92-93. "Ordem para ser fundador, administrador e diretor da aldeia que se forma na foz da Ribeira de Sabaúna entre as vilas de Cananeia e Iguape//Diogo Pereira Paes Moreira em Iguape". Santos 21 mar. 1766. DI 65, p. 56-57. "Ordem para se auxiliar a Manoel Antônio de Carvalho na fundação da povoação de São Luís de Paraitinga". São Paulo, 18 maio 1771. DI 33, p. 1-2.

14   MIRANDA, Lílian Lisboa. *Gentes de baixa esfera em São Paulo: quotidiano e violência no Setecentos.* Tese (doutorado) – FFLCH USP, São Paulo, 1997, p. 111-119.

depois de capturado, teria a pena de prisão comutada se concordasse em ser diretor de uma das povoações que se pretendia fundar ao longo do rio Tietê.[15]

Havia algumas indicações quanto ao número de habitantes necessários à formação de uma povoação. A já citada carta régia de 1766 determinou que houvesse em cada um dos novos núcleos pelo menos cinquenta fogos, desse modo ressaltando o aspecto construído – o número de casas – mais do que a quantidade de habitantes.[16] Já conforme o Diretório dos Índios, as povoações deveriam ter no mínimo 150 habitantes.[17] Na capitania de São Paulo, em 1765 o Morgado de Mateus especificou que houvesse "pelo menos duzentos casais" para formar Guaratuba. Depois de 1766, as instruções do Morgado de Mateus a agentes locais passaram a determinar o mínimo de cinquenta casais ou, em alguns casos, cinquenta vizinhos – o que acabava sendo vago, pois podia significar tanto moradores como famílias ou casas.

Resistência e reação

Na capitania de São Paulo, as primeiras convocações de povoadores de que se tem notícia durante a administração do Morgado de Mateus foram enviadas em 5 de dezembro de 1765 a Paranaguá e Iguape, destinadas respectivamente à criação de Guaratuba e Sabaúna, ambas no litoral sul.[18] Essas chamadas de voluntários não foram atendidas por ninguém em Paranaguá. Em vez disso, muitos moradores debandaram da vila para escapar das imposições de servir à Coroa, seja no povoamento de Guaratuba, seja nas companhias militares ou na construção da fortaleza. Além disso, foram promulgados novos bandos dando aos povoadores de Guaratuba o privilégio adicional de isenção do serviço militar por dez anos e garantindo que não lhes seriam impostos trabalhos compulsórios

---

15 SOARES, Lucas Jannoni. *Presença dos Homens Livres Pobres na Sociedade Colonial na América portuguesa: São Paulo Colonial (1765-1775)*. Mestrado (História Econômica) – FFLCH USP, São Paulo, 2005, p. 95-96.

16 Ver p. 55.

17 COELHO, Mauro Cezar. *Do sertão para o mar...*, p. 276.

18 "Bando [do governador da capitania de São Paulo D. Luís Antônio de Sousa Botelho Mourão] para ser povoada a enseada de Guaratuba, distrito da vila de Paranaguá; e foi este bando para a dita vila para ser lançado na mesma – E foi outro p.ª Iguape p.ª ser povoada a Ribeira de Sabaúna". Santos, 5 dez. 1765, DI 65, p. 29.

no novo núcleo.[19] Os problemas em Paranaguá levaram à imposição de pena de prisão para quem desertasse ou se ausentasse sem autorização, ordem que foi estendida a todas as outras vilas da capitania.[20]

Os motivos para a aversão à vida em novas povoações poderiam ser vários: a falta de assistência para o estabelecimento inicial, a imposição de trabalhos penosos e a disciplina rígida, o apego a espaços de socialização já conhecidos e a insegurança de viver em sítios distantes ou hostis. Mas algumas motivações para ir povoar também podiam ser preocupantes aos olhos dos administradores da capitania. Havia pessoas que se refugiariam nos novos núcleos apenas para contar com privilégios e isenções concedidos aos povoadores.[21] Em 1773, julgou-se mesmo que havia gente demais dirigindo-se às vilas de Itapetininga e Faxina, então, estabeleceu-se que novas saídas só deveriam ocorrer sob autorização expressa por parte do governador.[22]

As dificuldades para concretizar as iniciativas ao sul da capitania levaram o Morgado de Mateus a designar a intervenção de um representante direto de sua autoridade, seu primo e ajudante de ordens Afonso Botelho de Sampaio, logo convertido em figura-chave em assuntos de urbanização e fortificação naquela região. Afonso Botelho foi enviado a Paranaguá depois que o sargento-mor Francisco José Monteiro fracassou em organizar as milícias e em promover as iniciativas régias. A tarefa de Afonso Botelho era averiguar os fatos de perto, punir aqueles que não tivessem obedecido ao sargento-mor e também pôr em

---

19 "Bando [do governador da capitania de São Paulo D. Luís Antônio de Sousa Botelho Mourão] para ser povoada a enseada de Guaratuba distrito da vila de Paranaguá; e foi este bando para a dita vila para ser lançado na mesma – E foi outro para Iguape para ser povoada a Ribeira de Sabaúna". Santos, 5 dez. 1765, DI, 65, p. 29."Ordem [do governador da capitania de São Paulo D. Luís Antônio de Sousa Botelho Mourão] para o capitão-mor da vila de Paranaguá fazer público que não há de ser pessoa alguma obrigada para ir povoar a enseada de Guaratuba". Santos, 23 jan. 1766. DI 65, p. 36-37."Bando [do governador da capitania de São Paulo D. Luís Antônio de Sousa Botelho Mourão] para publicar na vila de Paranaguá para serem privilegiados os que forem povoar a enseada de Guaratuba". Foi outro para Iguape para ser povoada a Ribeira de Sabaúna. Santos, 4 fev. 1766. DI 65, p. 44-45.

20 "Bando [do governador da capitania de São Paulo D. Luís Antônio de Sousa Botelho Mourão] para que nenhuma pessoa possa desertar dos sítios em que viverem". Santos, 27 fev. 1766. DI 65, p. 48-49.

21 "[Carta do governador da capitania de São Paulo D. Luís Antônio de Sousa Botelho Mourão] Para Francisco Barreto Leme diretor da nova povoação das Campinas". São Paulo, 18 dez. 1774. DI 64, p. 251-252.

22 "Ordem para o capitão-mor da vila de Sorocaba". São Paulo, 16 abr. 1773. DI 8, p. 34-35.

execução as obras da fortaleza e da povoação de Guaratuba.[23] Mas, mesmo o ajudante de ordens acabou mostrando-se desanimado em 1767, conforme desabafou em carta ao Morgado de Mateus: "antes Vossa Excelência me mande fazer vinte fortalezas que povoar uma vila, pois são tantas as dificuldades que põem os que para lá hão de ir..."[24]

As intervenções em Paranaguá geraram tensões com moradores a quem a Coroa requisitou recursos para custear e viabilizar suas obras. Os comerciantes de secos e molhados ali sediados desconfiavam que uma nova povoação poderia prejudicar seus negócios e sobrecarregá-los com despesas.[25] Os conflitos agravaram-se com a imposição aos colonos de cederem seus escravos para a construção da fortaleza; ou, caso não os tivessem, de contribuírem com dinheiro ou com seu próprio trabalho.[26] Diante de rumores e manifestações de contrariedade, o governo da capitania ordenou uma devassa para apurar quem seriam os opositores. No entanto, "foi de nenhum efeito, por serem todos parentes e amigos".[27] Considerando que as "forças particulares" não seriam suficientes para suprir as despesas de construção da fortaleza, o governador resolveu destinar-lhe verbas provenientes da Câmara de Paranaguá e da Fazenda Real da provedoria.[28] A medida causou fortes protestos por parte da Câmara, a que o governador reagiu com uma demissão coletiva dos vereadores. A Câmara levou o problema ao rei D. José I e solicitou a vinda de um corregedor para a comarca.[29] Os oficiais de Paranaguá julgavam que os procedimentos do Morgado de Mateus e de seu ajudante Afonso Botelho eram "despóticos" e "violentos". Para o governador, por sua

---

23 "N. 8. Oposição do povo de Paranaguá às ordens do capitão-general". Carta do governador da capitania de São Paulo, D. Luís Antônio de Sousa Botelho Mourão, para o ministro e secretário dos negócios do Reino, Sebastião José de Carvalho e Melo. São Paulo, 16 jan. 1767. DI 23, p. 115-117.

24 Carta de Afonso Botelho de Sampaio ao governador da capitania de São Paulo D. Luís Antônio de Sousa Botelho Mourão. Paranaguá, 1767. CM G. 1040.

25 "Para o senhor Conde de Oeiras" Carta do governador da capitania de São Paulo, D. Luís Antônio de Sousa Botelho Mourão, para o ministro e secretário dos negócios do Reino, Sebastião José de Carvalho e Melo. Santos, 30 mar. 1766. DI 72, p. 201-215.

26 Representação dos oficiais da Câmara de Paranaguá para o rei Dom José I. Paranaguá, 23 jul. 1768. AHU_ACL_CU_023-01, Cx. 25, D. 2433.

27 Carta do governador da capitania de São Paulo, D. Luís Antônio de Sousa Botelho Mourão, para o ministro e secretário dos negócios do Reino, Sebastião José de Carvalho e Melo. São Paulo, 4 jan. 1767. DI 23, p. 113-115.

28 "Para o senhor Conde de Oeiras" Carta do governador da capitania de São Paulo, D. Luís Antônio de Sousa Botelho Mourão, para o ministro e secretário dos negócios do Reino, Sebastião José de Carvalho e Melo. Santos, 30 mar. 1766. DI 72, p. 201-215.

29 Representação dos oficiais da Câmara de Paranaguá para o rei Dom José I. Paranaguá, 23 jul. 1768. AHU_ACL_CU_023-01, Cx. 25, D. 2433.

vez, Paranaguá achava-se "governada pelos naturais", que queriam "viver sempre despóticos e absolutos, sem outro governo mais do que o seu [próprio]".[30] Não se sabe como se resolveu a questão. Mesmo assim, tanto a obra da fortaleza como a povoação de Guaratuba foram levadas à frente.

Em Iguape e Cananeia o recrutamento de povoadores também despertou sérios conflitos entre membros de Câmaras locais e agentes a serviço do governador da capitania. Os problemas mostraram-se depois que o padre Francisco da Piedade, seguindo instruções do Morgado de Mateus, alistou cento e cinquenta homens e mulheres, entre casados e solteiros, para dar princípio ao núcleo de Sabaúna. Mas os inscritos não estariam dispostos a viver administrados por um diretor. No entender do padre, eles seriam "chegados aos humores da vadiação".[31] Cogitou-se buscar povoadores na vila de Itanhaém, mas a Câmara local protestou, alegando que diminuiriam ainda mais os seus já poucos moradores. O governador deu razão ao argumento.[32]

O principal problema parecia ser a oposição das Câmaras de Iguape e Cananeia à ida de povoadores para Sabaúna. Em fevereiro de 1766, o padre Francisco da Piedade pediu ao governador que interviesse.[33] O juiz ordinário de Iguape foi chamado a contribuir com as tarefas de povoamento e Afonso Botelho de Sampaio foi encarregado de examinar pessoalmente a questão. Mas, em 1767, os vereadores de Iguape não haviam rubricado o rol de povoadores, tal como fora determinado e ainda tinham riscado alguns dos nomes da lista. Por sua vez, o juiz ordinário de Cananeia, João Neto, alardeava publicamente que durante seu mandato não deixaria os povoadores passarem para Sabaúna. João Neto também questionou a legitimidade da ação do padre Francisco da Piedade, dizendo-lhe que fosse "rezar no seu Breviário", pois "o mais da povoação" não seria de sua alçada.[34] Os juízes de Cananeia e Iguape foram repreendidos severamente pelo

---

30 "N. 8. Oposição do povo de Paranaguá às ordens do capitão-general". Carta do governador da capitania de São Paulo, D. Luís Antônio de Sousa Botelho Mourão, para o ministro e secretário dos negócios do Reino, Sebastião José de Carvalho e Melo. São Paulo, 16 jan. 1767. DI 23, p. 115-117.

31 Carta do frei Francisco da Piedade ao governador da capitania de São Paulo D. Luís Antônio de Sousa Botelho Mourão. Iguape, 25 fev. 1766. BNRJ AM, I-30, 15,22, n. 1.

32 "[Carta do governador da capitania de São Paulo, D. Luís Antônio de Sousa Botelho Mourão] Para os juízes ordinários e mais oficiais da Câmara da vila de Conceição". São Paulo, 5 jun. 1767. DI 67, p 159.

33 Carta do frei Francisco da Piedade ao governador da capitania de São Paulo Luís Antônio de Sousa Botelho Mourão. Iguape, 25 fev. 1766. BNRJ AM, I-30, 15, 22, n. 1.

34 Carta do frei Francisco da Piedade ao governador da capitania de São Paulo, D. Luís Antônio de Sousa Botelho Mourão. Iguape, 4 mai. 1767. BNRJ AM I-30, 15, 22, n. 7.

Morgado de Mateus.[35] As Câmaras das vilas também foram advertidas.[36] Os povoadores acabavam sofrendo as consequências do conflito. Enviados à Sabaúna sem mantimentos e portando pouco mais do que redes para dormir, tiveram de ser mandados de volta, pois dessa forma não subsistiriam ali.[37]

Nesses primeiros momentos de criação de povoações, as Câmaras mostraram-se órgãos necessários à execução de iniciativas régias no campo de urbanização e ao mesmo tempo veículo de expressão de oposições e resistências. No cerne dos conflitos parecia estar uma disputa pelo controle da mão de obra que a Coroa passou a requisitar para as tarefas de povoação. Índios e outros súditos considerados de segunda categoria eram empregados pelas edilidades em obras públicas, tais como limpeza, reparo e abertura de caminhos, construção de pontes e transporte de pessoas ou mercadorias. Conforme apontou a Câmara de Itanhaém em 1767, a transferência de moradores para formação do novo núcleo de Una comprometeria o término das obras da igreja matriz.[38] E, logo depois de receber cópia da carta régia a respeito da criação de "povoações civis", a mesma Câmara queixou-se que a extinção da categoria de índio "administrado" a privaria da maior parte da sua mão de obra.[39]

Colonos particulares que mantinham índios para seus serviços domésticos parecem ter tentado obstar a ida de seus cativos a novas povoações. Além de uma possível atuação junto às Câmaras, alguns colonos se teriam dirigido diretamente a agentes encarregados do povoamento para pedir dispensa de índios. Ao que parece, alguns dos índios prefeririam mesmo ficar "à sombra dos patrões" a

---

35 Carta do governador da capitania de São Paulo, D. Luís Antônio de Sousa Botelho Mourão, para o juiz ordinário da vila de Iguape, Antônio da Silva Viana. São Paulo, 5 jun. 1767. DI 67, p. 161. Carta do governador da capitania de São Paulo, D. Luís Antônio de Sousa Botelho Mourão, para o juiz ordinário da vila de Cananeia. São Paulo, 5 jun. 1767. DI 67, p. 161.

36 "Para a Câmara de Cananeia". Carta de governador da capitania de São Paulo, D. Luís Antônio de Sousa Botelho Mourão, para a Câmara de Cananeia, enviada também com o mesmo teor para Iguape. São Paulo, 5 jun. 1767. DI 67, p. 162.

37 Carta do frei Francisco da Piedade ao governador da capitania de São Paulo, D. Luís Antônio de Sousa Botelho Mourão. Iguape, 4 mai. 1767. BNRJ AM I-30, 15, 22, n. 7.

38 Carta dos oficiais da Câmara da vila de Conceição de Itanhaém para o governador da capitania de São Paulo, D. Luís Antônio de Sousa Botelho Mourão. Itanhaém, 25 abr. 1767. BNRJ AM, I-30, 22, 6, n. 7.

39 Carta dos oficiais da Câmara da vila de Conceição de Itanhaém para o governador da capitania de São Paulo, D. Luís Antônio de Sousa Botelho Mourão. Itanhaém, 28 maio 1767 BNRJ AM, I-30, 22, 6, n. 9.

ir povoar.[40] Em Sabaúna, a maior parte dos novos povoadores era de índios que estavam até então sob tutela de administradores e, conforme Afonso Botelho, preferiam tornar a eles ou arrancharem-se em seus sítios a ter de ir à nova povoação, aonde "por sua vontade ninguém vai".[41]

Mas o mais difícil e custoso recrutamento de povoadores destinou-se ao Forte do Iguatemi. Nesse caso, os povoadores foram particularmente favorecidos com a promessa de cem braças de terras (215 m), além de mantimentos até que fizessem colheita em suas roças.[42] A escolha dos povoadores, a que se atribuía estatuto diferente dos soldados, privilegiou pessoas que não tinham terras e eram parte de uma família numerosa, cujos membros também eram convocados com intenção de se estimular uma fixação duradoura. A partir de 1770, também foram enviados para o Iguatemi presos, criminosos, vadios e prostitutas que não estivessem doentes e pudessem constituir família.[43] Os presos faziam a viagem "seguros, e repartidos pelas canoas com grilhões nos pés".[44] Algemas e grilhões também seriam usados para conter os desertores, que foram preocupação constante das autoridades. Antes mesmo das partidas e durante a viagem, houve muitas fugas, embora a mera indisciplina fosse ameaçada com prisão vitalícia nas galés.[45] Conforme o tenente-coronel Cândido Xavier de Almeida e Sousa, que cuidou do alistamento de povoadores, quando uma pessoa era convocada para o Iguatemi, recebia a notícia com horror e "despedia-se como [se fora] para a morte".[46] Nos quase dois meses de viagem entre o Iguatemi e São Paulo, enfrentavam-se doenças, fome, ameaças de animais peçonhentos e ataques do gentio.

Enquanto se faziam as listas de povoadores, também se colocava a questão de escolher o melhor sítio para estabelecer povoação. Esse aspecto permite ver novas tensões entre as diretrizes geopolíticas mais amplas impostas pela Coroa Portuguesa e as circunstâncias e possibilidades concretas em cada um dos locais.

---

40 Carta do capitão-mor de Sorocaba, José de Almeida do Leme, para o governador da Capitania de São Paulo, D. Luís Antônio de Sousa Botelho Mourão. Sorocaba, 3 jul. 1766. BNRJ AM I-30, 13, 20, n. 3.

41 Carta do ajudante de ordens Afonso Botelho de Sampaio para o governador da capitania de São Paulo D. Luís Antônio de Sousa Botelho Mourão. Cananeia, 9 jan. 1767. BNRJ AM, I-30, 18, 1, n. 2

42 BELLOTTO, Heloísa. *Autoridade e conflito no Brasil colonial…*, p. 126-127.

43 KOK, Glória. *O sertão itinerante: expedições da capitania de São Paulo no século XVIII.* São Paulo: Hucitec, 2004, p. 202-207

44 KOK, Glória. *O sertão itinerante…*, p. 204.

45 LEONZO, Nanci. *As Companhias de ordenanças na capitania de São Paulo…*, p. 103.

46 *Apud* KOK, Glória. *O sertão itinerante…*, p. 207.

DA BOA DIREÇÃO: A ESCOLHA DO SÍTIO

> ...vendo com os seus olhos a disposição do terreno na qual deve vosmecê considerar muito, porque da boa direção das primeiras fundações se segue o acrescentamento das terras para o futuro. Trecho de carta do governador Morgado de Mateus ao ajudante de ordens Afonso Botelho de Sampaio, 1767.

As instruções do governador Morgado de Mateus para Afonso Botelho de Sampaio a respeito da escolha do terreno de Guaratuba indicam a importância que se dava a esse aspecto.[47] Era necessário muito cuidado ao escolher o sítio, já que o desenvolvimento posterior de uma povoação poderia depender disso. A partir do seu gabinete em São Paulo, o Morgado de Mateus procurou controlar e orientar a escolha de sítios. Capitães-mores de várias vilas foram encarregados de encontrar locais adequados para povoar em regiões já mais ou menos predeterminadas pelo governo da capitania. Alguns critérios para isso foram impostos claramente como tais, outros apareceram de forma mais incidental na documentação. Devia-se dar preferência a sítios "abundantes de águas", em cabeceiras ou desembocaduras de rios "famosos" ou "caudalosos e rápidos", que fossem adequados para navegação e propiciassem pesca farta. As terras deveriam ser suficientemente amplas, férteis e lavradias, de modo a sustentar o crescimento das vilas. Recomendava-se buscar sítios "cômodos", "aprazíveis", "alegres", "convenientes" ou "proporcionados".

Os sítios indicados por agentes locais deveriam ser aprovados pelo Morgado de Mateus que, à distância, julgava sua conveniência. O capitão-mor de Curitiba, Lourenço Ribeiro de Andrade, já antes encarregado de enviar uma lista de vadios que poderiam ser povoadores, também ficou incumbido da escolha de um sítio nas proximidades de sua vila. Inicialmente, Lourenço Ribeiro indicou um terreno a seis léguas (cerca de 40 km) ao norte de Curitiba, onde já havia alguns moradores junto a faisqueiras de ouro; sugeriu ainda que se enviassem para lá casais de ilhéus para ensinar a manufatura de linhos e lã.[48] Mas a intenção do governador era fazer uma nova povoação ao Sul, perto do registro do rio Cubatão. O capitão-mor propôs então um local ao pé da serra, que não seria tão fértil, mas possibilitaria desenvolver as atividades já existentes ali de transporte e

---

47 "[Carta do governador da capitania de São Paulo D. Luís Antônio de Sousa Botelho Mourão] Para Afonso Botelho de Sampaio e Sousa". São Paulo, 2 abr. 1767. DI 67, p. 107-109.

48 Carta do capitão-mor Lourenço Ribeiro de Andrade para o ajudante de ordens Afonso Botelho de Sampaio. Curitiba, 17 fev. 1767. CM, G. 1040.37.

comercialização de madeiras de pinheiros.[49] Esse sítio também não foi aprovado, já que não haveria pesca suficiente e por não serem os "matos todos frutíferos" para garantir o desenvolvimento de uma povoação.[50]

Desenhos esquemáticos acompanharam alguns dos ofícios indicando locais para povoações. Em 1766, o padre Francisco da Piedade enviou "um limitado risco do lugar" no qual sugeria a construção de Sabaúna, junto com uma declaração da Câmara de Iguape que ratificava a qualidade do local.[51] Já o capitão-mor de Taubaté, Bento Lopes de Leão, recorreu a uma aquarela para representar as desvantagens de um sítio de "morros montuosos" antes designado para uma povoação junto ao rio do Peixe, afluente do rio Paraibuna.[52] E em 1784 um desenho de terrenos no vale do rio Tietê foi enviado junto a ofício do capitão-mor de Itu Vicente da Costa Taques Góes e Aranha ao governador Francisco da Cunha Meneses, apoiando a petição dos moradores para mudança de sítio da povoação de Piracicaba (figura 3.1).

A distância entre vilas ou freguesias existentes também deveria ser considerada na localização de novas povoações. Recomendou-se a distância padrão de seis léguas (cerca de 40 km) entre os núcleos urbanos, de modo que, quando se erigisse vila, os termos tivessem três léguas (cerca de 20 km) de extensão cada um. Já nos forais outorgados em 1535 a Martim Afonso e Pero Lopes concedendo a prerrogativa de erigir vilas, previu-se uma distância mínima de seis léguas entre elas.[53]Essa medida foi fixada para as terras reservadas para usufruto do Concelho em vilas do interior do continente, sendo que não precisaria ser respeitada na costa ou ao longo de rios navegáveis.[54] De qualquer modo, a determinação não teria mesmo sido seguida ao pé da letra. Nas informações de agentes locais ao Morgado de Mateus, a preocupação não era tanto com o número abstrato da distância em léguas, mas com os dias de viagem que se levaria de uma vila até a nova localidade.

---

49 Carta do capitão-mor Lourenço Ribeiro de Andrade para o ajudante de ordens Afonso Botelho de Sampaio. [S.l], [s.d]. CM, G. 1040.37.

50 "Carta [do governador da capitania de São Paulo D. Luís Antônio de Sousa Botelho Mourão] para Lourenço Ribeiro de Andrade da vila de Curitiba". São Paulo, 21 maio 1767. DI 67, p. 144-147.

51 Carta do frei Francisco da Piedade para o governador da Capitania de São Paulo, D. Luís Antônio de Sousa Botelho Mourão. Iguape, 25 fev 1766. BNRJ AM, I-30, 15, 22, n. 1.

52 Carta do capitão-mor de Taubaté, Bento Lopes de Leão, para o governador D. Luís Antônio de Sousa Botelho Mourão. Taubaté, 10 ago. 1774. BNRJ AM, I-30, 13, 12, n. 51.

53 ZENHA, Edmundo. O *município no Brasil (1532-1700)*. São Paulo: Instituto Progresso Editorial, 1948, p. 46.

54 ZENHA, Edmundo. O *município no Brasil (1532-1700)*..., p. 47.

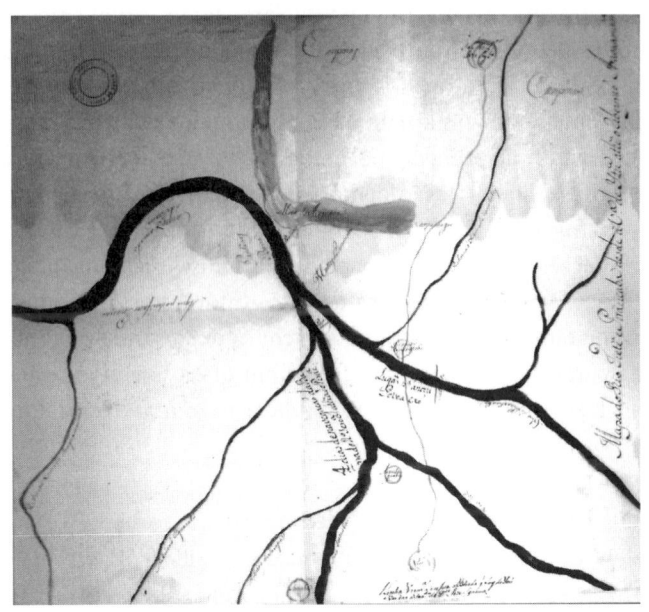

Figura 3.1. Mapa do rio Tietê e Piracicaba, ca. 1784.

A ênfase em estratégias de ocupação territorial levou a uma insistente busca de sítios em determinadas regiões. Um dos propósitos era criar pontos de apoio à navegação ao Oeste pelo rio Tietê. O governador parecia não se conformar com as notícias desfavoráveis que recebeu sobre o passo do salto do Avanhandava, no Baixo Tietê:

> me tenho informado que o lugar pestilento e doentio é só onde faz inundação, porém que tem campos saudáveis e aprazíveis em que se pode formar a povoação, ou mais além, ou mais abaixo há de haver sítio acomodado para a dita povoação.[55]

No entanto, não havia interessados em povoar aquele local, considerado perigoso demais.[56] Em 1770, o diretor de Piracicaba, Antônio Correia Barbosa, averiguou as proximidades do rio Jacaré-guaçu, afluente do rio Tietê, mas teve de parar para pedir reforços, pois havia "risco de gentio e quilombo".[57]

55 *Apud* HOLANDA, Sérgio Buarque de. *Monções…*, p. 39.

56 Carta do capitão-mor de Itu, Salvador Jorge Velho para o governador da capitania de São Paulo D. Luís Antônio de Sousa Botelho Mourão. Itu, 3 mar. 1768. BNRJ AM, I-30, 20, 17, n. 5.

57 Carta do capitão-mor Antônio Correia Barbosa para o governador da capitania de São Paulo, D. Luís Antônio de Sousa Botelho Mourão. S. l., 22 ago. 1770. BNRJ AM, I-30,09, 34, n. 6.

Ao sul da capitania, Afonso Botelho de Sampaio vistoriou sítios e foi centralizando dados remetidos por outros agentes regionais, que depois eram enviados ao Morgado de Mateus. Para resolver os problemas em torno da definição dos sítios, Afonso Botelho fez uma reunião conjunta com os diretores de novos núcleos.[58] O governador acreditava que, embora não pudesse estar presente pessoalmente em partes distantes, as informações colhidas por Afonso Botelho seriam suficientes para que pudesse tomar suas decisões.[59] Nos primeiros meses de 1767, Afonso Botelho já estava envolvido não só com a implantação de Guaratuba, mas também de Lajes, Ararapira, Sabaúna e Santo Antônio do Registro.

Em 1770, quando Afonso Botelho se achava explorando o sertão do Tibaji, recebeu uma carta do Morgado de Mateus em que os critérios para eleição de sítios foram sistematizados. Além de se indicar num mapa o local onde deveria ser feito um novo núcleo, estabeleceu-se:

> REGRA/Todos os estabelecimentos que vosmecê [Afonso Botelho] mandar fazer devem ser fundados em sitio muito escolhido, cansando-se os exploradores em examinar todos os territórios para poderem acertar a situação em paragem sadia, alegre, com boas águas, exposta ao sol, e ao mesmo tempo defensável. Destas situações são as melhores aquelas que se acham na confluência de dois rios, ou nas bordas daqueles que são navegáveis quando o terreno não é pantanoso, para se poderem aproveitar os moradores da comodidade da navegação, e das utilidades das pescarias: também se deve atender a que nos contornos haja bons campos criadores, e sítios acomodados para neles se fazerem chácaras, onde colham toda sorte de mantimentos./Se com estas utilidades se puderem descobrir [sítios], será grande vantagem e se emendavam os defeitos e descuidos dos nossos antigos em muitas das terras que fundaram. Nestas precisas averiguações não se perde o tempo, tudo o que se gasta se abrevia no maior aumento que resulta para o futuro, e quando se não possam ajustar todas estas comodidades será preciso que ao menos não faltem as principais.[60]

---

58 Carta de Afonso Botelho de Sampaio e Sousa ao governador da Capitania de São Paulo Luís Antônio de Sousa Botelho Mourão. Iguape, 7 ago. 1768. BNRJ AM, I-30, 18, 3, n. 2.

59 "Para o mesmo". Carta do governador da capitania de São Paulo D. Luís Antônio de Sousa Botelho Mourão para o ajudante de ordens Afonso Botelho de Sampaio. São Paulo, 15 jan. 1767. DI 67, p. 47-48.

60 "[Carta do governador da capitania de São Paulo D. Luís Antônio de Sousa Botelho Mourão] Para o tenente-coronel ajudante de ordens Afonso Botelho de Sampaio e Sousa. Que se acha encarregado do comandamento [sic] das expedições do Tibaji". São Paulo, 24 jan. 1770. DI 19, p. 427-431.

Essa regra determinou atributos prioritários – boas águas, insolação e condições de defesa – e desdobrou-se em situações mais específicas – confluências de rios, margens de rios navegáveis e proximidade de campos para criação ou terras para plantio. Um procedimento similar de indicar prioridades, mas deixar a escolha do lugar ao critério dos agentes locais foi adotado também pelo governador Luís de Albuquerque no Mato Grosso.[61]

A partir de informações de Afonso Botelho, o governador aprovou o sítio sugerido para Guaratuba, na baía de mesmo nome, pelas seguintes razões: seria "capaz de conter uma cidade", haveria um "porto sossegado e abrigado dos ventos, para facilitar o comércio" e também "capaz de conter grandes navios", além de a povoação "ficar virada para o Sol".[62]Mais tarde, a baía de Guaratuba foi descrita pelo viajante francês Auguste de Saint-Hilaire como "uma cópia em miniatura da baía do Rio de Janeiro".[63]

Os critérios impostos pelo governador não eram muito diferentes daqueles estabelecidos por meio de ordens régias desde os primeiros tempos da colonização. O regimento passado ao primeiro governador geral do Brasil, Tomé de Sousa, indicou o modo de eleger o local da cidade que viria ser a primeira capital:

> que como tiverdes pacífica a terra, vejais com pessoas que o bem entendam lugar que será mais aparelhado para se fazer a dita fortaleza forte e que se possa bem defender e que tenha disposição e qualidade para aí por o tempo em diante se ir fazendo uma povoação grande (…) e deve ser em sítio sadio e de bons ares e que tenha abastança de águas e porto em que possam amarrar os navios e vararem-se quando cumprir porque todas estas qualidades ou as mais delas que puderem ser, cumpre que tenha a dita fortaleza e povoação…[64]

Enfatizou-se a qualidade defensiva, a possibilidade de expansão futura, a salubridade, a proximidade à água e a capacidade do porto.

Critérios pertinentes a condições do sítio foram argumentos fundamentais numa disputa política entre Mojimirim e Mojiguaçu pela obtenção da

61 ARAÚJO, Renata K. Malcher. *A urbanização do Mato Grosso no século XVIII…*, p. 159.

62 Carta do governador da capitania de São Paulo, D. Luís Antônio de Sousa Botelho Mourão, para o ajudante de ordens Afonso Botelho de Sampaio. São Paulo, 14 abr. 1767. *Apud* MAFRA, Joaquim da Silva. História do município de Guaratuba…, p. 34

63 SAINT-HILAIRE, Auguste de. *Viagem a Curitiba e província de Santa Catarina*. São Paulo: Itatiaia, 1987, p. 112.

64 *Apud* REIS FILHO, Nestor Goulart. *Evolução urbana do Brasil…*, p. 125-126.

prerrogativa de vila. Em junho de 1769, o governador passou ordem para elevar a freguesia de Mojiguaçu a vila e em setembro do mesmo ano o ouvidor da comarca Salvador Pereira da Silva foi a Jundiaí para executá-la.[65] Mas, os vereadores da Câmara de Jundiaí informaram então que aquela povoação ficaria numa várzea, estaria cercada de áreas inundáveis e não possibilitaria expansão futura; além disso, suas ruas ficariam intransitáveis em dias de chuva e as enchentes viriam causando epidemias e mortes.[66] A povoação de Mojimirim seria mais apropriada para se tornar vila, pois, em contraste com Mojiguaçu, ficaria numa planície onde a cidade poderia se expandir e seria "lavada dos ventos, saudável e alegre, cercada de boas aguadas".[67] Em outubro do mesmo ano, Mojimirim acabou sendo elevada a vila.[68] Logo depois, tomaram-se providências para transferir a povoação de Mojiguacu para uma planície ampla nas suas vizinhanças, de modo a corrigir o suposto problema da sua fundação original, com intenção de mais tarde elevá-la a vila.[69]

As condições do sítio também parecem ter sido critério fundamental para decidir sobre uma povoação no litoral sul. As Câmaras de Iguape e Cananeia não queriam que se povoasse Sabaúna e sugeriram em vez disso Una, ao sul de Itanhaém. Por sua vez, as Câmaras de São Vicente e Itanhaém solicitaram ao governador que não fundasse Una.[70] O Morgado de Mateus recomendou a Afonso Botelho escolher o sítio melhor e mais cômodo, considerando que nesse aspecto haveria uma abundância de opções.[71]

65 Ordem do governador da capitania de São Paulo D. Luís Antônio de Sousa Botelho Mourão para erigir em vila a freguesia de Mojiguaçu. São Paulo, 27 de junho de 1769. DI 65, p. 267.

66 Carta de Câmara de Jundiaí para o governador da capitania de São Paulo D. Luís Antônio de Sousa Botelho Mourão. Jundiaí, 7 set. 1769. DI 34, p. 172-173.

67 Carta de Câmara de Jundiaí para o governador da capitania de São Paulo D. Luís Antônio de Sousa Botelho Mourão. Jundiaí, 7 set. 1769. DI 34, p. 172-173.

68 "Elevação de Mojimirim a vila". São Paulo, 11 out. 1769. DI 34, p. 163-170.

69 Ordem do governador da capitania de São Paulo, D. Luís Antônio de Sousa Botelho Mourão, para se averiguar a transferência de sítio de Mojiguaçu. São Paulo, 15 nov. 1769. DI 65, p. 291-292.

70 Carta dos oficiais da Câmara da vila da Conceição de Itanhaém ao governador da capitania de São Paulo, D. Luís Antônio de Sousa Botelho Mourão. Conceição de Itanhaém, 25 abr. 1767. BNRJ, AM I-30, 22, 6, n. 7.

71 "Para o ajudante de Ordens que está em Paranaguá". Carta do governador da capitania de São Paulo, D. Luís Antônio de Sousa Botelho Mourão, para Afonso Botelho de Sampaio. São Paulo, 21 jul. 1767. DI 67 p. 182-3.

A vivência dos sítios e as preexistências

Em setembro de 1767, trezentas e trinta e duas pessoas da primeira expedição ao Iguatemi chegaram ao seu destino depois de quase dois meses de viagem em canoas. Embora estivessem felizes por estarem todos a salvo, havia um clima de consternação pela perda de mantimentos que se tinham molhado no caminho, incluindo todo o toucinho. Depois da celebração de uma missa, logo se deu início ao plantio de roças. Enquanto isso, o capitão-mor João Martins de Barros averiguou a região em busca do melhor sítio para povoar. Seu relato apontou vários sinais da presença recente de índios e castelhanos: encontrou campos queimados há poucos meses, sete ranchos já construídos e marcas da passagem de uma tropa de quarenta ou cinquenta homens. Suas observações da natureza remetiam a indícios de ocupação anterior ou ao potencial para uma futura povoação. Numa certa altura, deparou-se com uma "campanha com muita largueza e aguadas rasas e capões com belíssimas terras para toda a casta de plantas e várias frutas que servem em seus tempos de alimento aos gentios monteses e guaicurus".[72] A partir de um exame sobre o modo como castelhanos e índios transitavam pela região, preferiu eleger um local que julgou ser mais seguro, pois estaria protegido por montanhas e alagadiços. O relato de João Martins Barros sobre a eleição do sítio no qual viria a ser erguido o forte do Iguatemi mostra que se consideraram dados relativos a condições naturais, à ocupação pregressa e à situação estratégica. Em fevereiro de 1768 João Álvares Ferreira chegou ao Iguatemi e, junto com o capitão-mor João Martins Barros, examinou o local onde seria construída a fortificação, iniciada no mês seguinte. Mas nem sempre é possível saber com clareza quais fatores teriam sido determinantes na escolha de um local para fixação urbana.

A documentação relativa a Lajes mostra que aspectos pertinentes ao sítio de uma povoação podiam ser revelados ou omitidos conforme o contexto. Em 1767, no início dos conflitos com a capitania de Rio Grande a respeito da jurisdição daquela área, o Morgado de Mateus enfatizou a ideia de que ali haveria um vazio ou um "deserto".[73] Antônio Correia Pinto, fundador de Lajes, reiterou que "naquele sertão nunca houve casas, nem povoação alguma e só era habitação de feras e retiro de criminosos".[74] Já em documentos enviados ao Reino em 1768 com intenção de alegar a precedência dos paulistas na região, mencionou-se a existência de

---

72 Carta do capitão-mor João Martins de Barros para o governador da capitania de São Paulo, D. Luís Antônio de Sousa Botelho Mourão. Cachoeira dos Prazeres, 26 out. 1767. AHU_ACL_CU_023-01, Cx. 25, D. 2432. Há cópia dessa carta em DI 9, p. 20-23.

73 Ver p. 133.

74 "Autos de justificação acerca da Nova Vila de Nossa Senhora de Lajes". Nossa Senhora do Desterro, 30 dez. 1771. CM, G.1858.08.

fazendeiros assentados ali.[75] A primeira escolha do sítio de Lajes teria sido junto a uma ermida, ou seja, uma pequena capela que devia servir para ritos religiosos cotidianos e eventualmente para celebração de sacramentos por um capelão de passagem.[76] É provável que essa ermida estivesse em terras de Antônio Correia Pinto, pois, quando os conflitos pressionaram a mudança de sítio da povoação, o Morgado de Mateus argumentou que poderia ser difícil convencê-lo a fundar uma povoação mais longe de sua fazenda.[77]

Ainda que características do relevo e da hidrografia local tivessem sido critérios importantes para a definição de sítios urbanos onde se pretendeu intervir, a existência de um aglomerado de moradores estáveis numa localidade foi premissa de grande parte das iniciativas. Instruções ao capitão-mor Lourenço Ribeiro de Andrade determinaram que se escolhessem os mais bem situados entre lugares nos arredores onde já havia "quinze, vinte e trinta vizinhos", aos quais se deveriam agregar outros moradores.[78]

A necessidade de assistência espiritual por parte dos fiéis foi canalizada na criação de núcleos em locais convenientes aos desígnios geoestratégicos. Em 1766, Afonso Botelho de Sampaio informou que tinha localizado sessenta moradores já bem estabelecidos entre a praia de Ribeira do Iguape e Jureia. Eles haviam concordado em contribuir com uma nova povoação, desde que tivessem licença para erigir capela ou igreja.[79] O governador aprovou a sugestão de Afonso Botelho de Sampaio e recomendou escolher um sítio a meia distância dos locais já povoados, de modo que os moradores pudessem assistir à missa em dias festivos; advertiu também que mesmo que tivessem de viver em seus sítios de origem por conta de suas lavouras, eles deveriam construir suas casas na nova povoação.[80]

---

75 Atestação. Curitiba, 14 mar. 1767. Anexo a "N. 13. Sobre o território de Lajes pertencer a São Paulo". Carta do governador da capitania de São Paulo, D. Luís Antônio de Sousa Botelho Mourão, para a Secretaria de Estado. São Paulo, 10 fev. 1768. DI 23, p. 426-428.

76 IBGE. *Enciclopédia dos Municípios Brasileiros...*, v. 32, p. 227.

77 "Para o senhor conde vice-rei/Sobre a fundação da vila das Lajes". São Paulo, 23 mar. 1767. DI 23, p. 146-149.

78 Carta do governador da capitania de São Paulo, D. Luís Antônio de Sousa Botelho Mourão, para o capitão-mor da vila de Curitiba, Lourenço Ribeiro de Andrade. São Paulo, 21 maio 1767. DI 67, p. 144-147.

79 "Para o tenente Afonso Botelho, que se acha em Paranaguá". Carta do governador da capitania de São Paulo, D. Luís Antônio de Sousa Botelho Mourão, para o tenente-coronel Afonso Botelho de Sampaio. São Paulo, 1 set. 1767. DI 67, p. 204-6.

80 "Para o tenente Afonso Botelho, que se acha em Paranaguá". Carta do governador da capitania de São Paulo, D. Luís Antônio de Sousa Botelho Mourão, para o tenente-coronel Afonso Botelho de Sampaio. São Paulo, 1 set. 1767. DI 67, p. 204-6.

A fixação de núcleos urbanos ao longo do caminho de Viamão, ao Sul, vinculou-se à imposição de um controle fiscal mais rigoroso. Uma das maiores fontes de captação dos direitos régios incidia sobre a entrada de animais provenientes de Viamão. A cobrança era feita nos registros de Curitiba e Sorocaba. O núcleo de Santo Antônio do Registro estabeleceu-se a poucas léguas do registro de Curitiba, junto ao rio Iguaçu. E, em 1772, um ano depois de Lajes ter sido elevada a vila, fundou-se nas suas proximidades o Registro de Santa Vitória, na margem direita do rio Touros, junto ao rio Pelotas.

Na região de Itapetininga, também no caminho de Viamão, dois núcleos pre-existentes disputaram a sede de uma povoação oficial. O governador recomendou que o capitão-mor de Sorocaba escolhesse aquele que apresentasse maior possibilidade de desenvolvimento futuro, sem levar em consideração a comodidade de particulares ou a conservação de alguma sesmaria.[81] Na criação do aldeamento de Queluz, durante a administração de Antônio Manuel de Melo Castro e Mendonça, também se recomendou dar prioridade às características do sítio, mesmo que para isso fosse preciso tomar terras que se julgassem devolutas.[82] A obrigação de que terras situadas onde se pretendia erigir vilas fossem cedidas à Coroa em troca de uma parcela equivalente em outro lugar foi determinada por lei régia só em 1792, mas já era costume pelo menos desde as primeiras décadas do século 18.[83] Instruções do Morgado de Mateus em 1767 reforçavam que "todas as terras que forem necessárias para estas fundações [ao sul] se podem trocar por outras" e mesmo que o adro da igreja já estivesse em sesmaria não haveria impedimento para fundar vila ali.[84] Os diretores podiam repartir entre os povoadores sesmarias que não tivessem sido cultivadas nos últimos cinco anos. Há registros de conflitos por terras entre sesmeiros antes instalados e cultivadores que vieram povoar novos núcleos.

A escolha dos sítios onde se pretendeu estabelecer núcleos urbanos orientou-se ainda pelo intuito de retomar antigas propriedades de jesuítas. As instruções para proceder ao sequestro e inventário dos bens da Companhia de Jesus,

---

81 "Para o capitão-mor de Sorocaba". Carta do governador da capitania de São Paulo, D. Luís Antônio de Sousa Botelho Mourão, para o capitão-mor da vila de Sorocaba. São Paulo, 30 abr. 1767. DI 67, p. 131-132.

82 Ofício do governador e capitão-general da capitania de São Paulo, Antônio Manuel de Melo Castro e Mendonça, ao [secretário de Estado da Marinha e Ultramar], conde de Linhares, D. Rodrigo de Sousa Coutinho. São Paulo, 27 jun. 1800. AHU_ACL_CU_023, Cx. 15, D. 738.

83 PORTO, José Costa. O sistema sesmarial no Brasil. Brasília: Editora Universidade de Brasília, 1965, p. 129.

84 "Para o mesmo". Carta do governador da capitania de São Paulo, D. Luís Antônio de Sousa Botelho Mourão, para o ajudante de ordens Afonso Botelho de Sampaio. São Paulo, 2 abr. 1767. DI 67, p. 109.

promulgadas em 1759, foram postas em execução na capitania de São Paulo a partir de 1762, mas só tiveram algum avanço no governo do Morgado de Mateus.[85] O capitão-mor de Sorocaba, José de Almeida Leme, relatou em 1766 que foi procurar sítio para uma nova povoação perto do rio Sorocaba e, depois de se informar com práticos locais, chegou à conclusão que o melhor local seria a fazenda confiscada dos jesuítas em Botucatu, junto ao rio Paranapanema. Tratava-se da fazenda Santo Inácio, concedida aos jesuítas do Colégio de São Paulo em 1719 e dedicada à criação de gado até ser confiscada. Outra anterior fazenda jesuítica situada em Araçariguama, onde já havia freguesia, deveria ser restabelecida a seu "antigo estado de perfeição" pelo tenente Policarpo Joaquim de Oliveira.[86] Em fins do século 17 essa fazenda fora uma das mais valorizadas propriedades da Companhia de Jesus, mais tarde tornando-se muito decaída.[87]

No intuito de povoar o sertão do Tibaji, considerou-se a possibilidade de restabelecer reduções de missionários espanhóis que haviam sido destruídas pelas investidas dos bandeirantes paulistas no século 17. Em 4 de março de 1771, a expedição liderada pelo capitão Francisco Lopes encontrou vestígios de Vila Rica do Espírito Santo, onde se esperava dar início a um centro de povoamento do Paraná. O relatório da expedição foi publicado posteriormente, num momento em que D. Luís Antônio de Sousa e seus principais ajudantes procuravam reabilitar-se ante a Corte de D. Maria I. A descrição do sítio de Vila Rica como um "formoso lugar", repleto de árvores frutíferas, próximo de um rio piscoso e farto em caça sugere intenção de ressaltar os feitos da expedição.

Embora a escolha dos sítios urbanos tenha exigido muita ponderação, foram frequentes as mudanças, pelas mais diversas razões. Ainda durante a administração do Morgado de Mateus, como se viu, disputas territoriais com outras capitanias parecem ter contribuído para a mudança do sítio de Lajes. Em Sabaúna, os moradores retiraram-se por conta própria para ilha Comprida. No caso de Mojiguaçu, averiguou-se mudar o núcleo para um sítio mais seco e plano.

O caráter provisório da vila de São José da Paraíba foi apontado no auto de elevação do Pelourinho:

---

85 GAMA, José Mario. *O patrimônio da Companhia de Jesus da capitania de São Paulo: da formação ao confisco, 1750-1775*. Dissertação (mestrado em História Social) – FFLCH, USP, São Paulo, 1979, p. 148-151.

86 Atestado anexo à consulta do Conselho (Ultramarino) sobre o requerimento do coronel do 1º Regimento de Cavalaria Miliciana da capitania de São Paulo, Policarpo Joaquim de Oliveira. Lisboa, 22 mar. 1804. AHU_ACL_CU_023-01, Cx. 54, D. 4125.

87 GAMA, José Mario. *O patrimônio da Companhia de Jesus da capitania de São Paulo...*, p. 155-156.

em todo o tempo se poderia mudar o mesmo Pelourinho para outro lugar depois que se formassem e arruassem casas para vivenda e morada dos habitantes da mesma vila, em razão de que as que ao presente existem se acharem fundadas sem direção alguma e serem de pau a pique, cobertas de capim e indignas de habitação, por causa da pouca vigilância e cuidado dos denominados padres jesuítas que administraram os índios desta nova vila...[88]

A possível mudança do lugar da vila foi relacionada com a intenção de superar os supostos defeitos do traçado urbano remanescente da aldeia jesuítica.

Em proposta de 1784 para mudança do sítio da freguesia de Piracicaba, expressaram-se interesses de moradores ligados à produção e ao transporte de açúcar. Sugeriu-se um terreno junto ao mesmo rio Piracicaba, alegando-se maior facilidade de navegação, possibilidade de ligação por terra com Campinas, clima e solo adequados ao plantio de cana e de outros gêneros, enfim, condições propícias para estabelecimento de novos engenhos de açúcar no futuro. Argumentou-se ainda que a mudança contribuiria para o estabelecimento de fazendas em campinas de Araraquara e recomendou-se a criação de outra povoação como ponto de apoio para os comerciantes com destino a Cuiabá e como escala no caminho de Sorocaba ao Iguatemi.[89]

No processo de definição dos sítios, vieram à tona aspectos que a administração da capitania parecia considerar secundários em relação a estratégias territoriais. Surgiram então as necessidades do fisco, os problemas de qualificação produtiva de algumas regiões e a questão de retomada dos bens jesuíticos; também foi preciso lidar com disputas políticas locais e com a disposição de habitantes em colaborar com as iniciativas de urbanização. No entanto, o discurso oficial da administração da capitania de São Paulo tendeu a enfatizar a necessidade de dar preeminência a fatores pertinentes à paisagem física, tais como boas águas, insolação e terras amplas. Conforme já salientou a historiografia, as imagens construídas pela Coroa Portuguesa a respeito dos espaços sul-americanos procuraram transmitir noções de vazios culturais e sociais, vindo a justificar e legitimar a imposição de estruturas de dominação.[90] Mas a postura adotada na

88 "Levantamento de Pelourinho". Vila Nova de São José, 27 jul. 1767. DI 23, p. 407-411.

89 Cf. "Documento 86". [Informações de Vicente da Costa T. G. e Ar. sobre a mudança de povoação]. Itu, 21 jun. 1784. In: DORIZOTTO, Sermo. Os primórdios de Piracicaba. Piracicaba: Instituto Histórico e Geográfico de Piracicaba, 2008, p. 128-129.

90 CORREA, Dora Shellard. "Descrições de paisagens – construindo vazios humanos e territórios indígenas na capitania de São Paulo ao final do século XVIII". Varia História, v. 24, n. 39, Belo Horizonte, p. 135-152, 2008.

escolha de sítios urbanos mostrou que foi necessária uma constante atenção a elementos preexistentes, embora nem sempre isso se explicite.

A TERRA FIGURADA: IMPLANTAÇÃO E DEFINIÇÃO DO TRAÇADO

> Advirto a vosmecê que desembaraçado dos matos o terreno, mande vosmecê logo formalizar as praças e as ruas, fazendo-lhe plantar estações grossos e bem seguros nos ângulos de todas as quadras para de uns a outros se cordearem em direitura as ruas, e as primeiras casas que se fizerem devem ser nos ângulos, para o que remeterei a vosmecê um prospecto da figura das casas, para que todas sejam feitas pela mesma planta, para ficar a terra mais bonita.
> Instruções do governador Morgado de Mateus ao ajudante de ordens Afonso Botelho de Sampaio, 1767

Desde os primeiros momentos de estabelecimento de núcleos urbanos mostrou-se intenção de controlar o desenvolvimento da forma urbana. Como se vê nas citadas instruções a Afonso Botelho de Sampaio, a imposição de determinações formais foi parte de um esforço de disciplinar os trabalhos de implantação e construção.[91]

A primeira tarefa dos povoadores de novos núcleos era "fazer roças" para garantir seu próprio sustento. A organização do cultivo agrícola foi também uma estratégia por parte da Coroa para promover a sedentarização dos colonos e ajustá-los a um novo regime de trabalho. Muitos deles, como se viu, eram homens livres pobres que haviam sido afastados dos seus meios de sobrevivência ou então índios retirados da tutela de administradores.

Já no início da instalação de novos núcleos, surgiu o problema da subsistência dos povoadores. Frei Francisco da Piedade e o diretor Diogo Pereira Pais alegaram que os povoadores de Sabaúna eram muito pobres e não poderiam subsistir naquele sítio hostil a não ser que se lhes enviasse sustento durante um ano, até a primeira colheita, enquanto seriam feitos os trabalhos de limpar os terrenos, cultivar a terra e construir as primeiras casas.[92] Afonso Botelho de Sampaio foi averiguar o problema e deu razão às queixas das autoridades locais, sugerindo que se

---

91 Carta do governador da capitania de São Paulo, D. Luís Antônio de Sousa Botelho Mourão, para o ajudante de ordens Afonso Botelho de Sampaio e Sousa. São Paulo, 2 abr. 1767. DI 67, p. 107-109.

92 "N. 37" Carta do governador da capitania de São Paulo, D. Luís Antônio de Sousa Botelho Mourão, para o ministro e secretário dos negócios do Reino, Sebastião José de Carvalho e Melo. São Paulo, 28 jan. 1767. DI 23, p. 44-46.

enviassem aos povoadores ao menos farinha e sal, que poderiam vir de Iguape.[93] Em resposta aos "diversos pareceres e dúvidas" com relação à Sabaúna, o governador Morgado de Mateus explicou como deveria ser estabelecida a povoação:

> o meio mais eficaz e mais seguro é juntar toda aquela gente e levá-los à paragem da povoação e ali debaixo das direções de quem os governe fazer-lhes assinalar sítios para as suas roças, fazendo os trabalhos juntos por modo de faxina militar, um dia em uma e outro dia em outra [roça] e depois de feitas e beneficiadas por este modo, enquanto cresce a planta irem e virem para os povoados este primeiro ano, e depois irem no tempo da colheita fazer as casas de sua habitação e deste modo facilmente se pode concluir a dita povoação, havendo zelo e cuidado nos diretores.[94]

Afonso Botelho de Sampaio deveria juntar os povoadores e levá-los ao local da nova povoação. Os diretores orientariam a distribuição das terras a serem cultivadas. Os povoadores deveriam trabalhar em regime militar e, no primeiro ano, alternariam entre o cultivo no novo sítio urbano e seu núcleo original de procedência. O texto segue informando que o governo da capitania lhes daria sementes, pólvora, chumbo e ferramentas para principiar os trabalhos. Só depois da primeira colheita seria iniciada a construção de casas na nova povoação. Antes disso, houve constante necessidade de buscarem mantimentos nas vilas das proximidades e, para isso, podia ainda ser preciso fazer obras de abertura de caminhos. O estabelecimento da freguesia viria em seguida:

> Logo que estiver a planta feita na forma que digo e estabelecido o princípio para suas habitações, se lhe dará a providência do Culto Divino, que por ora enquanto não há estabelecimento certo se não lhe pode dar e como a distância dali à povoação não é grande, podem ir aos domingos e dias santos à missa, enquanto decentemente se lhe não dá

---

93 Carta do ajudante de ordens Afonso Botelho de Sampaio para o governador da capitania de São Paulo, D. Luís Antônio de Sousa Botelho Mourão. Cananeia, 9 jan. 1767. BNRJ-AM I-30, 18, 1, n. 2

94 "Para o mesmo". Carta do governador da capitania de São Paulo, D. Luís Antônio de Sousa Botelho Mourão, para o ajudante de ordens Afonso Botelho de Sampaio e Sousa. São Paulo, 30 jan. 1767. DI 67, p. 68-70.

providência a isso; o que não pode ser enquanto não houver corpo de povoação subsistente naquela paragem.[95]

Esse sistema de trabalho garantiria que os povoadores pudessem assistir à missa durante a construção do novo núcleo, até que ele pudesse ter estatuto de freguesia.

A questão do sustento inicial dos moradores foi transmitida ao Conde de Oeiras, mas alguns meses depois o Morgado de Mateus respondeu a Afonso Botelho de Sampaio que não tinha nem ordens nem recursos financeiros para auxiliá-los. Os meios de sustentar os povoadores teriam de ser encontrados localmente. No mês seguinte, o padre Francisco da Piedade relatava ainda que muitos dos povoadores de Sabaúna não tinham "nem um pão de mandioca" para comer e eram mantidos por ele mesmo, "às custas de suas missas".[96]

Também em Campinas houve dificuldades para iniciar os trabalhos de construção da nova povoação. Frei Antônio de Pádua reclamou que os povoadores "só cuidam em povoar os bosques mais desertos, andando à caça, ao palmito e ao mel, fazendo companhia aos macacos"; além disso, haveria "meia dúzia de genros asitando [sic] em casa de seu[s] sogro[s] e outros nas de seus amigos". Os povoadores persistiam em costumes tradicionais de coabitação familiar e extrativismo. Frei Antônio de Pádua solicitou o envio de ordens para que "todos os casais façam seus domicílios em rua" e pediu também que se incumbisse o diretor de obrigar a "todos que vão ou mandem trabalhar nas taipas da dita igreja [de Campinas]".[97]

Na instalação do Forte do Iguatemi, o problema do sustento dos povoadores mostrou-se mais grave, pois os núcleos administrativos de onde se podiam enviar mantimentos estavam a grande distância e os lavradores corriam risco de ataques do gentio e dos castelhanos. As instruções do Morgado de Mateus para o estabelecimento do Iguatemi foram similares às de outras povoações no que diz respeito ao início dos trabalhos nas lavouras. Acrescentou-se ainda que, depois de estabelecer a fortaleza e sua povoação, deveriam ser criados núcleos satélites ou bairros, a distâncias regulares, tendo cada um deles um grupo de sete ou oito

95 "Para o mesmo". Carta do governador da capitania de São Paulo, D. Luís Antônio de Sousa Botelho Mourão, para o ajudante de ordens Afonso Botelho de Sampaio e Sousa. São Paulo, 30 jan. 1767. DI 67, p. 68-70.

96 Carta do frei Francisco da Piedade ao governador da Capitania de São Paulo, D. Luís Antônio de Sousa Botelho Mourão. Iguape, 4 maio 1767. BNRJ-AM I-30, 15,22, n. 7.

97 Carta do frei Antônio de Pádua ao governador da capitania de São Paulo, D. Luís Antônio de Sousa Botelho Mourão. Jundiaí, 3 maio de 1774. BNRJ AM, I-30,15,4, no.1.

famílias, para reforçar a defesa do Iguatemi e propiciar socorro mútuo.[98]Mas já nos primeiros anos de construção do Forte o capitão João Martins Barros expôs ao governador a dificuldade de garantir soldados para defesa ao mesmo tempo que era necessário ter homens ocupando-se da lavoura.[99]

Em Lajes, os custos iniciais de estabelecimento da povoação foram transferidos para as mãos de um particular. Um requerimento de mercês do começo do século 19 enumerou as tarefas que teriam custado ao fazendeiro Antônio Correia Pinto "quase toda sua fortuna": para convencer os povoadores a deixarem suas antigas habitações, teria sido preciso saldar-lhes as dívidas, arcar com os custos de transferi-los para Lajes e lhes dar recursos para iniciarem suas criações de animais; Antônio Correia Pinto também teria tido despesas com a edificação da igreja matriz e da casa de câmara e cadeia.[100]A construção desses edifícios deve ter sido feita pelos escravos de Antônio Correia Pinto.

O problema do sustento dos povoadores parece ter sido um fator de desagregação já nos primeiros momentos de instalação de alguns núcleos urbanos. Na virada para o século 19, as instruções do governador Antônio Manuel de Melo Castro e Mendonça sobre o modo de estabelecer Queluz também mostraram preocupação com o assunto. A solução proposta por Castro e Mendonça foi recorrer a Câmaras das vilas mais próximas para conseguir mantimentos entre cultivadores locais durante os seis ou oito meses em que se aguardaria a primeira colheita.[101]

Erigir igreja, abrir praça e cordear ruas

Antes mesmo de se definirem os sítios de novas povoações no termo da vila de Curitiba, o capitão-mor Lourenço Ribeiro de Andrade recebeu instruções sobre como agir na organização dos trabalhos. É provável que essas instruções já considerassem os problemas tidos antes em outros núcleos, pois se recomendou dar início às construções só depois de garantir os alimentos para sustento dos povoadores. Determinações pertinentes ao traçado urbano também foram fixadas.

---

98 "Ordem [do governador da capitania de São Paulo D. Luís Antônio de Sousa Botelho Mourão] que leva o ajudante das ordens Antônio Lopes de Azevedo para executar nas diligências da expedição do Ivaí". São Paulo, 14 mar. 1769. DI 5, p. 120-133.

99 BELLOTTO, Heloísa Liberalli. *Autoridade e conflito no Brasil colonial...*, p. 131

100 Requerimento do coronel do 1º Regimento de Cavalaria de Milícias da capitania de São Paulo, Policarpo Joaquim de Oliveira ao (Príncipe Regente, D. João) Anexo: requerimento. Ant. 6 ago. 1803. AHU-São Paulo-MGouveia, cx. 52, doc. 4055.

101 Ofício do governador e capitão-general da capitania de São Paulo, Antônio Manuel de Melo Castro e Mendonça, para o capitão Antônio Fernandes da Silva. São Paulo, 26 jun. 1800. AHU_ACL_CU_023, Cx. 15, D. 738, anexo.

Depois de reunir os povoadores e escolher o sítio, os procedimentos do capitão-
-mor deveriam ser os seguintes:

> ...mandar lançar roças, tanto que houver mantimento, levar os ca-
> sais a fundar a igreja em sitio seco, alegre e desembaraçado, abrir-lhe
> praça quadrada, cordear as ruas muito direitas, com suas travessas,
> formando quadras largas, para poder nas casas haver quintais, plantar
> logo estacões e fundar nos ângulos ou cantos das ruas as primeiras
> casas, que logo fique figurada a terra na sua direitura para que seja
> mais agradável a sua vivenda e nesta forma espero que vosmecê queira
> concorrer para fundar algumas vilas por essas partes, em que me ajude
> a fazer este serviço a Deus e a Sua Majestade.[102]

Os trabalhos deveriam começar pela construção da igreja. A definição do traçado da praça e das ruas precederia às edificações. O sistema de cordeação
asseguraria o alinhamento retilíneo. As primeiras casas deveriam ser feitas nas
esquinas dos quarteirões, de modo a fixar uma estrutura urbana regular. No
mesmo dia, foram transmitidas recomendações similares para o estabelecimento de Guaratuba, acrescentando-se que seria enviado "um prospecto da
figura das casas, para que todas sejam feitas pela mesma planta, para ficar a
terra mais bonita".[103] Sugere-se intenção de impor regularidade às fachadas, o
que foi associado a uma qualidade estética.[104]

As instruções enviadas pelo governador de São Paulo a diferentes pontos da
capitania eram similares àquelas estabelecidas em cartas régias para fundação de
vilas desde pelo menos o reinado de D. João V.[105] Elementos fundamentais impostos pelo Morgado de Mateus também constavam das cartas régias – a praça
como foco do traçado, ruas retas, casas com quintais e fachadas regulares. Mas
a obrigação de construir as primeiras casas nas esquinas parece ter sido parte de
um modo de implantação urbana estabelecido na capitania (figura 3.2).

---

102 "Para Lourenço Ribeiro de Andrade em Curitiba". Carta do governador da capitania de São
Paulo, D. Luís Antônio de Sousa Botelho Mourão, para o capitão-mor Lourenço Ribeiro de Andrade
São Paulo, 2 abr. 1767. DI 67, p. 104-106.

103 Carta do governador da capitania de São Paulo, D. Luís Antônio de Sousa Botelho Mourão,
para o ajudante de ordens Afonso Botelho de Sampaio e Sousa. São Paulo, 2 abr. 1767. DI 67, p.
107-109.

104 Sobre os termos empregados para referir a desenhos ver BUENO, Beatriz Piccolotto Siqueira.
"De quanto serve a ciência do desenho no serviço das obras de el-rei..."

105 Ver p. 52.

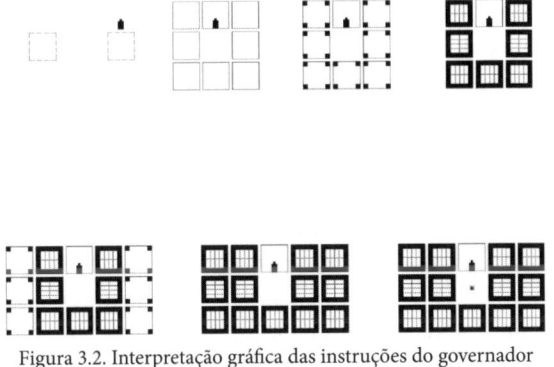

Figura 3.2. Interpretação gráfica das instruções do governador
Morgado de Mateus para implantação de povoações.

No discurso oficial, os traçados urbanos foram vistos como agentes de imposição de padrões de convivência social considerada civilizada. Na elevação a vila de São José dos Campos, julgou-se necessário "arruarem-se os moradores desta nova vila com formalidade de gente civil, e não como até agora viveram com a brutalidade de gentio".[106] A associação entre forma urbana e uma determinada noção de polidez também se mostrou em ordem ao juiz de fora de Santos para que não se construíssem casas "em parte que desmanche a proporção das ruas públicas e muito menos que se estendam para a parte do mar". A justificativa foi a seguinte:

> E porque uma das coisas que as nações mais cultas costumam ter grande cuidado no tempo presente é a simetria e harmonia dos edifícios que de novo se levantam nas povoações das cidades e vilas para que da sua disposição não [apenas] resulte a comodidade pública mas também o agrado com que se fazem mais apetecíveis, e hábeis as povoações, conhecendo-se da sua boa ordem com que estão dispostas a polícia e a cultura dos seus habitadores [sic].[107]

Evocou-se o exemplo de nações consideradas mais cultivadas para se defender a simetria e a harmonia nos traçados urbanos. No século 18, esses conceitos estavam associados à regularidade e à padronização de fachadas de edificações.[108] As

106 "Levantamento de Pelourinho". Vila Nova de São José, 27 jul. 1767. DI 23, p. 407-411.

107 "Outra portaria [do governador da capitania de São Paulo, D. Luís Antônio de Sousa Botelho Mourão] que levou o mesmo [juiz de fora José Gomes Pinto de Morais] para se não desmancharem as ruas da vila de Santos". São Paulo, 15 set. 1766. DI 65, p. 106-107.

108 ARAÚJO, Renata K. Malcher. *A urbanização do Mato Grosso no século XVIII...*, p. 377-380.

mencionadas ordens ao juiz de fora de Santos estabeleceram ainda que as casas a serem construídas junto à orla seguissem o alinhamento das demais, de modo a evitar que a vista das casas existentes fosse bloqueada e também para garantir espaço para construção de um futuro cais.[109]

A praça era considerada lugar privilegiado de expressão de um ideal de civilidade. Em 1772, oficiais militares da vila de Santana do Parnaíba planejaram fazer uma reforma na praça junto à igreja matriz, "para se exercitarem no louvável exercício da cavalaria, para estarem prontos com as suas pessoas e cavalos adestrados não só para o exercício da guerra, mas para o lustre dos festejos públicos desta cidade [de São Paulo]".[110] Os oficiais solicitaram licença para destinar a verba reservada para manutenção do caminho de Santos à reforma da praça. O governador paulista considerou a obra de grande utilidade e afirmou que "não há terra culta que não tenha uma boa praça", acrescentando, porém, que "esta não custará tanto, que pouco se não possa fazer com ajuda dos moradores".[111] A administração da capitania inicialmente determinou que um sargento-mor da vila dirigisse os trabalhos. Mais tarde, foi necessário enviar um oficial para superar a resistência dos moradores chamados a contribuir com a obra e também para dar "direções para ela se fazer de modo que fique o pátio direito, cortando por onde entender".[112]

Em Jacareí, a reforma na praça seria feita em nome do embelezamento urbano, ou melhor, do aformoseamento. Os oficiais da Câmara solicitaram autorização para demolir construções que atrapalhariam a vista da igreja matriz da vila, principalmente quatro casas que estavam no interior do adro e prestes a ruir.[113] Uma apreciação estética da cidade mostrou-se também nas seguintes ordens para o diretor da povoação de Piracicaba: "forme-lhe muito bem as ruas com largueza para comodidade dos habitadores (sic) e recreação da vista".[114]

---

109 "Outra portaria [do governador da capitania de São Paulo, D. Luís Antônio de Sousa Botelho Mourão] que levou o mesmo [juiz de fora José Gomes Pinto de Morais] para se não desmancharem as ruas da vila de Santos". São Paulo, 15 set. 1766. DI 65, p. 106-107.

110 "Para o sargento-mor da Parnaíba". Carta do governador da capitania de São Paulo, D. Luís Antônio de Sousa Botelho Mourão, para o sargento-mor Antônio Francisco de Andrade. São Paulo, 29 abr. 1772. DI 64, p. 19.

111 Carta do governador da capitania de São Paulo, D. Luís Antônio de Sousa Botelho Mourão, para a Câmara da Vila de Parnaíba. São Paulo, 28 abr. 1772. DI 64, p. 18-19 (grifo nosso).

112 "Ordem para o capitão Francisco Aranha Barreto passar à vila de Parnaíba e construir o pátio da matriz contra todas as oposições". São Paulo, 26 jun. 1772. DI 33, p. 67-68.

113 Carta dos oficiais da câmara da vila de Jacareí para o governador da capitania de São Paulo, D. Luís Antônio de Sousa Botelho Mourão. Jacareí, 13 set 1766. BNRJ, AM, I-30,22, 8, n. 8.

114 "Para Antônio Barbosa Pereira, diretor da nova povoação de Piracicaba". São Paulo, 4 jun. 1767. DI 67, p. 157-158.

A imposição de fazer casas arruadas foi reforçada em ordens enviadas a diversos pontos da capitania. Na expansão colonizadora portuguesa, arruar foi termo corrente para designar o ato de dispor ruas e construções de modo alinhado.[115] Conforme alertou Murillo Marx, esse entendimento espacial do arruar foi secundário ao sentido inicial, de caráter social, ligado à distribuição de pessoas no espaço urbano segundo profissões e ofícios.[116] Na capitania de São Paulo, em 1769, chegou-se mesmo a impor que todas as pessoas vivendo em sítios rurais, desde que tivessem possibilidade, fizessem casas arruadas dentro das vilas a que pertenciam.[117]

A qualidade do arruamento foi um aspecto observado pelos membros da expedição que encontrou os vestígios da missão jesuítica de Vila Rica do Espírito Santo, no sertão do Tibaji. Conforme seu relato,

> se percebem perfeitamente as ruas por onde foram, e as esquinas e becos e saídas, montes de telhas, umas quebradas e outras sãs, pelos lugares que foram das casas, e templos, e o lugar de uma grande ferraria de ferreiros, enfim, tudo ainda se percebe e o tamanho dela parece [que] é maior que a vila de Paranaguá, com muito bom fundamento. As ruas bem arruadas, que na forma que está, toda coberta de terra, ainda parece bem.[118]

Mostrou-se aprovação aos princípios de organização de traçado urbano castelhano. Para restabelecer a povoação de Vila Rica e convertê-la em núcleo português, deveriam ser seguidos os seguintes passos:

> [ir] acomodando os povoadores e arruando a vila com boa ordem e regularidade, fazendo edificar as casas e restaurar os templos e repartindo as terras adjacentes com boa economia para se formarem sítios

115 MOREIRA, Rafael. "A arte da ruação e a cidade luso-brasileira". *Cadernos de Pesquisa do LAP*. São Paulo, FAUUSP, n. 37, jan./jun. 2003.

116 MARX, Murillo. *Cidade no Brasil: em que termos?*. São Paulo: Nobel, 1999, p. 95-100.

117 Ordem do governador da capitania de São Paulo, D. Luís Antônio de Sousa Botelho Mourão. São Paulo, 27jun. 1769. DI 65, p. 263.

118 "Notícia do descobrimento da destruída Vila Rica, dada pelo capitão Francisco Lopes da Silva e pelo tenente José Rodrigues da Silva, por cartas escritas a 12 de março deste ano de 1771 no abarracamento do rio Mourão..." In: Notícia da conquista e descobrimento dos sertões do Tibaji, na capitania de S. Paulo, no governo do general D. Luís Antônio de Sousa Botelho Mourão, conforme as ordens de Sua Majestade. 1768–1774. *Anais da Biblioteca Nacional*. Rio de Janeiro, v. 76, 1956, p. 144-145.

e fazendas [para] os novos povoadores, deixando ainda bastante para acomodar os mais que pelo tempo adiante forem chegando.[119]

Arruar seria procedimento básico da implantação urbana. A prática de ruação fora mesmo objeto de uma reflexão teórica abarcando não só a regularização da cidade, mas de todo o território, no Tratado de Ruação para emenda das ruas das Cidades, Vilas e Lugares deste Reino... de José de Figueiredo Seixas, oferecido a Pombal em 1763.[120] A tarefa de arruar era atribuída a oficiais ou autoridades locais. Há referência à presença específica de um "mestre entalhador e arruador" no "delineamento" em 1784 de Piracicaba, cujo traçado iniciou-se pela praça e seguiu com as ruas que dela partiam.[121]

Algumas instruções sobre a configuração de traçados na capitania chegaram mesmo a indicar dimensões de elementos urbanos. Em 1768, enviou-se ao capitão-mor de Lajes, Antônio Correia Pinto, uma carta sobre a necessidade de "dar norma certa para a formatura da referida vila".[122] Recomendou-se, conforme o usual, "formar as primeiras casas nos ângulos das quadras, de modo que fiquem os quintais para dentro a entestar uns com os outros". Impôs-se ainda que a lateral das quadras deveria medir pelo menos sessenta ou oitenta varas [cerca de 65 a 86 m] e as ruas teriam sessenta palmos de largura [13 m].[123] No mesmo dia, o Morgado de Mateus deu ordens aos moradores de Lajes para que fizessem suas casas na vila, em local demarcado por Antônio Correia Pinto, a quem tinha dado "a forma da sua planta".[124]

Também em carta para o juiz de medições de Guaratinguetá, Manoel Antônio de Carvalho, encarregado de estabelecer São Luís do Paraitinga, impuseram-se determinadas dimensões para o traçado urbano. Previu-se "uma grande praça de árvores da igreja, de onde sairão as ruas bem cordeadas, pouco mais ou menos

119 "Apontamento [do governador da capitania de São Paulo, D. Luís Antônio de Sousa Botelho Mourão] do que se deve seguir com as expedições que hão de ir formar a nova Vila Real das Bananeiras" [parcialmente ilegível]. Sem assinatura/data/local. DI 69, p. 11 (grifo nosso).

120 MOREIRA, Rafael. A arte da ruação e a cidade luso-brasileira...

121 Documento 91. "Delineamento da nova povoação de Piracicaba". Piracicaba, 2 ago. 1784. In: DORIZOTTO, Sermo. Os primórdios de Piracicaba. Piracicaba: Instituto Histórico e Geográfico de Piracicaba, 2008, p. 132-133.

122 "Portaria [do governador da capitania de São Paulo, D. Luís Antônio de Sousa Botelho Mourão] para formatura da nova vila no sertão das Lajes". São Paulo, 6 ago. 1768. DI 65, p. 211.

123 "Portaria [do governador da capitania de São Paulo, D. Luís Antônio de Sousa Botelho Mourão] para formatura da nova vila no sertão das Lajes". São Paulo, 6 ago. 1768. DI 65, p. 211.

124 "Ordem [do governador da capitania de São Paulo, D. Luís Antônio de Sousa Botelho Mourão] para que todos os moradores do sertão das Lajes façam casas na vila que se manda naquela paragem". São Paulo, 6 ago. 1768. DI 65, p. 212.

de setenta braças [151m] o lado de cada quadra". O texto não deixa claro se essa dimensão se referia apenas à praça principal ou a todas as quadras. Similarmente ao que se viu em instruções para outras povoações, recomendou-se "edificar uma casa em cada uma das quatro pontas de cada quadrado [ou quadra]". Explicou-se ainda como estruturar o crescimento da povoação:

> E de quadrado a quadrado deixe vosmecê a distância das ruas, que será pouco mais ou menos de 50 até 60 palmos [11 a 13 m], que há de ser a largueza delas; e tanto que vosmecê nesta forma tiver de 50 a 60 casas, que são 12 a 15 quadras, me avise para lhe mandar os privilégios de vila e é razão que logo ao princípio seja feita com toda a grandeza, para que pelo tempo adiante (ficando logo bem fundada) possa conservar--se e ter aumento.[125]

Haveria uma dimensão mínima de doze quadras, com pelo menos quatro casas em cada uma, para que se pudesse obter o título de vila.

As dimensões estipuladas nas ordens para implantação de Lajes e São Luís do Paraitinga não eram rígidas, mas estabeleciam referências a serem adotadas, admitindo-se "pouco mais ou menos". Mesmo assim, é difícil explicar por que esses núcleos receberam determinações mais específicas por parte da administração da capitania. Lajes tinha clara função geoestratégica; já Paraitinga parece estar ligada à expansão mercantil no Vale do Paraíba. Pode-se aventar a hipótese de que houve necessidade de um controle mais estrito sobre o trabalho dos agentes encarregados dessas iniciativas. Havia preocupação com o desempenho de Antônio Correia Pinto em Lajes pois "depois de se ver tão longe, onde não pode recear muito o castigo", talvez não cumprisse a contento todas as ordens que recebera.[126] Por outro lado, Afonso Botelho de Sampaio, homem de confiança do governador, não parece ter recebido instruções específicas quanto a dimensões de traçados urbanos. Possivelmente, Afonso Botelho teria maior margem de autonomia em suas atividades no campo da urbanização e talvez tivesse recebido instruções orais mais demoradas.

Na virada para o século 19, determinações oficiais para implantação do traçado do aldeamento de Queluz também estipularam dimensões específicas. O

---

125 "Para o juiz das medições da vila de Guaratinguetá". Carta do governador da capitania de São Paulo, D. Luís Antônio de Sousa Botelho Mourão, para o juiz de medições Antônio de Carvalho. São Paulo, 20 jun. 1769. DI 92, p. 48-49.

126 "Para o senhor Conde de Oeiras". Carta do governador da capitania de São Paulo, D. Luís Antônio de Sousa Botelho Mourão, para o ministro e secretário dos negócios do Reino, Sebastião José de Carvalho e Melo. Santos, 30 mar. 1766. DI 72, p. 201-215.

governador Antônio Manuel de Melo Castro e Mendonça escreveu ao capitão Antônio Fernandes da Silva nos seguintes termos:

> deve vosmecê mandar a limpar o terreno [da povoação], escolher um lugar para se fazer a igreja, que deve ser no centro dela, ficando com um espaço já marcado para os (sic) adro e casa de pároco, e logo mandará pôr as demarcações para suas ruas, que deverão ter cem palmos de largura [cerca de 22 m] e tiradas em linha reta, bastando por ora fazer somente duas que se cruzem e no meio das quais ficará o referido lugar para a igreja.[127]

Esse texto enfatizou o início dos trabalhos a partir da construção de igreja e da demarcação das ruas, sem fazer referência direta à praça. É surpreendente que as ruas fossem ter largura de 22 metros, dimensão ainda maior do que os sessenta palmos (13 m) encontrados nas ruas principais da Baixa de Lisboa. Talvez a intenção em Queluz fosse criar, a partir do cruzamento de duas ruas principais, uma praça central com 22 m de lado, tendo a igreja ao centro. De modo similar à Queluz, também no auto de fundação da freguesia de Nossa Senhora de Belém de Guarapuava (1819), a oeste do Paraná, estabeleceu-se "que nenhuma das ruas tenha menos de cem palmos [22 m] de largura".[128] Além disso, determinou-se que as casas teriam pelo menos quinze palmos (cerca de 3 m) de altura na fachada e deveriam estar dispostas conforme desenho apresentado pelo vigário Francisco das Chagas Lima.[129] As determinações sobre o traçado de Guarapuava – e provavelmente também de Queluz – estavam vinculadas a um esforço de criar uma configuração eficiente do ponto de vista defensivo, conforme como se verá mais adiante.

---

127 Ofício do governador e capitão-general da capitania de São Paulo, Antônio Manuel de Melo Castro e Mendonça, para o capitão Antônio Fernandes da Silva. São Paulo, 26 jun. 1800. AHU_ACL_CU_023, Cx. 15, D. 738, anexo.

128 Auto de Fundação da Freguesia de Nossa Senhora de Belém de Guarapuava. 9 dez. 1809. *Apud* FERREIRA, Manoel Rodrigues, "O Urbanismo no Brasil-província…", p. 393-396.

129 Auto de Fundação da Freguesia de Nossa Senhora de Belém de Guarapuava. 9 dez. 1809. *Apud* FERREIRA, Manoel Rodrigues. "O Urbanismo no Brasil-província…", p. 393-396.

Planos, prospectos e delineamentos

Pode-se argumentar que, no século 18, "o planejamento era muito mais escrito que desenhado";[130] por outro lado, já se observou também que o recurso à linguagem escrita foi diminuindo à medida que se consolidava o domínio da linguagem gráfica.[131] Por sua vez, Walter Rossa ressalta que o "urbanismo regulado" promovido pela Coroa Portuguesa fez uso do desenho não como modelo, mas como conceito ou "pré-desenho" fundado em conhecimentos matemáticos que associavam Álgebra e Geometria.[132] Para impor determinações formais aos traçados urbanos da capitania de São Paulo, recorreu-se a textos escritos e a desenhos de diferentes naturezas, sendo difícil afirmar a qual desses modos se deu maior peso.

Em 1765, antes de Afonso Botelho de Sampaio e outros oficiais partirem para fundar Guaratuba, Dom Luís Antônio sugeriu ter feito ele mesmo um desenho do traçado urbano: "delineei a formalidade das ruas e praças; e o sítio em que deviam edificar para que fosse mais sadia e lograsse a boa exposição aos raios do Sol".[133] O Morgado de Mateus também se preocupou com "ares sadios e livres de corrupção".[134] A intenção de criar uma configuração que levasse a uma cidade "sadia" pode ser relacionada com escritos de tratadistas de arquitetura. No sexto capítulo do primeiro livro do Tratado de Arquitetura de Marcus Vitruvius Pollio, a disposição de praças e ruas de um recinto fortificado foi relacionada com a saúde dos habitantes, considerando a influência dos ventos e do curso do Sol.[135] O governador devia conhecer o tratado de Vitruvius, pois foi um dos livros

---

130 FLEXOR, "As relações entre o diretório dos índios do Grão-Pará e Maranhão e o direito indiano – sua ausência na historiografia brasileira". In: LEME, Maria Cristina de Silva; CIMBALYSTA, Renato. (org.). SHCU 1990-2008. *Dez Seminários de História da Cidade e do Urbanismo...*

131 BUENO, Beatriz Piccolotto Siqueira. "De quanto serve a ciência do desenho no serviço das obras de el-rei". In: CARITA, Hélder; ARAÚJO, Renata K. M.; ROSSA, Walter (org.) *Actas do colóquio internacional universo urbanístico português...*, p. 267-281.

132 ROSSA, Walter. *A urbe e o traço...*, p. 380.

133 Carta do governador da capitania de São Paulo, D. Luís Antônio de Sousa Botelho Mourão, para o ministro e secretário dos negócios do Reino, Sebastião José de Carvalho e Melo. Santos, 5 dez. 1765. DI 72, p. 159-160.

134 "Projeto ou Plano ajustado por ordem de S. M. F. entre o governador e capitão-general de São Paulo D. Luís Antônio de Souza e o brigadeiro José Custódio de Sá e Faria..."In: PEREIRA, Magnus Roberto de Mello (org.). *Plano para sustentar a posse da parte meridional da América Portuguesa...*, p. 110, item 151.

135 VITRÚVIO. *Tratado de Arquitetura*. São Paulo: Martins, 2007, p. 95-103.

incorporados à sua biblioteca em São Paulo, tendo antes pertencido ao acervo do Colégio dos Jesuítas.[136]

Desenhos de núcleos urbanos por vezes foram enviados pelo governador da capitania a agentes locais encarregados de tarefas no campo da urbanização. Em ordem para erigir a povoação de Caraguatatuba, o Morgado de Mateus impôs "arruar as casas pelo modo que consta do papel junto por mim rubricado, delinea[n]do desde logo o lugar para casa de Câmara, cadeia e demais edifícios públicos, visto que já tem Igreja da invocação de Santo Antônio".[137] Em 1772, depois de um confronto violento com índios nos campos de Guarapuava, a expedição comandada por Afonso Botelho de Sampaio foi encarregada de erigir uma fortificação naquele sertão e, para isso, foram-lhe enviadas instruções escritas e também "a planta que mostra a formalidade em que pouco mais ou menos há de ser feita a fortaleza, o âmbito que há de ter e o lugar das casas para a povoação que há de compreender dentro". Para abreviar o tempo da obra, recomendou-se construir, em vez de baluartes, torres "feitas pela forma antiga".[138]

No caso de Mojiguaçu, os desenhos serviriam para orientar um desenvolvimento urbano ordenado em novo local, de modo que a freguesia pudesse vir a obter prerrogativa de vila. O Morgado de Mateus pretendia mandar "ver, demarcar e arruar a sua figura". As casas dos moradores teriam de ser feitas "segundo o delineamento e figura que se tiver determinado".[139] As instruções sugerem que havia aspectos da configuração espacial que podiam condicionar a concessão do título de vila.

Em carta de 1769 a Afonso Botelho de Sampaio, o governador da capitania enviou um desenho e indicou como empregá-lo na implantação urbana:

> Remeto a vosmecê o plano de como se devem formar as quadras nas povoações, vosmecê diminuirá ou acrescentará aquilo que vir é mais conveniente, porque da forma que explico no dito plano fica logo a

---

136 Relação de todos os livros pertencentes à livraria que tem o exm.o sr. general D. Luís Antônio de Sousa nesta cidade de São Paulo em o ano de 1775. Livros que S. Excelência comprou em São Paulo. Casa cm, G. 1748.05.

137 Ordem de Dom Luís Antônio ao sargento Joaquim da Silva Coelho. São Paulo, 27 set. 1770. di 65, p. 330.

138 "Para o mesmo". Carta do governador da capitania de São Paulo, D. Luís Antônio de Sousa Botelho Mourão para Afonso Botelho de Sampaio. São Paulo, 13 fev. 1772. di 7, p. 85.

139 Ordem do governador da capitania de São Paulo, D. Luís Antônio de Sousa Botelho Mourão, para se averiguar a transferência de sítio de Mojiguaçu. São Paulo, 15 nov. 1769. di 65, p. 292.

> terra formada na sua grandeza e precavido que pelo tempo adiante não entortem as ruas como costumam.[140]

É provável que esse desenho indicasse o modo como se deveriam formar as quadras, tal como já se havia explicado por escrito. Esse mesmo plano serviria de referência para mais de um traçado e poderia ser ampliado ou reduzido, de todo o modo assegurando a regularidade geométrica da estrutura urbana. Em uma carta a oficiais da Câmara de Curitiba sobre a intenção de "fundar ou acrescentar vilas e aldeias" também se fez referência ao envio da planta que poderia servir para orientar a implantação das povoações.[141] Esses desenhos parecem ter um sentido fluido, podendo ser utilizados numa diversidade de situações específicas, a depender também da ação do agente encarregado de implantá-los.

Entre os raros desenhos remanescentes da época de implantação de novas povoações, há uma planta de Lajes datada de 1769 (figura 3.3). No ano anterior, conforme já se mencionou, o capitão-mor da vila havia sido instruído pelo Morgado de Mateus sobre o modo de agir para estabelecer o traçado urbano.[142] Nessa época, o núcleo já estava em seu sítio definitivo junto ao rio Caveiras. O desenho parece ter sido realizado para orientar a implantação urbana, regular a distribuição de lotes e apresentar a Dom Luís Antônio de Sousa o andamento dos serviços. Por sua vez, o Morgado de Mateus enviou a planta à Lisboa para informar sobre o andamento das suas atividades na criação de povoações ao Sul. Mais adiante, analisaremos a representação da morfologia urbana no desenho, mas pode-se adiantar que as casas foram elementos de estruturação das quadras, tal como havia sido recomendado nas instruções ao capitão-mor. A dimensão de 100 palmos (22 m) indicada para uma rua é maior do que os 60 palmos (13 m) sugeridos pelo Morgado de Mateus; já a medida do lado da praça de 350 palmos está dentro do que foi recomendado – 300 a 400 palmos (65 a 86 m).

---

140 Carta do governador da capitania de São Paulo, D. Luís Antônio de Sousa Botelho Mourão, "Para o ajudante das ordens Afonso Botelho [de Sampaio e Sousa] que se acha em Paranaguá". São Paulo, 19 jul. 1769. DI 92, p. 58-59.

141 Carta do governador da capitania de São Paulo, D. Luís Antônio de Sousa Botelho Mourão, para os oficiais da Câmara da vila de Curitiba. São Paulo, 19 mai. 1767. DI 67, p. 137-138.

142 Ver p. 186.

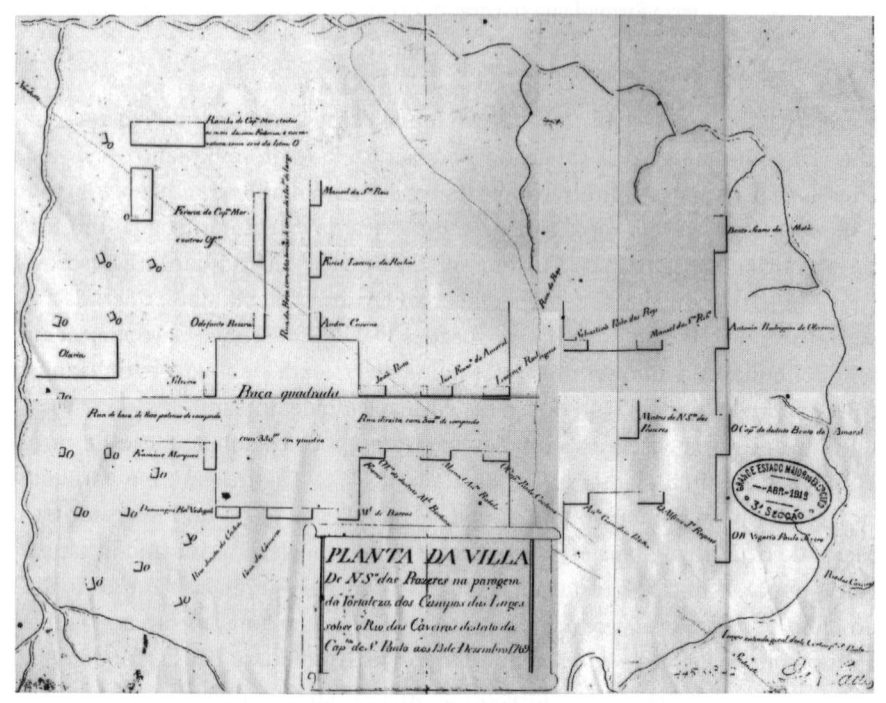

Figura 3.3 Planta da vila de Nossa Senhora dos Prazeres
na paragem da fortaleza dos campos das Lages…, 1769.

A iniciativa mais bem documentada em desenhos foi o Forte do Iguatemi. Um croqui pertinente aos primeiros momentos dos trabalhos de implantação foi enviado a São Paulo em anexo a uma carta de 1768 assinada por vários oficiais (figura 3.4). O desenho mostra o que parece ser o início das obras do fosso exterior e das fundações. Há uma nota sobre o estágio dos trabalhos: o "grande embaraço dos matos derrubados dentro desta praça não deixam mostrar ainda o arruamento".[143] Um ano depois, o sargento-mor Teotônio José Juzarte esteve no Iguatemi e fez um desenho onde já se veem as quadras demarcadas (figura 3.5).

---

143 Anexo ao ofício n.º 21 do (governador e capitão-general da capitania de São Paulo), D. Luís Antônio de Sousa (Botelho Mourão, morgado de Mateus), para o (ministro e secretário de Estado dos Negócios do Reino, Sebastião José de Carvalho e Melo), conde de Oeiras. São Paulo, 23 jul. 1768. AHU_ACL_CU_023-01, Cx. 25, D. 2432.

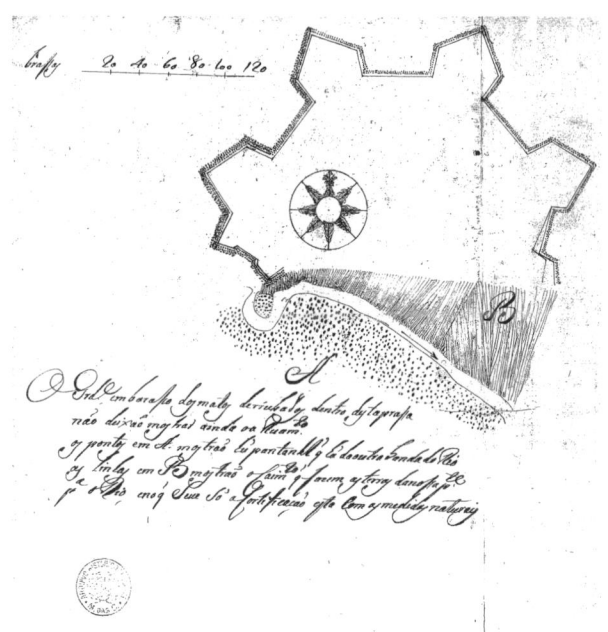

Figura 3.4. Croqui das obras do Forte do Iguatemi, 1768.

Embora não se conheça um projeto da praça-forte do Iguatemi, sabe-se pelo relato de Juzarte que o capitão de infantaria da guarnição do Rio de Janeiro, João Álvares Ferreira, foi enviado para lá "com caráter de engenheiro para a fortificar" e foi o responsável por "delinear" a fortificação.[144]João Álvares Ferreira seria o único homem no Iguatemi "instruído na Artilharia e na Fortificação" e recebeu instruções do governador para "traçar" as obras necessárias e para instruir outros oficiais sobre "o exercício da artilharia e delineamento da fortificação".[145]Mas, em 1770, três anos depois do início dos trabalhos, João Álvares Ferreira teve de se retirar do Iguatemi alegando motivos de saúde. O Morgado de Mateus escreveu então a Lisboa solicitando um oficial engenheiro "para delinear e construir o muito que ali há a fazer".[146]Em 1772, José Custódio de Sá e Faria reiterou a

---

144 souza, Jonas Soares de, Myoko (orgs.). *Diário da navegação: Teotônio José Juzarte*. São Paulo: Edusp, 2000, p. 75.

145 Carta do governador da capitania de São Paulo, D. Luís Antônio de Sousa Botelho Mourão, para o tenente-coronel João Martins Barros. São Paulo, 31 out. 1770. DI 6, p. 124-125. Carta do governador da capitania de São Paulo, D. Luís Antônio de Sousa Botelho Mourão, para o capitão João Álvares Ferreira. São Paulo, 31 out. 1770. DI 6, p. 126-127.

146 "N. 45/Para o mesmo Senhor conde de Oeiras/Dando informações sobre o que se passa em Iguatemi". Carta do governador da capitania de São Paulo, D. Luís Antônio de Sousa Botelho Mourão, para o ministro e secretário dos negócios do Reino, Sebastião José de Carvalho e Melo. São Paulo, 5 dez. 1770. DI 34, p. 303-306.

necessidade de haver mais um engenheiro no Iguatemi, já que sozinho não iria dar conta de todo o trabalho.[147] Como se viu, José Custódio foi enviado para um exame do Iguatemi em 1774.

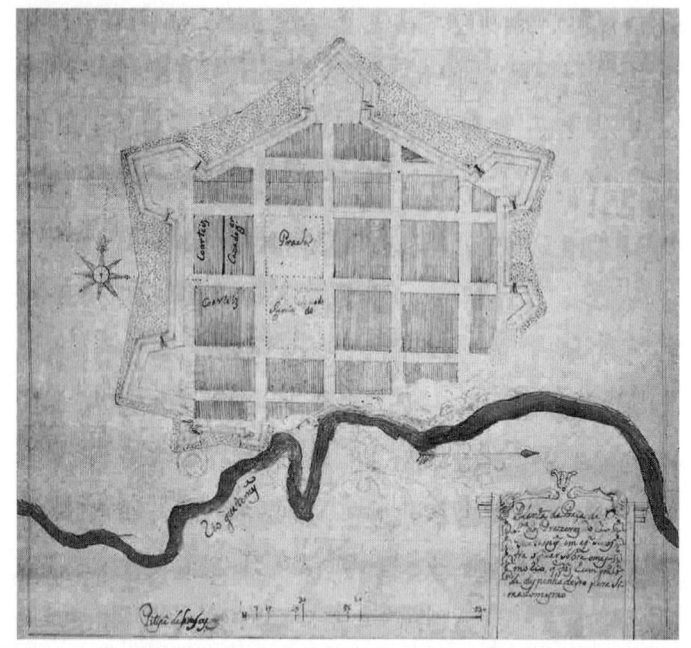

Figura 3.5. Planta da Praça de Nossa Senhora dos Prazeres do Rio Iguatemi..., 1769.

É possível que outros militares além de João Álvares Ferreira tenham atuado na definição das obras do Forte nos primeiros anos. Um dos comandantes da praça foi o sargento-mor Antônio Lopes de Azevedo, que veio a São Paulo junto com o séquito pessoal do governador e era seu conterrâneo de Vila Real. Antônio Lopes já era então oficial de carreira e tinha prestado serviços nas obras do Palácio de Mafra.[148] Em 1770, quando se cogitou elevar o Iguatemi a vila, mencionaram-se casas "formadas e arruadas na forma que tem determinado" o Morgado de Mateus.[149] Se essa menção não tiver sido mera formalidade, então o governador também teria intervindo na configuração do Forte.

---

147 Carta do brigadeiro José Custódio de Sá e Faria para o vice-rei, Marquês de Lavradio. São Paulo, 31 jul. 1772. DI 69, p. 237-239.

148 Decreto de D. Maria I em satisfação dos serviços de Antônio Lopes de Azevedo. ANTT, ds 1783, maço 83 n. 3.

149 "Ordem [do governador da capitania de São Paulo, D. Luís Antônio de Sousa Botelho Mourão] para se fundar vila na Povoação e Praça dos Prazeres de Iguatemi". São Paulo, 27 out. 1770. DI 6, p. 116-120.

Determinações formais foram impostas aos traçados urbanos da capitania ainda antes do início das obras ou já durante a implantação. Não havia um desenho ou um conjunto de desenhos estável e fechado para orientar a construção de um núcleo urbano. Ordens escritas e desenhos de plantas ou fachadas podiam ir sendo enviados aos poucos, sobrepondo-se ou combinando-se. Documentos escritos e desenhos enfatizaram princípios de ordem e regularidade geométrica, sem se aterem a um modelo rígido de planta e possibilitando formas urbanas diversificadas.

Embora raros desenhos da fase de implantação de povoações tenham sobrevivido, na documentação há referências a plantas e fachadas de núcleos urbanos. O Morgado de Mateus deve ter feito ele mesmo alguns desses desenhos ou pode ter supervisionado a sua produção. No Diário de governo, há registro de que "tem Sua Excelência [o Morgado de Mateus] mandado fazer plantas para a boa direção das ruas e agrados dos prospectos das novas povoações".[150] E, em carta à sua esposa D. Leonor de Portugal tratando da educação de seu filho o governador escreveu: "Não se esqueça de mandar ensinar a José [Antônio de Sousa] latim e a debuxar, cuja arte a mim me tem servido mais que todas".[151]Durante sua administração, instalou-se no Colégio dos Jesuítas uma "casa de geometria aonde se ensinava e se delineavam mapas".[152] Em anexo ao Diário de governo há desenhos a lápis e a nanquim do punho do Morgado de Mateus, nos quais foram representadas montanhas do Rio de Janeiro, talvez feitos a partir do navio em que chegou ao Brasil (figura 3.6).

---

150 Diário de governo. CM, 3ª feira 10 mar. [1768?], v. 2, p. 17.

151 Carta de Dom Luís Antônio para sua esposa D. Leonor Ana Luísa José de Portugal. Santos, 13 nov. 1765. In: BELLOTTO, Heloísa Liberalli. *Nem o tempo, nem a distância: correspondência entre o quarto Morgado de Mateus e sua mulher, D. Leonor de Portugal (1757-1798)*. Lisboa: Aletheia, 2007, p. 214.

152 Ofício do governador e capitão-general da capitania de São Paulo, Morgado de Mateus, D. Luís Antônio de Sousa Botelho Mourão, ao [secretário do reino], marquês de Pombal, Sebastião José de Carvalho e Melo. São Paulo, 18 jun. 1774. AHU_ACL_CU_023, Cx. 6, D. 377.

Figura 3.6. Croqui das montanhas do Rio de Janeiro.

O andamento das obras

A construção da igreja era o marco visível do início de uma nova povoação e, conforme ordens do Morgado de Mateus, deveria estar situada no "melhor sítio na frente da praça principal".[153] Conforme apontaram os estudos pioneiros de Murillo Marx, disposições do direito canônico sobre a edificação das igrejas impuseram condicionamentos à formação do tecido urbano.[154] De acordo com a legislação eclesiástica suprema na Colônia, as Constituições primeiras do arcebispado da Bahia, publicadas em 1719, as igrejas deveriam ser edificadas em "sítio alto e lugar decente, livre da umidade e desviado, quanto for possível, de lugares úmidos e sórdidos e de casas particulares e de outras paredes, em distância que possam andar as procissões ao redor delas".[155]

Algumas dessas disposições parecem ter ecoado no relato da vistoria feita pelo vigário de Paranapanema no sítio onde se fundaria Apiaí. Havia ali "lugar alto livre de umidades, com boas águas de beber, sobre o rio Apiaí, com muita largueza de terras para a cultura e matos marinhos tão extensos que vão confinar com a

---

153 Carta do governador da capitania de São Paulo D. Luís Antônio de Sousa Botelho Mourão, para Antônio Correia Barbosa, diretor de Piracicaba. São Paulo, 26 jul. 1770. DI 6, p. 104-105.

154 MARX, Murillo. *Cidade no Brasil: terra de quem?...*MARX, Murillo. *Nosso chão: do sagrado ao profano.* São Paulo: Edusp, 1988.

155 *Apud* NEVES, Guilherme Pereira. *E receberá mercê...*, p. 211.

serra do Mar".[156] Em Mojiguaçu, a proximidade da igreja a casas de moradores foi um dos fatores que levou a sugerir uma mudança de sítio, sob supervisão do governo da capitania, com intenção de corrigir o "erro" na fundação original.[157] É provável que, conforme aconteceu na instalação de Itapetininga, também em outros locais moradores já assentados numa região tentassem influenciar a escolha do local da igreja, para que ficasse mais perto de suas casas.[158] Em Guaratuba, as razões expostas pelos moradores para mudar a igreja de local foram acatadas pelo governador. A construção da igreja no topo de um morro exigiria ultrapassar um rio e trilhar um caminho íngreme demais para conduzir "enfermo ou defunto", além de estar exposto "ao risco de animais silvestres, cobras e onças".[159]

O modo de conduzir a construção de igrejas em novos núcleos foi determinado pelo Morgado de Mateus:

> começando pela capela-mor, que pode ser à custa da Fazenda Real e tanto que tiver feito pouco mais ou menos alguma coisa para remediar e se poder dizer missa, largue o mais ao povo, que eles a acabarão, pois têm obrigação de fazer o corpo da igreja.[160]

A construção da capela ficaria a cargo da Coroa, mas os povoadores teriam de construir a nave e ampliar o edifício, o que era necessário para obter o título de freguesia. As igrejas muitas vezes foram dedicadas a Nossa Senhora dos Prazeres, santa de devoção particular do governador e podiam ter altares a santos com seu nome, São Luís e Santo Antônio.[161] As obras foram sendo acompanhadas pela administração da capitania por meio da correspondência e eventualmente por agentes enviados para fiscalizar seu progresso, com destaque para a presença de Afonso Botelho de Sampaio nas povoações ao Sul.

---

156 "N. 37, Carta de Antônio Furquim Pedroso para o governador da capitania de São Paulo D. Luís Antônio de Sousa Botelho Mourão. Faxina, 14 de janeiro de 1767. DI 23, p. 44-46.

157 Ordem de Dom Luís Antônio para se averiguar a transferência de sítio de Mojiguaçu. São Paulo, 15 nov. 1769. DI 65, p. 291-292.

158 Carta de Simão Barbosa Franco para o governador D. Luís Antônio de Sousa Botelho Mourão. Sorocaba, 25 maio 1768. BNRJ, AM I-30, 12, 7, n. 1.

159 Petição dos moradores de Guaratuba anexa à carta de Afonso Botelho de Sampaio e Sousa para o governador da Capitania de São Paulo, Luís Antônio de Sousa Botelho Mourão. Paranaguá, 5 fev. 1767. BNRJ, AM I-30, 18, 2, n. 10.

160 Carta do governador da capitania de São Paulo, D. Luís Antônio de Sousa Botelho Mourão, para o ajudante de ordens Afonso Botelho de Sampaio. São Paulo, 2 abr. 1767. DI 67, p. 107-9.

161 "[Carta do governador da capitania de São Paulo, D. Luís Antônio de Sousa Botelho Mourão] Para Antônio Correia Barbosa". São Paulo, 26 jul. 1770.

Mas, em Sabaúna e Guaratuba, um ano depois da promulgação dos bandos de povoamento, as obras encontravam-se muito mais atrasadas.[162] Em Guaratuba, os trabalhos só parecem ter deslanchado depois que Afonso Botelho de Sousa persuadiu um morador abastado, Antônio de Souza, a arcar com a despesa de construção da igreja matriz em troca de receber patente de capitão-mor. As obras da igreja e os trabalhos de arruação da vila foram orientados pelo sargento Francisco Teixeira de Carvalho, que também tinha participado da construção da fortaleza de Paranaguá. O sargento prestou contas detalhadas a Afonso Botelho sobre o andamento das obras. O edifício da matriz teria 78 x 32 palmos (17 x 7 m) e seria feito de pedra e cal, com portais em pedras lavradas.[163] O Morgado de Mateus também interveio na obra, recomendando que, por segurança, as paredes tivessem meio palmo (11 cm) a mais do que se vinha fazendo.[164] Em 1769, enquanto se lançavam as fundações do edifício, a vila ia sendo arruada e já havia um depósito para armazenagem de materiais. Dois pedreiros foram pagos para trabalhar na obra da matriz, embora o que ganhassem mal desse para comprar "farinha, congonha [ou erva-mate], fumo e sal".[165]

A maior parte das igrejas da capitania deve ter sido feita de taipa e, quando possível, coberta de telha. No Iguatemi, conforme Teotônio José Zuzarte, construiu-se uma igreja de quarenta palmos de comprimento (8 m) e doze de altura (apenas 2,60 m), feita de taipa de mão e coberta de casca de palmito, sem nenhum ornato.[166] Essa estrutura seria apenas uma capela provisória para abrigar os ritos religiosos no início da instalação do Forte.

Antes da celebração da primeira missa nas igrejas que se construíam, havia o problema de se arranjarem os objetos sagrados e paramentos. Alguns objetos foram enviados de São Paulo ou cedidos por moradores locais. Uma família de Araçariguama foi solicitada a emprestar o sino e os paramentos utilizados em sua capela para serem colocados na igreja de Campinas.[167]Uma dificuldade mais

---

162 Carta do governador da capitania de São Paulo, D. Luís Antônio de Sousa Botelho Mourão, para o ajudante de ordens Afonso Botelho de Sampaio. São Paulo, 2 abr. 1767. DI 67, p. 103-104. Carta do governador da capitania de São Paulo, D. Luís Antônio de Sousa Botelho Mourão, para o ajudante de ordens Afonso Botelho de Sampaio. São Paulo, 30 jan. 1767. DI 67, p. 68-70.

163 Anexo à carta do ajudante de ordens Afonso Botelho de Sampaio e Sousa para o governador Luís Antônio de Sousa Botelho Mourão. Fazenda de São Bento, 23 jul. 1769. BNRJ, AMI-30, 18, 4 n. 4.

164 *Apud* MAFRA, Joaquim da Silva. *História do Município de Guaratuba…*, p. 35.

165 Anexo à carta do ajudante de ordens Afonso Botelho de Sampaio e Sousa para o governador Luís Antônio de Sousa Botelho Mourão. Fazenda de São Bento, 23 jul. 1769. BNRJ, AMI-30, 18, 4 n. 4.

166 SOUZA, Jonas Soares de, Myoko (orgs.). *Diário da navegação…*, p. 75.

167 "Para D. Inácia Buena moradora em Araçariguama". Carta do governador D. Luís Antônio de Sousa Botelho Mourão para Inácia Buena. São Paulo, 3 jun. 1774. DI 64, p. 202-203.

séria parece ter sido a carência de párocos. Em povoações ao Sul, corria o boato de que Dom Luís Antônio não conseguiria designar párocos até o fim de seu governo, o que estaria deixando os habitantes sem ânimo para continuar nos trabalhos de construção de suas casas.[168]

Nos aldeamentos, construções preexistentes foram examinadas quanto à possibilidade de reforma. Em Nossa Senhora da Escada, julgou-se que não haveria condições de fazer novas casas para os religiosos, por isso resolveu-se reparar aquilo que já existia.[169] Conforme descrição de São José da Paraíba feita em 1766 pelo seu recém-nomeado diretor, José de Araújo Coimbra, a igreja precisaria ainda ser coberta e rebocada, a torre estava por concluir, os forros, as janelas e o retábulo estavam por fazer e as casas estavam todas "desbaratadas".[170] A partir de 1766, foram iniciados os trabalhos de reforma da capela-mor e do presbitério, mas teve-se de interrompê-los por ser tempo de plantio. Ainda em 1766, o pároco Antônio Luís Mendes atestou o estado de abandono de casas e roças.[171] Mesmo assim, em 1767 o aldeamento foi elevado a vila. Uma planta realizada provavelmente em 1769, quando se tratava da demarcação do termo da vila, é um dos poucos desenhos conhecidos de traçados urbanos de origem jesuítica em São Paulo (figura 3.7).

Em meio à construção das casas nas novas povoações, podiam ocorrer conflitos em torno da distribuição de lotes. A concessão de terras era atribuição usual das Câmaras, mas, conforme as ordens do governador, mesmo depois da elevação a vila os diretores continuariam gerindo o povoamento e a concessão de terras.[172] Em Faxina, o morador Gaspar de Cubas teria construído as "melhores" casas da povoação em terreno cedido pela Câmara, situado "em princípio de rua". No entanto, o diretor da povoação julgou que o terreno lhe pertencia e quis botar as casas a baixo.[173] Conforme indicou o povoador de Paraibuna, Manuel Álvares

168 Carta do ajudante de ordens Afonso Botelho de Sampaio e Sousa para o governador D. Luís Antônio de Sousa Botelho Mourão. Paranaguá, 4 jan. 1771. BNRJ, AM I-30, 18, 6, n. 2.

169 Carta do governador da capitania de São Paulo, D. Luís Antônio de Sousa Botelho Mourão, para o diretor da aldeia de Escada, Sebastião de Siqueira Caldeira. São Paulo, 1 dez. 1767. DI 68, p. 33-34.

170 Carta do capitão-mor de Jacareí, José de Araújo Coimbra, para o governador da capitania de São Paulo, D. Luís Antônio de Sousa Botelho Mourão. Jacareí, 8 jul. 1766. BNRJ, AM I-30, 10, 27, n. 7.

171 Atestado do pároco Antônio Luís Mendes. Vila de São José, 30 out 1767. BNRJ, AM I-30, 24, 20, n. 3.

172 BELLOTTO, Heloísa Liberalli. Autoridade e conflito no Brasil colonial..., p. 162-163.

173 Carta de José Antônio de Araújo Lima para o governador da capitania de São Paulo, D. Luís Antônio de Sousa Botelho Mourão. Faxina, 30 maio 1773. BNRJ, AM I-30, 13, 24.

de Carvalho, a construção de um novo núcleo ia levando à valorização das terras, tornando as disputas mais acirradas.[174]

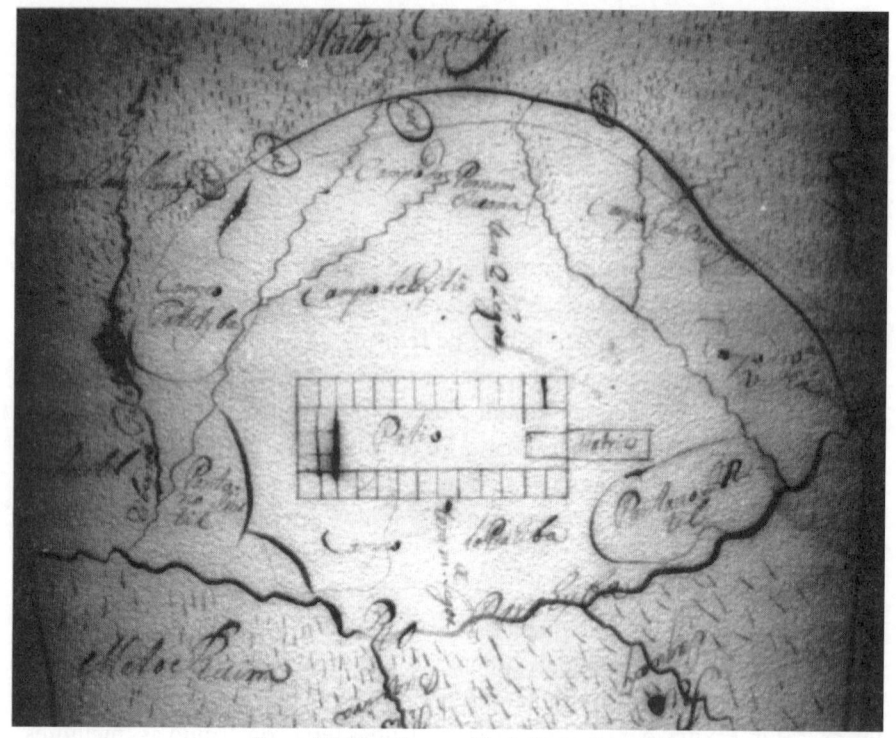

Figura 3.7. Mapa da nova vila de São José, ca. 1769.

Em novas povoações, há indícios de que o ideal de regularidade de fachadas foi cedendo à expressão de distinções sociais entre moradores. No Iguatemi, os povoadores que tinham levado escravos ou agregados logo deram início a suas casas, já os moradores mais pobres, que não tinham tantas ferramentas ou artífices à sua disposição, tiveram de arranjar-se em habitações compartilhadas.[175]

Em 1768, entre as povoações que se estabeleciam na capitania, havia uma, Faxina, que parecia estar muito mais adiantada do que as demais e era citada como referência modelar. Cartas de seu diretor e povoador Antônio Furquim Pedroso indicavam que em 1767 Faxina já estaria "quase feita".[176] No entanto, em 1773, José Antônio de Araújo Lima foi examinar a vila e ficou desapontado.

---

174 Carta de Manuel Álvares de Carvalho para o governador da capitania de São Paulo, D. Luís Antônio de Sousa Botelho Mourão. Paraibuna, 24 out 1774. BNRJ, AM I-30, 10, 14, n. 13.

175 SOUZA, Jonas Soares de, Myoko (orgs.). *Diário da navegação...*, p. 76.

176 Cf. carta do governador da capitania de São Paulo D. Luís Antônio de Sousa Botelho Mourão para o ajudante de ordens Afonso Botelho de Sampaio. São Paulo, 30 jan. 1767. DI 67 p. 68-70.

A igreja seria pequena demais; havia cinquenta casas, mas, apenas doze já podiam ser habitadas; nas demais, a construção em taipa estava ainda em diferentes estágios: algumas já tinham recebido vedação de barro tanto pela parte interna como externamente; outras tinham somente a trama de madeiramento. Contaram-se ali 620 pessoas "de confissão e comunhão", das quais boa parte devia viver à distância do núcleo construído.[177] Alguns meses depois, o capitão-mor de Faxina foi repreendido por irregularidades no modo de conduzir a implantação da vila, tais como a imposição aos povoadores de pilarem as taipas na época em que deveriam ser feitas as lavouras e a cobrança a todos de uma taxa para execução da igreja, quando apenas os chefes de família deveriam pagar.[178]

No acompanhamento das obras por parte da administração da capitania, mostrou-se também alguma preocupação com materiais a serem utilizados, principalmente na cobertura das construções. Instruções relativas à vila de Macapá (1758), no vale amazônico, estabeleceram o fabrico de telhas e rejeitaram a cobertura de palha em nome de noções de "decoro e decência", julgando que seu uso "só parece lícito aos índios pela sua necessidade".[179] A substituição do colmo – palha comprida que podia ser extraída de diversas plantas – pela telha foi recomendada também em outras vilas, onde se sugeriu ainda o uso de tijolos no lugar de madeira e barro.[180] Também em instruções para construção de vilas na comarca de Porto Seguro recomendou-se que as casas deveriam ter cobertura de telha, "quando a houvesse" ou, de outro modo, madeiramento coberto com palha, para evitar que apodrecesse.[181] Na capitania de São Paulo, o uso do colmo parece ter sido admitido como solução provisória. Em Paraibuna, o diretor da povoação informou que as casas estavam sendo cobertas com palha de palmito, mas assegurou que mais adiante se pretendia cobri-las de telha.[182] A administração da capitania procurou mesmo impedir

177 Carta de José Antônio de Araújo Lima para o governador da capitania de São Paulo, D. Luís Antônio de Sousa Botelho Mourão. Faxina, 30 maio 1773. BNRJ, AM I-30, 13, 24.

178 Carta do governador da capitania de São Paulo, D. Luís Antônio de Sousa Botelho Mourão, para o capitão-mor José de Almeida Leme. São Paulo, 8 nov. 1773. DI 64, p. 163-164.

179 *Apud* ARAÚJO, Renata Klautau Malcher de. *As cidades da Amazónia no século XVIII...*, p. 158.

180 COELHO, Mauro Cezar. *Do sertão para o mar...*, p. 202.

181 FLEXOR, Maria Helena Ochi. Núcleos Urbanos criados por Pombal no Brasil do século XVIII...

182 Carta de Manuel Álvares de Carvalho para o governador da capitania de São Paulo D. Luís Antônio de Sousa Botelho Mourão. Vila Nova de São Luís, 27 out. 1774. BNRJ, AM, I-30, 10, 14, n. 14.

que se queimasse capim onde pudesse ser útil para cobrir as casas da nova povoação de Itapetininga.[183]

Além de o colmo ser considerado pouco adequado por evocar as habitações indígenas, também tornava as construções mais vulneráveis a incêndios. No Iguatemi, conforme o relato de Juzarte, as casas "eram poucas, fabricadas da mesma sorte de parede de mão e os tetos de capim", por isso, em dias de chuva, temia-se muito que os raios pudessem botar fogo na povoação, ainda mais porque se guardava a pólvora na construção igualmente frágil da igreja.[184]No já mencionado Plano para sustentar a posse, o Morgado de Mateus reconheceu que a cobertura em palha ou palmeira era a única possível para as casas e quartéis de uma fortificação proposta na Barra do Registro. O governador parecia familiarizado com os materiais locais, pois sugeriu uma solução construtiva de vedação em barro para não deixar a palha tão à mostra, de modo a minimizar o risco de incêndio.[185]O problema foi considerado também na carta régia de 1º de abril de 1809 que dispôs sobre o estabelecimento de uma povoação nos campos de Guarapuava:

> que as casas da povoação que for erigindo de novo sejam espaçadas umas das outras para que se os índios lançarem fogo a algumas delas, as outras se possam salvar, cobertas quanto possível for de telhas e sempre rodeadas de algum fosso ou trincheira de madeira que assuste o índio roubador.[186]

A solução para evitar incêndios em Guarapuava teria implicações no traçado urbano. As casas seriam espaçadas entre si e, conforme se mencionou antes, as ruas teriam largura maior do que o usual. Além disso, cuidou-se do material das casas, que deveriam ser "de pedra ou taipa de pilão ou ao menos firmadas sobre

---

183 "Para o diretor de Itapetininga". Carta do governador da capitania de São Paulo, D. Luís Antônio de Sousa Botelho Mourão, para Simão Barbosa Franco. São Paulo, jan. 1770. DI 92, p. 98.

184 souza, Jonas Soares de, Myoko (orgs.). *Diário da navegação…*, p. 75-77.

185 "Projeto ou Plano ajustado por ordem de S. M. F. entre o governador e capitão-general de São Paulo D. Luís Antônio de Souza e o brigadeiro José Custódio de Sá e Faria…" In: pereira, Magnus Roberto de Mello (org.). *Plano para sustentar a posse da parte meridional da América Portuguesa…*, p. 111, item 153.

186 Carta régia do príncipe regente D. João. Rio de Janeiro, 1 abr. 1809. (Aprova o plano de povoar os campos de Guarapuava e de civilizar os índios bárbaros que infestam aquele território). In: takatuzi, Tatiana. *Águas batismais e santos óleos…*, anexo 2.

esteios de madeiras de cerne".[187] Essas instruções indicam que havia disposição oficial a acatar o sistema construtivo de pau a pique, desde que se empregassem madeiras resistentes.

Elevação a vila

A configuração física de um núcleo urbano foi um dos aspectos levados em consideração quando se cogitava elevá-lo a vila. Os requerimentos de elevação a vila apresentados por colonos costumavam fazer referência à grande distância em que se encontravam da vila mais próxima e davam uma ideia das dimensões de sua povoação. Os moradores da freguesia de Nossa Senhora da Guia da Ribeira afirmaram que se achavam a seis dias de viagem de Iguape e já estavam "arruados com quarenta e duas casas".[188] O pedido de elevação de Atibaia a vila não especificou o número de casas, mas indicou que a "igreja matriz acha-se em território para isso muito suficiente e nela já fundadas muitas casas contíguas em forma regular".[189] Em 1797, em informações dadas pela câmara de Atibaia a respeito da aptidão de se elevar vila na freguesia de Jaguari, situada em seu termo, indicou-se a quantidade de fogos e de pessoas da freguesia, descreveu-se o sítio em que se achava, o estado das casas existentes na praça da igreja matriz e mencionou-se a possibilidade de se formarem mais ruas.[190]

As ordens do Morgado de Mateus para elevação de vilas iniciavam-se com a seguinte fórmula:

> Porquanto S. Majestade que Deus guarde foi servido ordenar-me nas Instruções de 26 de janeiro de 1765 e em outras que ao depois fui recebendo, que era muito conveniente ao seu real serviço que nesta capitania se erigissem vilas naquelas partes que fossem mais convenientes e que a elas se congregassem todos os vadios e dispersos ou que vivem em sítios volantes para morarem em povoações civis, em que se lhes

---

187 Auto de Fundação da Freguesia de Nossa Senhora de Belém de Guarapuava. 9 dez. 1809. In: FERREIRA, Manoel Rodrigues. *O urbanismo no Brasil-província...*, p. 393-396.

188 Carta de Joaquim Machado e Moreira ao governador da capitania de São Paulo, D. Luís Antônio de Sousa Botelho Mourão. Ivajurunduva, 6 jan 1772. BNRJ, AM I-30,14,23, n. 4.

189 Carta dos oficiais da Câmara da cidade de São Paulo, ao rei [D. José I]. São Paulo, 17 fev. 1759. AHU_ACL_CU_023, Cx. 5, D. 305.

190 "Elevação de Bragança a vila". Informação da Câmara de Atibaia. Atibaia, 1º de outubro de 1797. DI 15, p. 102-111.

pudessem administrar os sacramentos e estivessem prontos para as ocasiões de Seu Real Serviço...[191]

Esse trecho remetia às já citadas ordens régias de 25 de janeiro de 1765 e 22 de julho de 1766. Sugeria ainda que as vilas seriam espaço onde os povos teriam uma vida condigna com as normas da Igreja e do Estado. Em seguida, assinalava-se que já haveria "bastantes casas, igreja e outros edifícios públicos em que se está atualmente trabalhando"[192] ou "bastante número de moradores e casas bastantes e bem arruadas".[193]

Conforme Cláudia Damasceno Fonseca, a Coroa Portuguesa nunca estabeleceu critérios claros, tais como um patamar mínimo de população, para definir quais comunidades deveriam passar a ter título de vila.[194] O Morgado de Mateus sabia que "quanto ao número dos moradores não há regra certa" e observou que Moji das Cruzes teria sido fundada com apenas dez vizinhos "e todas as mais desta capitania com muito poucos", já que se teria considerado apenas "a comodidade que tinham de crescer pelo tempo adiante, como assim sucedeu e o mesmo poderemos nós fazer".[195] Razões políticas para elevar um núcleo a vila eram mais importantes do que a quantidade de população.

A concessão do título de vila implicava algumas intervenções no traçado urbano. Além da instalação do Pelourinho, era preciso decidir o lugar onde seria construída a casa de Câmara e Cadeia. Podia-se recomendar que os moradores a construíssem "de mão comum, com a grandeza e fortificação que coubesse na

191 "Portaria [do governador da capitania de São Paulo, D. Luís Antônio de Sousa Botelho Mourão] ordenando a elevação a vila da povoação de Santo Antônio do Registro, no distrito de Curitiba". São Paulo, 11 dez. 1771. DI 33, p. 42-43. Ver também "Ordem para se formar Vila da Aldeia de Nossa Senhora da Escada". São Paulo, 14ago. 1767. DI 65, p. 175-176. Portaria de Dom Luís Antônio de Souza Botelho Mourão. São Paulo, 2 de janeiro de 1770. Foi outra do mesmo teor para se erigir em V.a a nova povoação de Guaratuba. DI 6, p. 72. "Ordem para se formar V.a a nova Povoação de Guaratuba". São Paulo, 23 de janeiro de 1770. "Foi outra do mesmo theor para se formar V.a a nova Povoação de – Sabauna". DI 65, p. 300-301. Ordem de Dom Luís Antônio para se elevar Itapetininga à vila. São Paulo, 8 de outubro de 1770. DI 65, p. 331-332. "Ordem para a elevação de Apiahy a Villa". São Paulo, 14 ago. de 1771. DI 33, p. 31-32.

192 Portaria do governador da capitania de São Paulo, D. Luís Antônio de Sousa Botelho Mourão. São Paulo, 2 jan. 1770. DI 6, p. 72.

193 "Ordem para se fundar vila na povoação e praça dos Prazeres de Iguatemi". São Paulo, 27 out. 1770. DI 6, p. 116-120.

194 FONSECA, Cláudia Damasceno. Des terres aux villes de l´or ..., p. 354.

195 Carta do governador da capitania de São Paulo, D. Luís Antônio de Sousa Botelho Mourão, para o tenente-coronel Afonso Botelho de Sampaio e Sousa. São Paulo, 1 jan. 1770. DI 6, p. 69-71.

possibilidade da terra".[196] Em Mojimirim, previu-se fazer uma construção de dois lances para a casa de Câmara, especificando-se que cada um deles venceria 22 palmos (48 m), com paredes de taipa bem socadas e de 4 palmos (87 cm) de largura. Haveria uma prisão no subsolo com espaços separados para homens e mulheres.[197] A obra seria feita aos poucos pelos moradores, com auxílio da Câmara. Mas, muitas vezes optou-se por reformar ou adaptar casas existentes, alegando-se que os moradores não tinham recursos para custear nova construção. É provável que a casa de Câmara da maior parte dos núcleos não se distinguisse muito das moradias particulares.

Uma cerimônia de elevação a vila poderia seguir certo encadeamento. O relato das festividades em Guaratuba descreve um percurso no qual espaços urbanos e edifícios significativos foram sendo reconhecidos e reforçados em seu valor simbólico. A entrada ou porto da vila era o primeiro espaço a ser marcado. Ali se postava uma tropa de soldados que recebia os oficiais encarregados de fazer a elevação a vila com bandeiras içadas e descargas de fogo. À noite, as ruas iluminadas por fogueiras foram palco de danças ao som de músicas. No dia seguinte, houve a bênção da igreja e uma missa. Seguiu-se um cortejo tendo à frente "camaristas, oficiais e mais pessoas distintas", que passaram por ruas decoradas para a ocasião, "todas guarnecidas de arcos e palmeiras, limpas e no melhor asseio que podia ser".[198] Por fim, em outro dia, houve nova cerimônia na praça, com descargas de mosquetaria e vivas ao Rei, decretando-se então o levantamento do Pelourinho.

A administração da capitania supervisionou a construção de povoações e interveio no seu desenvolvimento. Advertiu-se que os juízes deveriam apenas governar "a terra depois de feita", sendo que a "arrumação das gentes e disposição dos povoadores" caberia a agentes seguindo ordens do governador.[199] Na prática de implantação das várias iniciativas urbanas em São Paulo, alguns procedimentos foram sendo organizados e sistematizados. Apesar da existência de orientações mais gerais, também foi necessária uma constante atenção a dinâmicas e possibilidades que iam se apresentando em cada lugar. As instruções oficiais com relação ao uso de materiais, sistemas construtivos e recursos locais sugerem que não se tratou apenas de uma adaptação de normas impostas pelo poder monárquico. Durante a construção de núcleos urbanos, as determinações

---

196 "Cópia do termo, de que faz menção à ordem acima [para elevação de Atibaia a vila]" São Paulo, 15 fev. 1761. DI 65, p. 264-267.

197 "Termo de demarcação das casas do Conselho e Cadeia da nova vila de São José de Mojimirim". Mojimirim, 23 out. 1769. DI 34, p. 184-185.

198 MAFRA, Joaquim da Silva. *História do município de Guaratuba...*, p. 40.

199 Carta do governador da capitania de São Paulo D. Luís Antônio de Sousa Botelho Mourão para Manoel Antônio de Carvalho. São Paulo, 5 out. 1774. DI 64, p. 220-221.

oficiais foram se integrando a soluções arquitetônicas híbridas e parecem mesmo ter adquirido novos sentidos. Talvez, conforme indicou Roberta Marx Delson, tais sincretismos sejam expressivos da emergência de uma cultura singularmente brasileira.[200] De qualquer modo, a noção de *projeto* não parece suficiente para descrever um complexo *processo* de definição da paisagem urbana desenvolvido em grande parte ao longo da implantação urbana.

IMAGENS E REPRESENTAÇÕES URBANAS

Até pelo menos o fim do século 18, imagens remanescentes de núcleos urbanos iniciados em São Paulo durante a administração do Morgado de Mateus são muito raras. Um dos desenhos resultantes do exame feito pelo engenheiro José Custódio de Sá Faria no Iguatemi em 1774-1775 foi uma planta do Forte na qual se vê a disposição das quadras e de construções (figura 3.8). Essa planta foi enviada junto com outros mapas anexados ao já mencionado ofício de fevereiro de 1775 em que Sá e Faria deu um parecer bastante desfavorável sobre o Iguatemi.[201] Em 1776, também num contexto de crítica a iniciativas do Morgado de Mateus, Sá e Faria fez um levantamento das fortificações do litoral paulista, no qual se incluíram plantas de Ararapira e Sabaúna (figuras 3.9 e 3.11). Os trabalhos de levantamento tiveram de ser interrompidos quando o vice-rei Marquês de Lavradio solicitou a presença de Sá e Faria no Rio de Janeiro. O engenheiro teve de partir sem "pôr em limpo a configuração de toda a costa, os planos das vilas e fortalezas", mas conservou os "borradores", planejando depois passá-los a limpo.[202] Não se conhecem os possíveis desenhos finalizados, mas entre os seus croquis há plantas de povoações com algumas anotações de dimensões do traçado.

No levantamento da costa realizado pelo engenheiro militar João da Costa Ferrreira entre 1798 e 1799 com fins de auxiliar no controle das matas litorâneas, foi incluído um desenho da vila de Guaratuba, conforme se vê em detalhe numa prancha retratando a enseada de mesmo nome (figura 3.12). Essa prancha assinala também vários focos de moradores dispersos junto aos rios da região onde se encontrava Guaratuba.

---

200 DELSON, Roberta Marx. "Military engineering and the "colonial" project for Brazil"...

201 Ver p. 119.

202 Ofício n.º 49 da relação do ano de 1776, Março, 9. Anexo a OFÍCIO do governador e capitão-general da capitania de São Paulo, Martim Lopes Lobo de Saldanha, ao [secretário de Estado da Marinha e Ultramar], Martinho de Melo e Castro. AHU_ACL_CU_023, Cx. 7, D. 439.

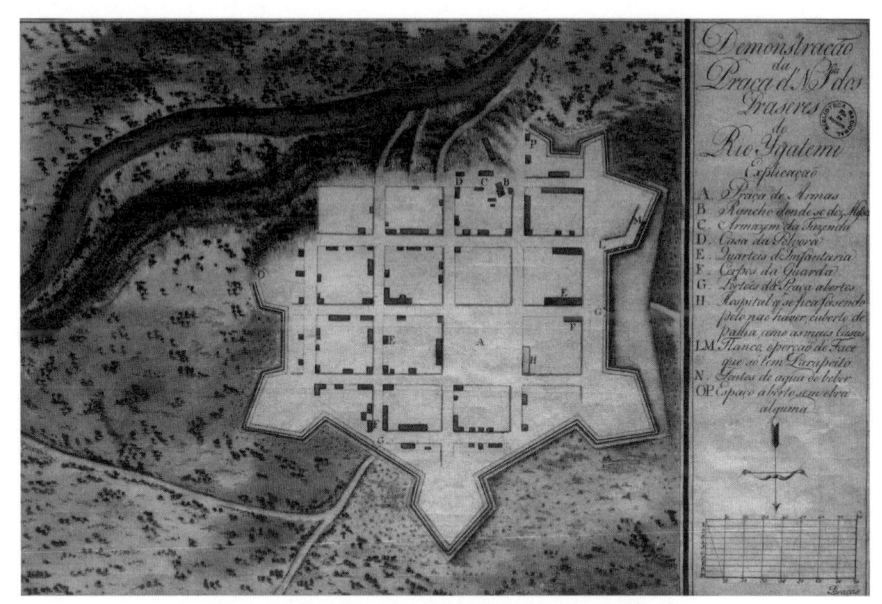

Figura 3.8. José Custódio de Sá e Faria. Demonstração da
Praça de Nossa Senhora dos Prazeres do rio Iguatemi.

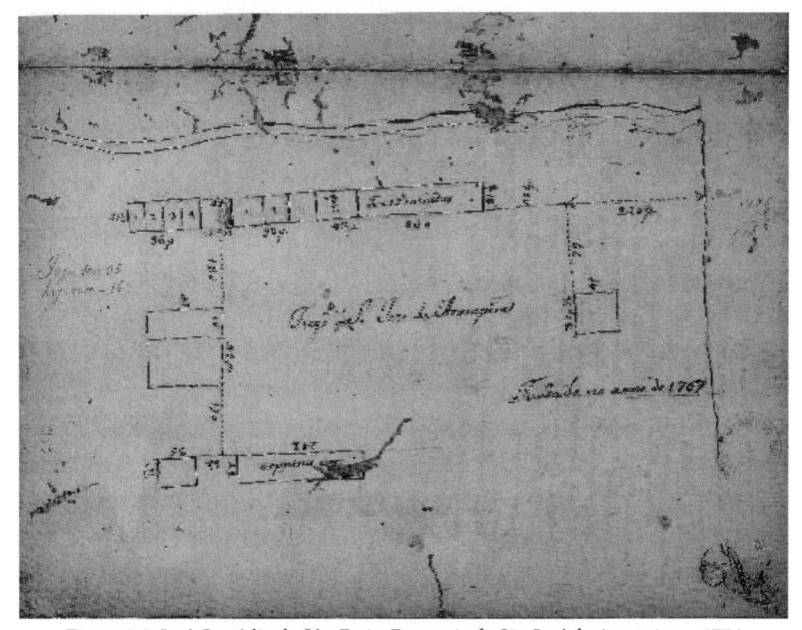

Figura 3.9. José Custódio de Sá e Faria. Freguesia de São José de Ararapira…,1776

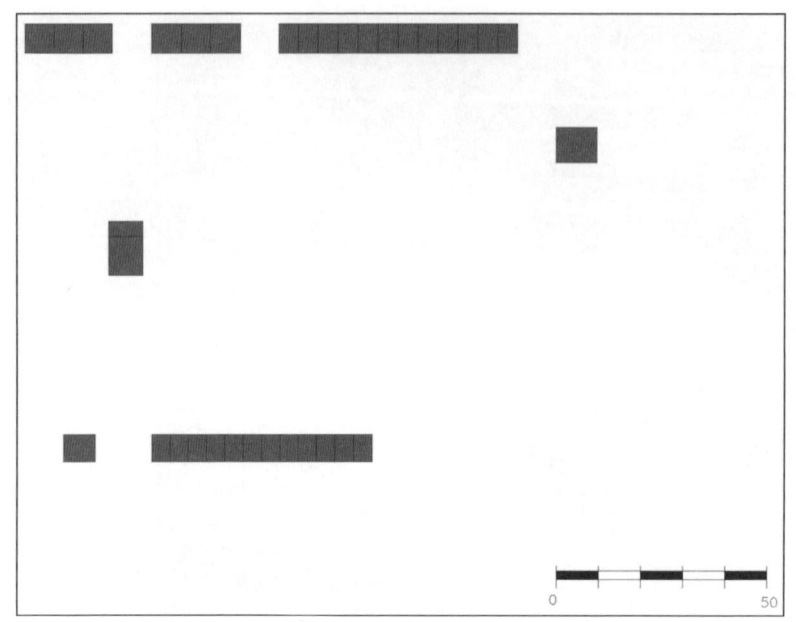

Figura 3.10. Reconstituição em escala da planta de Ararapira.

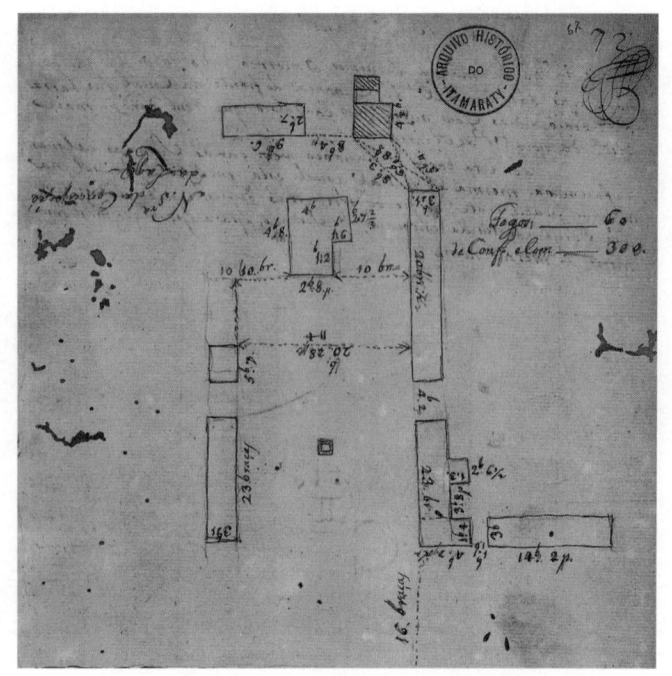

Figura 3.11. José Custódio de Sá e Faria. Nossa
Senhora da Conceição [de Sabaúna] da Lage,1776

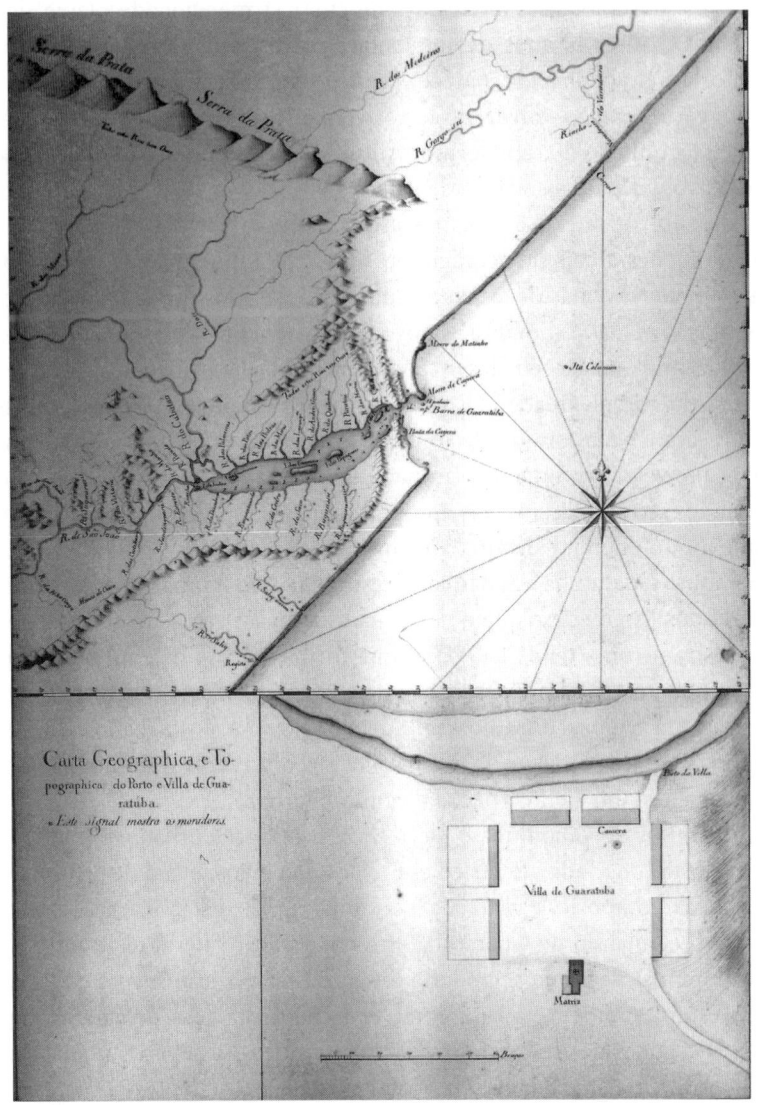

Figura 3.12. João da Costa Ferreira. Carta Geográfica e Topográfica do Porto e Vila de Guaratuba.

Os mencionados desenhos do Iguatemi, de Ararapira, Sabaúna e Guaratuba permitem ver o modo como engenheiros militares perceberam traçados que inicialmente não contaram com a intervenção de técnicos especializados – a não ser talvez pelo Iguatemi, onde atuou um oficial "com caráter de engenheiro".[203]

203 Ver p. 193.

Para fins desta análise, interessa também a já mencionada planta de Lajes relativa aos primeiros anos de implantação urbana (figura 3.3). Essa planta, cuja autoria é desconhecida, parece ter sido realizada por um oficial com treinamento cartográfico – talvez, pode-se aventar, pelo tenente Policarpo Joaquim de Oliveira, cunhado do capitão-mor Antônio Correia Pinto e um dos principais agentes envolvidos na instalação de Lajes.[204]

Os desenhos citados são plantas esquemáticas. Não cabe aqui avaliá-los a partir de noções atuais de acurácia ou veracidade, pois não se trata de fontes objetivas e neutras, mas de artefatos culturais inseridos numa certa tradição de representação visual.[205] Embora as povoações se encontrassem em distintos momentos de implantação ou desenvolvimento inicial, os mapas não pretendem dar conta da complexidade existente em cada uma delas. Alguns aspectos da configuração urbana foram selecionados e reorganizados de modo a construir imagens que veiculam uma determinada disciplina espacial. Todos os desenhos selecionados são plantas, recurso apropriado para a representação de uma ordem abstrata, muito diferente da visão de um observador real.

Ararapira, Guaratuba e Sabaúna se resumem a uma praça retangular tendo a igreja em posição de destaque e blocos contínuos de casas em torno do espaço livre. Mostra-se uma tendência para uma forma urbana de cunho centrípeto e coeso, em contraste com os espaços abertos indefinidos e a dispersão que caracterizavam a ocupação tradicional do solo. Nos núcleos urbanos em questão, a igreja está em posição isolada e apresenta-se como motivo dominante do conjunto, sugerindo um efeito espacial de cunho barroco.

Os desenhos de Guaratuba e Lajes trazem imagens urbanas ideais: as casas estão dispostas de modo simétrico em relação ao eixo central determinado pela igreja, numa composição marcada por uma rígida disciplina geométrica. No entanto, o Pelourinho de Guaratuba está em posição lateral na praça e não no eixo da composição como se poderia esperar. Essa posição sugere que a casa de Câmara estaria também na lateral, talvez numa instalação de caráter improvisado. Nos esboços de Ararapira e Sabaúna, também se sugere um eixo central, mas algumas casas parecem estar ausentes, levando à impressão de conjuntos urbanos simétricos, porém ainda incompletos.

---

204 Requerimento do coronel do 1º Regimento de Cavalaria de Milícias da capitania de São Paulo, Policarpo Joaquim de Oliveira ao (Príncipe Regente, D. João). [ant. 6. ago. 1803]. AHU-São Paulo-MGouveia, cx. 52, doc. 4055.

205 Sobre a noção de mapa como artefato cultural e a utilização da iconografia como fonte para a história urbana veja-se MENESES, Ulpiano T. Bezerra de. "Morfologia das cidades brasileiras"... Sobre a produção de desenhos por engenheiros militares e sua relação com os desenvolvimentos de uma política de colonização veja-se BUENO, Beatriz Piccolotto Siqueira. *Desenho e desígnio...*

A configuração de Lajes tem a peculiaridade de apresentar duas praças, uma para a igreja e outra para a casa de Câmara. Uma rua central inicia-se junto ao rio Cará, passa pela praça da Câmara e vai se alargando sutilmente, até desembocar na praça da igreja. Constitui-se, dessa forma, uma perspectiva controlada de visualização da matriz de Nossa Senhora dos Prazeres, que é o foco de toda a composição. A casa de Câmara não tem equivalente destaque, mas é também valorizada pela via que conduz ao espaço aberto na sua frente. A forma urbana de Lajes parece resultar de um rearranjo de forças em que subsiste a tensão, entre, de um lado, a ação centralizadora da Coroa Portuguesa, tendo a Igreja como aliada e, de outro lado, a Câmara, associada aos fortes poderes locais.

As praças e as ruas principais de Lajes seriam espaços de prestígio reservados para povoadores de maior distinção social, em grande parte pertencentes ao oficialato, conforme indicam as inscrições na planta. Foram representados também elementos que não estão subordinados à mesma lógica de ordenação dos edifícios em torno da praça. Num dos extremos da vila, estão o rancho do capitão-mor Antônio Correia Pinto, uma ferraria para os oficiais e uma senzala. Essas três construções dispõem-se em "u", definindo um outro espaço aberto além da praça da Câmara e da praça da matriz. Nas proximidades dessas construções e de uma olaria, há ainda várias pequenas habitações para escravos espalhadas pelo terreno. O caminho de Viamão, elemento preexistente, também está indicado na planta, mas foi integrado à configuração da vila como uma das vias que atravessa a praça da matriz

O forte do Iguatemi apresenta-se como um polígono abaluartado tendo em seu interior uma malha em quadrícula. O esquema básico da fortificação pode ser associado aos preceitos do engenheiro militar de Luís XIV, Sébastien Le Preste de Vauban. Mas não se encontram no Iguatemi os intrincados perfis poligonais e as sequências de terraplenos típicos dos modelos vaubanianos. Junto ao rio Iguatemi, os baluartes são irregulares e a disposição das construções não é ortogonal. É provável que essa zona junto ao rio correspondesse ao local onde se iniciaram os trabalhos. Ali ficavam o "rancho onde se diz missa", a casa da pólvora e o "armazém da Fazenda". A praça principal corresponde a um quarteirão suprimido da malha e em posição excêntrica no conjunto. O desenho mostra o estágio em que se encontrariam as obras do Iguatemi durante a visita de Sá e Faria. O patamar exterior ainda estava sendo feito e, no interior das quadras, as construções estavam entremeadas por grandes vazios. Se a representação das casas não foi meramente ilustrativa, então o sistema de iniciar a construção a partir das esquinas, tal como recomendava o Morgado de Mateus, parece mesmo ter sido seguido. Outro desenho de Sá e Faria mostra como seria o circuito defensivo completo, com desenho parcialmente regular (figura 3.13).

As dimensões das praças dos núcleos urbanos paulistas tendem a situar-se aproximadamente entre 300 e 500 palmos (65 a 107 m). Em Lajes, a praça da matriz é retangular – corresponde a um quadrado de cerca de 300 palmos (65 m) de lado mais a largura de 100 palmos (cerca de 22 m) de uma via – e as ruas partem dos seus vértices; a praça da Câmara é quadrada – com cerca de 300 palmos (65 m) de lado – e tem ruas partindo do ponto médio de seus lados. Em Guaratuba, a praça tem 440 por 520 palmos (95 por 112 m). Em Ararapira, a largura da praça é de cerca de 400 palmos (86 m). Numa comparação com núcleos em outras regiões, esses traçados são um pouco maiores do que boa parte dos aldeamentos indígenas regularizados durante o governo pombalino, nos quais a praça tem em média 250 palmos de lado.[206]

A partir das dimensões anotadas no desenho de Ararapira, é possível reconstituir sua planta em escala. Comparando-se o esboço original de Ararapira (figura 3.9) com essa planta reconstituída (figura 3.10), pode-se ver que, no primeiro, a igreja foi representada com dimensões maiores do que aquelas indicadas e a construção na frente da igreja foi deslocada para que ambas se dispusessem num eixo. O desenho de Sá e Faria apresentou os edifícios de forma mais ordenada do que se encontrariam na realidade e reforçou a presença da igreja no conjunto.

A configuração das casas nos desenhos dos núcleos paulistas de Ararapira e Sabaúna parece evocar os "barracões" empregados em acampamentos militares. Conforme já salientou Renata Klautau Malcher de Araújo, o traçado de povoações fundadas no Mato Grosso e em Goiás no último quartel do século 18 traz evidência de práticas de aquartelamento, sendo que as habitações destinadas a índios foram mesmo designadas "quartéis".[207] Os povoadores de Ararapira e Sabaúna também parecem ter sido na maior parte indígenas.

---

206 Cf. ARAÚJO, Renata Klautau Malcher de. *As cidades da Amazônia no século XVIII...*, p. 50

207 ARAÚJO, Renata K. Malcher. *A urbanização do Mato Grosso no século XVIII...*, p. 314 e p. 375-377.

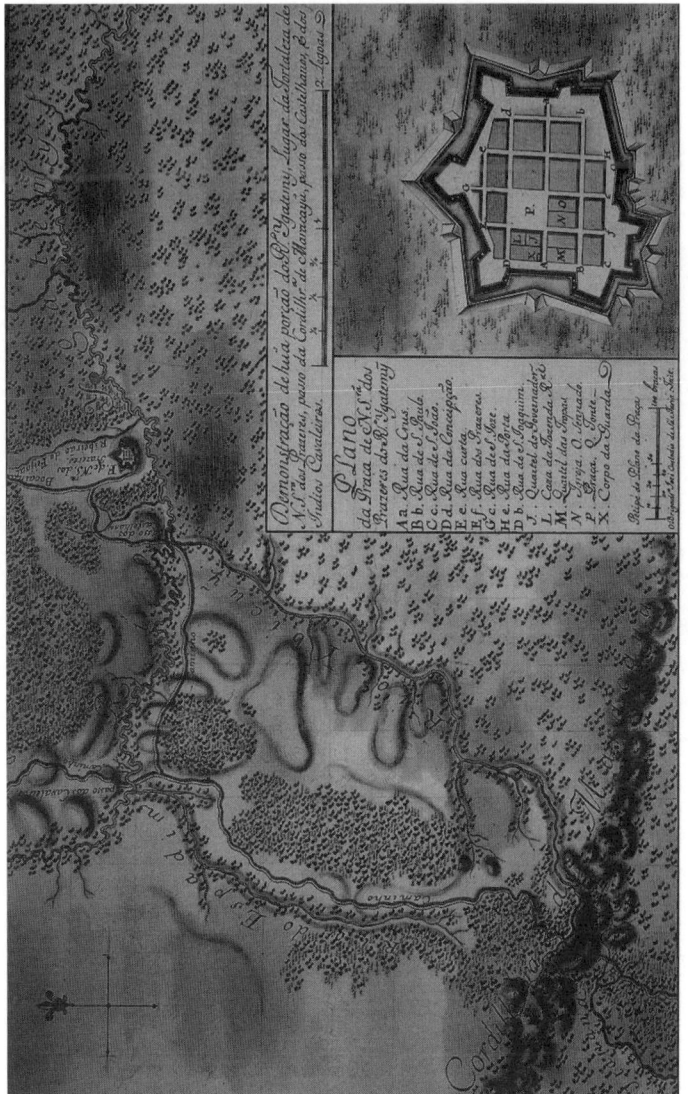

Figura 3.13. José Custódio de Sá e Faria. Demonstração de uma porção do rio Iguatemi..., ca. 1774.

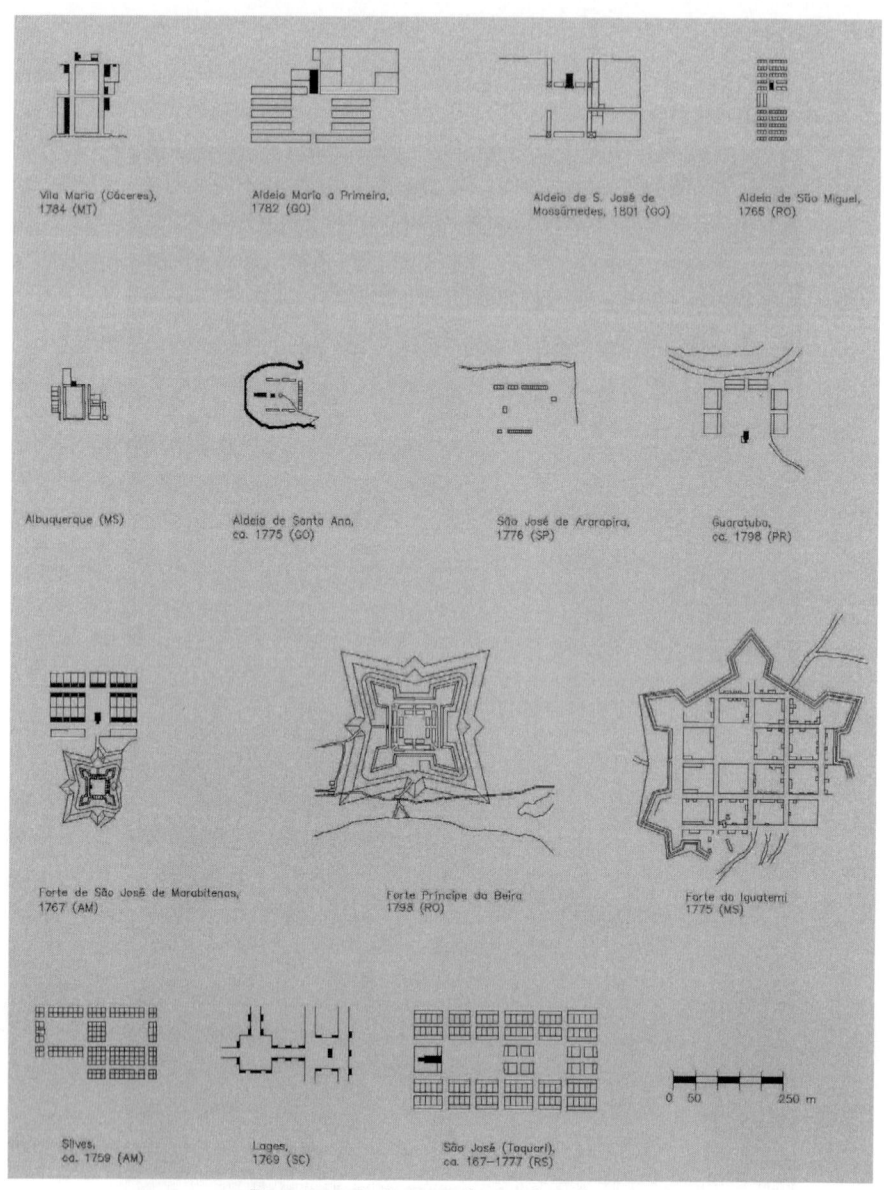

Figura 3.14. Comparação de traçados urbanos

Em Guaratuba, as casas estão em blocos contínuos e têm quintais aos fundos. Essa configuração as tornaria frágeis do ponto de vista defensivo. Também em Lajes a configuração "aberta" foi considerada uma desvantagem para fins militares.[208] Ao que parece, a função defensiva das vilas e povoações não está na forma urbana em si mesma, mas teria de ser vista na articulação com uma rede urbana que permitiria estabelecer comunicações e exercer controle sobre territórios.

Mesmo no forte Iguatemi, a malha interior de quadras era mais extensa do que em outros fortes da mesma época, tais como o forte do Príncipe da Beira, construído no último quartel do século 18 eo presídio de Miranda, de 1797, ambos no Mato Grosso, ou ainda a fortaleza de São José de Macapá, iniciada em 1764, na entrada do rio Amazonas. No Iguatemi, o caráter de núcleo urbano parece ter suplantado o de praça forte (figura 3.14).

Não se conhecem desenhos de fachadas de casas pertinentes aos núcleos em questão. Como se viu, houve intenção, pelo menos em alguns casos, de impor regularidade ao aspecto exterior das casas. A julgar por desenhos realizados para padronizar fachadas de casas em outras regiões, como, por exemplo, na vila de São José do Taquari representada pelo engenheiro militar Manoel Vieira Leão, a regularidade consistiria basicamente na alternância rítmica de cheios e vazios (figura 3.15).

Outra possível fonte de dados iconográficos sobre as construções é uma série de aquarelas retratando eventos da expedição aos campos de Guarapuava em 1771-1772 (figura 3.16). As aquarelas são atribuídas a Joaquim José de Miranda, provavelmente um oficial militar, e devem ter sido pintadas anos depois da expedição, com base em relatórios revistos por Afonso Botelho de Sampaio e reunidos na Notícia da conquista e descobrimento dos sertões do Tibaji.[209] Algumas das aquarelas trazem uma recriação imaginária do local de acampamento da expedição no qual as construções são o pano de fundo. Os ranchos dispõem-se em linha reta, estão espaçados a intervalos regulares e apresentam volumes com altura e profundidade uniformes. Parece haver uma especialização funcional – um depósito, um abrigo avarandado para os oficiais e outros abrigos mais simples. As construções parecem ser de pau a pique com cobertura de palha. Essa tradição de representação, sem compromisso com o naturalismo e similar a ilustrações cartográficas compartilha com o universo da engenharia militar a tendência para enfatizar a regularidade formal nas representações.

---

208 Ver p. 141.

209 BELLUZO, Ana Maria de Moraes *et al. Do contato ao confronto. A conquista de Guarapuava no século XVII.* São Paulo: PNP Paribas, 2003.

Em contraste com o acampamento português, as habitações indígenas foram representadas como longos alojamentos abobadados, com estrutura de madeira e cobertura de palha, onde só se poderia entrar "quase de gatinhas, pela pequeneza da porta".[210] Ainda que os materiais utilizados fossem similares aos das construções portuguesas, enfatizou-se a diferença na proporção e na configuração formal. O autor da pintura parece dar feições militares às habitações indígenas ao representá-las em sequências de linhas contínuas e paralelas. As espingardas enfileiradas sobre as ocas contribuem para afirmar o domínio português. A disposição das figuras e o cenário apresentam um contato ordenado com os índios, tal como convinha a uma expedição oficial.

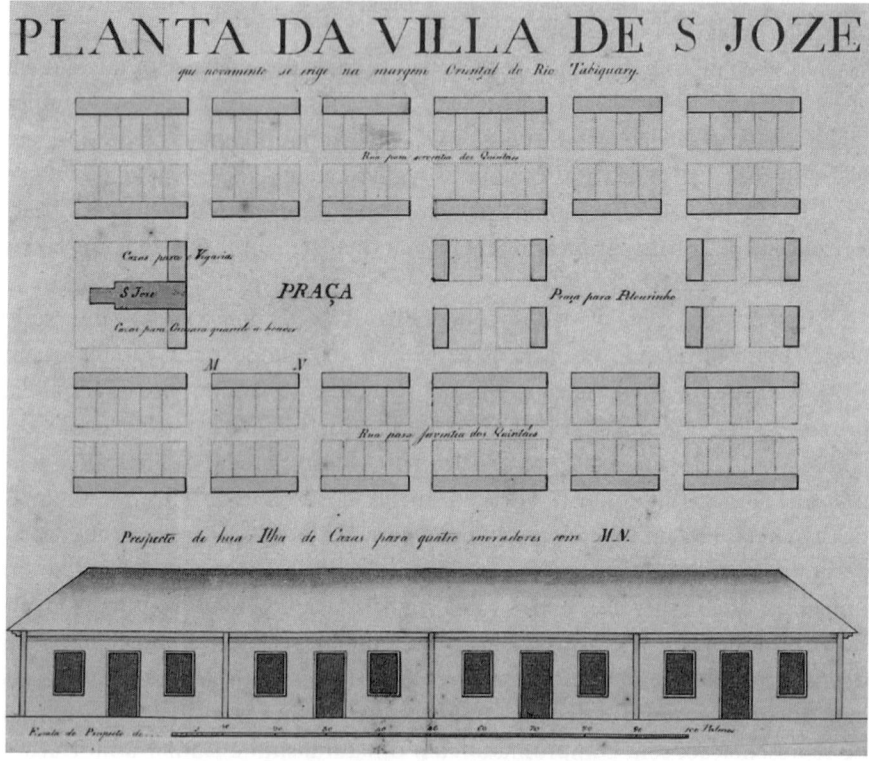

Figura 3.15. Manoel Vieira Leão. Planta da Vila de São José
que novamente se erige na margem oriental do rio Tabiquari. [ca. 1767-1777].

---

210 Notícia da conquista e descobrimento dos sertões do Tibaji, na capitania de S. Paulo, no governo do general D. Luís Antônio de Sousa Botelho Mourão, conforme as ordens de Sua Majestade. 1768–1774. *Anais da Biblioteca Nacional*. Rio de Janeiro, v. 76, 1956, p. 256.

Figura 3.16. Desenhos aquarelados representando a expedição do
tenente-coronel Afonso Botelho Sampaio aos campos de Guarapuava.

Cidades diversificadas, espaço unificado

As representações de núcleos da capitania de São Paulo apresentam evidentes paralelismos com núcleos de outras regiões. Uma grande parte dos traçados urbanos produzidos ou reformados durante o governo pombalino consiste em apenas uma praça retangular, tendo a igreja em posição dominante e blocos de casas alinhados regularmente em torno do espaço livre. Essa configuração sugere uma possível assimilação de esquemas de traçado de aldeamentos missionários. José Belmont Pessôa identificou três variações em um modelo de plantas de aldeamentos missionários na América portuguesa: (i) a praça aberta em um dos lados tendo a igreja ao fundo e casas nas laterais, (ii) a praça com construções em todos os lados e (iii) a praça situada na lateral da igreja.[211] Mas os aldeamentos brasileiros nem sempre apresentariam regularidade geométrica.

A tipologia da vila-praça encontrada em diferentes pontos do território na segunda metade do século 18 também apresenta algumas variações. Em Sabaúna,

---

211 PESSÔA, José Belmont. "Em tudo semelhante, em nada parecido. Modelos e modos de urbanização na América Portuguesa". *Oceanos*, v. 41, p. 70-83, 2000.

na capitania de São Paulo, há construções em três lados da praça e um quarto lado permanece totalmente aberto para o rio de mesmo nome. Um similar esquema de configuração urbana em "u" foi observado por Renata Klautau Malcher de Araújo nas povoações de São Miguel (1765) e Lamego (1769), assim como em Vila Maria (1778, depois Cáceres), todas instaladas no Mato Grosso a partir do aldeamento de populações indígenas.[212] Esses núcleos tinham também sentido de afirmação da soberania portuguesa em áreas de fronteiras pouco povoadas, devendo atuar numa rede interligada de controle territorial. Assim como nos núcleos paulistas, nas mencionadas povoações do Mato Grosso, as casas estão dispostas em fileiras, com ou sem quintais nos fundos. Em nenhuma delas, porém, a igreja encontra-se em posição de axialidade como acontece nas representações urbanas da capitania de São Paulo.

Outra variação no esquema de vila-praça, conforme se vê em Ararapira e Guaratuba, apresenta a igreja em posição isolada num dos lados do espaço livre. A forma de Guaratuba apresenta paralelismos com a aldeia de Santa Ana, anterior aldeamento indígena da capitania de Goiás reordenado na segunda metade dos setecentos. Também se podem ver correspondências entre Guaratuba e traçados das missões jesuíticas espanholas de Apostoles (1631) e Candelária (1627). Plantas dessas missões na década de 1780 mostram um espaço livre retangular tendo no centro de um dos lados a igreja como edifício dominante e nos outros três lados blocos habitacionais paralelos, separados por vias que partem dos seus pontos médios.[213] Por sinal, uma planta de São Miguel, uma das missões dos Sete Povos, foi incluída pelo governador Morgado de Mateus em sua coleção de Cartas Topográficas (figura 3.17). Essa planta mostra também algumas diferenças significativas com relação aos núcleos paulistas. As casas não se dispõem em quarteirões, mas formam blocos enfileirados, ao lado da igreja há construções anexas para oficinas e claustro e, é claro, a arquitetura tem feições monumentais que não teriam equivalente em São Paulo.

O traçado urbano de Lajes é singular no quadro da capitania de São Paulo, mas também apresenta paralelismos formais com núcleos em outras regiões. A primeira vila com praças duplas de que se tem notícia no processo de urbanização luso-americano é Macapá (1758), mas também se pode encontrá-las em Silves (1759), na região da Amazônia e na vila de São José (1772), no atual Rio Grande do Sul – todas instauradas com a presença de um engenheiro militar.[214]No en-

---

212 ARAÚJO, Renata K. Malcher. *A urbanização do Mato Grosso no século XVIII*…, p. 309 e p. 376.

213 Ver plantas das missões da autoria de José Maria Cabrer, reproduzidas em ADONIAS, Isa. *Mapas e planos manuscritos no Brasil colonial: 1500-1822*. [Rio de Janeiro]: Ministério das Relações Exteriores, 1960.

214 ARAÚJO, Renata Klautau Malcher de. *As cidades da Amazônia no século XVIII*…, p. 167-170.

tanto, em todos esses exemplos, as praças apresentam dimensões próximas entre si, numa relação de paralelismo e igualdade. O efeito barroco do eixo perspéctico ligando praças em sequência hierárquica, tal como se vê em Lajes, está mais próximo da configuração dos núcleos de Alcobaça (1772), Prado (1764), Portoalegre (1769) e Vila Viçosa (1768 – figura X). As plantas dessas vilas, conforme já se mencionou, foram "riscadas" pelo ouvidor geral de Porto Seguro, José Xavier Machado Monteiro, entre 1768 e 1774. São, portanto, contemporâneas da implantação de Lajes e também não devem ter contado com a presença de um engenheiro militar na sua concepção. Mas nas vilas da Bahia as casas formam blocos contínuos nas quadras; já em Lajes as casas estão espaçadas umas das outras e têm dimensões mais generosas. E, embora estejam subordinadas ao efeito do conjunto, é possível distinguir com clareza a individualidade de cada uma delas.

Nos núcleos urbanos paulistas, assim como em muitos outros da mesma época, as dimensões amplas do espaço livre parecem desproporcionais com relação à escala das construções. O efeito sugerido em planta de um conjunto unitário e dominado pela igreja não se manifestaria da mesma forma na composição volumétrica. Para um observador real, as articulações das construções num conjunto unitário não se perceberiam com a mesma clareza com que se mostram em planta. Já se aventaram algumas hipóteses para explicar a aparente desproporção entre a arquitetura e o espaço vazio. Talvez tivesse havido uma apropriação inadequada de modelos eruditos de traçado.[215] Por outro lado, não se descarta também uma possível concessão à noção de espacialidade indígena caracterizada por grandes espaços abertos.[216] Cogitou-se ainda uma intenção deliberada de valorizar o espaço vazio em meio a conjuntos de feições uniformes para enfatizar a representação do poder monárquico.[217] De fato, o vazio sobressai como o princípio organizador a que estão submetidas as construções.

Pode-se ainda aventar a hipótese de que a ênfase no espaço da praça estivesse relacionada com os propósitos da produção cartográfica sobre núcleos que se criavam ou reformavam. Iniciativas de mapeamento de territórios coloniais podiam servir a interesses militares, mas também tinham a importante função de tomar posse simbólica e visual sobre espaços que deveriam inserir-se num conceito de império ordenado e unificado.[218] Nesse sentido, a afirmação do aspecto monumental e coeso nas representações urbanas pode expressar uma

215 TEIXEIRA, Manuel C.; VALLA, Margarida. O urbanismo português…, p. 263.

216 DELSON, Roberta Marx. "Military engineering and the "Colonial" Project for Brazil: agency and dominance"…

217 ARAÚJO, Renata Klautau Malcher de. As cidades da Amazônia no século XVIII…, p. 175.

218 CRAIB, Robert B. "Cartography and Power in the Conquest and Creation of New". Spain. Latin American Research Review, v. 35, n. 1, p. 7-36, 2000.

tentativa de criar uma imagem condigna com a incorporação daqueles núcleos ao Império Português.

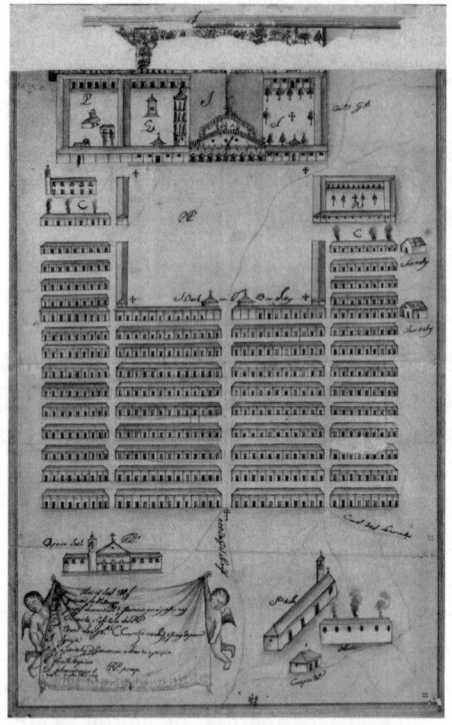

Figura 3.17. Missão de São Miguel, 1756.

A cidade revisitada

No período joanino, com a vinda de um número considerável de viajantes europeus interessados no conhecimento de diversos aspectos da paisagem, da natureza e dos povos brasileiros, as imagens de núcleos urbanos paulistas tornaram-se mais frequentes. O ponto de vista dominante sobre as cidades parece ter-se alterado: na segunda metade do século 18, as cidades tenderam a ser representadas em planta por engenheiros e funcionários da administração luso-brasileira; já os viajantes do século 19 preferiram visões em perspectiva e retrataram paisagens em que as cidades podiam aparecer integradas ao quadro natural dos arredores. Ainda que não se pretenda aqui uma análise aprofundada da visão dos viajantes a respeito das vilas e cidades de São Paulo, parece interessante indicar que sua produção também traz alguns indícios da presença de elementos de ordenação da paisagem urbana. Tomamos aqui apenas algumas imagens registradas por Jean-Baptiste Debret em aquarelas de 1827, ao lado de registros escritos de

Auguste de Saint-Hilaire em 1820. Saint-Hilaire dedicou algumas linhas à cidade de Guaratuba:

> É composta de não mais do que quarenta casas (1820) sendo que quinze delas formam um semicírculo à beira da angra. As outras estão localizadas mais atrás, à volta de uma extensa praça coberta de relva, na extremidade da qual fica a igreja. As mais antigas não passam de míseros casebres feitos de paus cruzados e em péssimo estado de conservação; entretanto, pouco antes da minha passagem por ali haviam sido construídas algumas casas bonitas, feitas de pedra./A igreja, também de pedra, é pouco ornamentada, porém limpa e bem iluminada; é dedicada a São Luís, rei da França.[219]

A referência a uma extensa praça tendo a igreja num dos lados mostra uma possível correspondência com o desenho feito pelo engenheiro militar João da Costa Ferreira em 1798. O orago da povoação, São Luís, foi uma homenagem ao nome do governador sugerida por ele próprio, depois de lembrar que já havia povoações com os nomes do rei – São José – e de Pombal – São Sebastião.[220]

A aquarela de Debret sobre Guaratuba também mostra um espaço aberto com a igreja em destaque e casas em semicírculo voltadas para a baía, tal como Saint-Hilaire havia observado. Sugere-se a existência ainda de uma praça voltada para o mar, tendo ao fundo a casa de Câmara (figura 3.18). A fachada da casa de câmara com uma escadaria de feições monumentais e os vários sobrados à beira-mar devem ter sido fruto do que Sandra Jatahy Pesavento denominou "imaginação criadora" de Debret.[221]

Nas narrativas de Saint-Hilaire, a presença de uma praça de planta aproximadamente regular é observada em Itapetininga – "tem forma pouco mais ou menos quadrada"[222] – e em Campinas – "a igreja paroquial pequena e mesquinha (1819) eleva-se numa praça que forma um longo quadrado".[223] Casas de pau a pique, pequenas e em mau estado de conservação são recorrentes em suas descrições.

---

219 SAINT-HILAIRE, Auguste de. *Viagem a Curitiba e província de Santa Catarina*. São Paulo: Itatiaia, 1978, p. 113.

220 Carta do governador da capitania de São Paulo, D. Luís Antônio de Sousa Botelho Mourão, para o ministro e secretário dos negócios do Reino, Sebastião José de Carvalho e Melo. Santos, 5 dez. 1765. DI 72, p. 159-160.

221 PESAVENTO, S. J. "Uma cidade sensível sob o olhar do outro: Jean-Baptiste Debret e o Rio de Janeiro (1816-1831)". *Nuevo Mundo-Mundos Nuevos*, v. 7, p. 2-11, 2007.

222 SAINT-HILAIRE, Auguste de. *Viagem à província de São Paulo*. São Paulo: Martins, 1972, p. 255.

223 SAINT-HILAIRE, Auguste de. *Viagem à província de São Paulo...*, p. 131.

Saint-Hilaire e Debret visitaram também cidades no caminho de Viamão. Ambos observaram a implantação de Itapeva da Faxina sobre uma colina e atentaram para os diferentes agrupamentos de casas no termo da vila. Na aquarela de Debret, o motivo central é uma praça retangular dominada pelo edifício da igreja, tendo dois de seus lados ocupados por casas com quintais aos fundos e um terceiro lado aberto (figura 3.19).

A cidade de Castro foi percebida de modo bem distinto pelos viajantes em questão. Saint-Hilaire descreveu "uma centena de casas que se enfileiravam ao longo de três ruas compridas. As casas eram muito pequenas e feitas com paus cruzados".[224] Já na pintura de Debret pode-se ver o espaço livre mais ou menos retangular da praça de Castro, tendo ao centro o edifício da igreja em obra de ampliação e, nas laterais, casas rebocadas e cobertas de telhas (figura 3.20). A diferença entre as percepções de Saint-Hilaire e de Debret pode sugerir uma tensão entre o espaço centralizado da praça e um desenvolvimento linear em função da passagem dos tropeiros que seguiam pelo caminho de Viamão.

Nas imagens de Saint-Hilaire e Debret, princípios de regularidade do traçado apareceram em meio a outros critérios de organização formal e a elementos da natureza. Ao contrário do que frequentemente se enfatizou na visão dos viajantes, essas paisagens não se caracterizaram pela mera desordem e irregularidade.

---

224 SAINT-HILAIRE, Auguste de. *Viagem a Curitiba e província de Santa Catarina...*, p. 52.

3.18 Guaratuba, 1827

3.19. Itapeva de Faxina, 1827

3.20. Iapó [Castro], 1827

Considerações Finais

> Eu achei esta capitania [de São Paulo] morta e ressuscitá-la é mais difícil do que criá-la de novo. O criar está na responsabilidade de qualquer homem. O ressuscitar foi milagre reservado para Cristo. Para criar o mundo, bastou a Deus um fiat, para o restaurar depois de perdido, foi necessário humanar a sua Onipotência, gastar trinta anos e dar a vida.
>
> Morgado de Mateus ao marquês de Lavradio, 1772

A imagem de uma capitania morta que viria a ser ressuscitada pela ação do governador tem grande efeito persuasivo. O reerguimento das terras e a ressurreição dos povos foram mesmo uma tônica do discurso oficial português da época das Luzes.[1] A ideia de que a Coroa Portuguesa agiu sobre um espaço inerte e sem vida repercutiu na historiografia sobre urbanização. A ênfase em leis e mecanismos de planejamento emanados do poder régio parece ter obscurecido dinâmicas sociais e conflitos subjacentes à formação de núcleos urbanos.

Esta análise procurou abordar a política urbanizadora como processo desenvolvido no contexto específico da capitania de São Paulo, mas sem perder de vista as relações com um movimento mais amplo de urbanização no mundo português. Retomando a historiografia numa perspectiva comparada, foi possível identificar algumas feições marcantes no modo como se promoveram iniciativas urbanísticas durante o governo pombalino. Na análise de reformas urbanas promovidas no Reino depois do terremoto de 1755, destacou-se a atuação de técnicos especializados em engenharia militar encarregados de fazer planos

---

1 ARAÚJO, Renata Klautau Malcher de. *As cidades da Amazónia no século XVII...*, p. 107-108. CORREIA, José Eduardo Capa Horta. *Vila Real de Santo António...*, p. 224.

urbanísticos ou desenhos detalhados de arquitetura. A concepção dos projetos e a execução das obras se deram sob estreita supervisão do poder régio e vieram acompanhadas da imposição de um aparato legislativo. Desse modo, produziram-se traçados urbanos orientados por padrões de regularidade geométrica e marcados pela subordinação da arquitetura aos quadros urbanísticos. As praças sobressaíram como princípio de organização dos traçados e foco monumental das composições. Do outro lado do Atlântico, engenheiros militares também atuaram, projetos urbanos regulares se delinearam e regras pertinentes à urbanização foram promulgadas. Todavia, apesar dos pontos em comum, nem tudo foi semelhante. Houve diferenças fundamentais.

Na colônia sul-americana, o intenso impulso à elevação de vilas e à criação de povoações a partir de meados do século 18 deve ser entendido em relação com os desdobramentos do processo de demarcação de fronteiras com os espanhóis. A comparação dos processos de urbanização em diferentes capitanias permitiu destacar o papel de altos membros da administração no sentido de conjugar as determinações provenientes do centro político lisboeta com as particularidades dos espaços que administravam. Governadores, ouvidores e oficiais militares também intervieram extensamente na configuração de núcleos urbanos e esboçaram planos urbanísticos. A experiência de urbanização do vale amazônico durante a administração de Francisco Xavier de Mendonça Furtado foi tida pela Coroa Portuguesa como referência modelar. No entanto, muitas das outras regiões não puderam contar com uma presença tão expressiva de engenheiros militares. Mesmo assim, os paralelismos entre vilas situadas ao Norte e em outros pontos do território sugeriram práticas e fundamentos comuns a diferentes processos de urbanização. Um estudo comparativo entre as realizações das distintas capitanias com intuito de compreender suas articulações num possível conjunto dotado de unidade política permanece como instigante desafio para futuras investigações.

A partir de 1765, a capitania de São Paulo passou a ter papel central na defesa da soberania portuguesa em territórios meridionais. A análise de Heloísa Bellotto sobre o governo do Morgado de Mateus evidenciou uma trajetória administrativa marcada por rumos autonomistas em relação a ordens régias e também por constantes choques com elementos locais. Numa perspectiva similar, o foco mais detido no processo de urbanização entre 1765 e 1775 levou-nos a enfatizar certos aspectos e trouxe também alguns novos dados.

A análise dos encaminhamentos da urbanização na capitania de São Paulo mostrou que o governo do Morgado de Mateus procurou acomodar vetores preexistentes de expansão no território a seus propósitos geopolíticos. Mas seu governo também concentrou esforços para impor um novo direcionamento a

Oeste. O Forte do Iguatemi foi concebido como posto-chave de um esquema amplo de reorganização e expansão dos territórios fronteiriços, como ficou claro na análise do Plano para sustentar a posse. Embora esse Plano não se referisse a todo o território da capitania, pôde-se perceber que a expansão territorial a Oeste também teve implicações no estabelecimento de núcleos urbanos ao sul da capitania e ao longo do rio Tietê. Sobressaiu o caráter interligado das novas iniciativas urbanas e dos núcleos preexistentes numa rede que se articulava com outras capitanias e com o além-mar. Ainda que, do ponto de vista militar, a capitania de São Paulo devesse funcionar como um "tampão defensivo", no âmbito da gestão do território foi imperativo garantir fluxos e viabilizar comunicações.

A questão da definição de circunscrições civis e eclesiásticas permeou as várias dimensões de análise. Na escala do território da capitania, os conflitos de jurisdição com Minas Gerais e sobretudo com o Rio Grande forneceram dados privilegiados para observar os entrecruzamentos entre forças locais e determinações oficiais, num tenso jogo de variáveis de ordem política, econômica e religiosa que interferiram na criação de vilas. No discurso das autoridades e na prática de estabelecimento de povoações, transpareceram as dificuldades para o exercício da administração em decorrência da fluidez de limites e da irregularidade de circunscrições. É tentador relacionar esse problema com a reforma global na organização do território do Reino na década de 1790 visando à uniformização da justiça régia e da administração. No entanto, na capitania de São Paulo a imposição de estratégicas geopolíticas parece ter predominado sobre a intenção de homogeneizar as estruturas administrativas no território.

Num vislumbre da elevação de vilas nas últimas décadas do século 18, questões de ordem geoestratégica articularam-se com demandas provenientes do incremento da produção açucareira. Ainda que boa parte das novas vilas se situasse ao norte ou, em menor medida, ao sul da capitania, a análise das instruções régias mostrou que a Coroa Portuguesa projetava suas expectativas na consolidação da fronteira a Oeste. A presença contínua de engenheiros militares, as reformas na cidade de São Paulo e a realização de levantamentos cartográficos sistemáticos foram algumas facetas desse novo momento de gestão territorial que ainda carece de estudos de aprofundamento e síntese.

Na análise do modo como se deu a implantação de núcleos urbanos, despontaram as tensões entre diretrizes geopolíticas impostas pela Coroa Portuguesa e as específicas dinâmicas locais. Entre os desígnios das autoridades de Lisboa e os planos ambiciosos do Morgado de Mateus, a materialização de novas estruturas urbanas exigiu lidar com as dificuldades de sustentar e manter povoadores, distribuir datas de terras, buscar colaboradores e garantir o andamento dos trabalhos em locais por vezes distantes de outros centros administrativos. Ao longo da análise do processo de urbanização, pôde-se constatar que a criação de povoações suscitou manifestações de descontentamentos por parte de Câmaras e colonos, mas eventualmente também correspondeu aos anseios de alguns grupos ou indivíduos. Em meio a negociações e conflitos, o governador da capitania ora reforçou mecanismos de repressão, ora teve de fazer alianças e concessões.

A definição dos sítios urbanos trouxe à tona aspectos que eram considerados secundários do ponto de vista das estratégias de ocupação territorial. Os processos estudados indicaram que a ocupação preexistente teve importância primordial e que se procurou conciliá-la com dados relativos a condições do relevo e da hidrografia. Embora nem sempre tenha sido possível identificar com precisão quais fatores teriam sido determinantes na escolha de um determinado sítio para fixação urbana, observou-se que interesses locais de ordem política e econômica não puderam ser desprezados. Questões ligadas à distribuição e ao controle de terras parecem ter sido centrais em disputas subjacentes ao estabelecimento de núcleos urbanos. Todavia, as indagações de Murillo Marx sobre a formação e a gestão dos patrimônios fundiários das municipalidades e suas implicações na configuração da paisagem urbana permanecem ainda sem respostas.[2]

A imposição de determinações formais aos traçados urbanos foi parte dos esforços da administração da capitania no sentido de disciplinar os trabalhos de implantação e construção. Ordens escritas e desenhos de plantas ou fachadas foram sendo enviados paulatinamente, sobrepondo-se ou combinando-se, mas de todo modo enfatizando princípios de regularidade geométrica. Pôde-se ver que o governador Morgado de Mateus procurou sistematizar procedimentos de validade mais geral quanto à escolha do sítio e ao modo de se conduzirem as tarefas no campo da urbanização. A postura adotada pela administração da capitania parece ter levado em consideração alguns dos problemas relatados por agentes locais quanto à ocupação de terras, ao sustento dos moradores e aos recursos disponíveis.

Num processo de influências recíprocas entre as determinações oficiais e as circunstâncias que se iam apresentando em cada momento, não se mostraram fases nitidamente distintas para *planejamento* e *realização*. Cabe aqui recordar a ideia da política urbanizadora como *método e arte*, no sentido de que a elaboração de um modo de agir no campo da urbanização teve de se manter em relação

---

2 MARX, Murillo. *Cidade no Brasil: terra de quem?...*

constante com as exigências específicas – e as contradições – de seu contexto. Determinações preconcebidas emanadas da administração monárquica contribuíram para definir aspectos significativos das formações urbanas, mas devem ser entendidas como uma das variáveis num campo de forças mais complexo, do qual não se podem excluir as injunções locais e as práticas sociais. Ao fim desta análise sobre a urbanização da capitania de São Paulo, a cidade emerge mais uma vez como fenômeno de natureza imprevisível e alheia a determinismos.

Caderno de Imagens

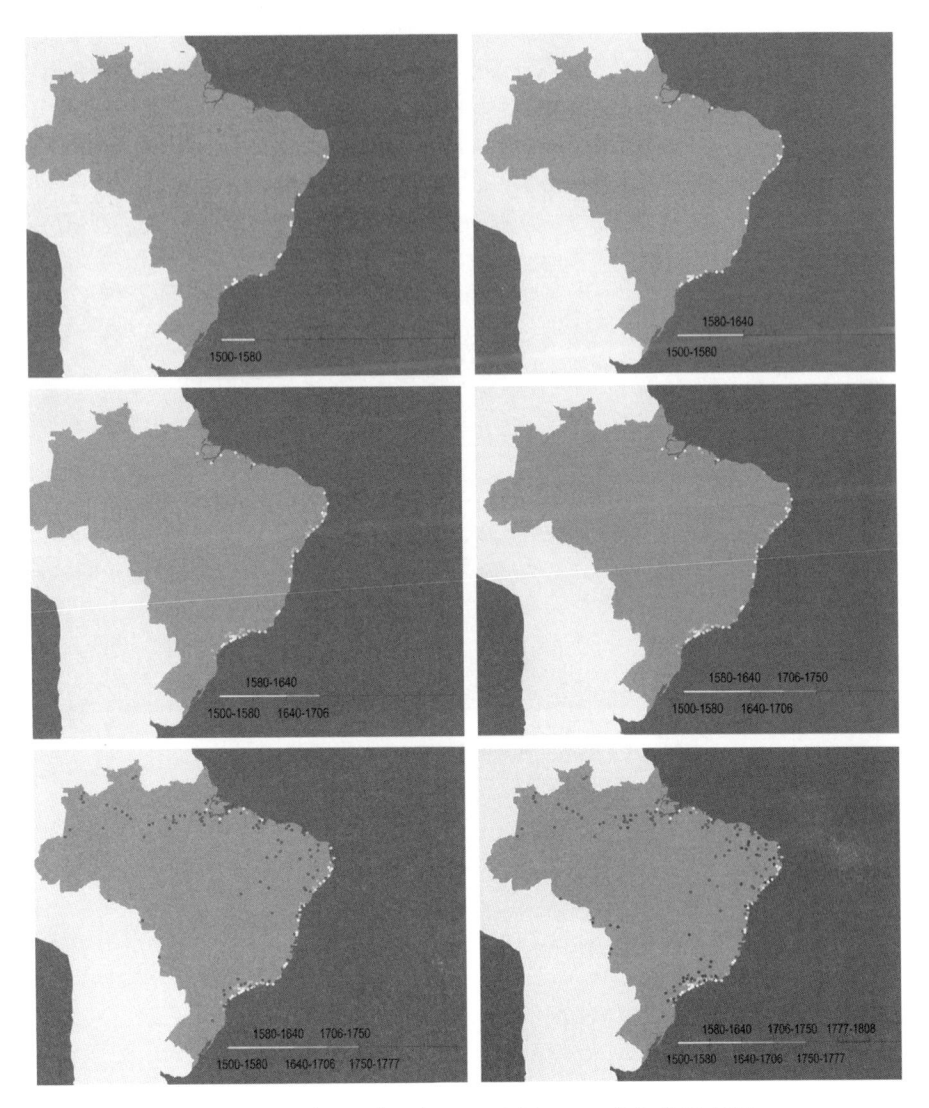

Figura I: Distribuição das vilas no território por período, 1500-1808

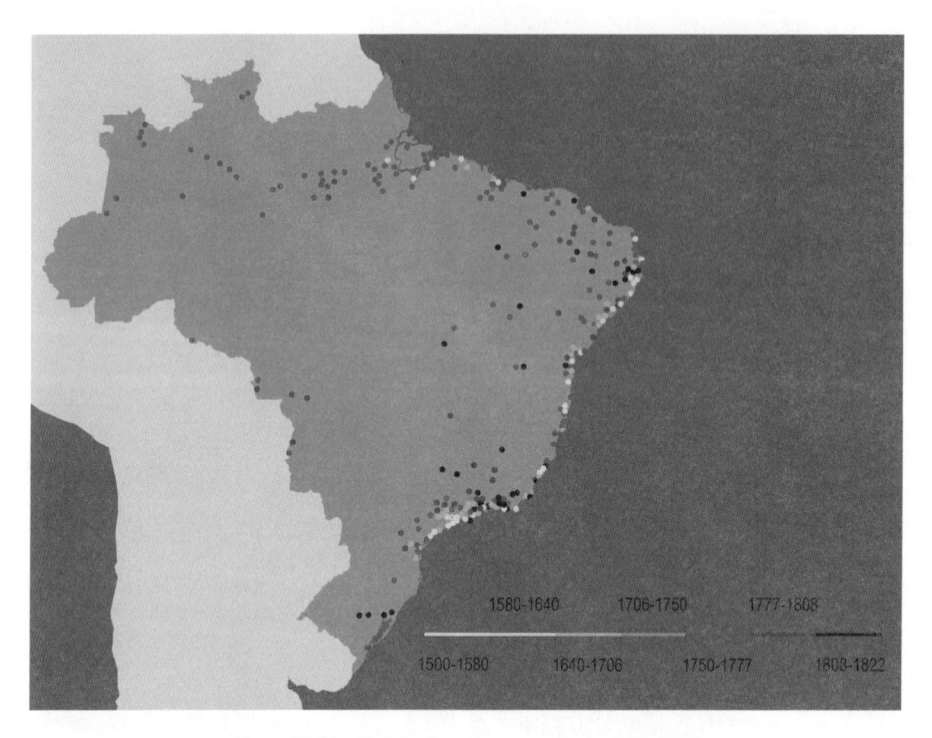

Figura II: Distribuição das vilas no território, 1500-1822

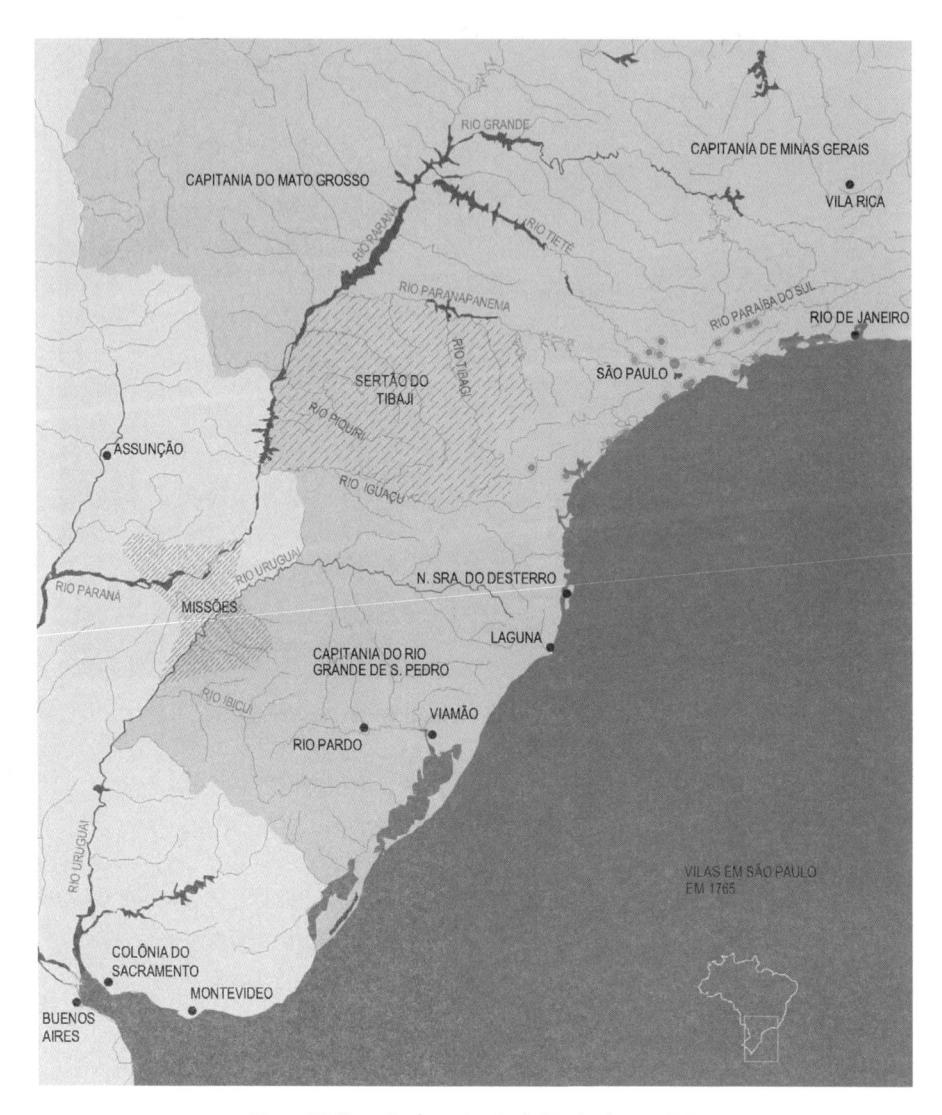

Figura III: Situação da capitania de São Paulo em 1765.

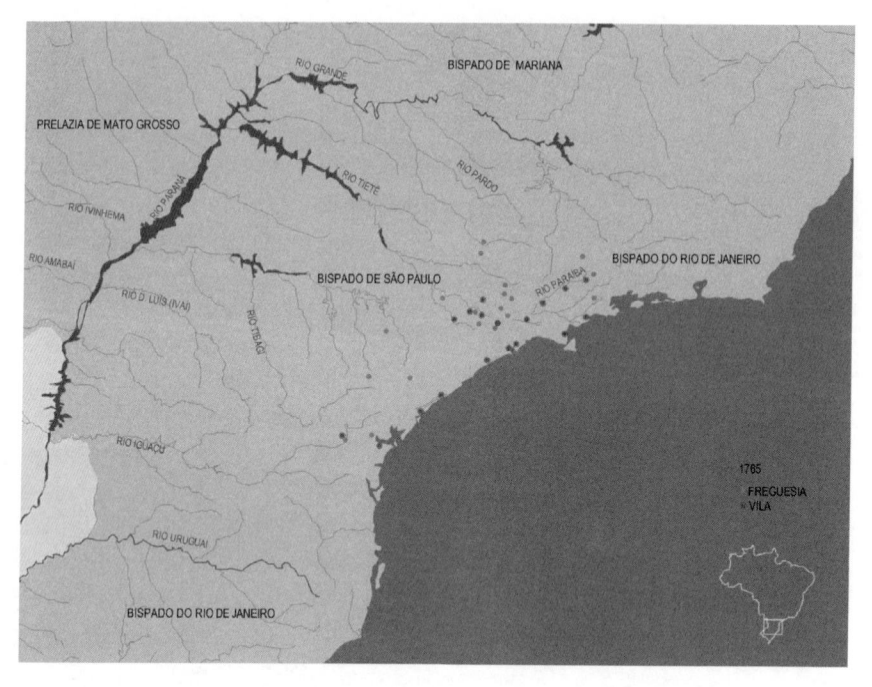

Figura IV: Vilas e freguesias na capitania de São Paulo em 1765.

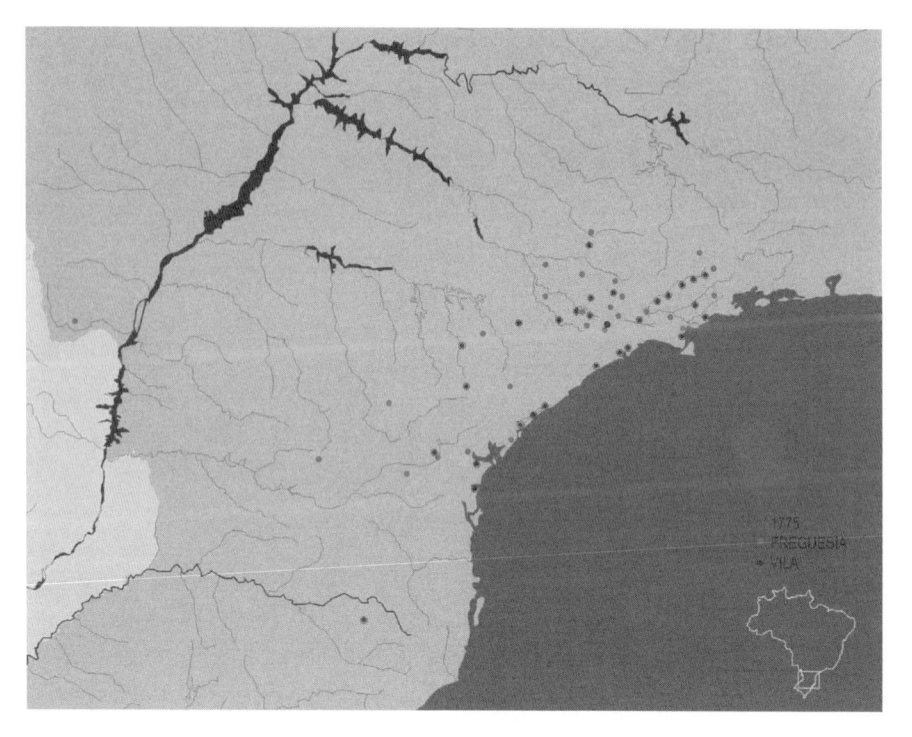

Figura V: Vilas e freguesias na capitania de São Paulo em 1775.

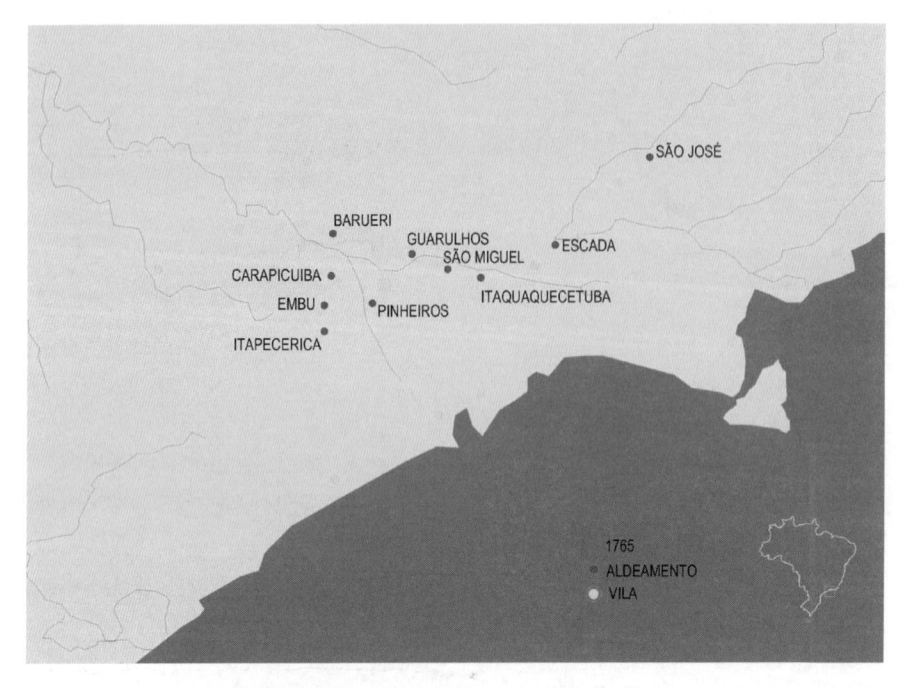

Figura VI: Aldeamentos de São Paulo em 1765.

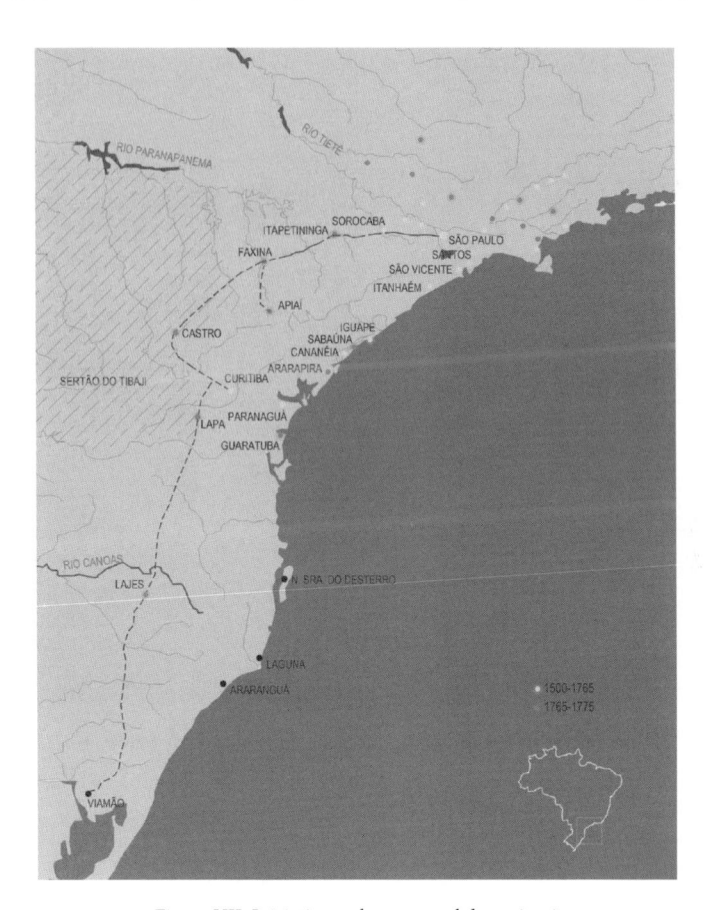

Figura VII: Iniciativas urbanas ao sul da capitania
de São Paulo, 1765-1775.

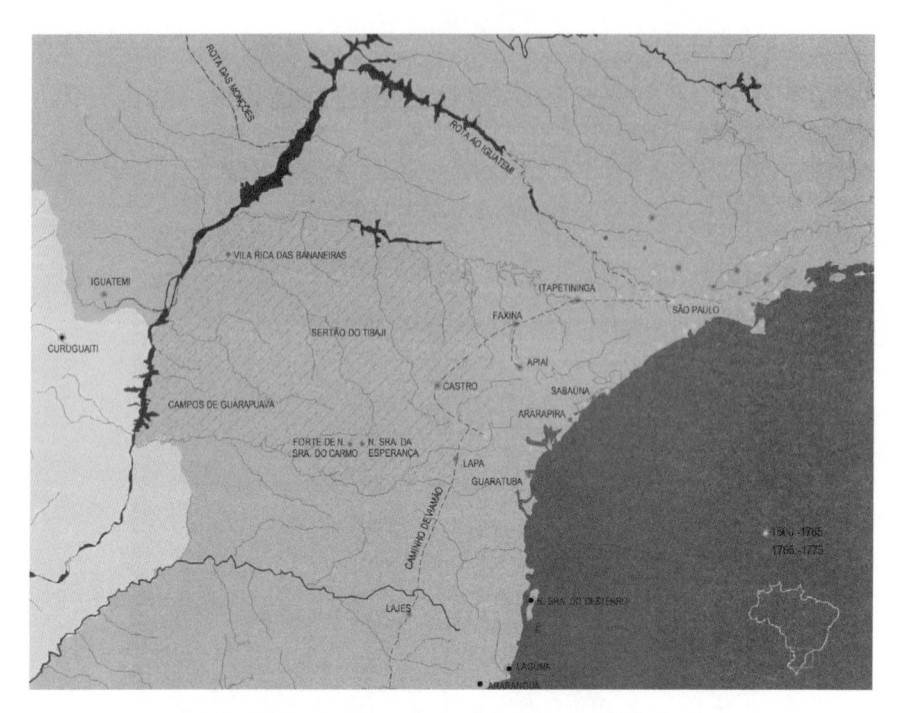

Figura VIII: Iniciativas urbanas ao sul e ao oeste da capitania de São Paulo, 1765-1775

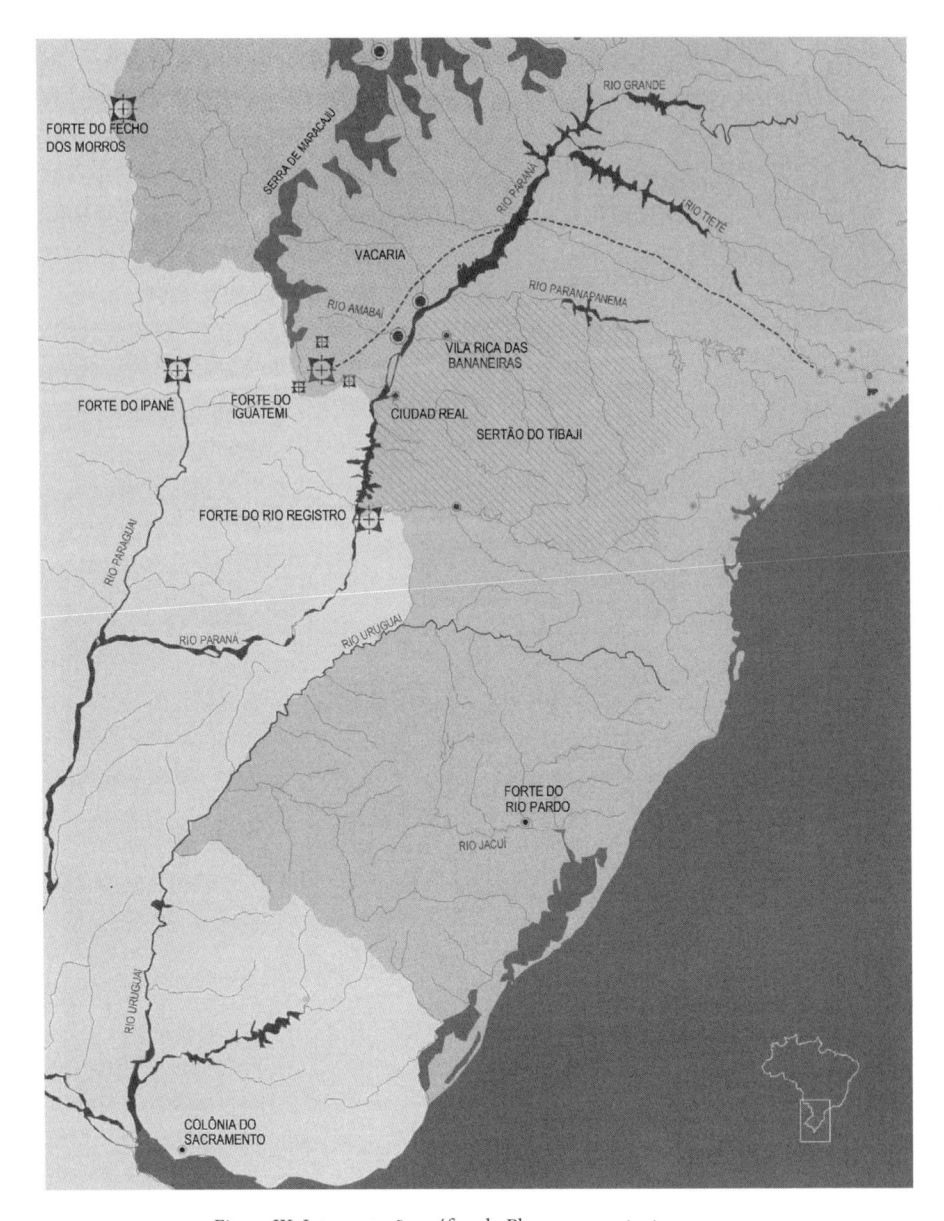

Figura IX: Interpretação gráfica do Plano para sustentar a posse.

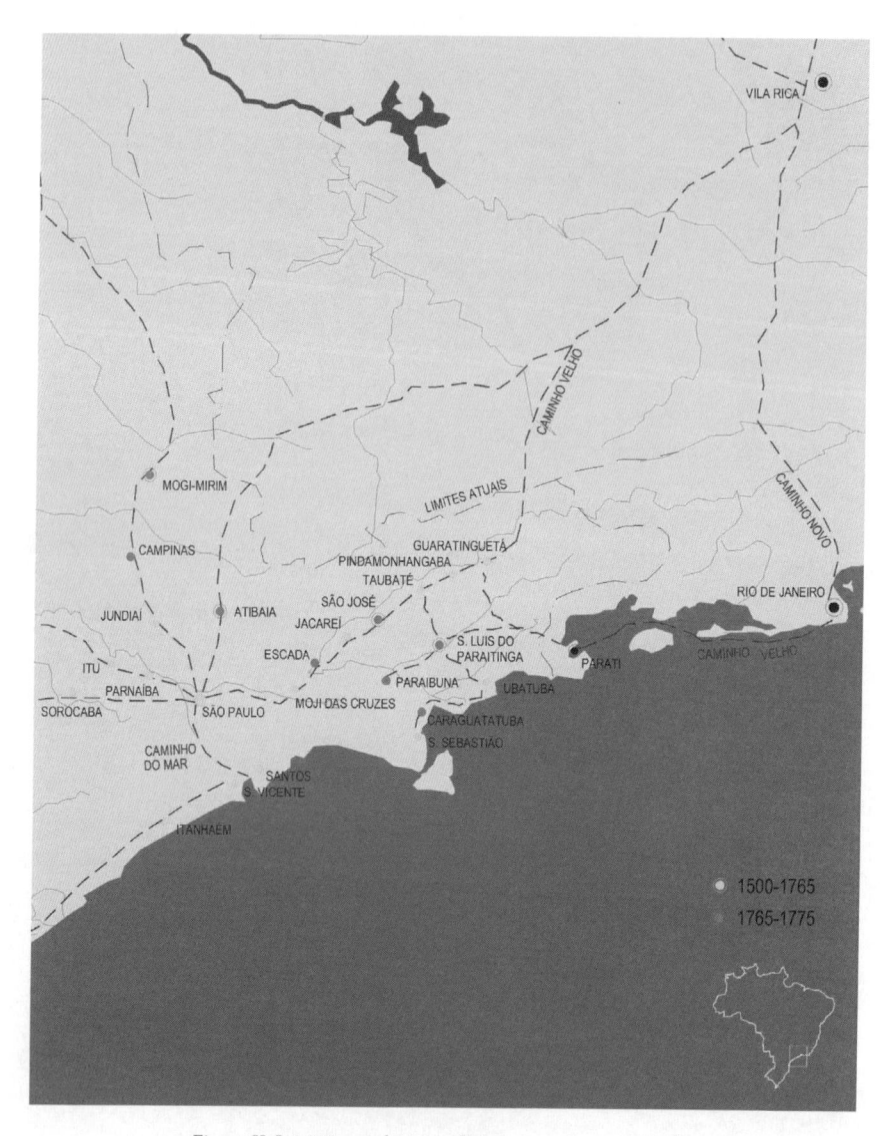

Figura X: Iniciativas urbanas ao leste e norte da capitania de
São Paulo, 1765-1775.

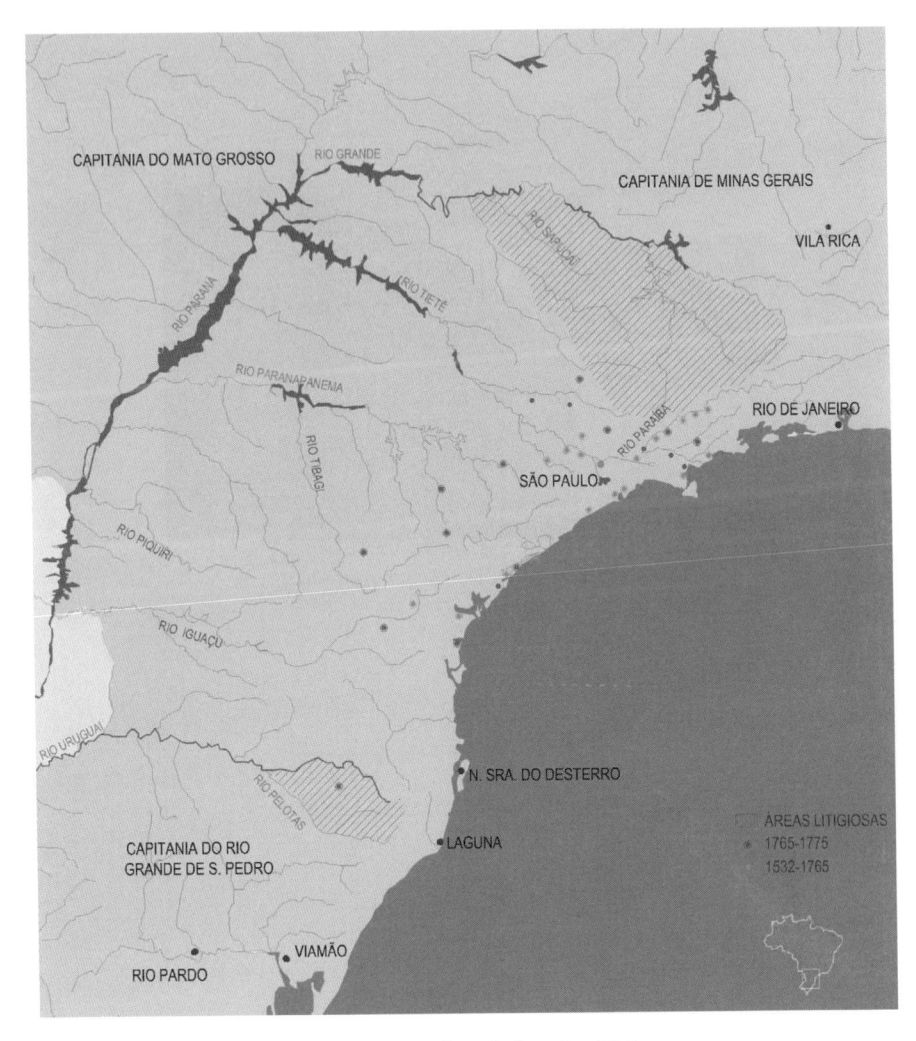

Figura XI: Principais áreas de fronteiras litigiosas
na capitania de São Paulo, 1765-1775.

Maria Fernanda Derntl

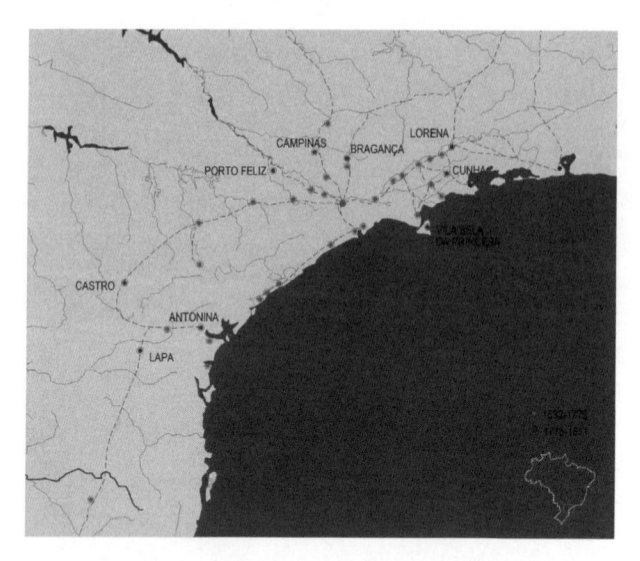

Figura XII: Vilas e principais caminhos na capitania de
São Paulo, 1775-1811.

Referências bibliográficas

FONTES MANUSCRITAS

Arquivo Ultramarino

Carta dos oficiais da Câmara da cidade de São Paulo, ao rei [D. José I]. São Paulo, 17 fev. 1759. AHU_ACL_CU_023, Cx. 5, D. 305.

Ofício do governador e capitão-general da capitania de São Paulo, Morgado de Mateus, D. Luís Antônio de Sousa Botelho Mourão, ao secretário do reino, marquês de Pombal, Sebastião José de Carvalho e Melo. São Paulo, 18 jun. 1774. AHU_ACL_CU_023, Cx. 6, D. 377.

Ofício do governador e capitão-general da capitania de São Paulo, Martim Lopes Lobo de Saldanha, ao [secretário de Estado da Marinha e Ultramar], Martinho de Melo e Castro. São Paulo, 10 nov. 1775. AHU_ACL_CU_023, Cx. 6, D. 388.

Ofício do governador e capitão-general da capitania de São Paulo, Martim Lopes Lobo de Saldanha, ao [secretário de Estado da Marinha e Ultramar], Martinho de Melo e Castro. São Paulo, 14 nov. 1775. AHU_ACL_CU_023, Cx. 7, D. 392.

Ofício do governador e capitão-general da capitania de São Paulo, Martim Lopes Lobo de Saldanha, ao [secretário de estado da Marinha e Ultramar], Martinho de Melo e Castro. São Paulo, 16 dez. 1775. AHU_ACL_CU_023, Cx. 7, D. 416.

Ofício do governador e capitão-general da capitania de São Paulo, Martim Lopes Lobo de Saldanha, ao [secretário de Estado da Marinha e Ultramar], Martinho de Melo e Castro. São Paulo, 20 dez. 1775. AHU_ACL_CU_023, Cx. 7, D. 418.

Instruções do governador da capitania de São Paulo, D. Luís Antônio de Sousa Botelho Mourão, para o governador nomeado Martim Lopes Lobo de Saldanha. São Paulo, 23 jun. 1775. AHU_ACL_CU_023, Cx. 7, D. 438.

Ofício do governador e capitão-general da capitania de São Paulo, Martim Lopes Lobo de Saldanha, ao [secretário de Estado da Marinha e Ultramar], Martinho de Melo e Castro. São Paulo, 23 fev. 1776. AHU_ACL_CU_023, Cx. 7, D. 439.

Carta do governador da capitania de São Paulo, Dom Luís Antônio de Sousa Botelho Mourão, para o ajudante de ordens Afonso Botelho de Sampaio e Sousa. São Paulo, 26 jul. 1773. AHU_ACL_CU_023, Cx. 10, D. 525.

Aviso (cópia) do [secretário de Estado da Marinha e Ultramar], D. Rodrigo de Sousa Coutinho, ao governador e capitão-general da capitania de São Paulo, Antônio Manuel de Melo Castro e Mendonça. Palácio de Queluz, 27 out. 1796. AHU_ACL_CU_023_Cx.13, D.661.

Ofício do governador e capitão-general da capitania de São Paulo, Antônio Manuel de Melo Castro e Mendonça, para o capitão Antônio Fernandes da Silva. São Paulo, 26 jun. 1800. AHU_ACL_CU_023, Cx. 15, D. 738.

Ofício (cópia) do [governador e capitão-general da capitania de São Paulo, Antônio José de Franca e Horta] ao [secretário do reino], D. Rodrigo de Sousa Coutinho. São Paulo, 21 fev. 1803. AHU_ACL_CU_023, Cx. 19, D. 949.

Ofício do governador e capitão-general da capitania de São Paulo, Antônio José da Franca e Horta, ao [secretário de estado da Marinha e Ultramar], visconde de Anadia, João Rodrigues de Sá e Melo Meneses e Souto Maior. São Paulo, 22 fev. 1803. AHU_ACL_CU_023, Cx. 19, D. 950.

Ofício do governador e capitão-general da capitania de São Paulo, Antônio Manuel de Melo Castro e Mendonça, para o ministro e secretário de Estado dos Negócios da Marinha e Domínios Ultramarinos, D. Rodrigo de Sousa Coutinho. São Paulo, 21 fev. 1800. Anexo à Consulta do Conselho Ultramarino ao príncipe regente [D. João]. AHU_ACL_CU_023, Cx. 23, D. 1062.

Planta e prospecto dos ranchos que se hão de fazer no caminho que vai da cidade de São Paulo para a vila de Santos. São Paulo, século 18. AHU_CARTm_023, D. 1212.

Parecer do Conselho Ultramarino sobre a representação do governador e capitão-general da capitania de São Paulo, Antônio José da Franca e Horta, acerca da criação de uma vila denominada Bela da Princesa. Lisboa, 8 ago. 1807. AHU_ACL_CU_023, Cx. 30, D. 1332.

Carta do governador da capitania de São Paulo, D. Luís Antônio de Sousa Botelho Mourão, para o ministro e secretário dos negócios do Reino, Sebastião José de Carvalho e Melo. Rio de Janeiro, 26 jun. 1765. AHU_ACL_CU_003, Cx. 19, D. 1692.

Ofício (Cópia do) do (governador e capitão-general da capitania de São Paulo). (D. Luís Antônio de Sousa) (Botelho e Mourão, Morgado de Mateus) para vice-rei do Estado do Brasil, (D. Antônio Álvares da Cunha). São Paulo, 3 jul. 1767. AHU_ACL_CU_023-01, Cx. 24, D. 2331.

Carta do capitão-mor João Martins de Barros para o governador da capitania de São Paulo, D. Luís Antônio de Sousa Botelho Mourão. Cachoeira dos Prazeres, 26 out. 1767. AHU_ACL_CU_023-01, Cx. 25, D. 2432.

Representação dos oficiais da Câmara de Paranaguá para o rei Dom José I. Paranaguá, 23 jul. 1768. AHU_ACL_CU_023-01, Cx. 25, D. 2433.

Ofício do (governador e capitão-general da capitania de São Paulo), D. Luís Antônio de Sousa (Botelho Mourão) para o (ministro e secretário de Estado dos Negócios da Marinha e Domínios Ultramarinos) Martinho de Melo e Castro. São Paulo, 8 nov. 1770. AHU-São Paulo-MGouveia, cx. 27, doc. 2516.

Carta do governador da capitania de São Paulo, D. Luís Antônio de Sousa, para o ministro e secretário de Estado dos Negócios da Marinha e Domínios Ultramarinos, Martinho de Melo e Castro. São Paulo, 3 dez. de 1770. AHU_ACL_CU_023-01, Cx. 27, D. 2526.

Ofício do (governador e capitão-general da capitania de São Paulo) D. Luís Antônio de Sousa (Botelho Mourão, Morgado de Mateus), para o (secretário de Estado dos Negócios do Reino, Sebastião José de Carvalho e Melo). São Paulo, 3 set. 1771. AHU-São Paulo-MGouveia, cx. 27, doc. 2566.

Instruções (cópia das) de (D. José I) para o governador e capitão-general da capitania de São Paulo (Morgado de Mateus) Luís Antônio de Sousa Botelho

Mourão. Lisboa, Palácio de Nossa Senhora da Ajuda, 20 nov. 1772. AHU_ACL_ CU_023-01, Cx. 28, D. 2610.

Ofício do secretário de Estado dos Negócios da Marinha e Domínios Ultramarinos Martinho de Melo e Castro, para o vice-rei Marquês do Lavradio, contendo instruções sobre a defesa do Rio Grande de São Pedro. 20 nov. 1772. AHU_ACL_CU_023-01, Cx. 28, D. 2611.

Carta do Bispo de São Paulo, D. Frei Manuel da Ressurreição. São Paulo, 23 jun. 1774. AHU_ACL_CU_023-01, Cx. 30, D. 2671.

Relação dos ofícios n. 1 a 9 referentes ao Estado Político que o governador e capitão-general da capitania de São Paulo, Martim Lopes Lobo de Saldanha enviou a (D. Maria I) em Abril de 1780 pela Secretaria de Estado da Repartição da Marinha e Domínios Ultramarinos, feita pelo (secretário do Governo) José Inácio Ribeiro Ferreira. São Paulo, abr. 1780. AHU_ACL_CU_023-01, Cx. 34, D. 2938.

Ofício n. 3 do (governador e capitão-general da capitania de São Paulo) Martim Lopes Lobo de Saldanha, para (o ministro e secretário de Estado dos Negócios da Marinha e Domínios Ultramarinos) Martinho de Melo e Castro., Lisboa, 12 nov. 1781. AHU_ACL_CU_023-01, Cx. 35, D. 3000.

Requerimentos do ex-governador e capitão-general da capitania de São Paulo, Martim Lopes Lobo de Saldanha, dirigidos a (D. Maria I), sobre assuntos relativos ao seu governo. Lisboa, 25 ago. 1784. AHU_ACL_CU_023-01, Cx. 37, D. 3105.

Ofício nº 21. São Paulo, 22 nov. 1797. Anexo à relação de ofícios remetidos pelo governador e capitão-general da capitania de São Paulo, (Antônio Manuel de Melo Castro e Mendonça), para o ministro e secretário de Estado dos Negócios (da Marinha e Domínios Ultramarinos), D. Rodrigo de Sousa Coutinho. AHU_ ACL_CU_023-01, Cx. 44, D. 3507.

Memória nº 70 do governador e capitão-general da capitania de São Paulo, Antônio Manuel de Melo Castro e Mendonça, para o ministro e secretário de Estado dos Negócios da Marinha e Domínios Ultramarinos, D. Rodrigo de Sousa Coutinho. São Paulo 9 fev. 1799. AHU_ACL_CU_023-01, Cx. 45, D. 3518.

Relação (minuta) das respostas a dar ao governador (e capitão-general da capitania) de São Paulo (Antônio Manuel de Melo Castro e Mendonça), pelo (ministro e secretário de Estado dos Negócios da Marinha e Domínios Ultramarinos,

D. Rodrigo de Sousa Coutinho), por ordem de (D. Maria I). Palácio de Queluz, 9 nov. 1798. AHU_ACL_CU_023-01, Cx. 46, D. 3601.

Carta (cópia da) do Príncipe Regente (D. João) para o governador e capitão general de São Paulo, Bernardim Freire de Andrada, contendo instruções ao novo governador. Palácio de Queluz, 7 jul. 1800. AHU_ACL_CU_023-01, Cx. 49, D. 3824.

Requerimento do coronel do 1º Regimento de Cavalaria de Milícias da capitania de São Paulo, Policarpo Joaquim de Oliveira ao (Príncipe Regente, D. João) Anexo: requerimento. Ant. 6 ago. 1803. AHU-São Paulo-MGouveia, cx. 52, doc. 4055.

Atestado anexo à consulta do Conselho (Ultramarino) sobre o requerimento do coronel do 1º Regimento de Cavalaria Miliciana da capitania de São Paulo, Policarpo Joaquim de Oliveira. Lisboa, 22 mar. 1804. AHU_ACL_CU_023-01, Cx. 54, D. 4125.

Carta do governador e capitão-general da Capitania de São Paulo, Antônio José da Franca e Horta, ao (Príncipe Regente D. João), respondendo à provisão de 29 de novembro de 1803. São Paulo, 11 dez. 1804. AHU_ACL_CU_023-01, Cx. 56, D. 4268.

Carta do pároco da vila de São Sebastião, da capitania de São Paulo, João Rodrigues Coelho, para o Príncipe (Regente D. João). Vila de São Sebastião, 2 fev. 1805. AHU_ACL_CU_023-01, Cx. 57, D. 4300.

Carta do governador e capitão-general da capitania de São Paulo, Antônio José da Franca e Horta, ao (Príncipe Regente D. João). São Paulo, maio/dez. 1806. AHU_ACL_CU_023-01, Cx. 59, D. 4479.

Cópia de parte do artigo 69 do aviso do [secretário de Estado da Marinha e Ultramar], D. Rodrigo de Sousa Coutinho, ao governador e capitão-general da capitania de São Paulo, Antônio Manuel de Melo Castro e Mendonça. Lisboa, 4 nov. 1799. Anexo à carta (do governador e secretário-general da capitania de São Paulo), Antônio José da Franca e Horta, para o (Príncipe Regente D. João). AHU_ACL_CU_023-01, Cx. 58, D. 4410.

Informação acerca das instituições [sic] dadas ao (governador e capitão-general da capitania de São Paulo), Bernardo (José Maria de) Lorena (e Silveira) que constam das cópias juntas. [S.l, s.d]. AHU_ACL_CU_023-01, Cx. 65, D. 5008.

Itinerário da jornada do porto dos Casais e Viamão para a cidade de São Paulo. AHU_ACL_CU_023-01, Cx. 66, D. 5075.

6873 Ofício do [vice-rei do Estado do Brasil], conde da Cunha, [D. Antônio Álvares da Cunha], ao [secretário de estado da Marinha e Ultramar], Francisco Xavier de Mendonça Furtado, Rio de Janeiro, 31 out. 1765. AHU_ACL_CU_017, Cx. 76, D. 6873.

Ofício do [vice-rei do Estado do Brasil], conde da Cunha, [D. Antônio Álvares da Cunha], ao [secretário de Estado da Marinha e Ultramar], Francisco Xavier de Mendonça Furtado, apresentando as queixas do governador do Rio Grande [de São Pedro], coronel José Custódio de Sá e Faria, quanto à determinação do governador de São Paulo, [Morgado de Mateus, D. Luís Antônio de Sousa Botelho Mourão], em fundar uma vila nos campos das Lajes". Rio de Janeiro, 21 fev. 1767. AHU_ACL_CU_017, Cx. 80, D. 7173.

Arquivo Histórico do Estado de São Paulo

Carta do ministro e secretário do Reino Sebastião José de Carvalho e Melo para o governador da capitania de São Paulo Dom Luís Antônio de Sousa Botelho Mourão. Palácio de Nossa Senhora da Ajuda, 26 jan. 1765. AESP, Manuscritos T. C. Avisos e Cartas Régias 1765-1777, Lata 62 ordem 420 livro 169.

"Copia da Carta escrita [pelo secretário de Estado do Reino Conde de Oeiras] para o [vice-rei] Conde da Cunha". Palácio de Nossa Senhora da Ajuda, 26 jan. 1765. AESP, Manuscritos T. C. Avisos e Cartas Régias 1765-1777, Lata 62 ordem 420 livro 169.

"IV-Cópia dos parágrafos da Instrução que se mandou a Gomes Freire de Andrada em 21 de setembro de 1757". Anexo à "Cópia da carta escrita [pelo secretário de Estado do Reino Conde de Oeiras] para o [vice-rei] conde da Cunha". Palácio de Nossa Senhora da Ajuda, 26 jan. 1765. AESP, Manuscritos T. C. Avisos e Cartas Régias 1765-1777, Lata 62 ordem 420 livro 169, fl. 15.

Carta Régia (cópia) para o governador da capitania do Piauí João Pereira Caldas. Belém, 29 de julho de 1759. AESP, S. Manuscritos T. C. Avisos e Cartas Régias 1765-1777, Lata 62 ordem 420, livro 169, anexo n. 3.

Arquivo Nacional da Torre do Tombo

Ordens régias para governador e capitão-general da capitania de São Paulo, Martim Lopes Lobo de Saldanha, ANTT, Arquivo da Casa Galveias, maço 12 1ª parte.

Petição dos moradores da comarca de Paranaguá. ANTT, Arquivo Casa de Galveias, maço 12, 1ª parte, item 4 "Decretos e provisões do Conselho Ultramarino para o capitão-general 1776-1779".

Requerimento de remuneração de serviços do governador e capitão-general da capitania de São Paulo Antônio José da Franca e Horta. 4 out. 1823. ANTT, ds, maço 182, doc. n. 2.

Decreto de D. Maria I em satisfação dos serviços de Antonio Lopes de Azevedo. ANTT, ds 1783, maço 83 n. 3.

Cópia da carta do ministro e secretário dos negócios do Reino, Sebastião José de Carvalho e Melo, para o bispo reformador da Universidade de Coimbra, sem local/data, PT-TT-PBR/AV/3,15 Papéis do Brasil, avulso 3,15.

Biblioteca Nacional de Portugal

Ofício de José Custódio de Sá e Faria para o secretário de Estado dos Negócios da Marinha e Domínios Ultramarinos Martinho de Melo e Castro. Praça de Nossa Senhora dos Prazeres do Rio Iguatemi, 4 fev. 1775. BNP, Códice 4530, Documentos da capitania de São Paulo, n. 8-10.

Biblioteca Nacional do Rio de Janeiro – Arquivo de Mateus

Carta de Joaquim Machado e Moreira ao governador da capitania de São Paulo, D. Luís Antônio de Sousa Botelho Mourão. Ivajurunduva, 6 jan 1772. BNRJ, AM I-30,14,23, n. 4.

Carta do frei Antônio de Pádua ao governador da capitania de São Paulo D. Luís Antônio de Sousa Botelho Mourão. 16 jul. 1774. Jundiaí, 26 jun. 1774. BNRJ AM I-30, 15, 4, n. 2.

Carta do diretor e fundador da freguesia de Nossa Senhora da Conceição das Campinas do Mato Grosso, Francisco Barreto Leme, para o governador da capitania de São Paulo D. Luís Antônio de Sousa Botelho Mourão. Freguesia de Campinas do Mato Grosso, 18 jul. 1774. BNRJ AM I-30, 13, 19, n. 2.

Carta do diretor e fundador da freguesia de Nossa Senhora da Conceição das Campinas do Mato Grosso, Francisco Barreto Leme, para o governador da capitania de São Paulo D. Luís Antônio de Sousa Botelho Mourão. Freguesia de Campinas do Mato Grosso, 11 ago. 1774. BNRJ AM I-30, 13, 19, n. 3.

Carta do capitão-mor da aldeia de São Miguel, Miguel Pedroso, ao corregedor da comarca de São Paulo, 22 out. 1762. BNRJ AM, I-30, 24,22, n. 9.

Auto de medição e demarcação das terras da aldeia de Itapecerica. Itapecerica, 22 jan. 1769. BNRJ AM, I-30, 24, 28, n. 2. Auto de medição e demarcação de terras na paragem de Carapicuíba. 26 out. 1768. BNRJ AM, I-30, 24, 28, n. 1.

Registro de 6ª f, 12 out. Diário de Governo. BNRJ. AM. 23,2,15, n. 1, 7º maço, 21, jun. 1770 – 26 jun. 1771.

Carta do capitão-mor Bento Lopes de Leão ao governador da capitania de São Paulo D. Luís Antônio de Sousa Botelho Mourão dando parte das providências tomadas para o sucesso da fundação da nova povoação do rio do Peixe. Taubaté, 27 maio 1772. BNRJ AM, I-30, 13, 12, n. 42.

Carta de Francisco José Machado e Vasconcelos para o governador da capitania de São Paulo, D. Luís Antônio de Sousa Botelho Mourão. Borda do Mato, 19 mar. 1772. BNRJ AM, I-30, 20,13, n. 1.

Registro no Diário de Governo. São Paulo, 21 out. 1770. BNRJ. AM, 23, 2, 15, n. 1,. 7º maço.

Carta do frei Francisco da Piedade ao governador da capitania de São Paulo Luís Antônio de Sousa Botelho Mourão. Iguape, 25 fev. 1766. BNRJ AM, I-30, 15, 22, n. 1.

Carta do frei Francisco da Piedade ao governador da capitania de São Paulo, D. Luís Antônio de Sousa Botelho Mourão. Iguape, 4 mai. 1767. BNRJ AM I-30, 15, 22, n. 7.

Carta dos oficiais da Câmara da vila de Conceição de Itanhaém para o governador da capitania de São Paulo, D. Luís Antônio de Sousa Botelho Mourão. Itanhaém, 25 abr. 1767. BNRJ AM, I-30, 22, 6, n. 7.

Carta dos oficiais da Câmara da vila de Conceição de Itanhaém para o governador da capitania de São Paulo, D. Luís Antônio de Sousa Botelho Mourão. Itanhaém, 28 maio 1767 BNRJ AM, I-30, 22, 6, n. 9.

Carta do capitão-mor de Sorocaba, José de Almeida do Leme, para o governador da Capitania de São Paulo, D. Luís Antônio de Sousa Botelho Mourão. Sorocaba, 3 jul. 1766. BNRJ AM I-30, 13, 20, n. 3.

Carta do ajudante de ordens Afonso Botelho de Sampaio para o governador da capitania de São Paulo D. Luís Antônio de Sousa Botelho Mourão. Cananeia, 9 jan. 1767. BNRJ AM, I-30, 18, 1, n. 2

Carta do frei Francisco da Piedade para o governador da Capitania de São Paulo, D. Luís Antônio de Sousa Botelho Mourão. Iguape, 25 fev 1766. BNRJ AM, I-30, 15, 22, n. 1.

Carta do capitão-mor de Taubaté, Bento Lopes de Leão, para o governador D. Luís Antônio de Sousa Botelho Mourão. Taubaté, 10 ago. 1774. BNRJ AM, I-30, 13, 12, n. 51.

Carta do capitão-mor de Itu, Salvador Jorge Velho para o governador da capitania de São Paulo D. Luís Antônio de Sousa Botelho Mourão. Itu, 3 mar. 1768. BNRJ AM, I-30, 20, 17, n. 5.

Carta do capitão-mor Antônio Correia Barbosa para o governador da capitania de São Paulo, D. Luís Antônio de Sousa Botelho Mourão. S. l., 22 ago. 1770. BNRJ AM, I-30,09, 34, n. 6.

Carta de Afonso Botelho de Sampaio e Sousa ao governador da Capitania de São Paulo Luís Antônio de Sousa Botelho Mourão. Iguape, 7 ago 1768. BNRJ AM, I-30, 18, 3, n. 2.

Carta dos oficiais da Câmara da vila da Conceição de Itanhaém ao governador da capitania de São Paulo, D. Luís Antônio de Sousa Botelho Mourão. Conceição de Itanhaém, 25 abr. 1767. BNRJ, AM I-30, 22, 6, n. 7.

Carta do frei Francisco da Piedade ao governador da Capitania de São Paulo, D. Luís Antônio de Sousa Botelho Mourão. Iguape, 4 maio 1767. BNRJ-AM I-30, 15,22, n. 7.

Carta do frei Antônio de Pádua ao governador da capitania de São Paulo, D. Luís Antônio de Sousa Botelho Mourão. Jundiaí, 3 maio de 1774. BNRJ AM, I-30,15,4, no.1.

Fundação Casa de Mateus, Vila Real

Autos de justificação de Antônio Correia Pinto acerca da nova vila de Nossa Senhora de Lajes. 30 dez. 1771. CM, G. 1040.09 e G.1858.08.

Carta de Afonso Botelho de Sampaio ao governador da capitania de São Paulo D. Luís Antônio de Sousa Botelho Mourão. Paranaguá, 1767. CM G. 1040.

Carta do capitão-mor Lourenço Ribeiro de Andrade para o ajudante de ordens Afonso Botelho de Sampaio. Curitiba, 17 fev. 1767. CM, G. 1040.37.

Carta do capitão-mor Lourenço Ribeiro de Andrade para o ajudante de ordens Afonso Botelho de Sampaio. S.l, s.d. CM, G. 1040.37.

"Autos de justificação acerca da Nova Vila de Nossa Senhora de Lajes". Nossa Senhora do Desterro, 30 dez. 1771. CM, G.1858.08.

Diário de governo. CM, 3ª feira 10 mar. [1768?], v. 2, p. 17.

Relação de todos os livros pertencentes à livraria que tem o exm.o sr. general D. Luís Antônio de Sousa nesta cidade de São Paulo em o ano de 1775. Livros que S. Excelência comprou em São Paulo. CM, G. 1748.05.

Biblioteca Pública Municipal do Porto

"Novas Freguesias que por ordem do ilm.º e exm.º senhor general Dom Luís Antônio de Sousa Botelho Mourão erigiu o coronel Afonso Botelho de Sampaio na comarca de Paranaguá." Rio de Janeiro, 18 abril 1787. BPMP Ms. 437.

FONTES IMPRESSAS

Ofício n. 3 do governador da capitania de São Paulo D. Luís Antônio de Sousa Botelho Mourão. São Paulo, 18 de jun. 1774. Anexo à relação feita pelo oficial maior da Secretaria de São Paulo, Manuel Teixeira da Silva, contendo seis ofícios ao ministro e secretário de Estado da Marinha e domínios ultramarinos. Martinho de Melo e Castro, referentes ao estado eclesiástico. RIHGB, n. especial, t. 6, p. 394-406, 1957.

"Diário da viagem que fez o brigadeiro José Custódio de Sá e Faria da Cidade de São Paulo à Praça de Nossa Senhora dos Prazeres do rio Iguatemi, 1774-1775". RIHGB, Rio de Janeiro, v. 39, p. 217-27, 1876.

Notícia da conquista e descobrimento dos sertões do Tibaji, na capitania de S. Paulo, no governo do general D. Luís Antônio de Sousa Botelho Mourão, conforme as ordens de Sua Majestade. 1768–1774. *Anais da Biblioteca Nacional.* Rio de Janeiro, v. 76, 1956, p. 144-145.

Diretório que se deve observar nas povoações dos índios do Pará e Maranhão, enquanto Sua Majestade não mandar o contrário. ALMEIDA, Rita Heloísa de. O Diretório dos Índios: um projeto de "civilização" no Brasil do século XVIII. Brasília: Editora Universidade de Brasília, 1997, apêndice.

DOCUMENTOS INTERESSANTES PARA A HISTÓRIA E COSTUMES DE SÃO PAULO. SÃO PAULO: Departamento de Arquivo do Estado, (a data da publicação segue-se ao título dos volumes):

_____ v. 6, Iguatemi, 1902;

_____ v. 7, Iguatemi, 1902;

_____ v. 9, Iguatemi, 1901;

_____ v. 14, Correspondências Diversas, 1895;

_____ v. 15, Diversos 1766-1816, 1904;

_____ v. 19, Correspondência de Dom Luís Antônio de Souza 1767-1770, 1896;

_____ v. 23 Correspondência de Dom Luís Antônio de Souza 1766-1768, 1896.

_____ v. 28, Correspondência de Martim Lopes Lobo Saldanha 1775-1778, 1898;

_____ v. 33, Bandos, ordens e portarias de D. Luís Antônio de Souza 1771-1775, 1901;

_____ v. 34, Correspondência de Dom Luís Antônio de Souza 1770-1771, 1901;

_____ v. 46, Ofícios de Bernardo José de Lorena 1788-1795, 1924;

_____ v. 64, ofícios do capitão general Dom Luís Antônio 1772-1775, 1939;

_____ v. 65, ofícios do capitão general Dom Luís Antônio 1765-1771, 1940;

_____ v. 67, Ofícios de Dom Luís Antônio 1766-1767, 1943;

_____ v. 69, Ofícios de Dom Luís Antônio de Souza aos vice-reis e ministros 1771 e 1772, 1946;

_____ v. 72, Ofícios de Dom Luís Antônio de Souza 1765-1766, 1952;

_____ v. 73, Ofícios de Dom Luís Antônio de Souza 1765-1766, 1952;

_____ v. 74, Primeiros atos de Martim Lopes Lobo Saldanha (1775-1782), 1954;

_____ v. 92, Ofícios de Dom Luís Antônio 1768-1772, 1978.

REIS FILHO, Nestor Goulart (org.). *Imagens de vilas e cidades do Brasil colonial.* São Paulo: Edusp/Imprensa Oficial, 2000.

SOUZA, Jonas Soares de, Myoko (orgs.). *Diário da navegação: Teotônio José Juzarte.* São Paulo: Edusp, 2000.

VITRÚVIO. *Tratado de Arquitetura.* São Paulo: Martins Fontes, 2007, p. 95-103.

OBRAS DE REFERÊNCIA E INSTRUMENTOS DE PESQUISA

ALBUQUERQUE, Teresa (coord.). *Casa de Mateus: catálogo do Arquivo.* Vila Real: Fundação da Casa de Mateus, 2005.

BIBLIOGRAFIA Ibero Americana da História do Urbanismo e da Urbanística. 1415-1822. Lisboa: CNCDP, 2000.

Biblioteca Nacional (Brasil). *Catálogo Arquivo de Mateus.* Coordenação de Darci Damasceno. Rio de Janeiro: Fundação BN, Dep. Nacional do Livro, 2000. (Col. Rodolfo Garcia, v. 27).

BLUTEAU, Raphaël. *Vocabulario Portuguez e Latino.* Coimbra: Colégio das Artes, 1712-1713, p. 467 e p. 573. Disponível em: < http://www.ieb.usp.br/online/index.asp >. Acesso em: 2 ago. 2011.

DAMASCENO, Darci (coord.). *Catálogo Arquivo de Mateus.* Rio de Janeiro, Fundação Biblioteca Nacional/Departamento Nacional do Livro, 2000.

GARCIA, João Carlos (coord.). *A mais dilatada vista do Mundo.* Inventário da colecção cartográfica da Casa da Ínsua, Lisboa, CNCDP, 2002.

IRIA, Alberto. *IV Colóquio Internacional de Estudos Luso Brasileiros*. Studia. No 17, abril 1966, p. 35-116.

VAINFAS, Ronaldo (dir.). *Dicionário do Brasil Colonial (1500-1808)*. Rio de Janeiro: Objetiva, 2001.

VIANNA, Hélio. *São Paulo no Arquivo de Mateus*. Rio de Janeiro: BN, Divisão de Publicações e Divulgação, 1969.

CATÁLOGO dos manuscritos ultramarinos da Biblioteca Pública Municipal do Pôrto. Porto: A Biblioteca, 1988.

DOCUMENTOS MANUSCRITOS AVULSOS DA CAPITANIA DE SÃO PAULO (1644-1839) cat. 1. Coordenação geral de José Jobson de Andrade Arruda. Bauru: EDUSC; São Paulo: FAPESP, Imprensa Oficial do Estado, 2000.

IBGE. *Enciclopédia dos Municípios Brasileiros: Municípios do Estado de Santa Catarina*, v. 32. Rio de Janeiro: IBGE, 1959, p. 228.

IBGPRAE. *Enciclopédia dos Municípios Brasileiros: Municípios do Estado de Santa Catarina*, v. 32. Rio de Janeiro: IBGE, 1959.

LIVROS E ARTIGOS

ADONIAS, Isa. *Mapas e planos manuscritos no Brasil colonial: 1500-1822*. [Rio de Janeiro]: Ministério das Relações Exteriores, 1960.

ALDEN, Dauril. *Royal government in colonial Brazil, with special reference to the administration of the Marquis of Lavradio, Viceroy, 1769-1779*. Berkeley/Los Angeles: University of California Press, 1968.

ALMEIDA, A. "O maldito Iguatemi". *Revista do Arquivo Municipal*. São Paulo, n. 9 (96), p. 111-153, maio/jun. 1944

ALMEIDA, Luís Ferrand de. "O problema de fronteiras no sul do Brasil: o caso da Colónia do Sacramento". In: ALBUQUERQUE, Luís (dir.). *Portugal no mundo*. Lisboa: Alfa, v. 5, p. 191-201, 1989.

ALMEIDA, Rita Heloísa de. *O Diretório dos Índios: um projeto de "civilização" no Brasil do século XVIII*. Brasília: Editora Universidade de Brasília, 1997.

ARAÚJO, Renata Klautau Malcher de. "A Razão na Selva: Pombal e a reforma urbana da Amazónia". *Camões Revista de Letras e Cultura Lusófonas*. Lisboa, Instituto Camões, n. 15-16, jan./jun. 2003.

_____. *As cidades da Amazónia no século XVIII: Belém, Macapá e Mazagão*. Porto: FAUP, 1998.

AZEVEDO, Aroldo de. "Vilas e Cidades do Brasil Colonial. Ensaio de geografia urbana retrospectiva". *Boletim da Faculdade de Filosofia, Ciências e Letras*, n. 208. São Paulo: FFLCH-USP, 1956.

BELLOTTO, Heloísa Liberalli. *Autoridade e conflito no Brasil colonial: o governo do Morgado de Mateus em São Paulo (1765-1775)*. São Paulo: Alameda, 2007, 2. ed. revista.

_____. *Nem o tempo, nem a distância: correspondência entre o quarto Morgado de Mateus e sua mulher, D. Leonor de Portugal (1757-1798)*. Lisboa: Aletheia, 2007.

_____. "O Estado Português no Brasil: sistema administrativo e fiscal". In: SILVA, Maria Beatriz Nizza da (Coord.). *O Império luso-brasileiro: 1750-1822*. Lisboa: Editorial Estampa, 1986. v. 8, p. 263-275.

_____. "O Presídio do Iguatemi: função e circunstâncias (1765-1777)". *Revista do Instituto de Estudos Brasileiros*. Disponível em: <http://www.ieb.usp.br/revista/revista021/rev021heloisabellotto.pdf >. Acesso em: 2 nov. 2008.

_____. "Política indígena no Brasil (1570-1757)". *Revista do Instituto de Estudos Brasileiros*, São Paulo, n. 29, p. 49-60, 1988.

BELLUZO, Ana Maria de Moraes *et al*. *Do contato ao confronto. A conquista de Guarapuava no século XVII*. São Paulo: PNP Paribas, 2003.

BICALHO, Maria Fernanda. "Centro e Periferia: pacto e negociação política na administração do Brasil colonial". *Leituras. Revista da Biblioteca Nacional*. Lisboa: n.º 6, primavera 2000, p. 17-40.

_____. "Poder régio e poder concelhio na disputa pela administração do espaço urbano do Rio de Janeiro: século XVII e XVIII". In: ARAÚJO, Renata Klautau Malcher de; CARITA, Helder; ROSSA, Walter (org.). *Colóquio Internacional Universo Urbanístico Português 1415-1822*. Actas. [s.l.] CNCDP, 2001, p. 321-334.

BLAJ, Ilana. *A trama das tensões: o processo de mercantilização de São Paulo colonial (1681-1721)*. São Paulo: Humanitas/FAPESP, 2002, p. 116-119.

_____. "Agricultores e comerciantes em São Paulo nos inícios do século XVIII: o processo de sedimentação da elite paulistana". *Revista Brasileira de História*, São Paulo, v. 18, n. 36, 1998. Disponível em: <http://www.scielo.br/scielo.php?script=sci_arttext&pid=S0102-01881998000200012&lng=en&nrm=iso>. Acesso em: 2 nov. 2008.

BOSCHI, Caio. "Episcopado e Inquisição". In: BETHENCOURT, Francisco; CHAUDHURI, Kirti (org.). *História da Expansão Portuguesa*. Lisboa: Círculo de Leitores, 1998, v. 3, p. 332-395

BOXER, Charles R. *O Império marítimo português: 1415-1825*. São Paulo: Companhia das Letras, 2002.

BRUNO, Ernani Silva (org.). *São Paulo: terra e povo*. Porto Alegre: Globo, 1967.

_____. *Viagem ao País dos Paulistas*. Rio de Janeiro: José Olympio, 1966.

BUENO, Beatriz Piccolotto Siqueira. "Cartografia militar no Brasil do século XVIII. O engenheiro cientista e artista: José Custódio de Sá e Faria e a expedição à fortaleza do Iguatemi". In: *Colóquio Internacional História da Cartografia Militar (Séculos XVIII-XX)*, 2005. Actas do colóquio internacional história da cartografia militar (Séculos XVIII-XX). Viana do Castelo: Câmara Municipal de Viana do Castelo, 2005, p. 21-45.

_____. "De quanto serve a ciência do desenho no serviço das obras de el-rei". In: ARAÚJO, Renata Klautau Malcher de; CARITA, Helder; ROSSA, Walter (org). *Colóquio Internacional Universo Urbanístico Português 1415-1822*. Actas. [s.l.] CNCDP, 2001, p. 267-281.

CAMARGO, Paulo Florêncio da Silveira. *A Igreja na História de São Paulo*. São Paulo: Instituto Paulista de História e Arte Religiosa, 1952, p. 237-247.

CANABRAVA, Alice P. "Uma economia de decadência: os níveis de riqueza na Capitania de São Paulo, 1765-1767". *Revista Brasileira de Economia*. Rio de Janeiro, 26(4), p. 95-123, out/dez. 1972.

CINTRA, Assis. *Geografia política de São Paulo e Minas Gerais*. Rio de Janeiro: Benjamin Costallat & Miccolis, s/d.

CORREA, Dora Shellard. "Descrições de paisagens – construindo vazios humanos e territórios indígenas na capitania de São Paulo ao final do século XVIII". *Varia História*, v. 24, n. 39, Belo Horizonte, p. 135-152, 2008.

CORREIA, José Eduardo Capa Horta. *Vila Real de Santo António: urbanismo e poder na política pombalina*. Porto: FAUP, 1990.

CORTESÃO, Jaime. *A fundação de São Paulo, capital geográfica do Brasil*. Rio de Janeiro: Livros de Portugal, 1955.

_____. *Raposo Tavares e a formação territorial do Brasil*. Rio de Janeiro: Ministério de Educação e Cultura, 1958.

COSTA, Antônio Gilberto (org.). *Roteiro Prático de Cartografia: da América portuguesa ao Brasil Império*. Belo Horizonte: Editora UFMG, 2007.

_____. *Os caminhos do ouro e a Estrada Real*. Belo Horizonte, UFMG/Kapa, 2005.

CRAIB, Robert B. "Cartography and Power in the Conquest and Creation of New. Spain". *Latin American Research Review*, v. 35, n. 1, p. 7-36, 2000.

DEBRET, Jean-Baptiste. *Quarenta Paisagens Inéditas do Rio de Janeiro, São Paulo, Paraná e Santa Catarina*. São Paulo: Nacional, 1970.

DELSON, Roberta Marx. "Military engineering and the "colonial" project for Brazil: agency and dominance". In: CARITA, Hélder; ARAÚJO, Renata K. M.; ROSSA, Walter (org). *Actas do colóquio internacional universo urbanístico português. 1415-1822*. Lisboa: Comissão Nacional para as Comemorações dos Descobrimentos Portugueses, 2001, p. 905-916.

_____. *Novas vilas para o Brasil-Colônia: planejamento espacial e social no século XVIII*. Brasília: Alva-Ciord, 1997.

DERNTL, Maria Fernanda; CARVALHO, J. L. "Tão longe, tão perto: uma abordagem comparada de processos de reorganização territorial nas capitanias gerais de São Paulo e Pernambuco, 1750-1777". In: *XI Seminário de História da Cidade e do Urbanismo*, 2010, Vitória. *Anais do XI Seminário de História da Cidade e do Urbanismo*. Vitória, ES, UFES, 2010, CD-ROM.

DOMINGUES, Ângela. "Para um melhor conhecimento dos domínios coloniais: a constituição de redes de informação no Império Português em finais de setecentos". *Ler História*. Lisboa, ISCTE, n. 39, p. 19-34, 2000.

DORIZOTTO, Sermo. *Os primórdios de Piracicaba*. Piracicaba: Instituto Histórico e Geográfico de Piracicaba, 2008.

ELLIS, Myriam. "São Paulo, de capitania a província: pontos de partida para uma história político-administrativa de São Paulo". *Revista de História*, v. 52, n. 103, p. 147-216, 1975.

FALCON, Francisco J. C. *A época pombalina: política econômica e monarquia ilustrada*. São Paulo: Ática, 1982.

FARIA, Miguel. Mato Grosso: "Estado Fronteira". *Oceanos*, n. 40, out./dez., p. 161-178, 1999.

FERNANDES, José-Manuel. "L'Inde et le sud du Brésil". In: MALVERTI, Xavier; PINON, Pierre. *La ville regulière: modèles et tracés*. Paris: Picard, 1997, p. 111-121.

FERRÃO, Bernardo José. *Projeto e transformação urbana do Porto na época dos Almadas 1758/1813: uma contribuição para o estudo da cidade pombalina.* Porto: FAUP, 1989.

FERREIRA, Manoel Rodrigues. "O urbanismo no Brasil-província". In: CALMON, Pedro. *História da Civilização Brasileira, 1500-1822.* São Paulo: Companhia Editora Nacional, 1937, p. 355-403.

SANTOS, Paulo F. *Formação de cidades no Brasil colonial.* Rio de Janeiro: UFRJ, 2001.

FLEXOR, Maria Helena Ochi. "As relações entre o Diretório dos índios do Grão-Pará e Maranhão e o direito indiano – sua ausência na historiografia brasileira". In: LEME, Maria Cristina de Silva; CIMBALYSTA, Renato (org.). SHCU 1990-2008. *Dez Seminários de História da Cidade e do Urbanismo.* São Paulo, 2008, CD-ROM.

FLEXOR, Maria Helena Ochi. "As vilas pombalinas do século XVIII: estratégias de povoamento". *Anais do V Seminário De História da Cidade e do Urbanismo,* p. 13. In: LEME, Maria Cristina de Silva; CIMBALYSTA, Renato (org.). SHCU 1990-2008. *Dez Seminários de História da Cidade e do Urbanismo.* São Paulo, 2008, CD-ROM.

_____. "E o ouvidor da comarca também planejava..." *Anais do VI Seminário de História da Cidade e do Urbanismo.* In: LEME, Maria Cristina de Silva; CIMBALYSTA, Renato (org.). SHCU 1990-2008. *Dez Seminários de História da Cidade e do Urbanismo.* São Paulo, 2008, CD-ROM.

_____. "Núcleos urbanos criados por Pombal no Brasil do século XVIII". In: MACHADO, Denise B. Pinheiro (org.). *Anais do IV seminário de história da cidade e do urbanismo.* Rio de Janeiro: UFRJ, p. 602-618.

FONSECA, Cláudia Damasceno. "Agentes e contextos das intervenções urbanísticas nas Minas Gerais do século XVIII". *Revista Oceanos,* A construção do Brasil urbano. Comissão Nacional para as Comemorações dos Descobrimentos Portugueses, n. 41, p. 84-99, jan./março 2000.

_____. *Des terres aux Villes de l´or: pouvoir et territoires urbains au Minas Gerais (Brésil, XVIIIe siècle).* Lisboa: Fundação Calouste Gulbenkian, 2003.

FRANÇA, José Augusto. *Lisboa pombalina e o Iluminismo.* Lisboa: Bertrand, 1987.

GLEZER, Raquel. *Chão de terra e outros ensaios sobre São Paulo.* São Paulo: Alameda, 2007.

GÓES, Synésio Sampaio. "Alexandre de Gusmão e o Tratado de Madrid". *Oceanos*. A formação territorial do Brasil. Lisboa: Comissão Nacional para as Comemorações dos Descobrimentos Portugueses, número 40, p. 45-65, out./dez.,1999.

GUTIERREZ, Ramon; MAEDER, Ernesto J. A. *Atlas histórico y urbano de la región del nordeste argentino*. Resistência: Mapfre América, 1994.

HOLANDA, Sérgio Buarque de. *Caminhos e Fronteiras*. São Paulo: Companhia das Letras, 2005.

_____. *Monções*. São Paulo: Brasiliense, 1990.

_____. "Movimentos da população em São Paulo no século XVIII". *Revista do Instituto de Estudos Brasileiros*. São Paulo, 1966, n. 1, p. 55-111.

JUCÁ NETO, C. R. "As diretrizes urbanísticas portuguesas para as vilas cearenses". In: *Anais do XIII ENANPUR, Planejamento e Gestão do Território – Escalas, Conflitos e Incertezas*. Florianópolis, UFSC, 2009, p. 1-22.

_____. "Entre as normas do Reino e os Condicionantes do lugar: o desenho da Vila de Santa Cruz do Aracati na Capitania do Ceará". In: *Anais do X Seminário de História da Cidade e do Urbanismo*. Recife, Centro de Estudos Avançados de Conservação Avançada, p. 1-16, 2008.

KANTOR, Íris. *Esquecidos e Renascidos: historiografia acadêmica luso-americana (1724-1759)*. São Paulo: HUCITEC, Salvador: Centro de Estudos Baianos/ UFBA, 2004.

_____. "Legislação indigenista, reordenamento territorial e auto-representação das elites (1759-1822)". In: KOERNER, Andrei (org.). *História da Justiça Penal no Brasil: pesquisas e análises*. São Paulo: IBCCRIM, 2006, p. 29-38.

_____. "Usos diplomáticos da ilha-Brasil: polêmicas cartográficas e historiográficas". *Varia História*. Belo Horizonte, v. 23, n. 37, p. 70-80, 2007.

KOK, Glória. *O sertão itinerante: expedições da capitania de São Paulo no século XVIII*. São Paulo: Hucitec, 2004.

LAMPARD, Eric. "Aspectos Históricos da Urbanização". In: HAUSER, P., SCHNORE, L. (org.). *Estudos de Urbanização*. São Paulo: Pioneira, 1975.

LEITE, Rosângela Ferreira. "A política joanina para ocupação dos sertões (Guarapuava, 1808-1821)". *Revista de História*, n. 159, p. 167-187, 2º sem. 2008.

LEMOS, Carlos A. C. "Organização Urbana e arquitetura em São Paulo dos tempos coloniais". In: PORTA, Paula (org.). *História de São Paulo*. São Paulo: Paz e Terra, 2005, v. 1, p. 170-173.

LOUSADA, Maria Alexandre. "Espacialidade em debate: práticas sociais e representações em Lisboa nos finais do Antigo Regime". *Ler História*. Lisboa, ISCTE, N. 48, 2005, p. 33-46.

_____. "Praça e sociabilidade: práticas, representações e memórias". In: FARIA, Miguel Figueira. *Praças Reais: passado, presente e futuro*. Lisboa: Livros Horizonte, 2008, p. 45-56.

LUSTOSA, Oscar de Figueiredo. "Situação religiosa da capitania de São Paulo na palavra de seu bispo, D. Frei Manuel da Ressurreição". *Revista de História*, v. 52, n. 104, out./dez. 1975.

MALVERTI, Xavier; PINON, Pierre. *La ville regulière: modèles et tracés*. Paris: Picard, 1997.

MAFRA, Joaquim da Silva. *História do município de Guaratuba*. Guaratuba: [s.e.], 1952, p. 32-33.

MARCÍLIO, Maria Luiza. *Crescimento demográfico e evolução agrária paulista, 1700-1836*. São Paulo: Hucitec, 2000.

MARINS, Paulo César Garcez. *Através da rótula: sociedade e arquitetura no Brasil (séc. XVII – XIX)*. São Paulo: Humanitas/História Social-USP, 2001.

MARINS, Romário. *Lages: histórico de sua fundação até 1821*. Documentos e argumentos. Curitiba: Aníbal Rocha, 1910.

MARX, Murillo. *Cidade no Brasil: em que termos?*. São Paulo: Nobel, 1999.

_____. *Cidade no Brasil: terra de quem?* São Paulo: Nobel, 1991.

_____. *Nosso chão: do sagrado ao profano*. São Paulo: Edusp, 1988.

MATEUS, João Mascarenhas (coord.). *Jornadas pombalinas. A Baixa pombalina e a sua importância para o património mundial*. Lisboa, Câmara Municipal/ Pelouro do Licenciamento Urbanístico e Reabilitação Urbana, 2004.

MEDICCI, Ana Paula. "Expansão mercantil em São Paulo: decadência e vadiagem nos discursos de memorialistas, viajantes e autoridades públicas (1782-1822)". *Almanack Braziliense* (Online), 2005. Disponível em <http://www.almanack.usp.br/> Acesso em: 2 jan. 2009.

MELLO, Christiane F. Pagano de. "As novas diretrizes defensivas e o recrutamento militar. A capitania de São Paulo na segunda metade do século XVIII". *Revista de História* (USP), v. 154, p. 267-295, 2006.

_____. "As Prescrições Centralizadoras e o Recrutamento Militar na Segunda Metade do Século XVIII". In: *XXVI Reunião Anual da Sociedade Brasileira de Pesquisa Histórica* (SBPH), 2006, Rio de Janeiro. Anais da XXVI Reunião Anual da Sociedade Brasileira de Pesquisa Histórica (SBPH). Curitiba: SBPH, 2006, v. 26.

MENESES, Ulpiano T. Bezerra de. "Morfologia das cidades brasileiras. Introdução ao estudo histórico da iconografia urbana". *Revista da USP*, São Paulo, n. 30, p. 144-153, 1996.

MONTEIRO, John Manuel. "Dos Campos de Piratininga ao Morro da Saudade: A Presença Indígena na História de São Paulo". In: PORTA, Paula (org.). *História de São Paulo*. São Paulo: Paz e Terra, 2005, v. 1, p. 21-67.

_____. *Negros da Terra: índios e bandeirantes nas origens de São Paulo*. São Paulo: Companhia das Letras, 1994.

MOREIRA, Rafael. "A Arquitectura Militar". In: SERRÃO, Vítor (org.). *História da Arte em Portugal*. Lisboa: Publicações Alfa, 1986, v. 7, p. 137-151.

_____. "A arte da Ruação e a cidade luso-brasileira". *Cadernos de pesquisa do LAP*. São Paulo, FAUUSP, n. 37, p. 6-32, 2003.

MORRIS, A. E. J. *Historia de la forma urbana: desde sus orígenes hasta la Revolución Industrial*. Barcelona: Gustavo Gili, 1984, p. 130-131.

MOURA, Américo Brasilense Antunes de. "O governo do Morgado de Mateus no vice-reinado do Conde da Cunha". *Revista do Arquivo Municipal*, São Paulo, v. 52, p. 9-156, 1938

MUNTEAL FILHO, Oswaldo. *"Memórias, Reformas e Acadêmicos no Império Luso-Atlântico. Domínio territorial, poder marítimo e política mercantilista"*. RIHGB, Rio de Janeiro, 163 (416), p. 13-66, jul./set. 2002.

NEVES, Guilherme Pereira. *E receberá mercê: a Mesa da Consciência e Ordens e o clero secular no Brasil, 1808-1828*. Rio de Janeiro: Arquivo Nacional/ Ministério da Justiça, 1997.

NOVAIS, Fernando A. *Portugal e Brasil na crise do antigo sistema colonial*. São Paulo: Hucitec, 1979.

PEREIRA, Magnus Roberto de Mello (org.). *Plano para sustentar a posse da parte meridional da América Portuguesa (1772)*. Curitiba: Aos Quatro Ventos, 2003.

PERIDES, Paulo Pedro. "A organização político-administrativa e o processo de regionalização do território colonial brasileiro". *Revista do Departamento de Geografia*, São Paulo, FFLCH-USP, v. 9, p. 77-91, 1995.

PESAVENTO, S. J. "Uma cidade sensível sob o olhar do outro: Jean-Baptiste Debret e o Rio de Janeiro (1816-1831)". *Nuevo Mundo-Mundos Nuevos*, v. 7, p. 2-11, 2007.

PESSÔA, José Belmont. "Em tudo semelhante, em nada parecido. Modelos e modos de urbanização na. América Portuguesa". *Oceanos*, v. 41, p. 70-83, 2000.

PETRONE, Pasquale. *Aldeamentos paulistas*. São Paulo: Edusp, 1995.

PORTO, José Costa. *O sistema sesmarial no Brasil*. Brasília: Editora Universidade de Brasília, 1965.

PRADO JR. Caio. *Evolução política do Brasil e outros estudos*. São Paulo: Brasiliense, 1957.

_____. *Formação do Brasil contemporâneo*. São Paulo: Brasiliense, 1987.

REIS FILHO, Nestor Goulart (org.). *Imagens de vilas e cidades do Brasil colonial*. São Paulo: Edusp/Imprensa Oficial, 2000.

_____. "A urbanização e o urbanismo na região das Minas". *Cadernos do LAP*, n. 30, São Paulo, FAUUSP, jul./dez. 1999, p. 12.

_____. *Evolução urbana do Brasil (1500/1720)*. São Paulo: Pioneira, 1968.

_____. "Urbanismo en Brasil. Séculos XVI-XVII". In: ALOMAR, Gabriel. *De Teotihuacán a Brasília: estudios de historia urbana iberoamericana y filipina*. Madrid: Inst. de Administración Local, 1987, p. 352-369.

_____. "Notas sobre o urbanismo Barroco no Brasil". *Cadernos de Pesquisa do LAP*. São Paulo, FAUUSP, n. 3, nov./dez. 1994.

REIS, Paulo Pereira dos. "Caminhos de penetração da Capitania de São Paulo". *Anais do Museu Paulista*. São Paulo, USP, t. 31, p. 267-315, 1982.

RHODEN, Luís Fernando. "A formação da rede urbana do sul do Brasil nos séculos XVII e XVIII". *Oceanos*, Lisboa, v. n. 41, p. 120-134, 2000.

RODRIGUES, Isabel Vieira. "A política de Francisco Xavier Mendonça Furtado no norte do Brasil (1751-1759)". *Oceanos*, n. 40, out./dez., p. 96-110, 1999.

ROSSA, Walter. *A urbe e o traço: uma década de estudos sobre o urbanismo português*. Lisboa: Almedina, 2002.

ROSSETTO, Pedro Francisco. Reconstituição do traçado da "estrada dos Goiases" no trecho da atual mancha urbana de Campinas. *Anais do Museu Paulista*. São Paulo, v. 14, n. 2, p. 141-191, 2006.

RUIZ, Rafael; SILVA, Janice Theodoro da. "São Paulo de vila a cidade: a fundação, o poder público e a vida política". In: PORTA, Paula (org.). *História de São Paulo*. São Paulo: Paz e Terra, 2005, v. 1, p. 69-113.

SAINT-HILAIRE, Auguste de. *Viagem a Curitiba e província de Santa Catarina*. São Paulo: Itatiaia, 1978.

_____. *Viagem à província de São Paulo*. São Paulo: Martins, 1972.

SANTOS, Paulo F. *Formação de Cidades no Brasil Colonial*. Rio de Janeiro: UFRJ, 2001.

SCHWARCZ, Lilia Moritz, BENZAQUEMDE, Ricardo (org.). *Raízes do Brasil*. Edição Comemorativa 70 anos. São Paulo: Companhia das Letras, 2006

SEGAWA, Hugo. "Alamedas e Passeios na América Colonial". In: SALOMÃO, Eugenia María Azevedo (Dir.). *Del territorio a la Arquitectura en el obispado de Michoacán*. México, Universidad Micgoacana de San Nicolás de Hidalgo, 2007, v. II, p. 723-732.

_____. *Ao amor do público: jardins no Brasil*. São Paulo: Studio Nobel, 1996.

SICA, Paolo. *Historia del urbanismo: el siglo XVIII*. Madri, Instituto de Estudios de Administracion Local, 1982.

SILVA, Ana Cristina Nogueira da. *O modelo espacial do Estado moderno: reorganização territorial em Portugal nos finais do Antigo Regime*. Lisboa: Estampa, 1998, p. 72-73.

SILVA, Andrée Mansuy-Diniz. "Imperial re-organization". In: BETHELL, Leslie (org.). *Colonial Brazil*. Cambridge: Cambridge University Press, 1987, p. 244-283.

SILVA, Janice Theodoro da. *São Paulo 1554-1880: discurso ideológico e organização espacial*. São Paulo: Editora Moderna, 1984.

SILVA, Maria Beatriz Nizza da (org.) *et al*. *História de São Paulo colonial*. São Paulo: UNESP, 2009.

SILVA, Maria Beatriz Nizza da. "A saga dos sertanistas". *Oceanos*, Lisboa, n. 40, p. 148-158, out./dez., 1999.

SOUZA, Laura de Mello. *Desclassificados do ouro: a pobreza mineira no século XVIII*. Rio de Janeiro: Graal, 1990, p. 177-179.

SUMMERSON, John Manuel. *The architecture of the eighteenth century*. Londres: Thames & Hudson, 1986.

TEIXEIRA, Manuel C. "Os Modelos Urbanos Portugueses da Cidade Brasileira". Comunicação apresentada no Colóquio *A Construção do Brasil Urbano*, Convento da Arrábida – Lisboa 2000. *Urbanismo de origem portuguesa*. Disponível em: <http://revistas.ceurban.com/numero3/artigos/artigo_07.htm>. Acesso em: 8 dez. 2008.

_____.; VALLA, Margarida. *O urbanismo português. Séculos XIII-XVIII*. Portugal-Brasil. Lisboa: Livros Horizonte, 1999.

TEIXEIRA, Rubenilson Brazão. *Da cidade de Deus à cidade dos homens: a secularização do uso, da forma e da função urbana*. Natal: EDUFRN, 2009.

TORRÃO FILHO, Amilcar. "O 'milagre da onipotência' e a dispersão dos vadios: política urbanizadora e civilizadora em São Paulo na administração do Morgado de Mateus (1765-1775)". *Estudos Ibero-Americanos*. Porto Alegre, v. 31, n. 1, p. 145-165, 2005.

TRINDADE, Jaelson Bitran; SAIA, Luís. *São Luís do Paraitinga*. São Paulo: CONDEPHAAT, 1977, p. 9.

VALLA, Margarida. "A formação teórica dos engenheiros-militares". In: TEIXEIRA, Manuel C. *A construção da cidade brasileira*. Lisboa: Horizonte, 2004, p. 109-129.

_____. "O papel dos arquitectos e engenheiros militares na transmissão das formas urbanas portuguesas". Comunicação apresentada no *IV Congresso Luso-Afro-Brasileiro*, Rio de Janeiro,1996. In: *Urbanismo de origem portuguesa*, vol. 1, set. 1999. Disponível em: <http://revistas.ceurban.com/numero1/margarida.htm>. Acesso em: 1 nov. 2008.

VASCONCELLOS, Diogo Luís Pereira de. "Questões de limites". *Revista do Arquivo Público Mineiro*, Belo Horizonte, Imprensa Oficial de Minas Gerais, v. 16, p. 107-123, jan./jun. 1911.

VIDAL, Laurent. *Mazagão: a cidade que atravessou o Atlântico*. São Paulo: Martins Fontes, 2008.

VIEIRA, Neusa Machado. "Documentos cartográficos e a questão de limites entre São Paulo e Minas Gerais". *História*, São Paulo, n. 4, p. 95-106, 1985.

WEGNER, Roberto. "Um ensaio entre o passado e o futuro". In: SCHWARCZ, Lilia Moritz, BENZAQUEMDE, Ricardo (org.). *Raízes do Brasil*. Edição Comemorativa 70 anos. São Paulo: Companhia das Letras, 2006, p. 335-396

WEHLING, Arno; WEHLING, Maria José C M. *Formação do Brasil colonial*. Rio de Janeiro: Nova Fronteira, 1999.

ZEMELLA, Mafalda P. *O abastecimento da capitania das Minas Gerais no Século XVIII*. São Paulo: Hucitec, 1990.

ZENHA, Edmundo. *O município no Brasil (1532-1700)*. São Paulo: Instituto Progresso Editorial, 1948.

TESES E DISSERTAÇÕES

ARAÚJO, Renata K. Malcher de. *A urbanização do Mato Grosso no século XVIII: Discurso e método*. Tese (doutorado em História da Arte) – Faculdade de Ciências Sociais e Humanas, Lisboa, 2000.

BELLOTTO, Heloísa Liberalli. *O governo do morgado de Mateus: primórdios da restauração da Capitania de São Paulo (1765-1775)*. Tese (doutorado em História Econômica) – FFLCH, USP, São Paulo, 1976.

BOAVENTURA, Deusa Maria Rodrigues. *A urbanização em Goiás no século XVIII*. Tese (doutorado em História e Fundamentos da Arquitetura e Urbanismo). FAUUSP, São Paulo, 2007.

BUENO, Beatriz Piccolotto Siqueira. *Desenho e desígnio: o Brasil dos engenheiros militares (1500-1822)*. Tese (doutorado) – FAUUSP, São Paulo, 2001.

CÂMARA, Leandro Calbente. *Administração colonial e poder: a governança da cidade de São Paulo (1765-1802)*. Dissertação (mestrado em História Econômica) – Faculdade de Filosofia, Letras e Ciências Humanas, Universidade de São Paulo, São Paulo, 2008.

CARVALHO, Juliano Loureiro. *Formação territorial da Mata Paraibana, 1750-1808*. Dissertação (mestrado em Arquitetura e Urbanismo) – Universidade Federal da Bahia, UFBA, Salvador, 2008.

COELHO, Mauro Cezar. *Do sertão para o mar – um estudo sobre a experiência portuguesa na América, a partir da colônia: o caso do diretório dos índios (1751-1798)*. Tese (doutorado), São Paulo, FFLCH-USP, São Paulo, 2006.

DERNTL, Maria Fernanda. *A produção do espaço urbano sob as monarquias modernas: os casos iniciais da Places des Vosges em Paris e de Covent Garden em Londres.* Dissertação (mestrado em Estruturas Ambientais Urbanas) – FAUUSP, São Paulo, 2004.

GAMA, José Mario. *O patrimônio da Companhia de Jesus da capitania de São Paulo: da formação ao confisco, 1750-1775.* Dissertação (mestrado em História Social) – FFLCH, USP, São Paulo, 1979.

LEONZO, Nanci. A*s Companhias de ordenanças na capitania de São Paulo: das origens ao governo do Morgado de Matheus.* Dissertação (mestrado em História Econômica) – FFLCH USP, São Paulo, 1975.

LOUSADA, Maria Alexandre. *Espaços de sociabilidade em Lisboa: finais do século XVIII a 1834.* Tese (doutorado em Geografia Humana) – Faculdade de Letras da Universidade de Lisboa, Lisboa, 1995.

MENDES, Denise. A *Calçada do Lorena: o caminho de tropeiros para o comércio de açúcar paulista.* Dissertação (mestrado em História Social). Faculdade de Filosofia, Letras e Ciências Humanas – USP, São Paulo, 1994.

MIRANDA, Lílian Lisboa. *Gentes de baixa esfera em São Paulo: quotidiano e violência no Setecentos.* Tese (doutorado) – FFLCH USP, São Paulo, 1997.

OLIVEIRA, Maria Leonor Morgado Ferrão de. *Eugénio dos Santos e Carvalho, arquitecto e engenheiro militar (1711-1760): cultura e prática de arquitectura.* 2007. Tese (doutorado em História da Arte) – Faculdade de Ciências Sociais e Humanas, Universidade Nova de Lisboa, Lisboa, 2007.

RHODEN, Luís Fernando. *A fronteira sulina do Brasil na primeira metade do século XIX: traçados urbanos e arquitetura.* Tese (doutorado em Arquitetura e Urbanismo) – FAU-UFBA, Salvador, 2005.

SERRATH, Pablo Oller Mont. *Dilemas & conflitos na São Paulo restaurada: formação e consolidação da agricultura exportadora (1765-1802).* Dissertação (mestrado em História Econômica) – FFLCH USP, São Paulo, 2007.

SILVA, Augusto da. *A Ilha de Santa Catarina e sua terra firme: estudo sobre o governo de uma capitania subalterna (1738-1807).* Tese (doutorado em História Econômica) – FFLCH-USP, São Paulo, 2008.

SILVA, Isabelle Braz Peixoto da. *Vilas de índios no Ceará Grande: dinâmicas locais sob o Diretório Pombalino.* Tese (doutorado em Ciências Sociais) – Universidade Estadual de Campinas, Instituto de Filosofia e Ciências Humanas, 2003.

SOARES, Lucas Jannoni. *Presença dos homens livres pobres na sociedade colonial na América portuguesa: São Paulo Colonial (1765-1775)*. Mestrado (História Econômica) – FFLCH USP, São Paulo, 2005.

TAKATUZI, Tatiana. *Águas batismais e santos óleos: uma trajetória histórica do aldeamento de Atalaia*. Dissertação (mestrado em Antropologia Social) – IFCH UNICAMP. Campinas, 2005.

TORRÃO FILHO, Amílcar. *Paradigma do caos ou cidade da conversão?: a cidade colonial na América Portuguesa e o caso da São Paulo na administração do Morgado de Mateus (1765-1775)*. 2004. Dissertação (mestrado) – Instituto de Filosofia e Ciências Humanas da Universidade Estadual de Campinas, 2004.

ZANON, Dalila. *A ação dos bispos e a orientação tridentina em São Paulo (1745-1796)*. Dissertação (mestrado em História) IFCH, UNICAMP, Campinas, 1999.

LISTA DE FIGURAS

Fonte: REIS FILHO, Nestor Goulart (org.). *Imagens de vilas e cidades do Brasil colonial...*, p. 259.

Figura 1.7. Vista interior da mesma povoação de Albuquerque, ca. 1790.
Fonte: REIS FILHO, Nestor Goulart (org.). *Imagens de vilas e cidades do Brasil colonial...*, p. 248.

Figura 1.8. Joaquim Cardoso Xavier. Perspectiva da Aldeia de São José de Mossâmedes... 1801.
Fonte: Biblioteca Mário de Andrade.

Figura 1.9. José Xavier Machado Monteiro. Vila Viçosa, ca. 1769.
Fonte: REIS FILHO, Nestor Goulart (org.). *Imagens de vilas e cidades do Brasil colonial...*, p. 59. Arquivo Histórico Ultramarino.

Figura 2.1. Demarcação do aldeamento de São Miguel.
Fonte: Anexo à carta do capitão-mor da aldeia de São Miguel, Miguel Pedroso, para o corregedor da comarca de São Paulo, 22 out. 1762. Acervo da Fundação Biblioteca Nacional – Brasil, AM, I-30, 24, 22, n. 9.

Figura 2.2. Mapa que abrange as regiões entre os rios Paraguai, Paraná e a costa brasileira desde Santos até o Rio Grande, 1ª metade do século 18.
Fonte: Acervo da Fundação biblioteca Nacional – Brasil, AM, Manuscritos Map. I,01,04.

Figura 2.3. Carta chorografica dos dous certoens de Tibagy e novamente descoberto pelas ordens e instruçoens de Dom Luís Antônio. 1770.
Fonte: AHU_CARTm_023, D. 1198.

Figura 2.4. Mapa dos campos de Guarapuava, século 18.
Fonte: Acervo da Fundação Biblioteca Nacional – Brasil, Coleção Morgado de Mateus, manuscritos 049,05,008 n.07.

Figura 2.5. Planta do Forte de Nossa Senhora do Carmo que o comandante de expedição Cândido Xavier de Almeida fundou de novo nos campos de Guarapuaba descobertos em 7 de setembro de 1770, 1770.
Fonte: AHU_CARTm_023, D. 1199.

Figura 2.6. José Custódio de Sá e Faria. Demonstração da nova Campanha de Guarapuava, 1775.
Fonte: MOURÃO, D. Luís Antônio de Souza Botelho (org.). Cartas topográficas do continente do Sul e parte meridional da América Portugueza, com as batalhas que o Illmo. e Exmo. Conde de Bobadella ganhou aos indios das missoens

do Paraguay. [1775] Acervo da Fundação Biblioteca Nacional – Brasil, Coleção Morgado de Mateus, manuscritos 049,05,009.

Figura 2.7. Demonstração do terreno emidiato à Praça de N. Sra. dos Prazeres do rio Igatemi.
Fonte: SÁ e FARIA, José Custódio de. [Plantas da Praça de Nossa Senhora dos Prazeres], 1774-1775. Acervo da Fundação Biblioteca Nacional – Brasil, Cart. 168420, fl.3.

Figura 2.8. SÁ e FARIA, José Custódio de. Demonstração do curso do rio Ygatemy e terreno adjacente. 1775.
Fonte: MOURÃO, D. Luís Antônio de Souza Botelho (org.). Cartas topográficas do continente do Sul e parte meridional da América Portugueza, com as batalhas que o Illmo. e Exmo. Conde de bobadella ganhou aos indios das missoens do Paraguay. [1775] Acervo da Fundação Biblioteca Nacional – Brasil, Coleção Morgado de Mateus, manuscritos 049,05,009 n.03.

Figura 2.9. Bartolomeu Pais de Abreu. Demonstração da costa desde a Conceição até a barra da Bertioga.1719.
Fonte: Acervo da Fundação Biblioteca Nacional – Brasil, Coleção Morgado de Mateus, manuscritos 049,05,003.

Figura 2.10. Planta topográfica do porto da vila de Santos e igualmente as plantas das fortificações pertencentes ao mesmo porto, 1799.
Fonte: FERREIRA, João da Costa. Cartas Corográficas e Hidrográficas de toda a costa e portos da capitania de São Paulo com as plantas topográficas das suas vilas e fortificações respectivas, levantadas e configuradas pelo coronel graduado do Real Corpo de Engenheiros João da Costa Ferreira. As latitudes e longitudes são observadas pelo astrônomo de S. A. R. Francisco de Oliveira Barboza [1799]. SGL, 11-F-4, fl. 7.

Figura 2.11. Mapa corográfico da capitania de S. Paulo que por ordem do ilustríssimo e excelentíssimo senhor Bernardo José de Lorena, governador e capitão-general da mesma capitania, levantou o ajudante engenheiro Antonio Roiz Montesinho, conforme suas observações feitas em 1791 e 1792.
Fonte: Mapoteca do Itamaraty, Inv. n. 186.8713; CEHB 2790. Foto: Newman Caldeira.

Figura 2.12. Mapa da capitania de São Paulo em que se mostra tudo o que ela tinha antigamente até o rio Pa[ra]ná..., ca. 1773.
Fonte: AHU_CARTm_023_1200.

Figura 2.13. Sargento João Batista. Demonstração do caminho que vai de Viamão até a cidade de São Paulo. Século 18.
Fonte: AHU_CARTm_023, D. 1208.

Figura 2.14. José Correia Rangel de Bulhões. Plano topográfico do continente do Rio Grande e da Ilha de Santa Catharina (fragmento), 1797.
Fonte: Biblioteca Nacional de Portugal, C. C. 877.

Figura 2.15. Mapa da ilha de São Sebastião e terra firme e entradas das barcas.
Fonte: Arquivo da Fundação Casa de Mateus, sicm/ssc 06.02: Subsi – gsp/ssc 01.01/sr/mapa rios/SS; mapa ilha g. 1869.03.

Figura 2.16. Mapa no qual se mostra que da situação da freguesia da Piedade, se conclue a necessidade de elevá-la a vila. Ca. 1788.
Fonte: AHU_023_CARTm_023_D.1204.

Figura 3.1. Mapa do rio Tietê e Piracicaba, ca. 1784.
Fonte: dorizotto, Sermo. *Os primórdios de Piracicaba*. Piracicaba: Instituto Histórico e Geográfico de Piracicaba, 2008.

Figura 3.2. Interpretação gráfica das instruções do governador Morgado de Mateus para implantação de povoações.
Fonte: Desenho da autora.

Figura 3.3 Planta da vila de Nossa Senhora dos Prazeres na paragem da fortaleza dos campos das Lages…, 1769.
Fonte: Arquivo do Museu Histórico Thiago de Castro.

Figura 3.4. Croqui das obras do Forte do Iguatemi, 1768.
Fonte: Anexo ao ofício n.º 21 do governador e capitão-general da capitania de São Paulo, D. Luís Antônio de Sousa para o ministro e secretário de Estado dos Negócios do Reino, Sebastião José de Carvalho e Melo. São Paulo, 23 jul. 1768. AHU_ACL_CU_023-01, Cx. 25, D. 2432.

Figura 3.5. Planta da Praça de Nossa Senhora dos Prazeres do Rio Iguatemi…, 1769.
Fonte: zuzarte, Teotônio José. Plano em borrão de todos os rios e todas as ca-choeiras e todas as coisas mais notáveis que vi desde o porto de Araritaguaba até a povoação de Iguatemi e daí até a serra que divide as duas potências fidelíssima[s] e católica[s]: o qual será posto em limpo com a melhor ideia [e] perfeição como ainda não se viu. Acervo da Fundação Biblioteca Nacional – Brasil, Coleção Morgado de Mateus, cart. 1033424.

Figura 3.6. Croqui das montanhas do Rio de Janeiro.
Fonte: Diário de governo, 1º maço, 23 maio 1765-30 junho 1765. Acervo da Fundação Biblioteca Nacional – Brasil, Arquivo de Mateus, 21,4,14-16.

Figura 3.7. Mapa da nova vila de São José, ca. 1769.
Fonte: Acervo da Fundação Biblioteca Nacional – Brasil, Arquivo de Mateus, I-30, 24,20, n. 2.

Figura 3.8. José Custódio de Sá e Faria. Demonstração da Praça de Nossa Senhora dos Prazeres do rio Iguatemi.
Fonte: SÁ e FARIA, José Custódio de. [Plantas da Praça de Nossa Senhora dos Prazeres], 1774-1775. Acervo da Fundação Biblioteca Nacional – Brasil, cart. 168420, fl. 4.

Figura 3.9 José Custódio de Sá e Faria. Freguesia de São José de Ararapira..., 1776
Fonte: Acervo do Arquivo Histórico do Itamaraty, RJ.

Figura 3.10 Reconstituição em escala da planta de Ararapira.
Fonte: Desenho da autora.

Figura 3.11. José Custódio de Sá e Faria. Nossa Senhora da Conceição [de Sabaúna] da Lage, 1776.
Fonte: Acervo do Arquivo Histórico do Itamaraty, RJ.

Figura 3.12. João da Costa Ferreira. Carta Geográfica e Topográfica do Porto e Vila de Guaratuba.
Fonte: FERREIRA, João da Costa. Cartas Corographicas e Hidrographicas de toda a costa e portos da Capitania de São Paulo... Fonte Sociedade de Geografia de Lisboa, copyright SGL, 11-F-4.

Figura 3.13. José Custódio de Sá e Faria. Demonstração de uma porção do rio Iguatemi..., ca. 1774.
Fonte: MOURÃO, D. Luís Antônio de Souza Botelho (org.). Cartas topográficas do continente do Sul e parte meridional da América Portugueza..., [1775] Acervo da Fundação Biblioteca Nacional, Coleção Morgado de Mateus, manuscritos 049,05,009.

Figura 3.14. Comparação de traçados urbanos.
Fonte: Desenho da autora.

Figura 3.15 Manoel Vieira Leão. Planta da Vila de São José que novamente se erige na margem oriental do rio Tabiquari. [ca. 1767-1777].
Fonte: Arquivo Histórico do Exército, S-RS-07.03.1480.

Fonte 3.16. Desenhos aquarelados representando a expedição do tenente-coronel Afonso Botelho Sampaio aos campos de Guarapuava.
Fonte: BELLUZZO, Ana Maria de Moraes *et al*. *Do contato ao confronto. A conquista de Guarapuava no século XVII...*, cenas 27 e 28.

Figura 3.17. Missão de São Miguel, 1756.
Fonte: MOURÃO, D. Luís Antônio de Souza Botelho (org.). Cartas topográficas do continente do Sul e parte meridional da América Portugueza..., [1775] Acervo da Fundação Biblioteca Nacional – Brasil, Coleção Morgado de Mateus, manuscritos 049,05,011.

Figura 3.18 Guaratuba, 1827.
Fonte: DEBRET, Jean-Baptiste. *Quarenta paisagens inéditas do Rio de Janeiro, São Paulo, Paraná e Santa Catarina*. São Paulo: Nacional, 1970.

Figura 3.19. Itapeva de Faxina, 1827.
Fonte: DEBRET, Jean-Baptiste. *Quarenta Paisagens Inéditas do Rio de Janeiro, São Paulo, Paraná e Santa Catarina*. São Paulo: Nacional, 1970.

Figura 3.20. Iapó [Castro], 1827.
Fonte: DEBRET, Jean-Baptiste. *Quarenta Paisagens Inéditas do Rio de Janeiro, São Paulo, Paraná e Santa Catarina*. São Paulo: Nacional, 1970.

LISTA DE FIGURAS DO CADERNO DE IMAGENS

Agradecimentos

Este livro é uma versão revisada da tese de doutorado defendida na Faculdade de Arquitetura e Urbanismo da USP em maio de 2010. O trabalho valeu-se muito de sugestões, críticas e contribuições de várias naturezas vindas de colegas arquitetos, historiadores e professores, a quem reitero os agradecimentos feitos antes na tese.

Aproveito para reforçar minha especial gratidão ao professor Hugo Segawa, pelo empenho na orientação deste trabalho, pelo incentivo constante e pelo contínuo apoio. Também faço questão de agradecer novamente à professora Renata Klautau Malcher de Araújo pelas indicações que muito contribuíram para direcionar a pesquisa e por todo o auxílio ao supervisionar as atividades em Lisboa. As professoras Íris Kantor e Beatriz Piccolotto Siqueira Bueno estiveram presentes em momentos fundamentais de definição do trabalho e foram inspiradoras em seu entusiasmo pelo tema. Ao saudoso professor Murillo Marx, meus agradecimentos *in memoriam* pelos comentários instigantes na banca final. Contei ainda com valiosas informações sobre a documentação vindas da professora Heloísa Liberalli Bellotto, que também contribuiu para esta publicação. Beneficiei-me muito do diálogo com pesquisadores dedicados à problemática das cidades setecentistas e, de maneira mais próxima, com Amilcar Torrão Filho

Mais recentemente, na Faculdade de Arquitetura e Urbanismo da Universidade de Brasília e no Laboratório de Estudos da Urbe (Labeurbe – FAUUnB), só tenho a agradecer aos colegas professores, funcionários e alunos pelo excepcional ambiente de trabalho e convívio. Sou muito grata à Fundação ao Amparo à Pesquisa do Estado de São Paulo pela bolsa de doutorado e pelo auxílio financeiro a esta publicação. O livro contou ainda com recurso adicional concedido pela Faculdade de Arquitetura e Urbanismo da Universidade de Brasília.

Agradeço também a cessão de imagens por parte das seguintes instituições: Fundação Biblioteca Nacional, Arquivo Histórico Ultramarino, Arquivo Nacional da Torre do Tombo, Arquivo Histórico do Exército, Instituto Geográfico Português, Arquivo do Museu Histórico Thiago de Castro, Biblioteca Mário de Andrade, Sociedade de Geografia de Lisboa, Arquivo Histórico do Itamarati, Mapoteca do Itamarati, Biblioteca Nacional de Portugal e Fundação Casa de Mateus.

Finalmente, agradeço o apoio irrestrito de José Derntl. E a Sérgio Goldbaum, por ser cúmplice no trajeto deste trabalho e em muito mais.

Brasília, março de 2012.

Esta obra foi impressa em São Paulo no verão de 2013 pela gráfica Vida & Consciência. No texto foi utilizada a fonte Minion Pro, em corpo 10,5 e entrelinha de 13,5 pontos.